B A D O N G　Y E A R B O O K　2

巴东年鉴

（2020）

巴东县史志办公室　编

方志出版社
Publishing House of Local Records

图书在版编目（CIP）数据

巴东年鉴．2020 / 巴东县史志办公室编．-- 北京：方志出版社，2020.12

ISBN 978-7-5144-4657-9

Ⅰ．①巴… Ⅱ．①巴… Ⅲ．①巴东县—2020—年鉴 Ⅳ．① Z526.34

中国版本图书馆 CIP 数据核字（2021）第 163822 号

巴东年鉴（2020）

编　　者：巴东县史志办公室
责任编辑：李　静

出 版 者：方志出版社
地址　北京市朝阳区潘家园东里 9 号（国家方志馆 4 层）
邮编　100021
网址　http://www.zgfzcb.cn
发　　行：方志出版社图书经销中心
电话　（010）67110500
经　　销：各地新华书店
排　　版：北京纺印图文设计制作有限公司
印　　刷：北京中科印刷有限公司

开　　本：889mm × 1194mm　1/16
印　　张：19.375
字　　数：799 千字
版　　次：2020 年 12 月第 1 版　2020 年 12 月第 1 次印刷

ISBN 978-7-5144-4657-9　定价：298.00 元

序

贫困问题一直是困扰人类社会发展的重大问题。中国作为世界上最大的发展中国家，为解决贫困问题进行了长期不懈的努力。改革开放以来，特别是党的十八大以来，以习近平同志为核心的党中央把脱贫攻坚作为全面建成小康社会的底线任务和标志性指标，纳入“五位一体”总体布局和“四个全面”战略布局，以前所未有的力度推进精准扶贫、精准脱贫，扶贫开发成就举世瞩目，显著改善了贫困地区和贫困群众生产生活条件，具有重大的现实意义和深远的历史意义。身处中华民族几千年发展历史上将首次整体消除绝对贫困现象的伟大时代，如何更好地发挥地方志的存史、育人、资政的作用，是新时代全国地方志系统必须深入研究和着力解决的重大课题。

党的十八大以来，在党中央国务院的正确领导下，全国地方志系统深入学习贯彻习近平新时代中国特色社会主义思想，紧紧围绕党和国家事业发展需要，深入推进地方志改革创新发展，凝心聚力，稳扎稳打，勇于担当，主动作为，全国地方志形势和地方志工作者的精神面貌发生了深刻变化，取得了优异成绩。其中，为贯彻落实《全国地方志事业发展规划纲要（2015—2020年）》，经中国地方志指导小组领导批准，中国地方志指导小组办公室于2015年、2017年先后启动民族地区与贫困地区志书、年鉴出版资助工程（以下简称“志鉴出版资助工程”），对国家级贫困县（区、旗、县级市），中西部地区、少数民族边疆地区面临出版经费困难的志书和综合年鉴给予出版资助。实施志鉴出版资助工程是紧扣时代脉搏、坚持创新发展、传承弘扬中华优秀传统文化的一项创举，不仅有力推动了“两全目标”的实现，而且数十部资助出版的志书、年鉴及时记述了民族地区与贫困地区在全面建成小康社会伟大征程中取得的新成绩和新经验、出现的新情况和新问题、涌现的优秀人物和典型事迹，留住地方文化的“根”和“魂”，为这些地区的经济社会发展、地域文化传播、爱国主义教育、精神文明建设等提供了历史借鉴和智力支持，对全面提升民族地区与贫困地区文化建设水平、确保民族地区与贫困地区和全国其他地区同步全面建成小康社会具有重要意义。

尤为可喜的是，志鉴出版资助工程促成了一批扶贫志书的编纂出版，在文化脱贫攻坚中发挥了独特的作用。例如，《贵州省减贫志》全面系统客观记述了从1978

年至2015年贵州省扶贫、减贫工作的历程及取得的经验，为贵州省实施大扶贫战略提供了有力的资政辅治参考，集中体现了地方志工作因时而动、顺势而为的新作为。前不久，由福建省地方志编委会和人民网共同编纂的《闽宁扶贫协作图志》，是全国首部扶贫协作图志，图文并茂、直观立体、全方位地展现闽宁扶贫协作波澜壮阔的历程，弘扬“闽宁一家亲”“携手奔小康”的深厚情谊和滴水穿石、久久为功的精神，是贯彻落实习近平总书记扶贫工作重要论述精神，服务国家精准扶贫、精准脱贫战略的有力举措。希望各地以此为鉴，编纂出版更多、更好的扶贫志书、年鉴，助力国家精准扶贫、精准脱贫战略的实施，充分展现地方志的独特价值和作用。

当前，我国脱贫攻坚已进入全面决战决胜的关键时期，尚未脱贫的贫困地区集中分布在中西部深山区、极端干旱山区、高寒阴湿地区等，文化建设还比较薄弱，文化产品还不够丰富，文化精品更是少之甚少。同时，这些地区往往是民族文化、历史文化、红色文化、生态文化富集区，具有发展文化旅游、推进文化扶贫的巨大潜在优势，也是繁荣发展地方志事业的巨大文化宝库。要发挥好文化扶贫凝聚人心的优势，善于利用方志文化优势为贫困地区“赋能”，在脱贫攻坚中做出方志人应有的贡献。要发挥好中国名镇志文化工程、中国名村志文化工程的引领作用，大力加强乡镇村志编纂，让百姓记得起乡情、记得住乡愁，凝聚贫困乡镇村庄的强大民心，补齐贫困乡镇村庄的文化短板，以“扶智”的方式“扶志”，践行习近平总书记强调的“扶贫先扶志，扶贫必扶智”的重要理念。

求木之长者，必固其根本；欲流之远者，必浚其泉源。扶贫扶起的是志气骨气，传承的是家国情怀，守护的是绿水青山。扶贫既要富口袋，也要富脑袋。必须坚持文化脱贫和物质脱贫两手抓，筑牢贫困地区文化之基，补足信仰精神之钙，引领脱贫发展之舵。全国地方志系统要围绕中心、服务大局，坚决投入脱贫攻坚这场必须打赢的硬仗，积极参与脱贫攻坚战，发挥优势和特长，深入挖掘文化资源，着力补齐文化短板，努力帮助民族地区与贫困地区的文化建设实现较大的发展提升，在全面建成小康社会、实现中华民族伟大复兴中国梦的征程中贡献方志人的力量。

是为序。

中国社会科学院院长
中国地方志指导小组组长　谢伏瞻

民族地区与贫困地区年鉴出版资助工程领导小组

组　　　长：高　翔

常务副组长：冀祥德

副　组　长：高京斋　邱新立

民族地区与贫困地区年鉴出版资助工程领导小组办公室

主　　　任：冀祥德

副　主　任：邱新立

成　　　员：于伟平　刘永强　冷晓玲　李　静

《巴东年鉴（2020）》编纂委员会

《巴东年鉴（2020）》编辑部

编 辑 说 明

一、《巴东年鉴（2020）》以马克思列宁主义、毛泽东思想、邓小平理论、“三个代表”重要思想、科学发展观、习近平新时代中国特色社会主义思想为指导，坚持辩证唯物主义和历史唯物主义的立场、观点和方法，记载2019年巴东县政治、经济、文化和社会发展的基本情况，旨在为广大读者了解和研究巴东提供基本信息资料。

二、《巴东年鉴》由巴东县史志办公室编纂。1999年出版首卷，《巴东年鉴（2020）》记载时限为2019年1月1日至12月31日。

三、本卷年鉴采用分类编辑法，主体由类目、分目、条目三级组成，设特载、大事记、县情概览、中国共产党巴东县委员会、巴东县人大、巴东县人民政府、政协巴东县委员会、纪检监察、人民团体、法治、军事、农业　农村经济、工业、交通、邮政　通信、城建　环保、商贸、经济管理、金融、经济开发、教育　科技、文化　体育　旅游、卫生、社会生活、乡镇、附录26个类目。

四、本卷年鉴条目标题统一用黑体字加【 】表示。书中单位名称、法律法规名称第一次出现时用全称并括注简称，部分单位机构名称用简称。本年鉴中县域地名、区别名用全称。地名以《湖北省巴东县地名志》为准。州均指恩施土家族苗族自治州。

五、本卷年鉴所载信息由全县各机关、企事业单位提供，兼用史志办采集的资料，供稿人姓名加括号予以注明，图片由刊载单位提供。所用统计资料由巴东县统计局提供，正文中数据由各部门提供。因统计口径等原因，有关部门所用个别数据与统计资料中的数据不一致，引用时以统计局资料为准。

巴东县行政区划图

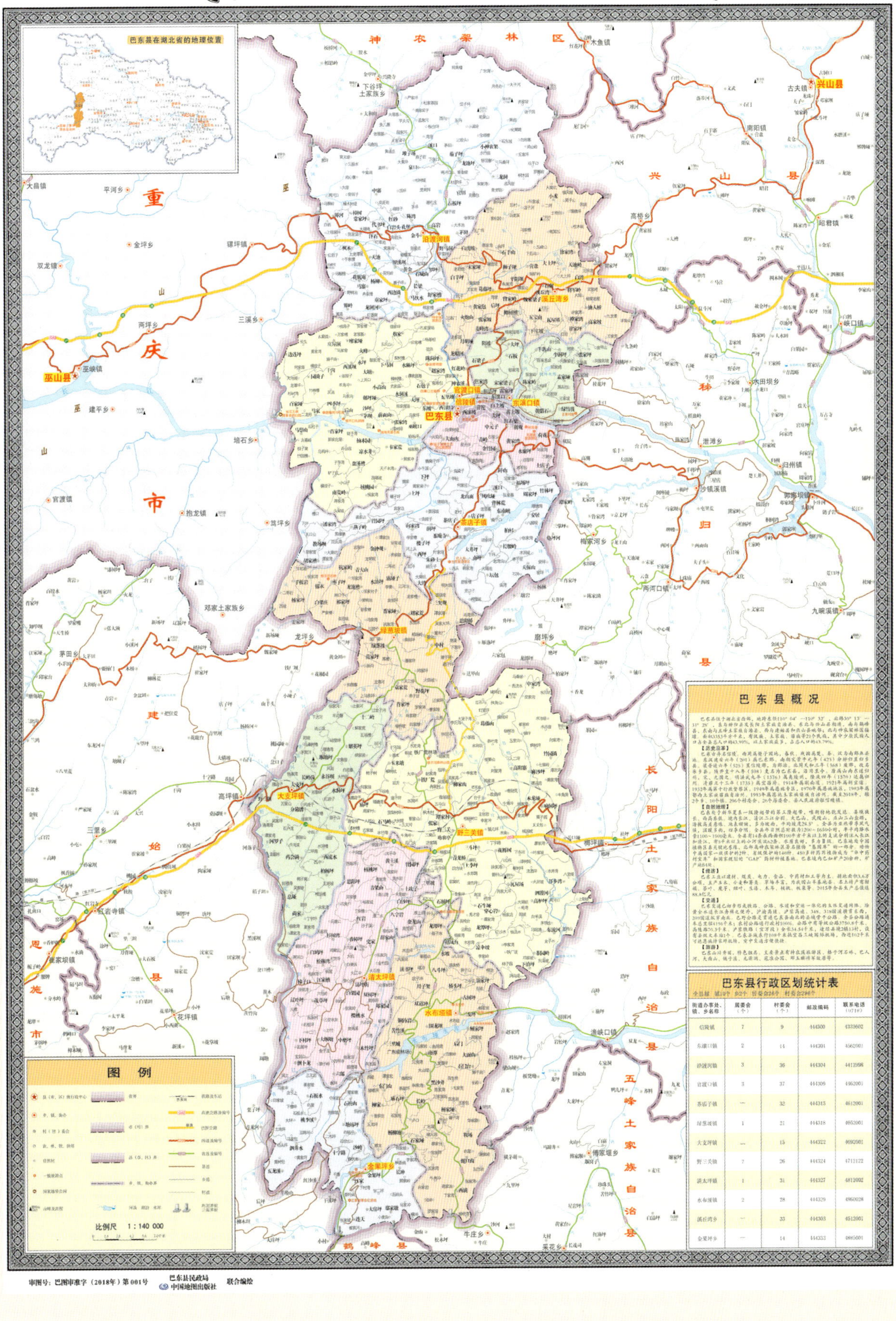

巴东县概况

巴东县位于湖北省西部，地跨东经110°04′—110°32′，北纬30°13′—31°28′。东与秭归县及长阳土家族自治县、东北与兴山县相邻，南与鹤峰县，东南与五峰土家族自治县，西与建始县和巫山县毗邻；北与神农架林区接壤。面积3353平方千米，有汉族、土家族、苗族等21个民族，其中少数民族人口占全县总人口的43.99%，以土家族最多，占总人口的43.79%。

【历史沿革】

巴东古名信陵，西周属夔子国地，春秋、战国属楚。秦、汉为南郡巫县地。东汉建安六年（201）属巴东郡。南朝宋景平元年（423）分秭归置归乡县。梁普通六年（525）置信陵郡，为郡治。北周天和三年（568）废郡，改名乐乡县。隋开皇十八年（598）更名为巴东县，治所未变。唐属山南东道归州。宋、元因之。明洪武九年（1376）属夷陵州，隆庆四年（1570）还属归州。清雍正十三年（1735）属宜昌府。1914年属荆南道。1921年属荆宜道。1932年属第十行政督察区。1949年属恩施专区。1970年属恩施地区。1983年属鄂西土家族苗族自治州。1993年属恩施土家族苗族自治州。截至2018年，辖2个乡、10个镇、296个村委会、26个居委会。县人民政府驻信陵镇。

【自然地理】

巴东处于我国东部第一级阶梯的第二阶梯带，喀斯特地貌发达。县境狭长，西高东低，境内长江、清江二江分割，大巴山、武陵山、巫山三山盘踞，海拔高差悬殊，地表切割，多为坡面，平均坡度28.5°。全县为亚热带季风气候，温暖多雨，四季分明。全县年日照总时数为1200～1650小时，年平均降水量1100～1900毫米。全县有14条集雨面积100平方千米以上的支流分别注入长江和清江，有5千米以上的小河溪流62条。水质良好，多为Ⅱ级。巴东地处中国植物区系关键地带，北部属神农架林区著名植物“基因库”的一部分。动物中属国家一级保护的2种，省级保护的148种。480多种药用植物成为“华中药材宝库”和国家规划的“GAP”药材种植基地。巴东境内已知矿产26余种，矿产地84处。

【经济】

巴东工业以建材、煤炭、电力、食品、中药材加工等为主。耕地面积3.6万公顷，主产玉米、小麦和薯类，草场丰富，为我国山羊基地县。名土特产有柑橘、茶叶、魔芋、烟叶、生漆、木耳、核桃、板栗等。2015年全县生产总值达88.8亿元。

【交通】

巴东交通已初步形成铁路、公路、水运和空运一体化的立体交通网络。除黄金水道长江穿境外，沪渝高铁、沪蓉高速、348、318国道横贯东西，209国道纵穿南北。巴野公路是贯通巴东县南北的县域骨干公路。全县公路通车总里程4196千米；农村公路通行政村100%。公路中有等级公路3750.8千米，高速路70.3千米。沪蓉铁路（宜万段）全长34.54千米，途经县境2镇13村，设有县级火车站1个。巴东县城东行108千米抵宜昌三峡国际机场，西进102千米可达恩施许家坪机场，空中交通方便快捷。

【旅游】

巴东山川秀丽，特色独具。主要景点有神农溪旅游区、格子河石林、巴人河、天面山、链子溪、无源洞、巫峡公园、邓玉麟将军故居等。

巴东县行政区划统计表

全县辖 镇10个 乡2个 居委会26个 村委会296个

街道办事处、镇、乡名称	居委会（个）	村委会（个）	邮政编码	联系电话（0718）
信陵镇	7	9	444300	4332602
东瀼口镇	2	14	444301	4562001
沿渡河镇	3	36	444304	4412998
官渡口镇	3	37	444309	4462001
茶店子镇	—	32	444315	4612001
绿葱坡镇	1	21	444318	4652001
大支坪镇	—	15	444322	4692001
野三关镇	7	26	444324	4713122
清太坪镇	1	31	444327	4812002
水布垭镇	2	28	444329	4860028
溪丘湾乡	—	33	444303	4512001
金果坪乡	—	14	444333	4885001

审图号：巴图审准字（2018年）第001号

巴东县民政局 中国地图出版社 联合编绘

领导调研

1月23日，北京市扶贫支援办主任马新明（右二）一行到巴东县调研

"国网阳光扶贫行动（湖北）"光伏扶贫项目调研工作座谈会召开

7 月 12—13 日，省体育局局长胡功民（右四）一行到巴东县开展贫困县体育工作情况调研

10 月 27—28 日，省文化和旅游厅副厅长段天玲（右一）一行到巴东县调研道地药材“一县一品”建设工作

11月6日，副省长肖菊华（左三）率省教育厅、省文旅厅等省直单位负责人一行到巴东县开展定点扶贫工作调研

12月5日，农业农村部副部长张桃林（左二）一行到巴东县调研柑橘产业发展

12 月 14 日，中共巴东县委第十五届委员会第九次全体（扩大）会议召开

12 月 17—18 日，中国人民政治协商会议巴东县第九届委员会第四次会议召开

12 月 18—19 日，巴东县第十八届人民代表大会第四次会议召开　　邓正赋　摄

3 月 19 日，中共巴东县第十五届纪律检查委员会第四次全体（扩大）会议召开
谭　平　摄

2 月 1 日，长江水利委员会主任马建华（左二）到巴东水文站检查指导工作

乡村公路

稻场岭大桥　　邓正赋　摄

巴东县民族服饰文化协会会员在野三关森林花海表演旗袍秀　　李永衡　摄

野三关森林花海鸟瞰　　方汶峰　摄

1月24日，北京大学授予巴东县第一高级中学全国首家“博雅教育示范中学”

4月29—30日，巴东县举办2019年第七届纤夫节

6月27日，阳新县常务副县长梅向阳（左五）一行到巴东县参观学习生态文明建设示范县创建

7月22日，县委书记单艳平（前排中）率考察团赴杭州下城区对接工作

12月28日，巴东县人民政府“北京对口支援 助力巴东奔小康”项目获“2019民生示范工程”奖

11月16—17日，2019年“7·16全民游泳健身主题系列活动”（巴东重点会场）暨“畅游神农溪·横渡大三峡”冬泳邀请赛在巴东县长江南岸亲水广场举行

目 录

组织与党建

宣传工作

统一战线

信　访

机关事务管理

政策研究

机构编制

经济开发

开发区建设

老区建设促进

扶贫开发

区域合作

教育　科技

教　育

巴东县第一高级中学

信陵镇

附 录

特 载

中共巴东县委常委会向县委十五届九次全会的工作报告

（2019 年 12 月 14 日）

中共巴东县委书记　单艳平

2019 年，县委常委会在以习近平同志为核心的党中央和省委、州委坚强领导下，团结带领全县广大党员干部群众，以习近平新时代中国特色社会主义思想为指导，统筹推进“五位一体”总体布局和协调推进“四个全面”战略布局，紧密围绕“五大产业集群”，全面打响“六大硬战”，奋力建设“五个巴东”。预计全年实现地区生产总值 116.3 亿元，同比增长 4.4%。完成地方财政总收入 10.2 亿元，其中公共财政预算收入 6.7 亿元。实现规模工业增加值 10.1 亿元，其中县属规模工业增加值 4.46 亿元、增长 5.5%。固定资产投资增长 11%。服务业增加值增长 9%。社会消费品零售总额增长 11%。城镇、农村常住居民人均可支配收入分别达到 30100 元、11400 元，分别增长 9%、10%。居民消费价格指数涨幅 3.5%。县域经济实力不断增强，人民生活水平逐步提高，党的建设全面加强，社会大局安定和谐。

一、坚定不移做到“两个维护”

坚持以党的政治建设为统领，增强“四个意识”，坚定“四个自信”，做到“两个维护”。

（一）在深化认识中增强政治自觉。带头坚决维护习近平总书记党中央的核心、全党的核心地位，坚决维护党中央权威和集中统一领导，始终同以习近平同志为核心的党中央保持高度一致。扎实开展“不忘初心、牢记使命”主题教育，牢牢把握“守初心、担使命，找差距、抓落实”总要求，始终围绕“理论学习有收获、思想政治受洗礼、干事创业敢担当、为民服务解难题、清正廉洁作表率”目标，深入贯彻落实习近平总书记关于主题教育的重要论述和讲话精神，以强烈的政治担当和责任使命，确保主题教育取得实际效果。全县共检视问题 1085 个，整改完成 869 个；即知即改、立行立改问题 647 个，整改完成 569 个；县领导领办民生实事 34 件，党员开展志愿服务 7296 人次，为民办实事好事 7606 件。

（二）在学习宣传中增强思想自觉。坚持把学习宣传贯彻习近平新时代中国特色社会主义思想和党的十九届四中全会精神作为首要政治任务，县委先后召开 26 次常委会会议、14 次县委中心组集中研学。大力推广以县委宣讲团为主体、多队配合的“一团多队”全覆盖宣讲模式，组织习近平新时代中国特色社会主义思想、“扫黑除恶”专项斗争县级理论宣讲 26 场次，县级百姓宣讲 24 场次，全县“双宣讲”累计 1314 场次，受众14万余人次。“新时代新气象新作为”百姓宣讲在全州排名前列。

（三）在细化措施中增强行动自觉。正确把握“两个维护”的实践要求，不仅体现在政治态度、政治立场上，更体现在维护的实际能力、实际成效上。认真贯彻落实党中央重大决策部署和省委十一届四次全会、州委七届六次全会精神，聚焦六大重点任务[1]，奋力推动全县经济社会高质量发展。召开县委十五届八次全会，出台《关于促进民营经济高质量发展的若干意见》，细化15条具体举措，进一步支持民营企业发展壮大、转型升级、提质增效。筹备召开县委十五届九次全会，研究实施乡村振兴战略。

二、坚定不移走高质量发展之路

县委深刻认识发展不平衡不充分的最大县情，始终把发展作为第一要务，深入践行新发展理念，走高质量发展之路，推动全县经济社会发展再上新台阶。

（一）打好三大攻坚战。认真贯彻落实党中央关于坚决打好三大攻坚战决策部署，坚持效果导向，聚焦突出问题，尽锐出战、科学作战、从严督战、决战到底。一是打好防范化解重大风险攻坚战。全面开展防范化解金融风险排查整治行动，扎实推进稳金融工作，构建非法金融活动网格化监测、行业监控和群众举报立体化监测体系，打击非法金融活动，立案2件刑拘1人。规范政府举债融资行为，严格政府债务限额管理和预算管理，强化债务风险约束。常抓不懈做好国家安全、意识形态、综治维稳等工作，坚决防止各类风险叠加聚集，梳理政治安全和社会领域重大风险90件，均落实化解责任和防范措施，全县大局保持稳定。二是打好精准脱贫攻坚战。坚持把脱贫攻坚作为重大政治任务和第一民生工程，按照“两不愁三保障”的现行扶贫标准，深入推进“八个到村到户”，脱贫攻坚取得决定性进展。水、电、路、网、房等基础设施短板逐步补齐，安全饮水巩固提升11.35万人，新改建农村电网727.4千米，新建硬化路和砂石路1391千米，新改建通信基站404个，开通宽带用户1.59万户，实施危房改造1.54万户。各项惠民政策精准落实，兑现教育资助资金4672万元、医疗保障资金4061万元、生态补偿资金4988万元、兜底保障资金1.4亿元。提供扶贫公益性岗位3190个，完成农村职业技能培训2.7万人次，投放扶贫小额信贷1.65亿元。东西部扶贫协作持续深化，实施帮扶项目51个，到位帮扶资金5500万元。国家电网定点扶贫、省“616”工程、荆门市对口支援成效明显。今年将实现31个贫困村出列、15631户44655人脱贫，完成整县脱贫摘帽目标任务。三是打好污染防治攻坚战。持续推动中央生态环保问题整改，完成各级环保督察反馈问题整改112个。重拳治山，水土流失治理35平方千米，实施“裸土覆绿”，长江两岸造林绿化7146亩、补植封育21674亩，全县森林覆盖率达到61.3%。重拳治水，着力打好长江大保护十大标志性战役，长江断面水质达标率100%，集中式饮用水源地水质达标率100%。重拳治土，完成年度土壤点位监测，实现医疗机构医疗废物集中处置全覆盖，农业面源污染防治成效显著。重拳治气，强化扬尘治理、尾气治理，打赢蓝天保卫战，完成大气污染防治第三方核查整改，全年空气优良天数预计可达342天。重拳治污，12个污水处理厂建成投用，管网覆盖率达90%；11个乡镇垃圾中转站完成建设，荷花垃圾水泥协同窑处置预处理场主体完工；改造农户无害化厕所36807个、公厕174座；行政村垃圾无害化处理实现“六有”[2]。成功创建“省生态文明建设示范县”、2个“湖北省森林城镇”、6个省级“绿色文明校园”、3个省级“美丽乡村”、51个省级“绿色示范乡村”。

（二）建设五大产业集群。坚持产业第一，夯实高质量发展基础。一是生态文化旅游产业持续升温。巴王水寨景区开门迎客，巫峡口景区完成次游客接待中心建设、轿子岩观景平台主体完工、大面山旅游公路建成通车，神农溪、巴人河、森林花海、无源洞等景区全面提质。成功举办第七届纤夫文化旅游节、第二届国际地质灾害论坛、“小康之约”2019秘境巴东高山森林国际半程马拉松、2019“畅游神农溪·横渡大三峡”冬泳邀请赛等节庆赛事活动。积极参与“世界军运·湖北深行”游客倍增计划发布活动，巴东美景霸屏武汉，全年旅游接待1043万人次，实现旅游综合收入80亿元，分别同比增长20%、20.1%。二是硒食品产业提质增效。新增茶叶基地3.46万亩，正山堂红茶、九端单枞茶、金茗农业抹茶等“巴东郡贡茶”深度开发项目正式投产，被农业农村部认定为国家区域性茶叶良种繁育基地，连续两年荣膺“中国茶业百强县”，正山堂·巴东红荣获世界红茶产品质量金奖；新增柑橘基地2.44万亩，完成13.5万亩柑橘基地管护；发展特色小水果5万亩；三峡现代农业、长友魔芋等企业重组步伐加快，硒食品产业实现综合收入4.6亿元。三是生物医药产业加速壮大。新增木瓜、独活、玄参等药材基地1.58万亩，示范管护中药材1.2万亩。“巴东玄参”跻身全省地道药材“一县一品”。杭州卓沃投资中药材加工研发项目签约落地，吉笙牛蒡种植加工项目稳步推进，时珍堂药业中药材饮片项目提质升级，生物医药产业实现综合收入2亿元。四是清洁能源产业平稳运行。121座光伏电站上网电量8008万千瓦时，实现销售收入5709万元。南潭河、虎牙河、潭口水电站扩容增效，岔河水电站加快建设，清洁能源产业实现综合收入9亿元。五是先进制造业势头良好。完成工业固定投资18亿元，其中工业技改投资1.96亿元、同比增长138.3%，标准化厂房入驻率达75.7%。成功申报省级民族专项、科技精准扶贫专项、农业创新引导项目、农业科技成果转化项目各1个，1家高新技术企业进入复审，新申报2家高新技术企业。纤夫缘家具、兴华石料等企业完成技改扩能，凯瑞服饰、泰鑫混凝土当年引进当年投产，博宇科技与许继集团合作持续深化，先进制造业实现综合收入6.1亿元。

（三）推动重大项目建设。坚持围绕投资抓项目，围绕项目抓招商，把项目建设作为经济工作的龙头和主抓手，大抓项目、抓大项目。全年实施500万元以上项目246个。一是绿葱坡滑雪及高山运动度假小镇、高山硒养旅游度假区等2个省“三类”项目加速推进，超额完成年度投资目标。二是三峡库区巴东县城长江干流库岸综合整治工程建设项目、原生态富硒食药种植基地等15个州级重点项目进入投资高峰，完成投资31亿元，占年度计划的179%。三是县级重点项目超额完成年度目标任务11%的增幅。郑万高铁平阳坝隧道全面贯通，高铁新区棚户区改造初具规模，国省干线普通公路“建养一体化”项目启动建设，巴张高速进入省规划过江通道有望获批，清江大桥及三友坪至泗淌段连接线全线通车，碧桂园、汉元世纪城、玥江桂庭等房地产项目全面开工。四是大力实施招商引资“一号工程”，积极参加“第十一届中博会”“第十五届中国（深圳）国际文化产业博览会”等活动，全年新签约巴东逍遥谷康养休闲旅游区项目、“正山堂·巴东红”红茶项目等5个项目。新开工恩施花天河旅游开发（巴东部分）、廪君文化生态园一期建设等12个亿元以上项目，引进省外资金22.3亿元。

（四）深化关键领域改革。将改革创新作为破解发展难题和实现后发赶超的“助推器”，一些关键领域改革取得明显成效，探索出一批有影响的“巴东经验”。一是深入推进供给侧结构性改革，投资2730万元支持煤矿企业转型升级；完成商品房交易735套8.99万平方米，存量消化周期缩减至10个月；全年新增贷款9亿元；累计减税降费1.12亿元。二是扎实开展农业供给侧结构性改革，稳定粮油生产，全年夏粮产量4.18万吨、油菜产量1.98万吨；积极发展农业休闲观光度假产业，硒果山休闲度假村、九端茶业等观光园成功入围2019年湖北省休闲农业示范点；认证“三品一标”农产品30个、面积30万亩。三是持续深化“放管服”改革，“12345”政务服务热线上线运行，24小时不打烊自助服务区初步建成。四是全面落实“3550+100”改革[3]目标，营商环境不断优化，新增市场主体3555家，审批政府投资198个，不动产登记8485件。五是加大旅游扶贫机制改革，以创建国家全域旅游示范区为契机，探索乡村旅游、特色民宿、旅游消费带动扶贫模式，重点打造13个旅游扶贫村、25个乡村旅游示范点，形成4个特色农业示范园和6个特色乡村旅游景点，发展乡村民宿、农家乐等1000余家，旅游业稳定带动27000名贫困人口脱贫。六是大力实施司法体制改革，县法院探索强制执行成效明显，受到《人民法治》《人民法院报》等媒体推介，巴东法院执行工作得到社会认可。与此同时，全县行政单位机构改革、生态文明体制改革、供销社综合改革、电子商务进农村改革、经济发达镇综合体制改革、农业农村改革等工作蹄疾步稳，纵深推进。

（五）不断增进民生福祉。忠实践行以人民为中心的发展思想，围绕“七有”[4]目标，财政民生支出占比达到85%以上。一是教育事业发展步履铿锵，统筹办好幼儿、小学、初中、高中、特校、职业教育和民办教育，满足人民多样化教育需要，公办幼儿园乡镇全覆盖、神农溪中小学、明德外国语学校开学招生，老年大学全面竣工，校园安全短板全面补齐，中高考再创佳绩。二是文化惠民活动丰富多彩，新建村级文化广场62个，村少年文艺之家60个，成为全省“改善和丰富贫困地区青少年儿童精神文化生活试点工作”唯一试点县；戏曲进校园进乡村127场次、“精准扶贫 · 文化惠民”送戏下乡80场次；“三馆一中心”[5]累计接待群众21万人次；完成精品舞蹈《巴咚咚》创作，扶贫歌曲《太阳照在屋顶上》获省“五个一工程”奖。三是医疗卫生服务能力稳步提升，县人民医院内科大楼、县民族医院公共卫生楼主体完工，博德医院建成投用，县妇幼保健计划生育服务中心启动搬迁，县域医共体正式运行，居民健康档案建档率达到90%。四是稳定就业规模不断扩大，新增城镇就业5138人，实现失业人员再就业1378人，城镇登记失业率1.05%。五是养老服务业前景广阔，支持企事业单位、集体组织、社团机构及个人等社会力量，兴办不同层面类型的养老机构，启动58个农村幸福院试点建设，累计建成21个社区居家养老互助照料中心、109个农村老年人互助照料中心。六是保障性安居工程扎实推进，完成住房改造759套，分配入住公租房806套。七是社会保障更加完善，城镇、农村居民医疗保险参保率分别达100%、99%，社会养老保险参保率达98%，社保服务实现“线上线下一卡通”。启动“童伴妈妈”“爱满荆楚”项目，在6个乡镇12个村建立社会工作站。募集慈善善款1500万元，惠及特困群众5万人次。同时，聚焦建设人民满意城市的目标，重点解决城市发展中“如厕难”“买菜难”“停车难”问题，建设城镇公厕20座，解决38处“路灯黑”问题，新增人行梯道6条、停车场9个车位961个。

三、坚定不移推进民主法治建设

充分发挥县委总揽全局、协调各方作用，调动各方面的积极性，相互支持配合，齐心协力推动整体工作上台阶。

（一）支持和保证人大及其常委会依法履职。支持县人大及其常委会依法加强立法和法律法规实施工作，依法开展法律监督和工作监督，听取和审议“一府两院”专项工作报告13项，开展执法检查、专题视察调研5次。坚持党管干部原则与人大依法任免有机统一，依法任免国家机关工作人员295人次。督办议案建议56件。支持开展"聚力脱贫攻坚、人大代表在行动"活动，解决群众提出问题和建议314条。建立本级政府向县人大常委会报告国有资产管理制度。

（二）加强人民政协协商民主建设。县委领导带头参加政协重要活动、带头领衔督办重点提案、带头广交深交党外朋友、带头接受政协民主监督，积极推动政协协商民主广泛多层制度化发展。支持政协开展精准扶贫"为民""爱心""带动"三大工程。支持政协围绕脱贫攻坚、绿色发展、民生保障等重大问题和人民群众普遍关心的热点难点问题，组织开展调研视察、议政协商，形成一批高质量的议政成果。全年支持办结委员提案68件。

（三）加强统战、群团和党管武装工作。高度重视并认真做好新形势下统战、群团和党管武装工作。工会、妇联、共青团、科协、残联等群团组织充分发挥人民团体的桥梁纽带作用，凝聚力量，工作成绩显著。乡镇工会改革会在全州率先完成。县科协开展的"科技兴农、科普惠民"活动被评为2019年湖北省全国科普日优秀特色活动。

（四）深入推进平安巴东建设。认真履行综治领导责任，统筹推进重大风险防范化解、城乡社区治理等工作。全面落实依法行政，普遍建立法律顾问制度，行政机关负责人出庭应诉率达100%，"七五"普法工作获省级表彰。深入掘进"扫黑除恶"专项斗争，坚持"扫黑除恶"与"打伞破网""打财断血"同向推进，办结中央和省、州交办涉黑涉恶类线索37条、县内涉黑涉恶类线索55条，办结率98.21%，群众安全感测评进入全省第一方阵。学习"枫桥经验"[6]，推进"一统三化"城乡社区治理模式，受到《人民法治》《湖北日报》《恩施日报》等主流媒体关注，沿渡河镇罗溪坝社区、茶店子镇洞坪村被省政府表彰为"百佳村民委员会"。严控重点行业领域风险隐患，紧盯新中国成立70周年、"军运会"等重大节会节点，安全生产事故持续走低，信访总量大幅下降，守住了"六个不发生"底线，全县社会大局平安稳定。

四、坚定不移推动全面从严治党

坚持党对一切工作的领导，坚如磐石推动全面从严治党向纵深发展、向基层延伸，为巴东高质量发展提供坚强政治保证。

（一）加强县委自身建设。带头增强"四个意识"，模范遵守党章，严守政治纪律和政治规矩，全面落实管党治党政治责任和主体责任。规范党委（党组）理论学习中心组学习，推进"两学一做"学习教育常态化制度化，带头参加"支部主题党日"活动，带头落实"三会一课"制度，切实增强党内政治生活的政治性、时代性、原则性、战斗性；带头开展党风廉政建设"两个责任"落实情况"讲、评、议"活动，提出实质性措施12条。严格执行民主集中制，建立县委重点工作推进机制，健全"七个一"联系服务机制[7]，实行目标量化管理，推动工作落地落实。

（二）全力维护意识形态安全。牢牢把握意识形态工作领导权和主动权，层层压紧压实意识形态工作主体责任，严格落实"五纳入三报告"制度，每季度召开一次意识形态工作联席会议，及时防控化解意识形态领域风险。严格落实网络意识形态责任制，开展网络生态综合治理专项行动和网络扶贫工作，引导互联网由"最大变量"转变为"最大增量"。设立县融媒体中心，主流媒体唱响巴东"好声音"。大支坪镇"绝壁愚公"陈显兵荣获"中国好人"榜敬业奉献好人称号，"跑腿干部"金果坪乡人社中心主任易盛荣获得"全国民族团结进步模范个人"称号，凝聚了积极向上的强大正能量。

（三）加强干部队伍和基层党组织建设。圆满完成机构改革任务，改革后全县机构设置、职能配置、编制职数管理更加科学规范。全面加强机关、农村、企业、非公有制经济组织、社会组织等各领域党建工作，出台《关于加强和改进县直机关党的建设的实施意见》，规范县直机关党的建设；开展村（社区）“两委”换届工作“回头看”，调整党组织书记20人、“两委”委员23人；积极推行村级“214”民主管理模式[8]，扎实开展基层党建补短板固底板工作，整顿提升软弱涣散党组织26个。深入贯彻新时代党的组织路线，引导干部投身于基层一线，全年从脱贫攻坚、信访工作、招商引资等一线提拔重用干部44人次，选派60名干部到一线挂职任职。完成新一届村（社区）“两委”成员轮训，各类培训3542人次。推行流动党员管理“五个一”机制[9]，理顺党员组织关系507人次。首开急需紧缺人才专项招聘，引进“双一流”[10]大学本科、普通高校研究生人才15名,80人申报一村多名大学生计划。

（四）深入推进党风廉政建设和反腐败斗争。一体推进“三项改革”，建立县纪委监委牵头、派出纪检监察组负责、各级党组织具体执行的“1+8+N”日常监督体系。出台《巴东县村级“三小”监督体系建设实施意见（试行）》，扎紧基层“微权力”的制度笼子。推行“1331”分类监督处置模式[11]，追缴违纪资金16.7万元。用好巡察利剑，开展1轮脱贫攻坚“点穴式”专项巡察和3轮常规巡察，完成中央脱贫攻坚专项巡视反馈意见、州委专项巡察及“回头看”反馈意见和本届县委巡察反馈问题整改大起底大检查面上问题整改。不断巩固反腐败斗争压倒性胜利，立案214件，党政纪处分168人。深化运用监督执纪“四种形态”，采取第一、二种形态处理317人，占86.8%。同时，出台《关于查处诬告陷害类信访举报的实施办法》，激励干部干事创业，打击诬告陷害者11人，公开澄清正名14人，回访教育受处分干部24人次，12名受处理干部获提拔重用。

（五）着力抓好作风建设。持续开展扶贫领域不正之风和腐败问题、形式主义官僚主义等专项整治和人防系统腐败问题、领导干部收受名贵特产资源等专项治理，查处涉黑涉恶腐败及“保护伞”问题20件、违反中央八项规定精神问题42个、形式主义官僚主义问题86个。坚持以人民为中心，开展“祛痛点破难点解焦点村村行”活动，解决问题2135条，落实惠民资金6487.14万元；开展信访举报办理“两走四见”[12]活动，纪检监察系统受理信访举报件和上级转交办件同比下降16.4%。

名词解释

〔1〕**六大重点任务：**州委七届六次全体（扩大）会议暨全州经济工作会议提出。具体为“打好三大攻坚战、建强四大产业集群、推进项目建设、夯实发展平台、优化营商环境、增进民生福祉”。

〔2〕**六有：**有治理专班、有保洁人员、有资金保障、有收运设备、有日常监管、有考核制度。

〔3〕**“3550+100”改革：**开办企业3个工作日内完成、不动产登记5个工作日内完成、工业建设项目施工许可50个工作日内完成的目标，工程建设项目审批时间缩减至100个工作日以内。

〔4〕**七有：**幼有所育、学有所教、劳有所得、病有所医、老有所养、住有所居、弱有所扶。

〔5〕**三馆一中心：**文化馆、图书馆、博物馆、乡镇综合文化服务中心。

〔6〕**枫桥经验：**在社会治理中坚持党建引领、坚持人民主体，坚持“三治融合”、坚持“四防并举”、坚持共建共享。

〔7〕**“七个一”联系服务机制：**县领导联系一个乡镇、一个贫困村、一个产业、一家企业、一个重点项目、一所学校、一名党外人士。

〔8〕**“214”民主管理模式：**建立线上、线下两个党务村务公开平台，每年召开一次民主管理工作会议，健全民主理财、民主议事、民主决策、民主监督四项工作制度。

〔9〕**流动党员管理“五个一”机制**：每月支部主题党日报到1次，每季度联系通报1次，每半年至少汇报1次在外情况，每年至少参加1次流入地党组织活动，每年至少参加1次支部主题党日活动。

〔10〕**双一流**：世界一流大学和一流学科。

〔11〕**“1331”分类监督处置模式**：一表（督查问题表）、三单（抄告单、交办单、线索移交单）、三书（监督意见书、监察建议书、纪律检查建议书）、一通报。

〔12〕**两走四见**：走进群众家里、走进群众心里，要见人、见事、见思想、见感情。

政府工作报告

——在县第十八届人民代表大会第四次会议上

（2019年12月18日）

巴东县人民政府县长　郭　玲

一、2019年工作回顾

一年来，全县上下坚持以习近平新时代中国特色社会主义思想为指导，深入贯彻习近平总书记视察湖北重要讲话精神，在州委、州政府和县委的坚强领导下，积极应对经济下行和极端干旱灾害等重大挑战，较好地完成了十八届人大三次会议确定的目标任务，交出了一份来之不易的答卷。

全年预计实现地区生产总值116.3亿元，同比增长4.4%。完成地方财政总收入10.37亿元，其中公共财政预算收入6.7亿元。实现规模工业增加值10.1亿元，其中县属规模工业增加值4.46亿元、增长5.5%。固定资产投资增长11%。服务业增加值增长9%。社会消费品零售总额增长11%。城镇、农村常住居民人均可支配收入分别达到30100元、11400元，增长9%、10%。居民消费价格指数涨幅3.5%。

——脱贫攻坚决战决胜。聚焦深度贫困，充实扶贫力量，统筹各方资源，严明工作纪律，万众一心、一鼓作气，全力攻克“坚中之坚、难中之难”。累计投入74.3亿元，易地搬迁12844户42618人，改造危房3.44万户，实施通畅工程3000千米，建设农村供水工程2.3万处。坚持“两不愁三保障、一高于一接近”〔1〕国家标准，实现了118个贫困村出列、55913户181248人脱贫，贫困发生率从39.09%降至0.34%，基本消除绝对贫困，脱贫攻坚取得决定性胜利。

——产业发展量质并举。新增规上工业企业5家、限上商贸企业5家、房地产开发企业4家、外贸出口企业2家。连续两年荣膺“中国茶叶百强县”，“巴东郡贡茶”入选湖北地标名片，“正山堂·巴东红”荣获世界红茶产品质量金奖。“巴东玄参”名列全省道地药材“一县一品”。生态文化旅游势头强劲，巫峡口景区加速建设，华中最大滑雪场投入运营，传统节会赛事声名鹊起，绿水青山与金山银山得到有机转化。

——生态保护扎实推进。长江大保护守土尽责，山水林田湖草生态保护修复工程统筹推进，长江库岸治理加速实施，新增造林绿化7146亩。乡集镇污水治理、城乡生活垃圾无害化处理实现全覆盖。全年空气优良天数342天，主要地表水断面水质达标率100%，森林覆盖率61.3%，成功创建省级生态文明建设示范县。

——政府改革落地生根。政府机构改革全面完成，五大领域综合行政执法、农村集体产权、医疗卫生等改革稳步推进。全力优化营商环境，“放管服”改革持续深化，县乡村三级政务服务事项实现“只进一扇门”。省内首家实现钉钉移动办公全覆盖，州内率先开通“12345”政务热线。全面落实减税降费政策，惠及企业减免税费1.12亿元。

——民生福祉持续提升。清江大桥及三友坪至泗淌连接线全线通车，两岸百姓告别摆渡过江历史。坛子岩地质灾害抢险项目全面竣工，318国道恢复畅通。投资5000万元实施跨区域调水，彻底解决茶店子集镇饮水难题。启动县城及部分乡镇应急水源建设，供水保障能力持续提升。神农中小学、明德外国语学校开学招生，老年大学投入使用。博德医院建成投用，标准化村级卫生室全覆盖，县域医共体正式运行。

——社会治理亮点纷呈。“一统三化”[2]社区治理全覆盖，“214”民主管理模式[3]巴东经验获国家主流媒体推介。“扫黑除恶”取得阶段性战果，群众安全感测评进入全省第一方阵。安全生产形势持续向好。“七五”普法获得省级表彰。全县信访总量大幅下降，有望创成全州唯一信访“三无”县。

一年来，我们团结一心、克难奋进，主要做了以下工作：

（一）切实聚焦脱贫摘帽。将脱贫攻坚作为压倒一切的头等大事，322个“尖刀班”2630名干部吃住在村、岗位在村、工作在村，1.23万名干部职工真情帮扶，对口帮扶单位全力相助，社会各界积极行动，人民群众自强不息，涌现了一大批脱贫攻坚榜样，集聚了誓断穷根的强大力量。统筹资金11.63亿元，全面补齐农村基础设施短板。新建饮水工程412处，饮水安全得到巩固提升。新改建农村电网727.4千米、配变394台，实现村村通动力电。硬化农村公路941.6千米，新建农村砂石路388.9千米，乡村通行能力持续提高。新改建通信基站404个，开通宽带用户1.59万户，4G网络综合覆盖率达98%。易地扶贫搬迁入住全面收尾，改造危房1.54万户，实现“人不住危房、危房不住人”。设立公益性岗位3190个，完成农村职业技能培训2.7万人次，大力发展特色农业，建设扶贫工厂，加快旅游和电商扶贫，推动贫困户通过“宜农则农、宜工则工、宜旅则旅、宜商则商”实现增收。生态补偿、教育扶贫、健康扶贫和保障兜底实现“应享尽享、应补尽补、应保尽保”。

（二）切实加快产业培育。特色农业转型升级，流转土地6.6万亩，开办专业合作社2501家、家庭农场547个，州级以上龙头企业达到18家，实现了组织化生产行政村全覆盖。新发展茶叶、柑橘、道地药材、蔬菜等特色产业基地50万亩，认证“三品一标”产品30个。新增茶叶经营主体24个、标准化生产线3条，正山堂巴东红、神农单枞茶、金茗抹茶正式投产。积极应对非洲猪瘟等重大疫情，生猪调出大县地位持续巩固。以北京双创中心、云集网、国网商城、恩施机场体验店为平台，巴东郡贡茶、硒土豆、柑橘等农特产品实现网络热销。工业经济破困转型，全年完成工业固定资产投资18亿元，其中工业技改投资1.96亿元，同比分别增长15%、138.3%。标准化厂房入驻率达75.7%。三峡、水布垭、茅源等重点酒企破困突围，“武陵酒都”白酒品牌实现重塑。博宇科技与许继集团合作持续深化，新能源充电桩正式投产。吉笙牛蒡种植加工效果良好，时珍堂药业中药饮片提质升级。凯瑞服饰实现当年引进、当年投产。全域旅游多点突破，全年接待游客1043万人次，实现综合收入80亿元，同比分别增长20%、20.1%。绿葱坡高山滑雪场、巴王水寨开门迎客，天子印、逍遥谷、仙池峰、花天河等旅游开发加快建设。森林花海提档升级，谭家坪度假酒店主体竣工，以野三关为代表的高山旅游康养度假业态得到公认、蓄势待发。“壮美三峡·秘境巴东”走进世界军运会，巴东美景霸屏武汉。成功举办第七届纤夫文化旅游节、高山森林国际半程马拉松、第二届国际地质灾害论坛、全国长江冬泳邀请赛等节庆赛事活动，全域旅游知名度和美誉度不断提升。

（三）切实推动城乡共建。河长制、山长制有效落实，各级环保督察反馈问题全面整改。12个污水处理厂、11个乡镇垃圾中转站建成投用，荷花垃圾预处理厂主体完工，镇村垃圾收运体系开始运维。黄土坡、白岩沟生态环境综合整治加快实施，厕所革命深入开展。县城区新增人行梯道6条、停车场9个、停车位961个，沿江大道人行天桥、楚天路立体停车楼年内投用。以碧桂园为代表的房地产企业投资巴东，江北新区蓬勃发展。巴东火车站完成改造，到站连接线即将投用。郑万高铁平阳隧道全面贯通，高铁新区棚户区改造初具规模。国省干线普通公路“建养一体化”项目启动建设。郑万高铁巴东北站成功升格为始发站。巴张高速进入省“十三五”交通规划，过江通道有望获批。

（四）切实优化营商环境。深化“放管服”改革，完成国家“互联网+监管”平台对接，实现权力“大瘦身”。821项服务事项进驻政务大厅，24小时不打烊自助服务区建成投用。企业用水用电用气实现网上报装，政务服务基本实现“一网通办”。“3550+100”改革基本完成。经济开发区管理体制改革不断深化，园区配套逐步完善，区域性统一评价编制完成。新增市场主体3555家，引进省外资金22.3亿元，投放贷款9亿元。紧扣供给侧结构性改革，支持煤矿企业转型升级，完成商品房交易735套8.99万平方米，存量消化周期进一步缩减。落实高速公路收费体制改革，ETC安装率达90%。

（五）切实改善百姓民生。树立安全办学理念，校园安全短板全面补齐，公办幼儿园乡镇全覆盖，职业高中提质扩容，中高考再创佳绩。人民医院内科大楼、民族医院公共卫生楼主体完工，妇幼保健院启动搬迁。新建村级党员群众服务中心5个、文化广场62个，公共文化体育设施实现镇村全覆盖。城镇新增就业5138人，失业人员再就业1378人，城镇登记失业率1.05%。城乡居民医疗保险、社会养老保险基本实现全覆盖，社保服务实现“线上线下一卡通”。募集慈善资金1500万元，惠及特困群众5万余人次。残疾人康复中心启动建设，农村幸福院试点加快推进。金融风险、政府债务风险、社会风险得到有效管控。“雪亮工程”全面推进，治安防控能力显著增强。安全事故起数持续走低。圆满完成“迎大庆、保军运”安保维稳。

（六）切实强化自身建设。强化政治引领，全面履行从严治党主体责任，扎实推进党风廉政建设，强力推动巡视反馈问题整改。深入开展“不忘初心、牢记使命”主题教育，专项整治形式主义、官僚主义，全面压减办文、办会和“三公”经费，基层减负成效显现。持续开展网络问政、电视问政、第三方民意调查、专项督查，政府信息全面公开。行政首长出庭应诉率达100%。依法接受人大法律监督和工作监督，自觉接受政协民主监督，办理人大代表议案建议56件、政协委员提案意见68件。

同时，我们统筹推进审计、工会、妇女、儿童、科协、气象、档案、共青团、工商联、民族宗教、外事侨务、退役军人、国防动员等工作，各项社会事业取得全面进步。

各位代表！过去的一年，是负重前行、破茧重生的一年。面对艰难挑战，全县上下始终保持定力、决不懈怠，用心用情做好自己的事，完成了既定决策部署，推动了发展行稳致远。这一年，省委省政府情牵巴东、春风化雨，州委州政府坚强领导、鼎力支持，县委总揽全局、科学决策，凝聚起战无不胜的磅礴力量；这一年，人民群众自力更生，干部职工不忘初心，用辛苦指数提升幸福指数；这一年，北京市、杭州市、荆门市、国家电网、省“616”等帮扶单位及社会各界倾力支持、多方支援，汇聚起巴东发展的强大动能。在此，我代表县人民政府，向全县广大干部群众，向各位人大代表、政协委员，向所有关心、支持、参与巴东发展的各级组织、各界人士、各位朋友致以最崇高的敬意和最衷心的感谢！

各位代表！今年是新中国成立70周年。70年砥砺奋进，70年沧桑巨变。伴随着新中国铿锵有力的发展步伐，巴东始终与祖国同心共进，实现了从吃不饱、穿不暖到富裕美丽、干净自强的历史性跨越，在全面建成小康社会的道路上迈出了坚实步伐。70年前，贫穷落后、百废待兴，而今三次产业融合发展，“五个巴东”加快建设，天下谁人不知巴东；70年前，基础设施落后，肩挑背驮，而今高速通达、高铁在望，买全国卖全国通天下；70年前，一条扁担街挑起古老山城，而今一城两翼、三江六岸，璀璨新城正在崛起。70年巴东发展变迁史，是革命先烈、英雄模范不怕牺牲、甘于奉献的历史，是历届县委政府殚精竭虑、接续奋斗的历史，是广大人民群众团结一心、艰苦拼搏的历史。一代代人的担当，一代代人的使命，一代代人的坚守，成就了今日巴东，我们必须始终铭记、发扬光大，从先辈们的奋斗历程中汲取力量，抢抓长江经济带发展机遇，续写更加精彩的高质量发展新篇章。

各位代表！过去的一年，虽然我们竭尽全力，但仍然未能实现地区生产总值、财政收入等部分指标的预期增长目标。我们清醒地认识到，工作中还存在一些困难和短板，主要表现在：发展环境不优，要素聚集不够；产业结构不优，发展质效不高；财政保障能力不足，民生领域存在短板；少数干部担当意识不强，推动发展的能力不够。我们将直面问题改，迎着困难上，一督到底抓，以更加昂扬的精神状态开创政府工作新局面！

二、2020年工作安排

明年是全面建成小康社会和“十三五”规划的收官之年，也是“十四五”规划的谋篇之年，做好全年工作意义重大。

明年工作的总体思路是：以习近平新时代中国特色社会主义思想为指导，深入学习贯彻党的十九大和十九届二中、三中、四中全会及习近平总书记视察湖北重要讲话精神，在州委、州政府和县委的坚强领导下，坚持新发展理念，坚持以供给侧结构性改革为主线，坚持稳中求进工作总基调，全面落实“六稳”[4]要求，统筹推进稳增长、促改革、调结构、惠民生、防风险、保稳定，接续打好“六大硬仗”，全力建设“五个巴东”，圆满完成“十三五”目标任务，与全国全省同步全面建成小康社会。

明年经济社会发展的主要预期目标是：地区生产总值增长7%，地方公共财政预算收入增长3%，规模工业增加值增长9%，服务业增加值增长9%，固定资产投资增长11%，社会消费品零售总额增长11%，城镇、农村常住居民人均可支配收入分别增长8.5%、9.5%，城镇登记失业率控制在4.1%以内，居民消费价格指数涨幅控制在4%以内，节能减排完成州定目标任务。

围绕上述目标任务，我们将重点抓好以下工作：

（一）坚定不移推动实体经济高质量发展。实体经济是立身之本、财富之源，必须旗帜鲜明地将壮大实体经济摆在更为优先的战略位置，加快全县工业化进程，推动三产融合发展。

聚焦产业集群。围绕硒食品精深加工、先进制造、生物医药、清洁能源、生态文化旅游五大集群，着力延伸产业链条。打造巴东郡贡茶产业园，推动重点茶企产品升级，推进巴东郡贡茶公共品牌建设，提升骨干酒企和农产品加工企业发展能力，建设硒科学与产业发展研究院，认证“三品一标”产品35个以上，新增省级农业龙头企业1家以上，硒食品精深加工集群实现产值13亿元以上。实施“万企万亿”技改工程，支持博宇、长马等科技企业向纵深发展，推进智能充电桩深度合作、狮子垭矿泉水开发、长江河道采砂、石材加工等项目落地达效，先进制造业集群实现产值12亿元以上。加强中药材基地标准化建设，建成投用中药材交易市场，培育引进中药材深加工企业，完成时珍堂等企业技改扩能，生物医药集群实现产值3.5亿元以上。加快岔河、水浒河水电站建设，推动风电开发加快落地，服务好水布垭电厂等企业，清洁能源集群实现产值12.5亿元以上。着力提升旅游供给能力，实现巫峡口旅游景区正式开园，加快推进滑雪运动小镇、高山硒养旅游度假区等项目建设。大力实施旅游提升工程，生态文化旅游集群实现产值90亿元以上。

打造园区高地。巩固完善“一区多园”体制机制，建成投用野三关电商产业园、两溪坪京援硒食品产业园和青龙桥、红花岭等扶贫创业园。实施市场主体倍增工程、“稳规进规”成长工程、产值过亿和税收过千万企业壮大工程，新增规模以上工业企业5家以上，新引进落户工业企业10家以上。全力纾困解难，设立驻企联络员，开展“一企一策”排障行动。落实区域性统一评价、“先建后验”制度，保障入园企业“标准地”、标准化厂房需求，破解落地难。搭建用工平台，落实就业促进和援企稳岗优惠政策，破解用工荒。引导金融机构聚焦实体发展，优化政府融资担保体系，足额保障小微企业过桥需求，破解融资难。加快“僵尸企业”出清，盘活闲置要素。深化校地合作，推动科技创新和人才引领。

狠抓招商引资。坚持招商引资“一号工程”不动摇，着力构建“主要领导挂帅招商、招商部门专业招商、产业部门联动招商、职能部门服务招商、全员关注参与招商”的大招商工作格局。立足产业链招商，突出工业招商，着力招大引强，提高引资履约率、资金到位率、项目开工率和投产达效率，力争新落地亿元以上招商项目12个以上，引进省外资金22亿元以上。抢抓恩施一类航空口岸开放机遇，支持引导实体更大力度走出去，力争进出口总额达到1000万美元以上，自营出口增长10%以上。

（二）坚定不移实施乡村振兴战略。全力迎接脱贫验收，提升脱贫质量，有机衔接脱贫攻坚与乡村振兴，争创首批乡村振兴示范县。

巩固脱贫成效。扎实开展脱贫攻坚“回头看”，认真整改各级验收评估反馈问题，确保顺利脱贫摘帽。严格落实“四个不摘”[5]要求，继续派驻工作队，保持扶贫政策、扶贫措施稳定不变。建立动态预警监测机制，高度关注脱贫不稳定和贫困边缘群众，减少和防止新贫返贫现象。强化易地扶贫搬迁后续措施，全力推进产业扶贫、就业帮扶等工作，增强贫困群众自身发展能力。继续争取北京市、国家电网、省“616”工程对口帮扶，深化杭州市东西部扶贫协作。

加快产业振兴。改造4.59万亩高标准基本农田，划定40万亩粮食生产功能区和重要农产品生产保护区。新发展茶叶、柑橘等优势板块基地5万亩以上，标准化管护30万亩以上，稳固发展道地药材30万亩、蔬菜30万亩、烟叶4.55万亩，加快打造生态茶园、精品果园、道地药园、放心菜园、美丽烟区。实施农产品加工业提升行动，推进农业生产标准化、优质化、品牌化。实施科教兴农战略，启动农业技能培训全覆盖三年行动计划，推动村级农技推广员、产业指导员和科技特派员全覆盖。落细落实“三权分置”，建实农村综合产权交易平台，最大程度激发乡村土地资源活力，大力发展带动能力强的新型主体。强化重大疫情防控，做好生猪市场保供稳价。落实乡村振兴总体规划，做好“农业+”文章，大力发展休闲农业、乡村旅游、民宿避暑，增强农业产业发展活力。

优化乡村治理。实施“三乡工程”，开展“百企联百村”行动，推动各类资源要素向农村汇聚。加强各类乡土人才队伍建设，培育一支懂农业、爱农村、爱农民的“三农”工作队伍。建强农村基层组织，多途径发展集体经济，提高村级运转保障和公共服务能力。大力开展农村人居环境整治，完成“四个三”重大生态工程建设，推进污水处理向中心村延伸，实现乡镇生活污水治理全覆盖、农村生活垃圾无害化处理全达标，全面普及农村无害化厕所。推进新时代文明实践中心（所、站）建设，培育文明乡风、良好家风、淳朴民风，创建文明乡村。

（三）坚定不移扩大投资稳增长。充分发挥投资关键性作用、消费基础性作用、财政保障性作用，不断壮大高质量发展硬支撑。

加快项目建设。完善领导包保和定期拉练工作机制，强力推进“比抓强促”[6]，确保开复工500万元以上重点项目260个，实现固定资产投资100亿元以上。聚焦经济开发区、高铁新区、神农新区“三区”建设，建成巴东北站站前广场和江北物流园主体，完成高铁新区、金象坪棚户区改造，建成官东大道、影视文化中心、平安大厦。打造综合交通枢纽，推进长江大桥至巴东北站快速通道、245省道长岭至泗淌至金果坪段等“建养一体化”项目建设，加快巴东港建设，力推巴张高速沪蓉沪渝连接线前期工作，争取2021年开工建设。抓好重大民生项目建设，加快县城备用水源、野三关应急提水和钟坝河、徐家咀水库等水源性工程建设，启动寇准文化公园、巴东体育中心建设，建成中国地质大学巴东科教基地、巴东一中体育场、职高教学楼、人民医院内科楼、民族医院公共卫生楼，推进人民医院、妇计中心综合楼建设。优化投资结构，建立民间投资重点项目库，增强民间资本投资信心。抢抓政策窗口期机遇，对接长江经济带等国家战略，认真做好“十四五”规划。足额保障项目前期经费，推动沿江高铁巴东站、双神旅游观光铁路、中石化翻坝油库、清花公路、清江抽水蓄能等重大项目前期取得突破。

激发消费活力。新增限上商贸企业5家以上，实现社会消费品零售总额84亿元以上。加快建设一批城市综合体，重点发展滨江商圈、聚宝盆商圈、农商城商圈等现代服务业集聚区，推进规模商超、集贸市场乡镇全覆盖。巩固电子商务进农村示范县建设成果，积极对接优质电商平台，提升消费扶贫覆盖面，力争电商交易额达到10亿元以上。培育壮大新经济、新业态，加快发展文化旅游、运动休闲、健康养老产业，积极引导房地产市场健康有序发展。开展放心消费创建活动，建成投用公共检验检测中心。

提升保障能力。推动财税突围，坚持过“紧日子”，集中力量办大事，千方百计保工资、保运转、保民生。涵养骨干税源、稳定重点税源、培育新兴税源，积极争取上级财力补助和政府债券，加大重大项目申报力度，用好用足土地增减挂钩政策，层层压实治税责任，推动财政收入稳定持续增长。构建预算绩效管理体系，强化政府债务等风险防范，提高财政资金使用效益。加强国资监管，规范县属国有企业管理。

（四）坚定不移共建共享美丽巴东。牢固树立绿水青山就是金山银山的绿色发展理念，推动优良生态、美丽城乡、全域旅游互促共进。

深入推进污染防治攻坚战。强化“三线一单”[7]刚性约束，推动各级环保督察反馈问题整改清零，争创国家生态文明建设示范县。推进蓝天保卫战，开展国土绿化、扬尘治理、秸秆禁燃、“散乱污”企业治理等专项行动，县城区空气质量优良率达到92%以上。推进碧水保卫战，扎实开展长江大保护十大标志性战役，实施长江干流岸线生态修复工程，建成投用砂石集并中心、港口船舶污染物接收转运处置设施，完成长江、清江入河排污口整治，实现所有监测断面和饮用水源地水质全达标。推进净土保卫战，开展农药化肥减量、耕地土壤环境质量提升行动，完成畜禽粪污资源化利用、餐厨垃圾终端处理项目建设。

持续提升城镇品质。科学编制国土空间规划，推进多规合一。按级AAAA景区标准打造县城，持续开展“六城”同创，深入实施环境综合整治，倡导绿色生活方式，提高精细化管理、人性化服务水平，建设智慧城市、宜居巴东。加快补齐市政短板，新建城区停车场15个、新增停车位5000个，推进乡集镇停车场等配套建设，启动老旧小区改造试点，建设一批人行梯道、人行天桥、城镇公厕。实施“鲜花添彩、增园添绿、裸土覆绿”行动，利用边角地、空闲地、插花地建设一批“微公园”，加快巴东国家森林公园、黄土坡生态修复公园建设，争创国家森林城市。

加快发展全域旅游。创建国家全域旅游示范县，力争全年接待游客1100万人次以上。建设精品景区，推动神农溪、巴人河、森林花海景区提档升级，打造金果坪红色文化公园、清太坪绝壁天河等红色旅游基地，争创一批荆楚文旅名镇、名村。强化要素配套，启动野三关至水布垭旅游公路建设，完成231省道绿葱坡段旅游公路改造，推进巴东港旅游客运码头建设，建成绿葱坡度假酒店、源梦度假酒店、巴王宫酒店、茶店驿站风情街，逐步实现乡镇星级酒店全覆盖。深度承接国网职工疗休养，全力打造最佳疗休养目的地。推动文旅品牌营销和区域合作，加快打造智慧旅游，依托华中最大高山滑雪场举办首届冰雪文化节，继续办好长江三峡纤夫文化节、中国廪君文化艺术节、高山森林国际马拉松、全国长江冬泳赛等知名节庆赛事活动。

（五）坚定不移打造一流营商环境。让市场主体最大限度发挥创造力，推动县域经济发展更有活力。

营造公平公正法治环境。依法依规放宽市场准入，规范招投标活动，维护公平竞争的市场环境，新增各类市场主体3000家以上。推进跨部门双随机联合监管，严格规范公正文明执法，对市场主体“无事不扰”。加大产权保护力度，严厉打击破坏市场秩序行为，全力维护企业家合法权益。

营造高效便捷政务环境。持续深化“放管服”改革，推进审批服务便民化，更大力度简政放权、减证便民。加快打造智慧巴东，启动5G网络布局，建设政务服务“中心大脑”，建成大数据运营中心、云计算中心、通村桌面云。完善实体大厅“一站式”功能，升级镇村两级便民大厅基础条件，巩固“3550+100”改革成果。

营造诚信健康金融环境。加强信用体系建设，完善守信联合奖励和失信联合惩戒机制，建立信用评价及红黑名单管理制度，提升全民诚信意识和市场契约精神。建立多部门联防联动工作机制，组建府院联合处置中心，稳妥高效化解金融债务风险，严厉打击民间高利贷等非法金融活动，坚决守住不发生系统性、区域性金融风险底线。持续争创全省“金融信用县”“保险先进县”。

（六）坚定不移保障和改善民生。坚持以人民为中心的发展思想，把群众安危冷暖放在心上、抓在手上，让发展更有温度。

繁荣发展社会事业。坚持办人民满意教育，推进义务教育薄弱环节改善和能力提升，支持江北新区高中建设，启动特殊学校分校建设，更大力度发展职业教育。实施校园安全“七防工程”[8]，完善教育安全责任体系。建成“三馆两场两中心一书城”[9]，推进乡集镇全民健身工程和村文化小康项目建设，实现县乡村三级综合文化服务中心全达标，争创全省公共文化服务体系建设示范区。培育文化传人、建设文化基地、壮大文化品牌，传承发扬巴东特色文化。推进医疗、医保、医药“三医”联动改革，健全医共体运行机制，严格分级诊疗制度，推动家庭医生签约制度落细落实，努力提升医疗质量和服务水平。推进依法治统，认真开展第七次全国人口普查工作。加强民族宗教工作，争创全国民族团结进步示范县。

织密扎牢保障网络。新增城镇就业4500人以上，就业培训6000人次以上。巩固全民参保计划实施成果，完成基本医保和生育保险合并。推动城乡社会救助扩面提质，确保应保尽保、应助尽助。健全居家社区机构相协调、医养康养相结合的养老服务体系，推进野三关综合养老服务中心和信陵镇、大支坪、金果坪农村福利院建设，新建35家易迁集中安置点互助照料和居家养老服务中心。加快殡葬改革，规范殡葬秩序，启动县城殡仪服务中心和乡镇殡仪服务站建设。支持慈善事业发展，完善扶残助残和关爱“三留守”服务体系，加快建设残疾人康复中心、妇女儿童活动中心。

提升社会治理能力。进一步理顺县乡事权，推动执法力量下移。稳步提高乡镇津贴，关心关爱基层干部。完成事业单位改革，调整、规范政事关系。实施人才强县战略，加快各类专业人才队伍建设。加强阳光信访、责任信访、法治信访建设，完善人民调解、行政调解、司法调解联动工作体系，巩固全国信访“三无”县创建成果。严格安全生产责任制，优化应急管理机制，争创全省综合减灾示范县。纵深推进“扫黑除恶”专项斗争，完善社会治安防控体系，保持打击违法犯罪高压态势，提升人民群众的安全感。

同时重视和做好工会、共青团、妇联、工商联等工作，进一步加强国防动员、双拥共建、广播电视、机关事务、气象、人防、档案、史志、保密、物价、供销、邮政、通信等工作，促进各项事业全面进步。

三、政府自身建设

我们将不忘初心、牢记使命，为人民服务、对人民负责、受人民监督，持续提升执行力和公信力，提高治理能力和治理水平，努力建设人民满意政府。

坚定政治方向。坚持思想引领、学习在先，增强“四个意识”，坚定“四个自信”，做到“两个维护”。全面落实从严治党主体责任，把党的领导贯穿政府工作全过程，坚决落实州委、州政府和县委各项决策部署，切实抓好巡视整改“回头看”。

严格依法行政。严格按照法定权限和法定程序行使权力，自觉运用法治思维和法治方式推动工作。健全法律顾问、行政首长出庭应诉、重大决策咨询论证等制度。大力推进数字政府建设，全面推进政务公开。依法接受人大法律监督和工作监督，自觉接受政协民主监督，主动接受社会舆论监督，广泛听取工商联、企业家、无党派人士和人民团体的意见。

狠抓工作实效。向形式主义、官僚主义亮剑，大力推行“一线工作法”，持续改进工作作风。建立部门协调配合机制，完善大调研、大督查、大拉练制度，健全强有力的行政执行系统，推动决策部署落实落细。提高政策研究和制定能力，全面增强履职本领。坚持严管厚爱结合、激励约束并重，努力营造“以发展为重、以担当为荣、以实干为乐”的良好局面。

建设廉洁政府。严格落实中央八项规定及实施细则，支持政治巡察、纪检监察和审计监督工作，加强对公共资源交易等重点领域和关键环节监管，严肃查处侵害群众利益的不正之风和腐败行为，让清正、清廉、清明成为政府的鲜明底色。

名词解释

〔1〕**两不愁三保障、一高于一接近：**不愁吃、不愁穿，义务教育、基本医疗、住房安全有保障；贫困地区农民人均可支配收入增长幅度高于全国平均水平，基本公共服务主要领域指标接近全国平均水平。

〔2〕**一统三化：**党建统领，网格化管理、全程化服务、现代化目标。

〔3〕**“214”民主管理模式：**建立线上、线下两个党务村务公开平台，每年召开一次民主管理工作会议，健全民主理财、民主议事、民主决

策、民主监督四项工作制度。

〔4〕**六稳：**稳就业、稳金融、稳外贸、稳外资、稳投资、稳预期。

〔5〕**四个不摘：**摘帽不摘责任、不摘政策、不摘帮扶、不摘监管。

〔6〕**比抓强促：**比招商、抓项目、强产业、促进位。

〔7〕**三线一单：**生态保护红线、环境质量底线、资源利用上线和生态环境准入清单。

〔8〕**七防工程：**人防、物防、技防、心防、阵地防、环境防、机制防。

〔9〕**三馆两场两中心一书城：**图书馆、文化馆、非遗展示馆，演出剧场、文化广场，广播电视中心、青少年活动中心，巴东民族书城。

大事记

1月

1日 县食品药品监督管理局组织开展以食品、药品生产经营单位，餐饮服务单位为重点对象的食品药品安全专项检查。出动食品执法人员324人次，药品执法人员53人次；检查食品生产经营者135户，药品生产经营者18户，餐饮服务单位4家；查扣假冒伪劣食品和不合格食品410公斤，给予相应处罚；受理处理消费者申诉举报件1起。

2日 启动巴东县第四次全国经济普查入户登记工作。

4—6日 巴东县第十八届人民代表大会第三次会议召开。

4日 政协巴东县委员会召开第十一次常委会，协商讨论有关决议（草案）。会议协商讨论《政协巴东县第九届委员会第三次会议关于常务委员会工作报告的决议（草案）》《政协巴东县第九届委员会第三次会议关于九届二次会议以来提案工作情况报告的决议（草案）》《政协巴东县第九届委员会第三次会议政治决议（草案）》。

6日 巴东县召开省“616”工程对口支援工作督办会，通报2018年“616”工程对口支援相关情况，安排部署2019年相关工作。

7日 建始县国土资源局考察组到巴东县考察学习不动产登记基础数据整合工作。2018年，巴东县不动产登记基础数据整合工作完成纸质档案扫描近22.7398万页，电子档案挂接20.4538万页，楼盘表整理约2000余条，完成项目建设工作量的65%，工作进度全省第一。考察组详细了解巴东县不动产登记基础数据项目整合方式、运用情况，听取相关情况介绍。

是日 为宣传巴东改革开放四十年的辉煌成就，展示全县非物质文化遗产传承的丰硕成果，促进巴东堂戏的保护与传承，推动巴东堂戏繁荣发展，由县委宣传部、县文体新广局、县教育局、县财政局主办的2019荆楚“红色文艺轻骑兵”戏曲进校园活动在巴东县民族职业高级中学举行。

8日 国家体育总局游泳运动管理中心复函巴东县人民政府，同意将巴东“畅游神农溪·横渡大三峡”冬泳邀请赛纳入2019年“7·16”全国游泳公开水域系列赛（巴东站）。

是日 为落实东西部扶贫协作和对口帮扶工作，杭州市下城区团委为巴东县大支坪镇中心小学、耀英坪小学等学校贫困学生购买手套、帽子和围脖等御寒物品500套，委托县教育局发放给贫困学生。

9日 巴东野外综合试验场被认证为2018年中国产学研合作创新示范基地，颁证授牌。巴东野外综合试验场以中国地质大学（武汉）长江三峡库区地质灾害防治野外综合试验基地的名义，被认证为2018年中国产学研合作创新示范基地。

11—12日 县旅游局、县公共就业和人才服务局联合举办"讲好恩施故事"第四届导游大赛，全县各景区58名导游参加比赛。大赛设置十佳导游和讲好恩施故事两个奖项。神农溪国旅导游王丹丹获导游大赛双料冠军。

13日 2018年"马云乡村教师奖"颁奖典礼在海南省三亚市举行，来自全国的101名乡村教师和20名乡村校长受到表彰，巴东县清太坪镇白沙坪小学支教教师袁辉获表彰。

是日 由巴东县信陵镇党委、信陵镇人民政府主办的信陵镇首届年猪文化节暨第二届信陵黑猪签约会在巴东县信陵镇土店子村民委员会群众文化广场举行。北京市房山区长阳镇与将军山农牧开发有限公司签订2019年购销合同，订购黑猪1000头，现场交付订金50万元。

16日 2018年度全国"平安农机"示范市县和农机安全监理示范岗位标兵名单公示期满。巴东首次跻身全国"平安农机"示范县行列，全国82个县市获此殊荣，巴东县是湖北省唯一入选的县市。

是日 县工商局召开"两节"市场整顿暨"保健品"市场百日执法集中行动工作会，决定在全县范围内开展农村假冒伪劣食品及"保健"市场乱象专项整治行动。此次整治行动主要以小作坊、小商店、小餐馆、小商贩等食品生产经营主体和农村集市、食品批发市场、临时食品展销会为重点对象，打击假冒伪劣、侵权"山寨"食品和食品虚假宣传、违法广告、无照经营等行为；重点整治直销企业、直销企业经销商和直销员的违规直销、传销及以"保健"为名开展的各种违法违规行为。同时，全力查处假冒伪劣商品、清缴"三无"和无"三C"认证的小家电产品。

17日 巴东县首批纯电动出租汽车在巴东县野三关镇投入运营。此次投入运营的电动出租车共30辆，是全县首批纯电动出租车，也是全州首个在乡镇营运的电动出租车。

20日 巴东红旗渠作为近现代重要史迹及代表性建筑入选第七批湖北省文物保护单位。巴东绝壁天河位于巴东县清太坪镇至宜昌市长阳县之间，地处海拔千米的悬崖峭壁之上。这条犹如挂在绝壁上的"天河"，被人们称为鄂西深山中的"红旗渠"。

21—22日 县工商局联合沿渡河、水布垭、官渡口、茶店子、绿葱坡等乡镇，开展春节前市场集中整治，维护消费者合法权益。两天行动中检查市场主体207家，其中保健市场主体36家、药店10家、食品加工企业8家、养生馆5家、培训机构1家，宣传政策法律160项，下发7份责令整改通知书，对6家无照经营商户责令整改，对15件涉嫌不符合国家法定要求产品和1起涉嫌商标侵权产品予以暂扣；现场送达小型电取暖器抽检报告，对检验不合格商品现场收缴。

23日 共青团巴东县委十六届二次全体（扩大）会议召开。会议通报2018年度各乡镇团组织考核结果；研究讨论《共青团巴东县委员会工作规则（试行）》，审议通过《团县委委员卸职递补确认案（草案）》和《共青团巴东县委员会第十六届二次全体会议决议（草案）》。

是日 华南农业大学茶学系主任、教授、博导黄亚辉到巴东县，考察凤凰单枞引入巴东后的生长适应情况及后续技术研究情况。县人大常委会副主任潘世奎参加考察。考察团先后到湖北九端茶叶公司生产车间及茶店子镇风吹垭、北山面村单枞茶叶基地，详细了解企业发展规划、基地的生态环境、茶叶长势及茶园管护现状。考察团对悠久的巴东茶历史文化、独特的茶生态资源、雄厚的茶品牌基础给予高度认可，表示以"南茶北饮"为契机，持续深入考察、协同创新研究，助力打造巴东茶叶支柱产业。

25日 由湖北省科协在全省组织申报推荐的2019年湖北省"特色产业科普基地"和"基层科

普服务能力提升行动计划”项目名单揭晓。巴东县富硒中药材科普示范基地入选湖北省特色产业科普基地，官渡口镇中心小学入选湖北省科普教育学校。

26日 巴东县民族职业高中三（1）班学生向田州获全国“最美中职生”称号。2018年度“最美中学生”“最美中职生”活动由共青团中央、全国学联、中国青年报社联合举办。面向全国中学、中等职业学校在校学生，672名中学生和324名中职生被授予“最美中学生”“最美中职生”称号。

28日 县人民政府与湖北恩施吉筌实业发展有限公司、恩施机场成功签约《大支坪野三河巴东逍遥谷康养休闲旅游区》和《恩施机场宣传推介巴东产品及旅游资源》项目。

29日 巴东至沿渡河城乡客运一体化班线开班。巴东县捷龙客运有限责任公司融资300余万元，购买16台19座小型中级客车，实行统一车型、统一调度、统一票价、统一结算、统一服务质量的营运模式，以最安全、最优质、最方便、最快捷的运行模式服务人民。

是日 县林业局和县农业局技术人员到沿渡河镇罗溪坝社区，对这里新近发现的上百株古茶树群落进行现场勘查。通过对茶树生长的气候和土壤环境的初步分析，认定这片茶园树龄应在两百年以上。县林业和农业部门技术人员现场对茶园进行详细勘察和统计，并就如何保护古茶树对村民进行培训，制定相应保护措施，对茶园进行保护。

2月

18日 巴东县巫峡口景区安置区建设项目和巴东县人民医院住院综合楼建设项目开工，项目总投资4000万元，总建筑面积10538.66平方米，包含4栋7层住宅楼，7栋独立式3层安置房和一栋党员群众服务中心办公楼。县人民医院住院综合楼项目投资总额为6300万元，总建筑面积22468.64平方米。

22日 经省委、省政府批准，州委、州政府印发《巴东县机构改革方案》。改革后，设置县级党政机构37个，其中县委机构10个（含纪检监察机关1个，工作机关9个），县政府工作部门27个。

25日 共青团湖北省委办公室印发《关于2018年全省共青团工作先进单位的通报》，共青团巴东县委受到表彰。全省有47个基层团委受到表彰，共青团巴东县委是全州唯一。

26日 省人大常委会副秘书长付正中到巴东县，开展清江流域水环境保护立法调研工作。付正中一行先后到野三关镇污水处理厂、水布垭镇三里城村、水布垭发电站及清江流域，了解污水处理排放标准，查看清江两岸生态环境保护、发电站运行及清江流域水环境保护情况；到野三关镇石桥坪社区，调研该社区垃圾分类处理及转运情况。

是日 县委政法委2019年第一次委员（扩大）会召开，学习政法工作相关文件精神，总结2018年工作，对2019年工作进行安排部署。县政府党组成员、公安局长皮剑飞参加会议。会议集中学习习近平总书记关于政法工作的重要论述和《中国共产党政法工作条例》，审议《县委政法委向县委常委会工作汇报》《巴东县2019年政法工作要点》《巴东县2019年政法重点工作责任清单》，观看扫黑除恶专项斗争专题片。

28日 巴东县组织召开2019年第一次安委会全体（扩大）会议，总结回顾2018年安全生产工作，分析研判安全生产形势，安排部署2019年重点工作。会议集中学习《湖北省地方党政领导干部安全生产责任制细则》，野三关镇、东瀼口镇、住建局、交通运输局、公安局相关负责人就安全生产管理进行述职交流。

3月

1日　春运40天，巴东火车站累计发送旅客3.6万余人次，查获危险违禁物品100余件，查控重点人员90名，整治站前广场车辆乱停乱靠1起，民警通过巡逻、视频监控等方式帮助旅客找回贵重物品等好人好事2件，确保旅客出行安全。

是日　巴东县召开2019年国防动员暨民兵预备役工作会，对成绩突出的先进单位和个人进行表彰，安排部署2019年工作。会议集中学习恩施州军分区党委第十一届九次会议精神和州委书记、军分区党委第一书记柯俊同志的讲话精神，为陈红平等民兵预备役工作优秀个人、野三关镇人民政府等民兵预备役全面建设优秀单位颁奖。

是日　巴东县启动为烈属、军属和退役军人家庭悬挂光荣牌工作。启动仪式上，与会县领导为到会的烈属、军属和退役军人代表们颁发光荣牌。仪式结束后，单艳平、王国玮分别带队到退役军人代表谭荣、赵世强家，为其入户悬挂光荣牌，对他们为保家卫国、建设巴东作出的贡献表示感谢。

是日　在第二十次全国爱耳日来临之际，巴东县残联举行以“关爱听力健康　建设健康中国”为主题的爱耳护耳宣传活动。活动现场，工作人员围绕耳科及听力保健科学知识，如何预防出生缺陷、发育障碍、疾病及伤害导致听力残疾进行仔细讲解，增强人们爱耳护耳意识，营造关爱、帮助听力残疾人康复的社会氛围。当天，现场接待咨询200余人，发放宣传手册500份，为参加活动的持证听力残疾人免费发放智能电饭煲20台。

是日　县金融办联合蚂蚁金服智慧巴东运营团队到沿渡河镇，开展金融消费安全和防范非法集资集中宣传活动。通过播放宣传片、发放宣传资料、悬挂横幅、现场讲解等形式，多角度宣传非法集资的表现形式、主要特点、社会危害，提醒群众提高警惕，加强对非法金融活动的甄别与抵制能力。

是日　由县国土资源局主办、武汉量达拍卖有限责任公司承办的土地拍卖会在县公共资源交易中心举行。拍卖地块位于巴东县野三关镇劝农亭社区，总面积61178平方米，拍卖底价5429万元，其中BP2019001号地块、BP2019002号地块、BP2019003号地块的拍卖起始价分别为1927万元、1728万元、1774万元。最终，玉麟城镇开发有限责任公司以6999万元摘得该地块的国有建设用地使用权，溢价1570万元。

2—5日　县委常委、统战部长贾继建，县政协副主席、工商联主席向凤英，带领县工商联、县招商局到杭州市，参加杭州市恩施商会新春联谊会暨招商旅游推介活动，与下城区工商联对接东西部扶贫协作工作。巴东县与杭州市恩施商会签订《招商合作服务协议》，举行授牌仪式，杭州市恩施商会成为首家巴东县招商引资服务平台授牌商会。双方交流2018年东西部扶贫协作工作情况和2019年工作举措。

4日　福建正山堂茶业有限责任公司与巴东县城投公司签约，合作开发“巴东红”。

是日　“共圆中国梦·畅游新三峡”——2019年全国中老年（知青）“秘境巴东杯”才艺大赛，在巴东县游客接待中心梦回巴土剧场开幕。首批来自全国各地的十多支老年民族艺术团同台献艺，各展风采。上海普陀区老年时装队表演的时装秀《魅力韵》获金奖，上海魅力音乐旗袍会表演的旗袍秀《水墨兰亭》获银奖，安徽石台知青联谊会表演的太极功夫扇《中国功夫》获铜奖。

5日　巴东县沿渡河镇罗溪坝社区古茶树园，县检察院和县林业局的工作人员实地了解茶树生长情况。这片古茶园位于罗溪坝社区茶园坡，茶园占地近50亩，共有古茶树299株。其中，树龄100年—299年的291株，300年—

350年的8株。茶树品种以原始“巴东大叶种”为主。根据史料记载和现有茶树粗细推测，这片古茶树应属于明朝茶树遗存及其后逐步繁衍而成，符合“原生态古茶园”类型特征。2019年1月5日，县十八届人大三次会议第三代表团分组讨论时，县人大代表张洪权提出：“罗溪坝社区现有百年以上的古茶树200多棵，为避免古茶树遭到破坏，希望县检察机关以公益诉讼的方式介入，与林业部门一道，对古茶树进行保护。”县检察院向林业局、农业局和沿渡河镇发出诉前检察建议，通过公益诉讼的方式，督促行政机关加大对古茶树的保护。

7日 巴东县被恩施州人民政府表彰为2018年交通运输工作成绩突出县。

10日 中国农科院茶叶研究所韩文炎教授应邀到巴东县沿渡河镇，指导茶叶产业发展，为该镇15家茶叶市场主体、政府茶叶技术干部和村支两委班子成员及“尖刀班”成员进行茶叶技术栽植管理培训。韩文炎教授针对新茶园建设、茶苗栽植技术以及田间管理技术进行讲解，详细介绍产业发展趋势，及其他茶叶主产区发展茶产业的经验。参会人员就茶产业发展过程中遇到的问题进行互动交流。

11日 巴东县野三关镇红军小学举行“雷锋班”授牌仪式。授牌由中共中央党校、中国延安精神研究会、中国关心下一代工作委员会等联合授予，旨在传承红军精神，以雷锋精神鼓舞和教育红军小学的孩子们。湖北省有9所红军小学被授予“雷锋班”。

是日 县人民政府与中国地质大学签订《巴东县农广校所属国有不动产无偿划拨协议》。签约协议主要内容：县人民政府将农广校校园土地、房屋及构筑物等资产无偿转让给中国地质大学，让其用于教育、教学、科研等公益用途。中国地质大学充分利用专业教学、人才培养与学术交流的优势，推动巴东地质灾害防治人才知识的快速积累和人才成长，进一步加强双方校地战略合作深化，助力巴东精准脱贫。

13—14日 副州长张勇强到巴东县，调研长江大保护十大标志性战役、乡镇污水治理工作推进情况，召开全州长江大保护十大标志性战役指挥部全体会议。会议传达学习省长江大保护十大标志性战役指挥部第二次会议，生态环境部长江入河排污口排查整治专项行动试点工作启动会议精神；通报全州长江大保护十大标志性战役2018年度工作完成情况。州15个专项战役及各县市指挥部对2018年度工作进行汇报，安排部署2019年重点工作。

16日 国家生态环境部科财司调研员於俊杰带领调研组到巴东，调研生态环保和脱贫攻坚工作，从自然条件受限、基础设施落后、公共服务不配套、生态补偿和转移支付力度与基本公共支出不相适应等方面，了解脱贫攻坚与环境保护政策衔接存在的具体问题，听取产业发展、基础设施、公共服务、生态补偿等方面需要给予政策倾斜的具体要求与建议。

19日 巴东县巫峡口景区费家岭索道、神农溪小区清溪路建设项目开工。费家岭索道总投资约8258.58万元。该项目竣工后，将打通巫峡口景区内部交通不畅的瓶颈，形成巫峡口景区的快捷旅游环线，加快客流周转；清溪路总投资2830万元，是连接神农溪新区茶圣路和东坡路，按城市道路支路进行设计，路线全长1302米。该项目促进神农溪新区开发建设，畅通新区路网建设，为居民创造便捷交通环境。

20日 空军武汉基地定点帮扶巴东座谈会在巴东召开。空军武汉基地通过前期调研，确定将高寒乡镇绿葱坡镇绿葱坡社区纳入定点帮扶，立下军地携手战贫困“军令状”，拟定“补齐短板，打造基础设施工程；产销对接，打造消费扶贫工程；助学兴教，打造教育扶贫工程；军营熔炉，打造人才培养工程；扶志扶智，打造军营文化进村工程”等“五项工程”建设，助力深度贫困巴东县如期脱贫奔小康。

23日　05时15分，宜昌巴东海事处无源洞海巡执法大队接到船员报警，长江巴东巫峡口水域“宏声36”轮下行，有船员突然发病急需上岸救治。接警后，海事执法人员立即乘“海巡12213”艇于05时20分备车出航上行。05时30分在巴东长渡河水域，“海巡12213”艇与“宏声36”轮成功对接。05时40分在巴东大南角渡口，安全护送发病船员和陪护人员过档、上岸。

24日　省公共资源交易监管局副局长张鲁江带领督查组到巴东，督查省政府重大项目建设、优化营商环境及项目落地情况。县委常委、常务副县长钱才东，县政府党组成员、巴东经济开发区管委会主任王昌龙，州发改委、县发改局相关负责人参加。督查组先后到绿葱坡滑雪及高山运动度假小镇项目、野三关高山硒养旅游度假区等“三类”重大项目（省委省政府督办的重大产业项目；总投资超过10亿元的新开工项目；省级重点项目）现场，通过查看现场、查阅资料、听取汇报等方式，了解项目建设进度、政策落实、完成投资等情况，对项目建设中存在的困难和问题，提出意见和建议。到大支坪镇民族初级中学、2018年易地扶贫搬迁工程野三关曾家湾安置点实地督查中央预算内项目执行情况。

25—28日　由州自然资源和规划局组织的检查组，对巴东县农村宅基地和集体建设用地使用权及房屋所有权确权登记发证工作进行为期四天的预检。按照全县5%的地籍子区抽样，检查组分别对承建项目各包段的外业权籍调查、控制测量成果、内业资料收集整理、数据库建设进行检查验收。通过实地查看和讨论评定，检查组认为外业测绘界至边长在误差范围内、界址点设置完整规范、控制测量中误差符合技术规范、权调资料收集完整、比例达到要求、内业资料装袋较为规范、数据库建设符合标准，通过预检。

29日　巴东县自然资源和规划局挂牌成立，属县政府工作部门。新组建成立县自然资源和规划局，是将分散在国土、规划、发改、水利、林业、畜牧等部门的自然资源管理职能职责进行优化整合，实现自然资源由多头管理转向集中统一管理，推进生态文明建设，加快构建自然资源统一管理体系。

30日　巴东县组织召开非洲猪瘟防控工作视频会，安排部署相关工作。会议邀请县农业农村局专家就非洲猪瘟的特点、传播途径、防控措施、疫情处置等方面进行详细讲解。各乡镇设分会场。

4月

3日　郑万高铁项目，神农溪双线大桥首座桥墩2号桥墩0号块托架完成拼装。神农溪双线大桥位于巴东县沿渡河境内，全长457.1米，2墩2台，其中2号墩为矩形空心墩，墩高67米，墩顶强度达到要求后，进行托架拼装，托架承受强度及稳定性达到要求后方可进行0号块的后续施工。郑万高铁湖北段全长286千米，设计时速350千米，总投资446亿元，预计2022年建成通车。

4日　广东恩施商会和深圳点筹网在巴东县大支坪镇尚家村举行消费扶贫和电商扶贫签约及揭牌仪式。广东恩施商会和深圳点筹网分别与大支坪政府签订《生猪认购协议》《电商扶贫合作协议》，从回购生猪养殖、提供优质电商平台两个方面与尚家村展开扶贫协作。各企业家参观尚家村富硒农产品展销会和吉笙实业中坝片区牛蒡标准化种植基地。

5日　首届网红文化艺术节在巴东县茶店子镇巴人河景区上演。活动由巴人河景区主办，为期4天，通过文旅融合的发展路径，彰显巴人河旅游品牌，提升景区知名度。截至当天下午3时，景区接待来自恩施、宜昌、荆州等地近30个旅游团的游客5000余人。

7日　首届世界大健康博览会在武汉国际博览中心开幕。巴东时珍堂巴东药业有限公司、巴东县上阳坡木瓜专业合作社、湖北金果茶业股份有限公司、湖北金茗农业有限公司、湖北正时节贸易有限公司、巴东县巴人河生态旅游有限公司及巴东县星洲健身俱乐部等企业参展或参与招商活动，展示富硒茶叶、道地中药材、富硒包谷酒等特色健康食品和药材，以及生态文化旅游。

8日　县文化和旅游局统计，清明小长假期间，全县接待游客102672人次，实现旅游综合收入1256万元，分别同比增长104%、95%。假日期间，神农溪接待游客22279人，旅游收入355万元；其他景区景点接待游客44238人，旅游收入530万元；星级宾馆累计接待5790人，旅游收入128万元；非星级宾馆和乡村旅游接待30365人，旅游收入243万元。游客出行呈上升趋势，自驾游、私人订制游成为亮点，全县总体运行情况良好，无安全事故和重大旅游投诉。

9日　县人民医院与北京协和医院的专家对接开展远程会诊，成功为一名"吉兰芭蕾综合征"患者进行"面对面"会诊，制订治疗方案。该患者成为县人民医院远程会诊的第一位受益者。

11日　华润燃气华中大区襄阳区总经理逯兵到巴东县，考察天然气投资项目。考察组通过召开座谈会，了解巴东管道天然气项目投资建设情况和巴东通龙燃气有限公司的经营发展现状。就项目考察情况和拟与巴东县通龙燃气有限公司合作投资意向做介绍，双方探讨投资规模、供气方式、特许经营权等内容。

12日　巴东县召开"打击欺诈骗保　维护基金安全"集中宣传月活动动员会，启动"打击欺诈骗保　维护基金安全"集中宣传工作。会议传达全省打击欺诈骗取医保基金专项治理工作电视电话会议精神，公布"打击欺诈骗保　维护基金安全"集中宣传月工作方案，宣读《打击欺诈骗保　维护基金安全》倡议书。定点医疗机构、定点零售药店代表进行表态发言。

13日　民政部政策法规司司长肖登峰到巴东，调研巴东民政领域脱贫攻坚工作总体情况及《社会救助暂行办法》实施情况等。肖登峰一行到沿渡河镇罗溪坝社区，入户走访贫困残疾人家庭、分散供养特困人员、易地搬迁贫困户等，了解困难群众生活状况、相关需求以及社会救助政策落实情况，听取他们的意见和建议；到溪丘湾乡农村福利院，查看该院老人活动区、生活区、餐饮区、消防设施和健康农场等，就福利院日常运行、档案管理、人员供养、安全卫生、伙食医疗、福利院提档升级改造进行详细了解。

16日　宜昌海事局对"巴东环保一号"进行最后一次检测，合格后投入使用，用于回收长江流域巴东段的生活垃圾、油污水、生活污水，保护长江水质。"巴东环保一号"为油品及干货多用保洁船，结构为双层双壳，满载排水量近250吨，船长34.6米，宽6.98米，型深1.88米，可装载140立方米垃圾、污油、生活污水。

是日　由省委宣传部主办的光耀新时代——2018"荆楚楷模"年度人物发布仪式在武汉举行。巴东县清太坪镇白沙坪小学支教教师袁辉上榜，是全州唯一一位。

18日　"科技助力精准扶贫，大力实施乡村振兴"巴东县2019年科技下乡活动在茶店子镇楼子坪村启动。农业科技专家志愿服务团队现场开展技术咨询和服务，宣讲强农惠农富农政策和农业法规，推介主导品种和主推技术，推广良种，普及法律法规和防灾减灾知识，向农户赠送科普资料和小型实用农资。

是日　神农架·神农溪"双神线"旅游产品启动仪式暨新闻发布会在巴东县神农溪纤夫文化走廊举行。县委常委、宣传部长邓亚敏推介第七届长江三峡（巴东）纤夫文化旅游节。

是日　省水利厅三峡工程管理处处长宁俊到

巴东调研2018年及以前的项目实施进度和对口支援工作情况，了解2019年度三峡后续工作专项资金（第二批）安排情况，安排部署2020年项目申报工作。调研组一行先后到神农中小学和长江干流库岸整治、官渡口镇东坡社区精准帮扶、白土坡梯道、白岩沟环境综合治理、老年大学停车场等项目建设施工现场，听取相关情况汇报，了解三峡后续项目的建设及资金使用情况。

21日　省文物局调研组到巴东，调研金果坪红三军旧址群文物保护与利用工作。金果坪红三军旧址群位于巴东县金果坪乡江家村、下湾村、桃李溪村等地，占地面积2842平方米，由贺龙旧居、红三军军部、红三军政治部保卫局、红三军枪炮局、红军标语、段德昌殉难地、红三军革命烈士陵园、刘家墩十二无名红军烈士墓等10处遗迹、遗存组成。

22日　"视觉·长江"中外摄影家到巴东神农溪摄影采风。采风活动由湖北省发改委和湖北省文联联合主办，湖北画报社、省摄影家协会承办。根据长江经济带湖北区域分布情况，分鄂西线"绿色发展示范区"和鄂东线"转型发展示范区"两条路线进行采风。

24日　在2019年湖北省庆祝"五一"国际劳动节暨表彰大会上，巴东县城市公共交通发展有限公司驾驶员谭玉玲获湖北五一劳动奖章，是巴东县唯一获此殊荣的职工。

27日　第23届"中国青年五四奖章"评选和2019年"全国向上向善好青年"推选结果揭晓，巴东县清太坪镇白沙坪小学志愿支教教师袁辉，获第23届"中国青年五四奖章"，系湖北省唯一获奖个人。

30日　中部战区政治工作部副主任、少将张方军到巴东县绿葱坡镇绿葱坡社区，调研中部战区空军武汉基地雷达某旅十站驻地扶贫工作，为绿葱坡镇社区、学校、福利院捐赠120万元扶贫基金。

5月

4日　巴东县消防中队消防员郭立聪获2019年"恩施州青年五四奖章"。

5日　"五一"小长假期间，全县接待游客307266人次，实现旅游综合收入4048万元，其中神农溪接待游客73382人。各景区总体运行情况良好，无安全事故和重大旅游投诉。

10日　2019年恩施州中职学校学生技能大赛暨省选拔赛（现代农艺蔬菜嫁接赛项）在巴东县民族职业高中举行，来自全州7所中职学校的22名选手参加比赛。评出一等奖4名，二等奖7名，三等奖9名，巴东职高选手以包揽前四名的成绩夺得该项目比赛团体第一。

14日　"六城"同创再加油工作调研会召开，听取"六城"同创工作汇报，安排部署下阶段工作。副县长皮剑飞、肖谨诚参加。县"六城"同创办、各专项创建办、县交警大队、县住建局、县城投公司分别进行工作汇报；讨论路长制工作方案、"六城"同创领导小组（指挥部）2019年第1次议事会方案等。

16日　总投资3.8亿元的新建湖北恩施巴东神农溪220千伏变电站工程1号主变电站充电成功，巴东神农溪220千伏输变电工程投产送电。该工程是恩施州、巴东县"十三五"电力建设重点工程。工程建成后，全州新增220千伏主变容量18万千伏安、220千伏线路121.2千米、110千伏线路10.27千米、35千伏线路3.48千米。

是日　巴东县被农业农村部认定为第二批国家区域性良种繁育基地。2018年，巴东新增茶叶基地超过5万亩，首次跻身"2018中国茶业百强县"行列，被农业农村部纳入2017全国名特优新农产品目录。

20日　巴东县启动"携手筑网　同防同治"为主题的2019年防范金融风险暨经侦宣传月活动。县委常委、常务副县长钱才东，副县长、公安局长皮剑飞参加活动。启动仪式上，金融机构代表发起倡议，继续提高群众对非法金融活动的鉴别能力；公安民警代表进行宣誓，严厉打击非法集资、传销、金融诈骗等金融犯罪行为。

是日 恩施州巴东县链子溪景区更名为恩施州巴东县巫峡口旅游景区。巴东县巫峡口旅游景区，是第四套人民币伍圆币背景图案所在地，位于长江三峡巫峡东端出口，景区规划面积约 80 平方千米，核心区域近 10 平方千米，包括巫峡口、大面山、链子溪、火焰石及周边可开发景点。

是日 中央广播电视总台纪录片《一路走来》摄制组到巴东县沿渡河镇石板坪村、神农溪纤夫文化走廊和罗溪坝社区实地拍摄。《一路走来》共 24 集，每集 30 分钟。拟于 2019 年 9 月在中央电视台综合频道黄金时间首播。在石板坪村拍摄该村组织群众开展“最美石板坪人”评选活动现场，摄制组到罗溪坝社区易地扶贫搬迁集中安置点，走进搬迁房楼下的扶贫工厂，在扶贫车间看贫困户如何实现“搬得出、稳得住、能致富”的目标，展现巴东县“易迁 +”的多维扶贫模式。

20—21 日 由恩施州中心医院 9 位专家组成的湖北省“健康扶贫荆楚行”第三医疗队到巴东，开展义诊帮扶活动。在县人民医院，医疗队到医院儿科、消化内科、脑外科、心血管内科、普外科等科室，开展教学查房、临床专业知识座谈，对需要帮扶的疑难重症患者进行专家会诊。医疗队到绿葱坡镇思阳桥村开展义诊活动，重点针对贫困群众常见病、大病及慢性病患者提供健康咨询和义诊服务，普及医学常识、健康知识和健康扶贫政策。累计接诊 300 余人，免费发放价值 2 万余元的常用药品近 20 种，发放宣传资料 250 余份。

5 月 20 日至 6 月 3 日 由县委组织部、县人社局、县财政局、县审计局、县总工会等部门组成的作风建设监督检查专项工作专班，对全县 12 个乡镇机关事业单位开展作风建设专项督查检查。工作专班就选人用人、中层干部任免、“吃空饷”、滥发津补贴、三公经费使用情况进行“回头看”，对财务软件运行、近期审计整改落实情况进行再督导、检查。

21—22 日 水利部水土保持植物开发管理中心总工程师蔡建勤到巴东，调研长江经济带坡耕地利用情况，评估陡坡耕地退耕对农民收入和生计的影响，指导坡耕地治理工作。调研组一行先后到野三关镇支井河村、溪丘湾乡下庄坡村，了解典型村坡耕地利用现状、种植结构、收益情况，探访农户，了解坡耕地退耕对农民收入和生计的实际影响。

24 日 召开第十八届人大常委会第十八次会议。会议听取《巴东县扫黑除恶专项斗争工作情况报告》。会议审议通过《县人民政府关于巴东县经济和社会发展第十三个五年规划纲要中期评估工作情况的报告》。会议表决通过《县人民政府关于提请贺申富同志任职的议案》《巴东县人民法院关于提请任命郑永娥同志职务的议案》，举行颁发任命书仪式，被任命人员参加集体宣誓。

25 日 天津恩施商会成立大会在天津举行。县委常委、统战部长贾继建为商会授予“巴东招商服务平台”名牌。巴东招商服务中心相关负责人与商会签订《招商合作服务协议》。

26 日 2019 年中国马铃薯大会暨世界硒都（恩施）马铃薯博览交易会在恩施开幕。巴东 13 家企业产品参展。农业农村部发展规划司副司长张治礼及省、州领导参观巴东馆，了解巴东农业及马铃薯产业发展现状。

28 日 《巴东县全域旅游发展规划》（以下简称《规划》）专家评审会在恩施召开。规划编制单位介绍《规划》总体思路、规划细节及全县各区域旅游特色、功能定位等内容。专家评审组成员围绕规划的总体定位、乡村旅游发展方向、市场定位、市场营销、旅游基础设施建设等方面提出意见和建议。评审委员会一致原则同意《规划》通过评审。

5月29日至6月1日 州委书记柯俊调研巴东精准扶贫工作。柯俊一行到沿渡河、溪丘湾、东瀼口、官渡口等乡镇偏远村组，和“尖刀班”成员、村干部走访座谈，查阅资料，了解各村脱贫攻坚成效，各村发展和驻村帮扶情况。

6月

2日 巴东县召开全县社会兜底保障工作座谈会，通报全县精准扶贫社会保障兜底工作暨2019年城乡低保和特困供养对象年度核查及动态管理工作，对下一阶段具体工作进行安排部署。

5日 巴东县2019年环保世纪行、争创国家生态文明建设示范县宣传教育月启动仪式暨第48个世界环境日宣传教育活动在县光明小学举行。

13日 县文化和旅游局牵头，水利、交通、公安、自然资源等部门及属地乡镇组成联合检查组，对辖区内所有漂流旅游项目进行安全检查。

21日 县委常委会召开，传达贯彻6月14日在丹江口市召开的全省脱贫攻坚现场推进会议精神；研究城乡社区治理等工作，审议并原则通过《巴东县城乡社区治理试点建设实施方案》；会议传达学习省、州党建工作领导小组2019年度第一次会议精神，原则通过《县委党建工作领导小组2019年工作要点》《2019年乡镇、县直机关党建工作责任清单》《关于加强和改进县直机关关于党的建设的意见》。会议传达学习赵乐际在市县巡察工作推进会上的讲话精神，《中共湖北省委关于打好三大攻坚战重点战役的意见》《中共湖北省委关于脱贫攻坚专项巡视整改进展情况的通报》《省委办公厅、省政府办公厅关于2018年度市县党委和政府扶贫开发工作成效考核结果的通报》《湖北省扶贫攻坚领导小组关于印发〈2018年国家对湖北脱贫攻坚成效考核反馈问题整改方案〉的通知》《恩施州人民政府扶贫开发办公室、中共恩施州纪委机关关于印发〈关于加强政治监督整治扶贫领域形式主义和官僚主义的六条措施〉的通知》《中共恩施州委办公室关于印发〈恩施州解决形式主义官僚主义突出问题为基层减负具体落实措施〉的通知》。

22日 由欧洲杭州联谊总会对口帮扶青龙桥小学的班班通设备通过验收，投入使用。2018年7月，欧洲杭州联谊总会与野三关镇青龙桥小学签订对口帮扶协议，为该校添置教育教学设备设施，计划分3年实施，第一年投资15.1万元，以后两年计划再投入资金30万元。欧洲杭州联谊总会正在按照协议有序实施帮扶项目。

25日 湖北省民政厅组织省慈善总会、省浙江总商会等46家省内社会组织到巴东，开展社会组织参与脱贫攻坚专项帮扶行动，达成46项合作意向，捐赠物资500余万元。

25—26日 州人大常委会副主任陈学明带领调研组到巴东，开展《恩施土家族苗族自治州饮用水水源地保护条例（草案）》立法调研。陈学明一行先后到清太坪集镇集中供水水源保护地水流坪、史家村小型集中供水水源地，野三关镇车沟水库等供水水源地，查看水源地围栏等防护设施建设、环境保护及可能存在的污染源等情况，咨询各水源地在污染防治等方面的做法和存在的困难。

26日 巴东县茶店子镇被授予2018年度湖北省“四好农村路”示范乡镇。此次共评选出的8个示范县和45个示范乡镇将分别获得400万元、200万元的农村公路建设和养护资金奖励。

是日 交通运输部、公安部、应急部、中华全国总工会、共青团中央印发《关于表扬2019年春运“情满旅途”活动成绩突出集体和个人的通报》，巴东县南潭河渡口所荣获全国2019年春运“情满旅途”活动成绩突出集体称号，是全州唯一荣获此项表彰的集体。

27—28日 第68批中国博士后科技服务团到巴东，开展基层服务活动。博士后科技服务团先后到茶店子、溪丘湾、东瀼口及沿渡河等乡镇，考察九端茶业、金果庄园、金铭农业及神峰薯业等公司生产线及配套种植基地，了解公司在生产中遇到的困难，现场解答、解决技术问题，对接服务茶叶、柑橘等产业项目；召开培训会，围绕如何建设数字化果园等智慧农业知识，对县农业农村局技术人员进行指导。

28日 湖北省安全技术防范行业协会秘书长郭志刚带领8名协会会员到巴东县溪丘湾乡，为该乡张家坡生态农业专业合作社援助资金5.6万元、生物有机肥10吨。协会成员们详细了解合作社硒果山休闲农业基地的现状和发展瓶颈，提出建设性意见和建议，12家会员单位制定帮扶项目计划书，与合作社签订合作意向书。

28—30日 县林业局组织工作专班，到野三关、水布垭等乡镇松树分布集中区域，使用白僵菌药粉进行拉网式防控。防控活动在金果坪、沿渡河等8个乡镇发放防治药粉（白僵菌）1000公斤，防控总面积达1万亩，各乡镇悬挂宣传横幅24条，发放宣传手册1000份。工作专班对运输、加工、经营松木制品的单位和个人，以及公路、铁路、电力等部门的工程施工单位进行全面排查，对排查中发现的违法违规行为，依据有关法律法规从严从重追究相关人员责任。

7月

1日 湖北省广播电视学会公示2018年度湖北广播电视节目奖获奖作品目录，巴东县融媒体中心6件作品获奖。电视作品《无臂青年陈兹方用双脚开辟人生路》（作者：焦国斌、谭伟林）获得电视长消息二等奖；广播作品《免费人工耳蜗送“福音”，巴东听障儿童重获“新声”》（作者：焦国斌、向锋、许维维）获得广播长消息二等奖；专题片《北京，巴东谢谢你》（作者：刘修爱、曾垂伦、李军、李言满）获得社教专题三等奖；微电影《皮影人的故事》（作者：谭明福、谭伟林、谭远志、向锋、严玉玲）获得三等奖；广播作品《陈兹方：用双脚开辟人生路》（作者：焦国斌、向锋、许维维）获得广播播音二等奖；电视广告《拒绝一次性餐具》（作者：李军、李言满、向锋）获得公益类三等奖。

是日 由中央文明办主办、中国文明网承办的“我推荐我评议身边好人”活动2019年7月网络点赞评议开始，巴东“绝壁愚公”陈显兵名列其中。陈显兵是巴东县大支坪镇尚家村人，他自强不息脱贫致富的同时，在深山绝壁上凿石开路，“挖出一个景区”的事迹通过媒体报道后，受到广泛关注，先后被“学习强国”学习平台、国务院扶贫办官网、新华网、人民日报客户端、光明网等央级媒体和湖北省内主要媒体转载发布。

2日 巴东县水布垭保洁1号清漂船下水投入使用，履行其清理江面漂浮物、保护大清江的职责。为加强清江环境保护，水布垭镇投入80万元购置水布垭保洁1号清漂船，船总长17.09米，宽3.7米，最大收集深度1.2米，每次可收集漂浮物8吨。

3—5日 渝黔湘鄂部分县（市、区）人大工作联席会第五十八次会议在巴东县野三关镇召开。重庆市黔江区、武隆区，贵州省石阡县、玉屏县，湖南省凤凰县、龙山县、桑植县、吉首市，湖北省巴东县、来凤县、建始县等24个人大工作联席会成员单位100余人参加会议。州人大常委会副主任陈晓燕，县委副书记、县委政法委书记王国玮，县人大常委会主任向东，县委常委、野三关镇党委书记伍晓锋，县人大常委会副主任师艺、潘世奎、王德曙、唐耘、易开美、谭文胜参加会议。

4—7日 由中国文联和湖北省文联共同组

织的“文艺扶贫”原创歌曲创作采风团到巴东县开展采风交流活动。著名作曲家卞留念，著名词作家化方，县委常委、宣传部部长邓亚敏，副县长黄艳妮参加活动。

5日　县委书记单艳平主持召开巴东县委财经委员会第一次会议。会议传达学习中央和省委、州委财经委员会会议精神，审议《中共巴东县委财经委员会工作规则》《中共巴东县委财经委员会办公室工作细则》，研究县委财经委近期工作。县委副书记、县长郭玲，县委副书记、县委政法委书记王国玮，县领导钱才东、雷玉龙、肖谨诚、贺申富参加会议。会议审议并原则通过《中共巴东县委财经委员会工作规则》和《中共巴东县委财经委员会办公室工作细则》。

7日　巴东县巴王水寨景区正式开门迎客。来自全国各地的数千名游客争相游览。巴王水寨景区位于清江北岸，距水布垭世界高坝2千米。景区开发以土家文化、休闲度假旅游、健身旅游为主题，凸显山水特色、人文特色和原生态特色。开发的项目有地生桥大瀑布、地心大瀑布、溶洞奇观、高空玻璃漂流水滑道、旅游休闲度假，采摘园等。

13日　省体育局党组书记、局长胡功民带领调研组到巴东，调研全民健身和体育产业工作。胡功民一行先后实地查看绿葱坡滑雪场、绿葱坡雷达站新全民健身中心、野三关森林花海2019国际半程马拉松赛道等地建设情况，听取巴东体育产业发展情况汇报。

16日　共青团巴东县委启动2019年“爱在希望家园　情系留守儿童”活动。与中南财经政法大学签订《实习协议》和《安全责任状》，为野三关镇、大支坪镇等八个“希望家园”项目点授牌，对全体志愿者进行安全知识培训。

是日　巴东县举行出租车义务巡逻队启动仪式，60辆义务巡逻车正式“上岗”。副县长、县公安局局长皮剑飞，县人民法院院长张谊，县人民检察院检察长郎艳辉参加启动仪式。

19日　农工民主党恩施州委和恩施州中心医院在该社区联合开展健康扶贫义诊送医送药活动，组织医务人员为100余名群众义诊，现场开具处方，赠送药品。

23日　10时50分许，沪蓉高速公路沪蓉向马家坡隧道内发生隧道壁水泥块脱落险情。11时许，一辆重庆籍半挂车行经该处时，与路面散落石块发生碰撞，事故造成该车车上人员1人轻伤、2人轻微伤。

24日　省财政厅、省林业局等5个部门以鄂财金发〔2019〕20号联合行文，将巴东县列入全省森林保险试点。巴东县公益林、商品林可以参加政策性森林保险，获得财政保费补贴。巴东有国家、省级公益林163万亩可以参加政策性森林保险。

25日　由中国宋庆龄基金会主办、阿斯利康公司支持、华中科技大学同济医学院附属同济医院承办的中国宋庆龄基金会“健康中国行”公益活动在巴东县人民医院启动。华中科技大学同济医学院附属同济医院为县人民医院授牌，捐赠12台雾化泵，1台便携式肺功能仪。

30日　2019首届“湖北避暑旅游目的地”授牌发布会暨“气象助力全域旅游发展”论坛在武汉举行。巴东源梦·绿野仙踪旅游度假区获“湖北避暑旅游目的地”称号，全州唯一。

8月

1—2日　恩施州“四好农村路”建设现场推进会在巴东县召开，贯彻落实全省“四好农村路”现场推进会精神，安排部署恩施州“四好农村路”建设工作，确保全面完成交通脱贫攻坚和年度各项任务。

4日　湖北省第六届“神墨杯”珠心算精英总决赛在武汉举行。由巴东县珠算心算协会组建的巴东代表队荣获团体二等奖，15名选手分别荣获个人全能一等奖、二等奖和三等奖。

11日 上午7：30，以“纵情野马 · 为爱奔跑”“小康之约”为主题的源梦 · 绿野仙踪“小康之约”2019秘境巴东高山森林国际半程马拉松在野三关镇开赛。“纵情野马 为爱奔跑”为国内外知名的品牌赛事，每年“七夕节”为赛事举办日期，整个赛事活动从策划到执行均按照国家马拉松A类标准执行，邀请中国田径协会技术官员指导。有8个国家、30个省市的5000余名运动员参赛。赛程点为野三关集镇到森林花海景区，设有半程马拉松（1000人参赛）、11千米健康跑（1000人参赛）和6千米欢乐跑（3000人参赛）3个比赛项目。中国选手杨定宏、肯尼亚选手DENIS MUGENDI KIURA、中国选手王国龙，分获半程男子组前三名；中国选手张开琴、杨花、贾亚亚，分获半程女子组前三名。中国选手李佳铸、朱启哲、马勇，分获健康跑男子组前三名；中国选手李春霞、王建荣、殷小娜，分获健康跑女子组前三名。

8月12日至9月1日 副县长李斯君带领县区域合作中心、县扶贫办、国网巴东县供电公司等部门组成检查督办专班，对国网定点扶贫“616”项目进行检查督办。检查组一行先后对2018年国网定点扶贫已完工的10个项目进行验收，对2019年国网定点扶贫的沿渡河镇泉口村茶叶加工生产线、溪丘湾乡营盘村蜜蜂养殖基地、官渡口镇火烽贫困人口易地搬迁集中安置点便民服务中心、茶店子镇教场坝村蔬菜收购场地、野三关镇竹园淌村循环农业蔬菜筐生产线、野三关润隆香菇基地设备购置等18个项目进行检查和督办，听取项目建设情况汇报，详细了解项目工程施工进度，协调解决项目推进过程中遇到的困难和问题。

21日 巴东在湖北省2019年度第一批次城乡建设用地增减挂钩节余指标交易中，成功交易土地1500亩，成交总价4.88亿余元。

23日 县人民政府与肉团社群团购平台签订合作协议。当天，近20家巴东本地特色农产品企业参加推介会，其中，巴山公社的富硒土豆，硒绿源生态农业有限公司的葛根系列产品，硒海棠的海棠茶等深受销售商青睐。同时，参会的优质农产品商家提供农产品体验活动，现场制作供销售商们品尝。

是日 巴东火车站站前广场综合改造工程完工，交付使用。该项目2019年4月动工，总投资约330万元，分道路、市政、房屋、绿化四部分。建设停车场两处、花坛三处、景观墙一处，绿化草坪3600平方米，道路硬化约7500平方米，木质仿古廊道330米，改造房屋1200平方米。

25日 巴东明德外国语学校开学。巴东明德外国语学校位于野三关镇劝农亭社区，属12年一贯制中小学，该校总投资1.5亿元，建筑面积3.85万平方米，可容纳2000名学生。

26日 2019国际候鸟（野三关）旅居文化节暨“巴人谷硒核桃熟啦”采摘月系列活动在野三关举行，来自北京、深圳、武汉、荆州、宜昌等地的“候鸟”齐聚一堂，共享旅居文化盛宴。活动当天，游客们参观张骞塑像和千年核桃树，举行长桌宴和硒康养生活品鉴，进行青皮核桃、玉米、土豆等特产义卖，支持消费扶贫。核桃采摘月期间，每卖出0.5公斤鲜果，拿出0.1元捐给当地贫困农户。

27日 巴东县天然林停伐管护补助试点工作于日前正式启动。此次天然林停伐管护以全县林地“一张图”为基础，核实起源、地类、森林类别、权属等，确定天然林停伐管护补助试点范围和面积，对纳入天然林停伐管护补助试点范围的55.74万亩天然林进行区划落界。凡纳入天然林停伐管护范围的每亩补助13.75元，全县将发放766.43万元补助资金。

是日 巴东县硒果山休闲度假村、巴东县野花村、巴东县九端茶业观光园、巴东县黄莲坪生态休闲观光园入围2019年湖北省休闲农业示范点。根据省农业农村厅办公室《关于开展省级休闲农业示范点监测认定工作的通知》精神，经市场主体申请，县（市、区）休闲农业主管部门推荐，市（州）农业农村局现场核查与审查推荐，该厅于6月13日组织专家评审，从经营管理、基础设施、服务保障、创新发展等4个方面20个指标进行综合评价，最后认定240家单位为2019年湖北省休闲农业示范点。

28日 由西安市人民政府、国家葡萄产业技术体系、中国园艺学会葡萄与葡萄酒分会主办的中国葡萄产业科技年会鲜食葡萄评比大赛中，巴东县西溪坝葡萄种植专业合作社选送的夏黑、瑞都红玉两个品种的葡萄分获金奖和银奖。

是日 2018年度“恩施州优秀人才奖”评选活动揭晓。巴东县县地质灾害防治监测中心常务副主任、高级工程师向险峰，县中医医院副院长、主任医师朱英杰，西溪坝葡萄种植专业合作社理事长伍海贤，巴东一中教务处副主任、高级教师马海林，湖北楠柏农业发展有限公司董事长邓绍南等8人被授予2018年度“恩施州优秀人才奖”。

29日 省环境保护委员会授予巴东县“湖北省生态文明建设示范县”称号。巴东已拥有6个“省级生态乡镇”、92个“省级生态村”、2个“湖北省森林城镇”、6个省级“绿色文明校园”、3个湖北省“美丽乡村”、51个湖北省“绿色示范乡村”。巴东县启动创建国家级生态文明建设示范县工作。

是日 在巴东县民族医院，来自北京的医疗专家为老百姓进行健康检查。8月27—29日，北京市卫健委在巴东县开展“不忘初心、大爱无疆、健康随行”大型公益义诊活动，组织首都医科大学北京世纪坛医院、首都医科大学宣武医院、北京清华长庚医院的七位知名专家，为老百姓进行健康义诊，涵盖呼吸科、神经内科、心脏内科、内分泌科、乳腺科、风湿免疫科、耳鼻咽喉头颈外科等专业。义诊期间，共接诊患者500余人次，其中建档贫困人口300余人次，健康咨询200余人次。义诊活动结束后，专家团到村卫生室进行专题调研，在县民族医院开展学术讲座。

9月

2日 “消除白内障 荆楚送光明”精准扶贫公益活动在巴东县人民医院启动。来自全县的50名符合手术条件的白内障患者在县人民医院进行补充检查，办理入院手续。同时，县人民医院对县内非建档立卡贫困户白内障患者进行免费手术。

是日 巴东县启动“智慧公交”。智慧公交系统启动后，乘客可以通过掌上公交系统、电子站牌系统，实时查询公交车到站情况，改变以前单一使用“公交IC卡”刷卡乘车模式，可采用微信、支付宝、银行卡等多种支付方式乘车。

3日 国家重点研发计划“分布式光伏系统智慧运维技术”启动会上，巴东县118个村级光伏扶贫电站首批纳入全国356座光伏智慧运维工程示范。该项目由国网电子商务有限公司牵头，汇集国网电商、古瑞瓦特，天津大学、东南大学，中国电科院，湖北电力，中民新科等17个国内一流的“产、学、研、用、维”联合攻关团队。首批光伏智慧运维示范工程建设惠及湖北巴东，巴东示范项目建设截止时间为2020年8月底。截至2019年7月底，巴东县3个集中式光伏电站累计上网电量2010.9万千瓦时，累计发电收入1970.7万元。118个村级光伏电站累计上网电量4946.2万千瓦时，累计发电收入4847.2万元。

5日 中央电视台中文国际频道（CCTV-4）《远方的家—长江行》节目组到巴东录制节目。巴东是节目组进驻湖北进行节目录制的第一站。《远方的家》栏目于2019年7月推出系列节目

《长江行》，预计100集，每集45分钟。此次在巴东的拍摄时间为一个星期，在巴东拍摄的节目将于10月播出。

11日　教育部、湖北省人民政府对一批优秀教师、先进教育工作者予以通报表扬。巴东县沿渡河镇堆子场小学教师程祖南获评“全国优秀教师”；巴东县第一高级中学教师张世林获评湖北省第三届“楚天园丁奖”，巴东县野三关镇民族实验初级中学教师邓秀武获评“湖北省农村先进教育工作者”。

16日　中秋小长假期间，巴东接待游客227837人次，实现旅游收入3065万元。为保障假期旅游安全，县文化和旅游局组建工作专班，对全县旅游企业安全生产工作开展情况、安全隐患排查整改情况、旅游服务质量情况开展全面检查、督办。中秋小长假期间，全县旅游接待准备充分，总体运行情况良好，无游客投诉和旅游安全事故发生。

18日　网络安全宣传周“电信日”，巴东移动、联通、电信三大运营商在各营业网点开展防电信诈骗知识宣传活动，通过在LED显示屏滚动播放网络安全宣传语、播放宣传短片、设置宣传展架等方式，宣传电信诈骗常用手段和防范知识，以提高群众对电信诈骗的防范意识。

19日　由州人民政府主办，州农业农村局、州人力资源和社会保障局联合承办的恩施硒茶斗茶大赛暨茶业职业技能大赛在湖北民族大学科技学院落下帷幕，巴东6家企业14个茶样参加比赛。巴东选送的湖北金茗农业有限公司“金茗湖”绿茶获斗茶大赛绿茶组金奖，巴东远训茶叶有限公司“万仙碧峰”绿茶获绿茶组银奖。巴东选送的“红色伊人，在水一方”茶艺技能展示荣获职业技能大赛茶艺组个人组第一名，“秘境巴东红 · 骏眉中国茶”茶艺展示获茶艺组团体赛第二名，这两个获奖茶艺展示将代表恩施州参加全省比赛。

20日　湖北省知识产权局举办的“湖北地理标志大会暨品牌培育创新大赛”结束，巴东郡贡茶成功入选湖北101张地标名片荣获品牌创新培育大赛银奖。

27日　巴东县民族实验中学体育运动场投入使用。2019年，国家电网公司投入定点扶贫资金100万元，在该校新建及改造7人定制足球场1个，标准篮球场2个，标准排球场1个，标准羽毛球场2个。运动场的改造投运，提升体育运动设施设备水平，改善办学条件，1600多名师生从中受益。

30日　在全国第六个法定烈士纪念日来临之际，巴东县组织党员干部在巫峡广场举行升旗仪式，在烈士陵园举行烈士纪念日公祭活动，缅怀革命先烈。

10月

8日　国庆假期期间，全县接待游客556812人次，实现旅游收入7877万元。接待游客数与去年同期相比增加3.2%、旅游收入与去年同期相比增加4.8%，实现平稳增长。

是日　13时18分，郑万高铁湖北段平阳隧道全隧贯通。平阳隧道位于溪丘湾乡境内，隧道为单洞双线隧道，属溶蚀低山、洼地地貌区，洞身段沟槽相间出现，地势起伏较大。隧道全长3522.6米，设计时速350千米 / 小时，最大埋深235米。

9日　恩施州水利和湖泊局组织省水工、地质、水文专家到巴东，对《巴东县田家坪水库工程可行性研究报告（初步设计深度）》进行技术论证。县委常委、宣传部长邓亚敏参加。专家组一行实地踏勘田家坪水库，了解田家坪水库水文、工程地质、工程任务和规模、工程布置及建筑物等情况，听取相关情况介绍。围绕水文、水库规模、成库条件、坝址规划、投资规模等进行认真讨论，作出全面、科学、客观的论证，有针对性地提出具体的修改完善意见。经过论证，同意《巴东县田家坪水库工程可行性研究报告（初步设计深度）》提出的建设方案。

12—13日　湖北三峡酒业（集团）在巴东举行“三峡老窖·陈酿洞藏”第三届收藏大典，来自全县行业主管部门的领导及专家、全国各地的经销商、白酒收藏爱好者以及演艺界、书法界、新闻界的嘉宾和朋友近1000人参加。

16日　17：15《远方的家》百集系列特别节目《长江行》之《巴东：峻秀巫峡　崭新风貌》在中央电视台中文国际频道（CCTV-4）播出。

18日　2019年中国森林旅游节在江苏省南通市开幕，旅游节上举行2019年第五届“中国森林氧吧”授牌仪式，巴东县国有巴山林场被授予“中国森林氧吧”荣誉称号，全国共46地，湖北省共有10地入选。

20日　州卫生健康局为巴东县博德精神病医院颁发执业许可证，巴东县首家精神病医院正式开业。医院属县政府招商引资项目，位于野三关镇劝农亭村，是一所二级精神病专科医院，占地面积25亩，建筑面积1.6万平方米，总投资近6000万元，2014年筹建，2017年3月动工，2019年9月工程竣工验收合格。医院配备精神专科主任医师2名，副主任医师2名，主治医生2名，医生和护士等医技人员配备齐全，开设病床300余张，精神病科室4个病区，每个病区有80张病床，医院配有救护车辆，方便接送病人来院就诊。

21日　巴东县绿化委员会印发《巴东县加强裸露山体生态修复高质量推动国土绿化三年行动方案》，明确三年内完成裸露山体生态修复绿化任务6310.9亩。长江沿线1233.2亩、清江沿线362.3亩、高速公路沿线1099.2亩、铁路沿线1159.1亩、县城规划区1378亩、巴野公路1079.1亩。

29日　举行恩施州“家家幸福安康工程”推进会暨2019年“最美家庭”揭晓仪式，巴东县大支坪镇野三坝村黄在兴家庭荣获全州“最美家庭”表彰，是巴东唯一获此殊荣的家庭。

30日　巴东县信陵镇召开商会第三届会员代表大会，换届选举新一届商会理事会。大会听取第二届商会工作情况报告。会议表决通过《信陵镇商会章程》和《信陵镇商会会费缴纳使用管理办法》，选举产生新一届商会会长、副会长、秘书长、理事，新当选会长作表态发言。

31日　8时，实时水情显示，三峡水库坝前水位达到175米，实现2019年试验性蓄水目标。三峡水库连续10年完成175米试验性蓄水任务。按照水利部关于三峡水库2019年试验性蓄水实施计划的批复意见，三峡水库于9月10日启动2019年175米试验性蓄水。

11月

1日　2019世界红茶产品质量推选活动揭晓，“正山堂·巴东红小神农架野茶”获产品质量金奖，“正山堂·骏眉中国·巴东红”获银奖。湖北省仅两款红茶荣获金奖。2019世界红茶产品质量推选活动于9月8—11日在广东省举行，由中国、印度、斯里兰卡、肯尼亚、澳大利亚等5个国家的20余位专家组成推选委员会，依据现行国际、国家标准，对11个国家和中国19个省区选送的849个红茶样品进行评审。最终确定大金奖60个、金奖110个、银奖160个。

2日　巴东县域医共体建设启动。启动会上，宣读《巴东县人民政府关于印发巴东县全面推开县域医共体建设工作实施方案的通知》；医共体成员单位分别签订合作协议书，县卫生健康局有关负责人对医共体成立后近期的工作进行安排部署。

4日　2019年湖北省职业院校技能大赛（中职组）现代农艺赛项在武汉落幕，代表恩施州参赛的巴东职高学生田芳莉获一等奖，谭志芹获二等奖，赵万美获三等奖，谭纬涵获抽测组三等奖。

5日　中国国家铁路集团有限公司、湖北省人民政府对《关于新建郑州至万州铁路巴东北站增加到发线及动车存车线Ⅰ类变更设计》的批复发布，巴东北站由中间站变为始发终到站，具备始发、终到功能。变更后，巴东北站将在原批复2台4线（含正线）规模基础上增设1条到发线，将原设计的450米×7米×1.25米基本站台相应调整为450米×11.5米×1.25米岛式中间站台，形成2台5线规模（含正线）；同时新设动车存车场，在万州端站房侧新增到发线上接轨，设动车存车线2条，预留2条，新建生产管理用房一处，含动车乘务员公寓、派班室等。

8—9日　国家林业和草原局专家组到巴东县，考察评估拟设立湖北巴东国家森林公园工作。专家组对巴东申报国家森林公园工作给予肯定，就考察过程中发现的问题提出建设性意见和建议，专家组结合实地考察情况形成考察评估报告，反馈给国家林业和草原局进行参考。

11日　2019年恩施州劳动模范拟表彰对象公示名单出炉，覃仕伦、赵平、朱旭、张发裕、谭文芳、姚红、钱之初、伍海贤、宋秀成、郑玉堂、胡其洪11人上榜。巴东此次上榜的11人分别来自教育、卫生、农业、环保、民营企业等多个领域。

16—17日　由国家体育总局游泳运动管理中心、中国游泳协会、中国救生协会、湖北省体育局、湖北省体育总会、恩施州人民政府主办的2019年“7·16全民游泳健身主题系列活动”（巴东重点会场）暨“畅游神农溪·横渡大三峡”冬泳邀请赛在巴东长江南岸亲水广场举行，全国11个省市（区）的62支队伍，1200余名游泳爱好者参赛。设横渡大三峡、水上趣味赛、500米个人竞技赛、6×500米混合接力赛4个项目。赛事期间，举办特色文艺表演和特色美食、特色农产品展销活动，设美食展位60余个，巴东富硒土豆、土家合渣及巴东茶店牛肉等巴东特色美食。

27日　巴东县举办第十四届青少年科技创新大赛作品评审会，组织评选出科技创新大赛作品307个。其中小学生科技创新成果2个，中学生科技创新成果14个，科技辅导员创新成果4个，少年儿童科学幻想画165幅，小学生科普征文94篇，中学生科普征文23篇，青少年科技实践活动5个。评出一等奖50项，二等奖67项，三等奖95项，优秀奖95项。评出优秀组织奖、优秀组织工作者、优秀科技教师14个。本次评选出的优秀作品代表巴东县参加第十五届恩施州青少年科技创新大赛。

29日　巴东县召开《巴东县乡村振兴战略实施总体规划（2019—2022）》（以下简称《规划》）评审会。专家组认为，《规划》立足巴东县发展基础，统筹推进“五大振兴”，以“五个巴东”建设为指引，提出“一心两副三线四区多点”的乡村振兴总体格局，围绕“六业六园”“三支队伍”“巴风土韵”“绿满巴东”“三治融合”五项重点任务提出规划措施，谋划乡村振兴五大工程，思路清晰、结构较合理、内容较丰富，对于巴东推进乡村振兴具有较强的指导意义，同意通过评审。

12月

1日　巴东县12个乡镇纪委书记、挂职副书记、县纪委监委部分部室负责人，先后到溪丘湾、东瀼口、官渡口、信陵镇的4个村（社区），现场观摩纪检监察基层基础工作，座谈交流经验，推进“双基”建设制度化、规范化、流程化。

6—9日　由湖北省人民政府、中国商业联合会、中国食品工业协会和武汉市人民政府共同主办的第28届中国食品博览会暨中国国际食品交易会在武汉举行，巴东金果茶业、正时节贸易、西坪丰登生态农场3家企业携自家特产参会，赢得世界各国嘉宾及消费者的青睐。其间，2.1万余种来自国内外的特色美食集中亮相。参展的巴东企业除推介口感醇香的“巴东郡贡茶”，还为大会展呈富硒腊肉、白酒等美食，土蜂蜜、腐乳等纯天然生态的农副产品。

9日 联合国环境署GEF大神农架项目自然保护地管理计划暨社区公管计划座谈会在巴东召开。本次座谈会围绕神农架、万朝山2个管理计划编制，神农架、万朝山、巴东社区3个共管计划编制以及典型植物群落、珍稀植物、生态系统健康监测、灵长类动物保护、大中型保护动物等5个保护管理计划编制进行座谈研讨与培训，将持续到12月12日。

12日 恩施州第一届创新创业大赛闭幕，巴东参赛选手创作的6个项目入围决赛，“花果山游学季”项目、“巴东县富硒紫山药现代农业示范园”项目分别获得初创项目组一、二等奖，“追梦人事业发展培育孵化基地”项目获得创意组三等奖，“一只有梦想的鸡”等3个项目获得优胜奖，县委组织部获赛事最佳组织奖。

13日 巴东召开新的社会阶层人士联谊会成立大会，选举新的社会阶层人士联谊会第一届理事、监事、会长、副会长、秘书长、监事长。大会审议并通过《巴东县新的社会阶层人士联谊会章程》，新当选的会长作表态发言。

24日 国家教育部通报表彰2019年“一师一优课、一课一名师”国家（部）级“优课”教师，巴东县水布垭镇杨柳池小学教师向琼英执教的小学科学课、清太坪镇民族初级中学教师桂兰兰执教的初中英语课获表彰。经过层层遴选推荐，教育部组织专家评审，湖北省共132节课被评为“部优”。

27日 20时，郑万高铁湖北段香树湾隧道进口至横洞段顺利贯通。香树湾隧道位于湖北省巴东县和重庆市巫山县境内，隧道全长12474.5米，其中，中铁五局成都公司承建5255米。此次贯通段共2000米，围岩为砂质泥岩夹砂岩，泥质结构，岩质较软，节理裂隙发育，易出现大变形，施工难度大，是极高风险隧道。项目全体员工优化施工方案，改进施工工法和工艺，坚持短进尺、弱爆破、强支护，强抓工序衔接和资源配置，保证各工序平稳施工，有力确保隧道顺利贯通。

30日 中共巴东县委政法委员会召开全体会议，集中学习党的十九届四中全会精神和《中国共产党政法工作条例》，听取各政法单位工作汇报，谋划2020年重点工作。县委政法委、县人民法院、县人民检察院、县公安局、县司法局负责人汇报2019年工作情况及下步工作思路，政法委员们围绕2020年政法重点工作进行讨论，提出意见建议。

县情概览

地理环境

【位置面积】 巴东县位于北纬30°13′—31°28′，东经110°04′—110°32′，居恩施土家苗族自州的东北部。东连兴山、秭归、长阳，南接五峰、鹤峰，西临建始、重庆市巫山，北靠神农架林区。边界线全长529千米，其中省界80千米，县界449千米。全县土地面积3352平方千米。耕地面积40.72公顷，水域6.96公顷。农耕地占13.01%，林业用地52.53%，草地占15.35%，荒山荒地占5.54%，园地占0.85%，水域占2.03%，城乡居民及工矿用地占0.55%，交通用地占0.96%，难利用地占9%。

【历史沿革】 巴东，古巴郡（秦置）之东，故名巴东。南朝宋景平元年（公元423年）分秭归置归乡县。梁普通六年（525）置信陵郡，为郡治。北周天和三年（568）废郡，县改名乐乡。隋开皇十八年（598）更名巴东，沿用至今。1915年巴东县属湖北省荆南道。1921年属湖北省荆宜道，1932年，巴东县从宜昌行政督察区划入恩施行政督察区，恩施地区始为八县之治。1949年中华人民共和国成立后属恩施专区，1970年属恩施地区，1983年属鄂西土家族苗族自治州（1993年更名为恩施土家族苗族自治州）。

【地质地貌】 巴东县处于新华夏系一级隆起带的第三隆起带，长江中下游东西向构造带和淮阳山字型西翼反射弧3个构造体系的交汇处，构造格局复杂。县境地域崎岖狭长，地势西高东低，南北高低悬殊。长江、清江分割县境，北有大巴山余脉盘踞，中有巫山山脉延伸，南有武陵山余脉峙立。

【气　候】 巴东县位于亚热带季风区，温暖多雨，湿热多雾，四季分明。光、热、水分布垂直差异明显，形成各种不同的山地型小气候。海拔升高100米，气候平均下降0.62℃，无霜期减少5—7天。太阳辐射总量处于全国低值区，年平均88—99千米卡/平方厘米，日照总时数在1200—1650小时。气温立体分布，无霜期最长为311天，最短173天。年平均降雨量为1100—1900毫米，多集中4—9月。年风速偏低，平均风速1.5—3.4米/秒，多为偏东风和偏西南风，北风、西风频率低。

巴东县城2019年年平均气温为17.8℃，较历年偏高0.4℃。冬季冷空气活动频繁，但势力相对2018年偏弱，主要冷空气活动时段为：1月初、2月9—11日、17—19日、12月17—19日。冬季气温偏高，较历年偏高1.5℃，呈现明显暖冬特征；春季气温起伏明显，3—4月持续偏高，5月偏低1.4℃；夏季气温偏高，盛夏到初秋35℃及以上高温日数比常年明显偏多，高温呈现时段集中，强度极端的特点；秋季气温持续偏高，除11月中下旬出现较强冷空气活动外，其余时段冷空气偏弱。

巴东全年降水量为 709.3 毫米，较历年偏少 34%。从降水日数来看，较历史偏少 0.3 天；从强降水出现次数统计看，县城仅出现 1 次暴雨，与历史相比偏少 1.7 天；从季节分布情况来看，春夏秋三季降水均持续偏少，分别偏少 13%、56% 和 18%，冬季偏多，盛夏期偏少达 85%，出现严重干旱。巴东县城年日照时数为 1344.8 小时，较历史偏少 97.9 小时，从季节分布来看冬季出现低温寡照天气，其他季节偏多或正常。

自然资源

【自然资源】 巴东县土壤类型多样，全县有 10 个土类、20 个亚类、52 个土属、235 个土种，土地利用率为 51% 左右。全县河流落差大，水能资源丰富，多年平均径流量为 33.05 亿立方米，多年平均径流深为 903.2 毫米，地下水 10.84 亿立方米。水能理论蕴藏量 24.12 万千瓦，可利用量 15.47 万千瓦，平均每平方公里 45.04 千瓦。全县已探明矿产种类 23 个，矿产地 93 处，其中大型铁矿床 1 处，中型煤矿床 2 处，中型铁矿床 4 处。煤炭、铁矿、石灰石、硅石为四大骨干矿产，其中煤炭总储量 8727 万吨，占全州的 36% 左右，占全省 14.9%。巴东地处中国植物区系分布关键地区的东缘，承东接西，南北交汇，植物种类繁多，品种资源丰富。北部属神农架著名植物“基因库”的一部分。已知的蕨类和种子植物约有 166 科 734 属 1870 多种，全县高等植物不少于 2000 种，其中第三世纪前后孑遗、残遗及特有稀有植物 50 余种。全县野生动物和驯养动物品种多，其中有 18 种脊椎动物受国家保护。已知的鱼类有 9 目 16 科 63 种。

【旅游资源】 巴东历史悠久，早在更新世远古时代就有人类活动。随着三峡工程的兴建，大量的新旧石器和商、周、春秋战国及汉魏六朝的文物和文化遗址浮出土面，除原发现收藏的石器、陶器、青铜器、虎纽錞于、编钟等文物外，新近又发现古文化遗址 67 处，春秋战国、汉魏六朝及宋代墓葬群 29 处。发现的“南方古猿”化石及 20 余种伴生动物化石，是研究直立人和人类起源的重要证据。巴东喀斯特地貌发达，山光水色奇险幽秀，素有“山川险胜甲荆南”之称。有原始、古朴、无污染的国际旅游景点神农溪；有飞瀑挂川的灵山圣境无源洞；有“潞南石林”格子河；有“自古华山一条路”的莲峡河；有“天然植物园”小神农架自然保护区；世界第一垒石高坝水布垭水电工程。伏奇景于灵山，藏珍秀于奇溪。巴东居长江三峡旅游辐射网的中轴点，以长江三峡和三峡工程为依托，有黄金水道和国道通达。东临全球瞩目的三峡工程及屈原、昭君故里；南有世界第一垒石高坝水布垭水电工程，紧连鄂西腾龙洞和湘西张家界；西接大宁河、白帝城；北有神州第一漂神农溪和世界闻名的神农架自然保护区。入川下汉水陆两便，是旅游避暑的最佳胜地。

神农溪探险生态旅游区（国家 AAAAA 级旅游景区）。神农溪发源于神农架南坡，全长 60 千米，已开发近 30 千米。神农溪旅游区以神农溪河谷段为主体向周边地区辐射，主要包括西瀼口、叶子坝、罗坪、沿渡河、平阳坝五个景区。该旅游区山色秀丽，涧壑幽奇，并以“豌豆角”探险漂流而闻名于世，该旅游区北接神农架林区，南抵长江三峡之巫峡，是长江三峡旅游线上的一颗明珠和旅游精品。

信陵镇山城风光游憩区。长江在巴东境内，自西向东，由门扇峡到破水峡全长 28 千米，在这一旅游带上既有举世闻名的长江三峡之一——巫峡的重要峡谷段，又有三峡库区移民新城巴东新县城，主要景区有巴山森林公园、信陵镇新城、巫峡口景区、天子河景区、除此之外，沿江淹没区存在有大量古文化遗址、遗迹，该地段是三峡古文化聚集的重要地段之一。

朱砂土—莲峡河民俗文化旅游区。该旅游区

位于巴东县中部，主要包括朱砂土—莲峡河古驿站景区和格子河石林。该旅游区以具有浓郁土风土韵的朱砂土古驿站、地貌奇绝的情郎峰和山奇石怪的格子河石林而闻名，是巴东县旅游资源中最为奇特的旅游区之一。

铁厂荒森林公园。该公园是在原有林场基础上改建而成，已完成总体规划，并逐步开始实施，该森林公园内森林覆盖率达94.8%，是巴东森林覆盖率最高的地区，该旅游区的地势雄奇，气候宜人，物种丰富，是森林生态旅游特色鲜明的旅游区。

水布垭高坝观光旅游区。从西部分界线野三关至水布垭枢纽工程坝址区，全长28.3千米。随着水布垭工程的兴建，这里将出现国内外罕见的面板堆石高坝和景色迷人的高峡平湖，除了干流的峡谷风光外，几个主要的支流也将成为重要的景区。水布垭旅游区包括大坝景区、清江峡谷区、桥河景区、龙王河景区、野三河景区。

古遗址。能见到确切的文化堆积的古遗址共72处，包括有聚落地61处，其中两处聚落址中同时还发现有瓷窑址；洞穴居址1处，其年代从旧石器晚一直可达宋、明。其代表性遗址有：楠木园遗址、官渡口遗址、红庙岭遗址、覃家坪遗址、旧县坪遗址、李家湾旧石器遗址、谭家岭遗址、高桅子遗址、覃家坪遗址、罗坪遗址等。其中多数遗址都是多层堆积，经历多次使用，表明三峡地区地势复杂，适合人类居住的区域有限，所以各时代对同一聚落地点的利用率较高。

古墓群。巴东已发现的古墓群较多，仅三峡工程淹没及迁建区内就发现古代墓群56处，其中土坑墓群7处，砖（石）室墓群49处，土坑墓一般多见于汉代以前，砖室墓均为西汉以后出现。其中东汉、六朝墓葬多为花纹砖构筑，同时墓中还多以各类陶俑随葬。唐、宋以后的墓葬受破坏较严重，保存完好的较少。其代表性的墓群有：红庙岭墓群、王家湾墓群、西瀼口墓群、雷家坪墓群、古屋场西墓群、横坪墓群、龙船河墓群、杜公祠墓群等。此外，巴东还有许多悬棺岩葬，如龙昌峡悬棺、棺木岩悬棺、铁棺峡船棺葬、石罐类石葬、凿孔石葬等。

古建筑。巴东现存的古建筑可分为两类：一类是亭阁和宗教建筑；另一类为传统民居，前者如位于巴东老城的秋风亭为明正德时复建，后又经历代修葺。其建造艺术精致，布局结构合理，其中的翼角造型、构筑方法、雕刻艺术，具有江南一带的典型工艺及技法，是现存巴东县古建筑中技艺水平最高的建筑。王爷庙和地藏殿是巴东现存宗教建筑的典型代表。两庙在巫峡口内外长江转折处的醒目位置上望江而建，巴东现存宗教建筑的典型代表。

古石刻。以摩崖石刻数量最多，主要集中在长江沿岸，自铁棺峡附近的“楚蜀鸿沟”至与秭归交界处红庙岭附近的“化险为夷”，沿江两岸遍布石刻题记，计有摩崖石刻16处，碑刻2块，如“灵山圣境”“共话好山川”“楚峡云开”“川流悟道”“我示行周”“浪淘英雄”等。沿江石刻大多为历代官宦、文人墨客所题，其中清代荆州南观察史李拔所题最多，刻字一般为楷书、隶书、阴刻，边有小字题记，刻字苍劲有力，笔法如一，都具有较高的历史、科学、艺术价值。

古纤（栈）道类。栈道是铺架于陡崖绝壁上的悬挑道路，是居于深山的居民交通或官方驿传联系的重要手段。在龙船河中和天子河中有古栈道遗迹，其中天子河古栈道遗迹所留岩孔为圆形有别于其他地方的方孔。境内保存较好有具特色的纤道有数段，多分布于巫峡地段，最具特色的当属链子纤道。

古战场遗址。据巴东县出土的大量的虎钮镦于、巴氏茅等土家族祖先曾使用过的武器，说明这里历史上曾经是兵刃相见的古战场。三国时期，吴国大将陆逊用火攻，大败蜀军，刘备率军仓皇撤归，烧毁栈道才得幸免，其栈道遗址今天仍依稀可见。明末清初李自成余部“夔东十三家”屯兵于此，垦战达16年之久；清朝中叶白莲教起义时也曾转战此地，至今当地的许多地名都与此有关。

革命圣地。巴东县著名的历史纪念地有“杀官夺印旧址”“九峰岩农民起义军旧址”“巴归兴县委扩大会议旧址”“贺龙旧居”“段德昌殉难处”“巴东县革命烈士陵园”“抗日战争一号防空洞”及抗战时期的“重庆中央银行、省银行旧址”等。

人口民族和行政区划

【人口状况】 全县年末户籍总户数166667户，户籍总人口48.60万人。其中，男性人口25.29万人，占比52.04%；女性人口23.31万人，占比47.96%。全县年末常住人口43.19万人，城镇化率40.3%。全县全年出生人口4126人，人口出生率为7.55‰；全年死亡人口3966人，人口死亡率为7.07‰；人口自然增长率为0.48‰；出生人口性别比为113（女为100）。

【民族构成】 据巴东县2010年人口普查资料显示：县内居住着汉族、土家族、苗族、回族、侗族等25个民族。全县常住人口中，汉族人口208321人，占全县常住人口的49.5%。少数民族212519人，占全县常住人口的50.5%，其中土家族211114人。

【行政区划】 2019年底，县辖2个乡10个镇，1个经济开发区，296个村26个社区，3794个村居民小组。

中国共产党巴东县委员会

综 述

【概 况】 2019年，县委团结带领全县广大党员干部群众，以习近平新时代中国特色社会主义思想为指导，统筹推进“五位一体”总体布局和协调推进“四个全面”战略布局，紧密围绕“五大产业集群”，全面打响“六大硬战”，奋力建设“五个巴东”。预计全年实现地区生产总值116.3亿元，同比增长4.4%。完成地方财政总收入10.2亿元，其中公共财政预算收入6.7亿元。实现规模工业增加值10.1亿元，其中县属规模工业增加值4.46亿元、增长5.5%。固定资产投资增长11%。服务业增加值增长9%。社会消费品零售总额增长11%。城镇、农村常住居民人均可支配收入分别达到30100元、11400元，分别增长9%、10%。居民消费价格指数涨幅3.5%。县域经济实力不断增强，人民生活水平逐步提高，党的建设全面加强，社会大局安定和谐。

【总体思路】 坚持以习近平新时代中国特色社会主义思想和党的十九大精神为指引，深入贯彻习近平总书记在庆祝改革开放40周年大会上的讲话和习近平总书记视察湖北重要讲话精神，全面落实党中央、国务院和省、州决策部署，统筹推进“五位一体”总体布局和党的建设，接续打好“六大硬仗”，奋力打造“五大产业集群”，加速建设“五个巴东”，向决胜脱贫摘帽发起全面冲刺，以优异成绩向新中国成立70周年献礼，为如期全面建成小康社会奠定坚实基础。主要目标：地区生产总值增长7%，地方公共财政预算收入增长5%，工业增加值增长5.5%，服务业增加值增长9%，固定资产投资增长11%，社会消费品零售总额增长11%，城镇、农村常住居民人均可支配收入分别增长9%、10%，城镇登记失业率控制在4.1%以内，居民消费价格指数涨幅控制在4%以内；精准扶贫、安全生产、节能减排完成年度目标任务。社会事业全面进步，社会大局和谐稳定，党的建设全面加强。

【政治建设】 坚持把学习宣传贯彻落实习近平新时代中国特色社会主义思想和党的十九大精神作为首要政治任务，在学懂弄通做实上下功夫，全面增强“八种本领”，确保党中央和省委、州委的决策部署在巴东不折不扣落实落地。抓好全国和省、州、县两会以及省、州、县全会精神落实。把落实工作与学习宣传贯彻全国和省、州、县两会以及省委十一届四次全会、州委七届六次全会、县委十五届七次全会精神结合起来，为巴东经济社会高质量发展提供强劲动力。加强和改进人大、政协工作。支持和保证人大及其常委会依法行使职权、人大代表依法履职尽责，支持和保障人民政协履行政治协商、民主监督、参政议政职能，更好地围绕中心、协调关系、服务大局。加强统战、群团和党管武装工作。坚持党建带群团，巩固工会、共青团、妇联等群团改革成果。统筹做好统战、民族宗教、档案、史志、工商联、残联、科协等各项工作。坚持党管武装，大力支持深化国防和军队改革，加强国防动员、民兵预备役和退役军人管理服务工作。扩大完善基层民主。完善基层民主制度，保障人民知情权、参与权、表达权、监督权。切实做好党务、政务、村务公开，提高农村公共事务自我管理能力和水平。提升依法治理水平。全面落实党委（党组）法治建设的主体责任，推进法治政府建设，提升依法行政能力。健全完善法律顾问制度，严格执行重大行政决策法定程序。健全人民调解组织，将人民调解网络延伸到行业、系统和单位。推动社区矫正安置帮教、法律服务、人民调解、司法鉴定、强制隔离戒毒等管理服务应用系统建设，巩固完善“律师三进”工作机制。深入开展“七五”普法，持续抓好宪法学习宣传和贯彻实施，实现公共法律服务体系全覆盖。

【经济建设】 全力推进生态文化旅游产业集群建设。围绕打赢旅游翻身仗，加速神农溪、巫峡口、链子溪和森林花海等核心景区升级建设，推进巴山逍遥谷、花天河和天子印等景区开发，建成营运绿葱坡滑雪场，提速建设野三关硒康养小镇、泗渡河大桥旅游观光通道，完善旅游集散中心、游客接待中心、旅游公路和星级酒店等旅游要素配套，提升旅游服务管理水平，推动“旅游+”融合发展，持续举办节庆赛事活动，推动每个乡镇至少创建1个湖北旅游名村，力争成功创建国家全域旅游示范县。全力推进硒食品产业集群建设。新建柑橘0.13万公顷、茶叶0.2万公顷、中药材0.13万公顷，着力打造沿江柑橘产业示范带、巴野路和209国道茶叶产业示范带。推动硒食品精深加工扩能提质，实现白酒产业稳定生产，培育硒食品龙头企业5家以上。大力培育巴东郡贡茶、巴东椪柑、三峡茶店牛肉等知名公用品牌，推进农业生产全域绿色化，实现“三品一标”认证企业30个、认证面积2万公顷。全力推进生物医药产业集群建设。大力发展道地药材规范化种植，着力培育一批道地药材种植专业乡镇或专业村。推动中医药产业园扩容升级，建成中药材加工交易中心，争取晟美康银杏叶中间提取物项目建成投产，支持时珍堂药业扩大中药饮片加工再提规模。全力推进清洁能源产业集群建设。加快推进岔河、水浒河水电站建设，完成潭口水电站增效扩容改造工作，扎实推进风力开发及清江抽水蓄能暨开发区梯级引水项目前期工作，保障121座光伏发电安全运行，确保清洁能源稳产增效。全力推进先进制造业产业集群建设。全力服务鄂龙工贸、群瑞电子、剑锋实业、辉旺石材等企业投产达效，支持博宇工贸与许继电气充电桩深度合作，建成35千伏高压电缆生产线和“光储充”示范项目。做优做强服务业。加快构建以大型商贸物流园区、专业批发市场、特色商贸网点和现代物流企业为主体的商贸物流体系，推动规模商超、菜市场乡镇全覆盖，建设江北农村物流园、江北商业中心、野三关硒食品展示和交易市场，超前谋划高铁新区商贸功能区项目，抢抓阿里巴巴合作机遇，创新发展电子商务，推动线上线下融合。新培育限额以上商贸企业5家以上。建实建强园区平台。全力提升园区承载能力，不断改善园区基础设施，加快推进金象坪生物科技产业园整体招商。巩固完善“一区多园”体制机制，力争新落户企业10家以上，培育高新技术企业1家以上。大力推进招商引资。持续深化招商引资“一把手”工程，紧紧围绕“五大产业集群”，大力开展产业链招商、小分队招商、以商招商、精准招商。坚持重点招商项目和重大项目落地领导包保制、限期办结制。积极参加硒博会等各类展会推介平台，落地招商项目15个以上。全力推进大众创业、万众创新，新增各类市场主体3000户以上。抓实抓好项目工作。围绕打赢财税突围仗，全年开复工500万元以上重点项目210个、5000万元以上重点项目80个。长江干流库岸综合整治项目完成太矶头、李家湾、雷家坪等5个安置点建设，实现官东大道路基贯通、南岸亲水广场和游步道建成开放。县城至巴东北站快速通道完成40%以上路基工程。建成乡镇垃圾中转站11个，城乡污水处理厂12座。国省干线“建养一体化”项目完成投资1.5亿元以上。野三关火车站连接线、三友坪至泗淌段连接线建成通车。砂石集并中心建成投用。加快推动郑万高铁建设，启动建设巴东北站站前广场。推进县城旅游码头改扩建等重点项目建设。切实加强项目谋划，紧扣乡村振兴、三峡后续、长江经济带发展等重大政策机遇，谋划30个以上重点项目。做实做深项目前期，完成巴张高速沪蓉沪渝连接段工可研编制报批，推动县城备用水源、中石化翻坝油库、双神旅游观光铁路、通用机场、长江岸线生态修复、三峡库区防灾减灾体系等重大项目前期取得实质突破。力争新开工PPP项目3个以上。积极争取项目落地，深入研究国家产业政策和资金投向，力争在国家和省、州各项政策中争取更多的份额。强力支持民营企业发展。全面落实市场准入负面清单制度，破除民营企业准入障碍。做大做强国有投资平台，用好用活各类调度资金、发展基金，创新政银担保合作机制，推动金融机构信贷投放助力实体经济。完善守信奖励和失信惩戒机制，建立重点领域“红黑名单”。大力构建“亲”“清”政商关系，常态开展“排障解难”专项行动，引导民营企业做优做强。大力推动产业转型升级。支持企业技改扩规、提档升级、合并重组、上市融资，不断提高企业发展质量和效益。大力实施“市场主体倍增”工程、企业“小进规”成长工程、“税收过千万企业”培育工程、“产值过亿元企业”壮大工程，千方百计做大做强实体经济，确保全年新增规模工业企业6家以上、培育高新技术企业1家以上。大力实施乡村振兴。坚持三级书记一起抓乡村振兴，编制乡村振兴规划，把干部配备、要素配置、资金投入、公共服务等方面向农业农村倾斜，全力推进乡村产业振兴、人才振兴、文化振兴、生态振兴和组织振兴。加快实施“三乡工程”，建强“三农”工作队伍，加快培育新型农业经营主体和新型职业农民。启动建设野三坝、牛洞坪、围龙坝等乡村振兴试点，加快建设美丽乡村。

【文化建设】 严格落实党委（党组）意识形态工作责任制，扎实开展“净网”行动。培育和践行社会主义核心价值观，推进新时代文明实践中心建设，推动精神文明创建，深入开展移风易俗、弘扬时代新风行动，广泛开展“最美”系列评选活动，培育文明乡风、良好家风、淳朴民风。全面推广“学习强国”学习平台，多形式、多层次、全覆盖做好学习培训、宣传宣讲、理论阐释工作，让党的创新理论“飞入寻常百姓家”。加强文化遗产保护。加快推进国家级文保单位狮子包古建筑群、绝壁天河、金果坪贺龙旧居和武陵山区（鄂西南）国家级文化生态保护实验区建设工作。举办重大文体活动。组织开展庆祝新中国成立70周年系列活动。筹备举办第七届长江三峡（巴东）纤夫文化旅游节、第三届廪君文化艺术节、天子山手印岩画论坛和地质灾害论坛以及第二届秘境巴东高山森林国际半程马拉松赛、第三届长江冬泳赛等文化体育活动，推进“文化+体育+旅游+X”等产业深度融合发展，积极创建“全省体育强县”和“全国文化先进县”。健全文化服务体系。积极创建“全省公共文化服务体系建设示范区”，健全公共文化服务体系，完成县图书馆提档升级和12个乡镇文化馆、图书馆分馆建设，完成119个村（社区）文体活动广场和322个村级综合文化服务中心标准化建设。建成巴东公共文化服务云平台和“数字四馆”，健全县、乡、村三级公共文化服务网络。支持文化创新。发现、挖掘和讲好“巴东故事”，将民族文化融入城镇建设、产业发展、生态旅游等发展的各个领域。完成巴东县《纤夫的爱》《清江长歌》剧目的创编、首演工作。实施文化惠民活动。完成非重点贫困村文化活动场所“三有一覆盖”工作，深入实施“文化进村”工程，广泛开展送书、送戏、送电影活动。加强文化项目建设。完成影视文化中心改建项目“三馆一场一书城”项目，确保竣工验收并正式投入使用；完成巴东体育中心PPP项目所有前期工作，力争2020年上半年动工建设；完成寇准主题文化公园项目可研、详细性设计，做好招商引资和开工准备。加快文化产业建设。加快培育以新媒体、数字影院、电子商务、文化传媒、文化创意和大众体育创新为主的新型文化产业。力争新增3家全省文化体育产业示范基地。

【社会建设】 坚决打赢精准脱贫攻坚战。聚焦“准”“实”要求，按照“两不愁三保障、一高于一接近”脱贫标准，深入推进“八个到村到户”，全面完成安全饮水问题、危房改造任务、涉贫信访问题、补短板项目建设、集体经济空壳村、各类问题整改“六个清零”，实现产业就业、惠民政策、走访贫困、人居环境整治、乡风文明引领、基层党建提升“六个全覆盖”，持续加大特殊贫困群体脱贫攻坚力度，研究解决收入水平略高于建档立卡贫困户群体缺乏政策支持等新问题，扎实做好中央脱贫攻坚巡视、州委脱贫攻坚专项巡察反馈问题整改和东西部扶贫协作工作，健全脱贫长效机制，提高脱贫质量，确保留存的31个贫困村出列、16691户46580名贫困人口脱贫，巩固提升已出列村和脱贫户的脱贫攻坚成果，实现全县脱贫摘帽。加快基础设施建设。夯实打赢交通阵地仗基础，实现清江大桥连接线建成通车，加快推进清太坪集镇绕镇线、金果坪贺龙大道建设，完成农村公路通畅工程500千米，提档升级农村公路200千米，实施“美丽农村路”120千米、农村砂石路271千米，实施455生命安全防护工程300千米，按“四好农村路”建设标准完成大面山旅游路、金桃线、清桥线等农村公路建设。完成小溪河航道整治工程。推动县城沿江两岸及长江大桥美化亮化，新建一批停车场、人行梯道、人行天桥。建成投用神农中小学、明德外国语学校，建设巴东一中运动场。完成县人民医院综合楼、内科楼和县民族医院公共卫生楼建设。启动县殡仪服务中心建设。不断强化“七有”保障。坚持“学前教育求规范、基础教育求均衡、高中教育创品牌、职业教育创特色”，深入实施学前教育三年行动计划和高中阶段教育普及攻坚计划，开展义务教育优质均衡发展创建工作，推进农村中小学“全面改薄”项目全覆盖。加快推进县职业高中校园扩容，着力提升职业教育水平。落实就业政策，统筹做好困难群体、重点人群就业工作，推动劳动力转移就业、就近就业和自主创业，推进农民工工资治欠保支“4+3”模式（农民工工资准备金、农民工工资银行代发、农民工实名制信息化管理、农民工欠薪金融代偿4项制度；联系会议、追责问责、失信惩戒3项机制）重点行业、重点领域全覆盖，保障农民工合法权益。进一步深化医疗、医保、医药“三医联动”改革，加快实施县、乡、村三级卫生服务标准化建设，构建基本医保＋大病保险＋医疗救助＋补充保险“四位一体”医疗保障体系。加快建设多层次社会保障体系，实现基本养老保险、基本医疗保险和大病保险全覆盖。加快养老服务体系建设，新建3个社区居家养老服务中心、24个老年人互助照料中心。完成高铁新区棚户区改造主体工程，启动实施官渡口等5个乡镇棚户区改造。统筹城乡社会救助，精准落实各类保障和救助政策。启动第七次全国人口普查，完成第四次全国经济普查。争创全国民族团结进步示范县、全省双拥模范县。全力维护社会稳定。坚决打赢防范化解重大风险攻坚战，贯彻落实中央防控重点领域风险部署，聚焦地方金融、政府债务、企业风险、安全生产、网络舆情、信访和民族宗教等重点领域、重点行业，深入开展防范化解社会风险“五大行动”，续创金融信用县、保险先进县。健全自治、法治、德治相结合的“一统三治六体系”治理体系，进一步规范信访秩序，完成“雪亮工程”建设，纵深推进“扫黑除恶”专项斗争，确保社会大局和谐稳定，争创“湖北省优秀平安县”。严格落实安全生产责任制，坚决遏制重特大安全事故。推进防灾减灾救灾体制机制改革，加强应急队伍建设，争创全省综合减灾示范县。

【生态文明建设】 坚决打赢污染防治攻坚战。加大山水林田湖草生命共同体的保护与修复，着力构建库区生态屏障。全力推进天然林保护、长江防护林、退耕还林工程。重点推进长江两岸石漠化综合治理，加快推进平阳坝、黄土坡、白岩沟生态环境综合整治。加强金丝猴国家级自然保护区等重点生态功能区保护工作。深入实施长江大保护和绿色发展“双十工程”、长江大保护“九大行动”，扎实推进大气、水、土壤污染防治“三大行动计划”和“四个三重大生态工程”，全面完成上级环保督察交办问题整改。巩固“河长制”“山长制”等环保制度成果。大力推动岸线资源管控和生态复绿，启动建设长江港口岸电及污染物接收转运处置设施。落实农业面源污染防治，开展饮用水水源地保护、企业非法排污等专项整治，实施固体废物源“一点一策”清废行动。确保乡集镇生活污水处理、城乡生活垃圾无害化处理全覆盖。高品位统筹建设城乡。完善县、乡、村规划编制，强化规划执行监督，加大“两违”治理力度。按照AAAA级旅游景区标准打造巴东县城，强力推进“洁、绿、亮、美、畅”工程。大力倡导绿色生活方式，加大新能源公交、出租车等投入力度，推进资源全面节约和循环利用。持续开展“六城”同创，通过国家园林县城、国家卫生县城复检，创建国家森林城市、省级文明城市。鼓励乡镇集镇及中心村镇按照AAA级旅游景区标准进行规划建设，打造风格各异的特色小镇、生态小镇、旅游小镇、民族小镇。实施农村人居环境整治行动，每个乡镇至少建成2个农村环境整治示范村。

【全面深化改革】 优化政务服务。持续深化“放管服”改革，大力推进“一网、一门、一次”改革，实现政务服务县乡村三级联通，网上可办率达到80%以上。提升政务大厅一站式功能，行政审批事项应进必进，“一窗”分类受理事项达到80%以上，100个以上高频事项“最多跑一次”。持续开展“减证便民”行动，没有法律依据的证明事项一律取消。提升审批效能。深入推进行政审批制度改革，投资项目审批事项实行“一口受理、一网通办、一码办结”，审批时限压缩一半以上。全面落实多规合一、多审合一、多评合一，工业投资项目实行先建后验，50个工作日内发放施工许可。优化项目用地审批流程，实现水、电、气“一网通办”。进一步精简行政审批中介服务事项，加大政府购买中介服务力度。统筹党政机构和行政管理体制改革。严格工作标准、注重统筹兼顾、把握时序进度，确保完成机构改革各项任务。落实省级深入推进经济发达镇行政管理体制改革的有关意见，巩固和深化野三关镇行政管理体制改革成果。深入推进供给侧结构性改革。围绕“巩固、增强、提升、畅通”，坚决完成州定去产能任务，用改革的办法和市场化、法治化手段，巩固“三去一降一补”成果。深化司法体制改革。全面落实司法责任制，推进行政执法体制、行政复议体制改革和政法机关内设机构改革，深化诉讼制度改革，聚焦人民群众反映强烈的突出问题，抓紧完善权力运行监督和制约机制，优化政法机关职权配置，加快构建优化协同高效的政法机构职能体系。推进农村集体产权制度改革。加强全县农村集体产权制度改革工作业务指导和督办，扎实推进农村土地承包

“三权分置”改革，进一步盘活农村集体资金、资产、资源，发展壮大集体经济。

【党的建设】 加强思想政治建设。持续推进“两学一做”学习教育常态化制度化，扎实开展“不忘初心、牢记使命”主题教育，引导各级党员干部树牢“四个意识”，坚定“四个自信”，做到“两个维护”，切实把高质量发展要求落到实处。严守政治纪律和政治规矩，严肃党内政治生活，加强党内监督，营造风清气正的政治生态。深入推进巡察全覆盖，充分发挥巡察工作的震慑、遏制、治本作用。坚持民主集中制原则，严格落实党委（党组）议事规则和决策程序。组织召开县委十五届八次、九次全会。

加强干部队伍建设。深入抓好各级领导班子和领导干部的政治管理、组织管理、履职管理。坚持正确选人用人导向，加大在脱贫攻坚、重大项目建设、招商引资、信访工作“四个一线”锻炼培养干部的力度。加强年轻干部、女干部、少数民族干部和党外干部的培养选拔。加强干部日常管理监督，大力推进干部“能上能下”。按照“三个区别开来”的要求，完善干部容错纠错机制。深入开展“弘扬爱国奋斗精神、建功立业新时代”活动，继续实施直接招聘引进人才计划、在外人才“凤凰归巢”计划，为县域经济社会发展提供人才支撑。加强基层党组织建设。持续实施基层党建“整县推进”，全面贯彻落实《中国共产党支部工作条例（试行）》、新修订的《中国共产党农村基层组织工作条例》，加强支部标准化、规范化建设。强化党组织在农村和城市的政治引领作用，构建党组织统一领导、各类组织积极协同、广大群众参与的基层治理体系。坚持把政治标准放在首位，做好发展党员工作，引导广大党员发挥先锋模范作用。认真开展农村基层党建“补短板”工作，持续开展村级软弱涣散党组织整顿，强化村（社区）党组织书记、纪检委员、组织委员培训，统筹用好第一书记、驻村工作队、大学生村官等力量。加强党的纪律建设。精准运用监督执纪“四种形态”，以严明的纪律推进全面从严治党。聚焦扶贫等重点领域，严查发生在群众身边的不正之风和腐败问题。强化派驻监督，推进纪委监委机关与派驻机构一体化建设。深入推进纪检体制、监察体制、纪委监委内设机构改革，加强纪检干部队伍建设，坚决查处纪检监察干部违纪问题，严防“灯下黑”。加强干部作风建设。严格落实中央八项规定及其实施细则精神。深化“解放思想、转变作风”大讨论，持续转作风、敢担当、善作为、抓落实。紧盯享乐主义和奢靡之风，密切关注各类隐形变异新动向，防止反弹。集中整治形式主义和官僚主义，坚决防止以会议落实会议、以文件落实文件等现象，始终以“钉钉子回脚”的精神抓好工作落实。统筹规范考核工作，继续推动“多考合一”，提高考核质效。强化脱贫攻坚监督，坚决防止数字脱贫、虚假脱贫。严肃问责机制，推动作风建设常态化、长效化。加强县委常委会自身建设。坚持以上率下，自觉树牢“四个意识”，坚定“四个自信”，做到“两个维护”，做绝对忠诚的表率，做敢于担当的表率，做遵规守纪的表率，做清正廉洁的表率，不断提高执政能力和领导水平。

在深化认识中增强政治自觉。带头坚决维护习近平总书记党中央的核心、全党的核心地位，坚决维护党中央权威和集中统一领导，始终同以习近平同志为核心的党中央保持高度一致。扎实开展“不忘初心、牢记使命”主题教育，牢牢把握“守初心、担使命，找差距、抓落实”总要求，始终围绕“理论学习有收获、思想政治受洗礼、干事创业敢担当、为民服务解难题、清正廉洁作表率”目标，深入贯彻落实习近平总书记关于主题教育的重要论述和讲话精神，以强烈的政治担当和责任使命，确保主题教育取得实际效果。全县共检视问题1085个，整改完成869个；

即知即改、立行立改问题647个，整改完成569个；县领导领办民生实事34件，党员开展志愿服务7296人次，为民办实事好事7606件。

坚持把学习宣传贯彻习近平新时代中国特色社会主义思想和党的十九届四中全会精神作为首要政治任务，县委先后召开26次常委会会议、14次县委中心组集中研学。大力推广以县委宣讲团为主体、多队配合的“一团多队”全覆盖宣讲模式，组织习近平新时代中国特色社会主义思想、“扫黑除恶”专项斗争县级理论宣讲26场次，县级百姓宣讲24场次，全县“双宣讲”累计1314场次，受众14万余人次。“新时代新气象新作为”百姓宣讲在全州排名前列。

认真贯彻落实党中央重大决策部署和省委十一届四次全会、州委七届六次全会精神，聚焦六大重点任务，奋力推动全县经济社会高质量发展。召开县委十五届八次全会，出台《关于促进民营经济高质量发展的若干意见》，细化15条具体举措，进一步支持民营企业发展壮大、转型升级、提质增效。筹备召开县委十五届九次全会，研究实施乡村振兴战略。

【三大攻坚战】 全面开展防范化解金融风险排查整治行动，扎实推进稳金融工作，构建非法金融活动网格化监测、行业监控和群众举报立体化监测体系，打击非法金融活动，立案2件刑拘1人。规范政府举债融资行为，严格政府债务限额管理和预算管理，强化债务风险约束。梳理政治安全和社会领域重大风险90件，均落实化解责任和防范措施，全县大局保持稳定。打好精准脱贫攻坚战。坚持把脱贫攻坚作为重大政治任务和第一民生工程，按照“两不愁三保障”的现行扶贫标准，深入推进“八个到村到户”，脱贫攻坚取得决定性进展。水、电、路、网、房等基础设施短板逐步补齐，安全饮水巩固提升11.35万人，新改建农村电网727.4千米，新建硬化路和砂石路1391千米，新改建通信基站404个，开通宽带用户1.59万户，实施危房改造1.54万户。各项惠民政策精准落实，兑现教育资助资金4672万元、医疗保障资金4061万元、生态补偿资金4988万元、兜底保障资金1.4亿元。提供扶贫公益性岗位3190个，完成农村职业技能培训2.7万人次，投放扶贫小额信贷1.65亿元。东西部扶贫协作持续深化，实施帮扶项目51个，到位帮扶资金5500万元。国家电网定点扶贫、省“616”工程、荆门市对口支援成效明显。2019年将实现31个贫困村出列、15631户44655人脱贫，完成整县脱贫摘帽目标任务。打好污染防治攻坚战。持续推动中央生态环保问题整改，完成各级环保督察反馈问题整改112个。重拳治山，水土流失治理35平方千米，实施“裸土覆绿”，长江两岸造林绿化476.4公顷、补植封育1445公顷，全县森林覆盖率达到61.3%。重拳治水，着力打好长江大保护十大标志性战役，长江断面水质达标率100%，集中式饮用水源地水质达标率100%。重拳治土，完成年度土壤点位监测，实现医疗机构医疗废物集中处置全覆盖，农业面源污染防治成效显著。重拳治气，强化扬尘治理、尾气治理，打赢蓝天保卫战，完成大气污染防治第三方核查整改，全年空气优良天数预计可达342天。重拳治污，12个污水处理厂建成投用，管网覆盖率达90%；11个乡镇垃圾中转站完成建设，荷花垃圾水泥协同窑处置预处理场主体完工；改造农户无害化厕所36807个、公厕174座；行政村垃圾无害化处理实现“六有”。成功创建“省生态文明建设示范县”、2个“湖北省森林城镇”、6个省级“绿色文明校园”、3个省级“美丽乡村”、51个省级“绿色示范乡村”。

【五大产业集群建设】 巴王水寨景区开门迎客，巫峡口景区完成次游客接待中心建设，轿子岩观景平台主体完工，大面山旅游公路建成通车，神农溪、巴人河、森林花海、无源洞等景区全面提质。成功举办第七届纤夫文化旅游节、第二届国际地质灾害论坛、“小康之约”2019 秘境巴东高山森林国际半程马拉松、2019“畅游神农溪·横渡大三峡”冬泳邀请赛等节庆赛事活动。积极参与“世界军运·湖北深行”游客倍增计划发布活动，巴东美景霸屏武汉，全年旅游接待 1043 万人次，实现旅游综合收入 80 亿元，分别同比增长 20%、20.1%。硒食品产业提质增效。新增茶叶基地 0.23 万公顷，正山堂红茶、九端单枞茶、金茗农业抹茶等“巴东郡贡茶”深度开发项目正式投产，被农业农村部认定为国家区域性茶叶良种繁育基地，连续两年荣膺“中国茶业百强县”，“正山堂·巴东红”荣获世界红茶产品质量金奖；新增柑橘基地 0.163 万公顷，完成 0.9 万公顷柑橘基地管护；发展特色小水果 0.33 万公顷；三峡现代农业、长友魔芋等企业重组步伐加快，硒食品产业实现综合收入 4.6 亿元。生物医药产业加速壮大。新增木瓜、独活、玄参等药材基地 0.105 万公顷，示范管护中药材 0.08 万公顷。“巴东玄参”跻身全省地道药材“一县一品”。杭州卓沃投资中药材加工研发项目签约落地，吉笙牛蒡种植加工项目稳步推进，时珍堂药业中药材饮片项目提质升级，生物医药产业实现综合收入 2 亿元。清洁能源产业平稳运行。121 座光伏电站上网电量 8008 万千瓦时，实现销售收入 5709 万元。南潭河、虎牙河、潭口水电站扩容增效，岔河水电站加快建设，清洁能源产业实现综合收入 9 亿元。先进制造业势头良好。完成工业固定投资 18 亿元，其中工业技改投资 1.96 亿元、同比增长 138.3%，标准化厂房入驻率达 75.7%。成功申报省级民族专项、科技精准扶贫专项、农业创新引导项目、农业科技成果转化项目各 1 个，1 家高新技术企业进入复审，新申报 2 家高新技术企业。纤夫缘家具、兴华石料等企业完成技改扩能，凯瑞服饰、泰鑫混凝土当年引进当年投产，博宇科技与许继集团合作持续深化，先进制造业实现综合收入 6.1 亿元。

【重大项目建设】 坚持围绕投资抓项目，围绕项目抓招商，把项目建设作为经济工作的龙头和主抓手，大抓项目、抓大项目。全年实施 500 万元以上项目 246 个。绿葱坡滑雪及高山运动度假小镇、高山硒养旅游度假区等 2 个省“三类”项目加速推进，超额完成年度投资目标。三峡库区巴东县城长江干流库岸综合整治工程建设项目、原生态富硒食药种植基地等 15 个州级重点项目进入投资高峰，完成投资 31 亿元，占年度计划的 179%。县级重点项目超额完成年度目标任务 11% 的增幅。郑万高铁平阳坝隧道全面贯通，高铁新区棚户区改造初具规模，国省干线普通公路“建养一体化”项目启动建设，巴张高速进入省规划过江通道有望获批，清江大桥及三友坪至泗淌段连接线全线通车，碧桂园、汉元世纪城、玥江桂庭等房地产项目全面开工。大力实施招商引资“一号工程”，积极参加“第十一届中博会”“第十五届中国（深圳）国际文化产业博览会”等活动，全年新签约巴东逍遥谷康养休闲旅游区项目、“正山堂·巴东红”红茶项目等 5 个项目。新开工恩施花天河旅游开发（巴东部分）、廪君文化生态园一期建设等 12 个亿元以上项目，引进省外资金 22.3 亿元。

【关键领域改革】 将改革创新作为破解发展难题和实现后发赶超的“助推器”，一些关键领域改革取得明显成效，探索出一批有影响的“巴东经验”。深入推进供给侧结构性改革，投资 2730 万元支持煤矿企业转型升级；完成商品房交易 735 套 8.99 万平方米，存量消化周期缩减至 10 个月；全年新增贷款 9 亿元；累计减税降费 1.12 亿元。扎实开展农业供给侧结构性改革，稳定粮油生产，全年夏粮产量 4.18 万吨、油菜产量 1.98 万吨；积极发展农业休闲观光度假产业，硒果山休闲度假村、九端茶业等观光园成功入围 2019 年湖北省休闲农业示范点；认证“三品一标”农产品 30 个、面积 2 万公顷。持续深化“放管服”改革，

“12345”政务服务热线上线运行，24小时不打烊自助服务区初步建成。全面落实“3550+100”改革目标，营商环境不断优化，新增市场主体3555家，审批政府投资198个，不动产登记8485件。加大旅游扶贫机制改革，以创建国家全域旅游示范区为契机，探索乡村旅游、特色民宿、旅游消费带动扶贫模式，重点打造13个旅游扶贫村、25个乡村旅游示范点，形成4个特色农业示范园和6个特色乡村旅游景点，发展乡村民宿、农家乐等1000余家，旅游业稳定带动27000名贫困人口脱贫。大力实施司法体制改革，县法院探索强制执行成效明显，受到《人民法治》《人民法院报》等媒体推介，巴东法院执行工作得到社会认可。全县行政单位机构改革、生态文明体制改革、供销社综合改革、电子商务进农村改革、经济发达镇综合体制改革、农业农村改革等工作蹄疾步稳，纵深推进。

【民生福祉】 忠实践行以人民为中心的发展思想，围绕“七有”目标，财政民生支出占比达到85%以上。教育事业发展步履铿锵，统筹办好幼儿、小学、初中、高中、特校、职业教育和民办教育，满足人民多样化教育需要，公办幼儿园乡镇全覆盖、神农溪中小学、明德外国语学校开学招生，老年大学全面竣工，校园安全短板全面补齐，中高考再创佳绩。文化惠民活动丰富多彩，新建村级文化广场62个，村少年文艺之家60个，成为全省“改善和丰富贫困地区青少年儿童精神文化生活试点工作”唯一试点县；戏曲进校园进乡村127场次、“精准扶贫·文化惠民”送戏下乡80场次；“三馆一中心”累计接待群众21万人次；完成精品舞蹈《巴咚咚》创作，扶贫歌曲《太阳照在屋顶上》获省“五个一工程”奖。医疗卫生服务能力稳步提升，县人民医院内科大楼、县民族医院公共卫生楼主体完工，博德医院建成投用，县妇幼保健计划生育服务中心启动搬迁，县域医共体正式运行，居民健康档案建档率达到90%。稳定就业规模不断扩大，新增城镇就业5138人，实现失业人员再就业1378人，城镇登记失业率1.05%。养老服务业前景广阔，支持企事业单位、集体组织、社团机构及个人等社会力量，兴办不同层面类型的养老机构，启动58个农村幸福院试点建设，累计建成21个社区居家养老互助照料中心、109个农村老年人互助照料中心。保障性安居工程扎实推进，完成住房改造759套，分配入住公租房806套。社会保障更加完善，城镇、农村居民医疗保险参保率分别达100%、99%，社会养老保险参保率达98%，社保服务实现“线上线下一卡通”。启动“童伴妈妈”“爱满荆楚”项目，在6个乡镇12个村建立社会工作站。募集慈善善款1500万元，惠及特困群众5万人次。聚焦建设人民满意城市的目标，重点解决城市发展中“如厕难”“买菜难”“停车难”问题，建设城镇公厕20座，解决38处“路灯黑”问题，新增人行通道6条、停车场9个车位961个。

【民主法治建设】 支持和保证人大及其常委会依法履职。支持县人大及其常委会依法加强立法和法律法规实施工作，依法开展法律监督和工作监督，听取和审议“一府两院”专项工作报告13项，开展执法检查、专题视察调研5次。坚持党管干部原则与人大依法任免有机统一，依法任免国家机关工作人员295人次。督办议案建议56件。支持开展“聚力脱贫攻坚、人大代表在行动”活动，解决群众提出问题和建议314条。建立本级政府向县人大常委会报告国有资产管理制度。

县委领导带头参加政协重要活动、带头领衔督办重点提案、带头广交深交党外朋友、带头接受政协民主监督，积极推动政协协商民主广泛多层制度化发展。支持政协开展精准扶贫“为民”“爱心”“带动”三大工程。支持政协围绕脱贫攻坚、绿色发展、民生保障等重大问题和人民群众普遍关心的热点难点问题，组织开展调研视察、议政协商，形成一批高质量的议政成果。全年支持办结委员提案68件。

高度重视并认真做好新形势下统战、群团和党管武装工作。工会、妇联、共青团、科协、残联等群团组织充分发挥人民团体的桥梁纽带作用，凝聚力量，工作成绩显著。乡镇工会改革会在全州率先完成。县科协开展的“科技兴农、科普惠民”活动被评为2019年湖北省全国科普日优秀特色活动。

认真履行第一责任和综治领导责任，统筹推进重大风险防范化解、城乡社区治理等工作。全面落实依法行政，普遍建立法律顾问制度，行政机关负责人出庭应诉率达100%，“七五”普法工作获省级表彰。深入掘进“扫黑除恶”专项斗争，坚持“扫黑除恶”与“打伞破网”“打财断血”同向推进，办结中央和省、州交办涉黑涉恶类线索37条、县内涉黑涉恶类线索55条，办结率98.21%，群众安全感测评进入全省第一方阵。学习“枫桥经验”，推进“一统三化”城乡社区治理模式，受到《人民法治》《湖北日报》《恩施日报》等主流媒体关注，沿渡河镇罗溪坝社区、茶店子镇洞坪村被省政府表彰为“百佳村民委员会”。

【从严治党】 带头增强“四个意识”，模范遵守党章，严守政治纪律和政治规矩，全面落实管党治党政治责任和主体责任。规范党委（党组）理论学习中心组学习，推进“两学一做”学习教育，带头参加“支部主题党日”活动，带头落实“三会一课”制度，切实增强党内政治生活的政治性、时代性、原则性、战斗性；带头开展党风廉政建设“两个责任”落实情况“讲、评、议”活动，提出实质性措施12条。严格执行民主集中制，建立县委重点工作推进机制，健全“七个一”联系服务机制，实行目标量化管理，推动工作落地落实。

圆满完成机构改革任务，改革后全县机构设置、职能配置、编制职数管理更加科学规范。全面加强机关、农村、企业、非公有制经济组织、社会组织等各领域党建工作，出台《关于加强和改进县直机关党的建设的实施意见》，规范县直机关党的建设；开展村（社区）“两委”换届工作“回头看”，调整党组织书记20人、“两委”委员23人；积极推行村级“214”民主管理模式，扎实开展基层党建补短板固底板工作，整顿提升软弱涣散党组织26个。深入贯彻新时代党的组织路线，引导干部投身于基层一线，全年从脱贫攻坚、招商引资等一线提拔重用干部44人次，选派60名干部到一线挂职任职。完成新一届村（社区）“两委”成员轮训，各类培训3542人次。推行流动党员管理“五个一”机制，理顺党员组织关系507人次。首开急需紧缺人才专项招聘，引进“双一流”大学本科、普通高校研究生人才15名，80人申报一村多名大学生计划。

一体推进“三项改革”，建立县纪委监委牵头、派出纪检监察组负责、各级党组织具体执行的“1+8+N”日常监督体系。出台《巴东县村级“三小”监督体系建设实施意见（试行）》，扎紧基层“微权力”的制度笼子。推行“1331”分类监督处置模式，追缴违纪资金16.7万元。用好巡察利剑，开展1轮脱贫攻坚“点穴式”专项巡察和3轮常规巡察，完成中央脱贫攻坚专项巡视反馈意见、州委专项巡察及“回头看”反馈意见和本届县委巡察反馈问题整改大起底大检查面上问题整改。不断巩固反腐败斗争压倒性胜利，立案214件，党政纪处分168人。深化运用监督执纪“四种形态”，采取第一、二种形态处理317人，占86.8%。出台《关于查处诬告陷害类信访举报的实施办法》，激励干部干事创业，打击诬告陷害者11人，公开澄清正名14人，回访教育受处分干部24人次，12名受处理干部获提拔重用。

持续开展扶贫领域不正之风和腐败问题、形式主义官僚主义等专项整治和人防系统腐败问题、领导干部收受名贵特产资源等专项治理，查处涉黑涉恶腐败及“保护伞”问题20件、违反中央八项规定精神问题42个、形式主义官僚主义问题86个。坚持以人民为中心，开展“祛痛点破难点解焦点村村行”活动，解决问题2135条，落实惠民资金6487.14万元；开展信访举报办理“两走四见”活动，纪检监察系统受理信访举报件和上级转交办件同比下降16.4%。

【意识形态】“五纳入三报告”制度得到落实。把意识形态工作纳入党建工作责任制、巡察督查、领导班子民主生活会、领导班子和领导干部履职尽责考核、党政领导班子政绩考评；把意识形态工作情况作为党委向全委会、纪委全会、党委班子和个人述职（述责）述廉报告的重点内容。坚持定期召开意识形态分析研判会。每季度召开一次意识形态联席会议，分析研判预警监测情况，排查风险点，通报意识形态领域情况，及时防控化解意识形态领域风险。对各级党委（党组）2019年落实意识形态工作责任制进行了半年、全年督查考核工作。意识形态阵地管理不断加强。切实加强对县融媒体中心、政府门户网站以及其他网络传播平台的管理；持续加强思想文化类论坛讲座、新闻出版、文艺创作、广播影视、学校课堂、文化场馆等各类阵地管理；报送《舆情专报》5期，处理县内网络安全隐患2起，重点整治网络谣言、淫秽色情等12类有害信息；机构改革后认真履行县“扫黄打非”领导小组办公室和新闻出版局职能，开展文化企业办证9件、监管62次，开展“扫黄打非”专项行动5次。

【“不忘初心、牢记使命”主题教育】 自2019年9月启动“不忘初心、牢记使命”主题教育以来，县委认真贯彻落实党中央决策部署和省委、州委工作要求，紧紧围绕学习贯彻习近平新时代中国特色社会主义思想这条主线，聚焦“守初心、担使命，找差距、抓落实”的总要求，将“学习教育、调查研究、检视问题、整改落实”贯穿始终，切实抓思想认识到位、抓检视问题到位、抓整改落实到位、抓组织领导到位。

【政务服务“一张网”】 县级开通可网办事项1249项，乡镇级可网办事项1908项，村级可网办事项5502项，县级可网办率达95.71%，乡村两级达100%。实行线下“只进一扇门”，32个部门和9家企业进驻县政务服务中心，承办1202项政务服务事项。100个高频事项实现“最多跑一次”，1706件公文证照通过邮寄送达办事群众。

【全县党建工作会议】 3月18日，全县党建工作会议召开，会议总结回顾2018年工作，安排部署2019年党建工作。会议通报县委常委会班子2018年度民主生活会情况。信陵、茶店子、沿渡河、水布垭、绿葱坡、东瀼口6个乡镇党委书记，县民宗局、县城市管理执法局党组织书记分别进行党建工作述职。期间，与会人员对述职情况进行民主测评。

【中共巴东县委十五届八次全体会议】 2019年6月27日，中国共产党巴东县第十五届委员会第八次全体（扩大）会议召开。会议审议并通过《中共巴东县委、巴东县人民政府关于促进民营经济高质量发展的若干意见》。

【中共巴东县委十五届九次全体会议】 2019年12月14日，中国共产党巴东县第十五届委员会第九次全体（扩大）会议召开。会议审议《巴东县乡村振兴战略实施总体规划（2019—2022年）》（讨论稿）。

【县委办公室工作】 2019年，县委办公室以习近平新时代中国特色社会主义思想为指导，树牢“四个意识”，坚定“四个自信”，坚决做到“两个维护”，忠实践行“五个坚持”，以“讲政治”守初心、以“抓落实”践使命、以“提能力”为常态，将高质量“三服务”工作贯彻全县经济社会发展之中，展现出党办干部的担当与作为。全年完成190余篇文稿服务任务，向省州宣传推介文稿10篇，部分文章在《农村新报》《法治参考》

等刊物发表。调查研究上实行一个县领导带领一个部门一个专班，深入调研破解一个难题的工作机制，统筹部门、乡镇力量，围绕“六大硬战”、乡村振兴战略、生态环境保护等县委重点工作确定29个重大调研课题，印发《调研与参阅》8期。常委主任牵头完成的《关于加快解决县城区“停车难”问题的调研报告》，为县委解决停车难、建立人民满意的城市提供重要参考，《湖北日报》以“‘壁挂县城’巴东化解停车难”为题全方位展示成效和经验。全年编发《巴东政务要情》电子期刊141期；向省委、州委办公室报送综合信息80余篇；上报州委办公室动态信息900余条，采用300余条；完成约稿信息近30篇。全年圆满完成第七届纤夫文化旅游节、第二届国际地质灾害论坛、2019秘境巴东高山森林国际半程马拉松、2019“畅游神农溪·横渡大三峡”冬泳邀请赛等活动和重要客商到巴东359批次的协调服务工作。下基层向群众学。坚持把脱贫攻坚工作作为党员干部学习成长的舞台，常态化与扶贫村联合开展支部主题党日活动，与村党员干部一道走访贫困户，开展环境整治和义务植树等活动，定期召开机关干部职工会，学习英雄张富清的奉献精神、“全国人社服务标兵”易盛荣的担当精神。

【外事工作】 2019年，巴东县外事工作坚持以习近平新时代中国特色社会主义外交思想为指引，增强“四个意识”，树牢“四个自信”，做到“两个维护”，全面贯彻落实党中央对外方针政策决策部署和省委、州委对外工作要求，紧紧围绕县委打赢“六大硬仗”、建设“五个巴东”的目标任务，决战决胜脱贫攻坚，在州委外办、县委的正确领导下，发挥资源优势，加强交流合作，规范服务管理。

2019年7月中旬起草中共巴东县委外事工作委员会工作规则及其办公室工作细则和2019年工作要点，并在7月31日召开的中共巴东县委外事工作委员会2019年第一次全体会议上通过后予以印发、实施。

2019年，巴东县围绕“打造五大产业集群”、建设“三基地一枢纽”目标，主动对接和充分利用好对外交流契机，加大招商引资、招才引智的力度。先后在巴东县顺利开展2019秘境巴东高山森林国际半程马拉松赛、第二届巴东国际地质灾害学术论坛等年度性活动、赛事等。8月20—29日在新西兰、斐济和澳大利亚的旅游项目推介交流活动，县委外办主动履责，助推县域经济发展。

（赵庆平　周武坤　税宏炜）

组织与党建

【概　况】 2019年，巴东县委组织部以习近平新时代中国特色社会主义思想为指导，紧紧围绕省、州组织工作会议精神和年初组织工作要点，坚持以党的政治建设为统领，深入开展“不忘初心、牢记使命”主题教育，扎实推进基层党组织建设、干部和人才队伍建设，推动巴东县党的建设和组织工作高质量发展，为县脱贫摘帽和“五个巴东”建设提供坚强组织保证和智力支撑。

【政治建设】 认真贯彻《中共中央关于加强党的政治建设的意见》，组织全县党员通过“支部主题党日”“学习强国”等活动和载体学习贯彻习近平新时代中国特色社会主义思想和各级组织工作会议精神，以及《中国共产党支部工作条例（试行）》和新修订的《中国共产党农村基层组织工作条例》《中国共产党党员教育管理工作条例》等党内法规条例，坚持武装头脑、锤炼党性，教育引导全县党员干部增强“四个意识”、坚定“四个自信”、做到“两个维护”。压实党建责任。年中组织召开基层党建现场推进会，围绕巡视巡察反馈问题整改和“补短板”工作，随机抽取2个村党支部现场“解剖麻雀”，促基层党建工作全面进步、整体提升；出台《关于进一步加强和改进县直机关党的建设的实施意见》，全面提高机关党的建设质量；在全州率先组织全县“两新”组织党支部书记和党建指导员现场观摩，召开“两新”组织党建工作推进会，确保“两新”党组织和党建工作全覆盖，推动各领域党建工作均衡发展；年底组织召开组织委员座谈会，专题听取组织工作汇报，确保基层党建工作年初有部署、年中有督导、年底有总结。

【主题教育】 围绕民生福祉，扎实开展主题教育。坚持以上率下，高位推进，先后召开8次领导小组专题会议，对“不忘初心、牢记使命”主题教育进行部署督办。在学习方面，全县17543名党员精研细读论述摘（选）编、学习纲要和党章党规；积极开展向张富清、王光国、邹炜等先进典型学习活动；充分依托“红色金果”等本地红色资源，开展革命传统教育40余批3000余人次；组织“全国人社服务标兵易盛荣先进事迹报告会”13场次。在调研方面，全县科级以上领导干部围绕群众关切的水、电、路、网、房、就业、人居环境和停车等民生领域的痛点、难点、堵点，深入实地开展调研，形成专题调研报告634篇。在检视方面，各级党组织召开对照党章党规找差距专题会议83场次，检视问题813个。在整改方面，按照“一项任务、一名领导、一个专班、一张图表、一抓到底”的工作机制，聚焦群众最急最忧最盼的紧迫问题和18个方面专项整治，全县党员领导干部共领办民生实事633件，基层党员参加志愿服务7296人次，为身边群众办实事好事7606件，解决教育、医疗、住房安全、安全饮水、出行、食品安全等方面具体问题10835个，化解民生领域信访突出问题291件。全面完成全县59个党委（党组）“不忘初心、牢记使命”主题教育、653个党支部的专题组织生活会，同步进行党员民主评议，全县17543名党员中优秀等次3547人，合格等次13169人，基本合格395人，不合格28人，不定等次404人。

【党建“补短板”】 围绕问题整改，补齐党建短板。坚持将各级巡视巡察反馈问题整改作为重大政治任务，县委常委会专题研究涉及基层组织建设巡视问题整改6次，明确由县委常委分块牵头，每月到乡镇、村调研指导问题整改。全面完成中央巡视整改自查的基层党建4个方面10个共性问题，并于12月进行“回头看”；全面完成省委巡视3个方面11个类型28个具体问题整改；州委专项巡察反馈的10个问题全面整改；开展农村基层党建“补短板”工作，自查整改1545个问题；县委充分利用巡察利剑，部署对81个重点村党组织开展“点穴式”专项巡察，查找整改基层党建问题146个，以问题整改倒逼固底板补短板工作落实；在主题教育期间，党员县领导全面调研摸排找准病因，确定软弱涣散村党组织26个，其中重点村3个，分别由县委书记、县长、组织部长联系，并由县委派驻3个工作组驻村整顿，按照“四个一”机制，深入走访对症下药，调整村级班子，清查公示村级“三资”，开展扫黑除恶专题宣讲，理清发展思路，于12月上旬全部整改销号。

【党员教育管理】 全年发展党员404名，其中高中及以上学历340名，女党员167名，35岁以下266名；储备入党积极分子853名，乡镇党委班子成员、村党组织书记结对培养建档立卡贫困村入党积极分子182名。组织开展党员组织关系集中排查专项行动，通过“及时转接一批、教育转化一批、组织处理一批”，集中理顺党员组织关系658人次；通过县、乡党校对村（社区）党组织书记、“两委”成员和后备干部进行全员轮训，累计完成各类培训近3300人次；县委党校举办普通党员培训示范班1期100人，乡镇党校组织普通党员培训班12期，培训人数1049人。积极探索农村党员分类管理和积分制管理试点工作，推行流动党员管理“五个一”机制；持续开展“党员＋带头”“我是党员，有困难请找我”等活动，推介“党员双带先锋”杨州荣登《党员生活》封面人物，开展“百佳党支部书记、先进基层党组织事迹展播”活动，展播先进典型事迹。

【党建引领基层治理】 选优配强村级班子，开展换届“回头看”，对村级班子运行情况进行分析研判，对现任的1853名“两委”干部再次逐一过筛子，动态调整村（社区）书记20名、委员35名，选派第一书记全覆盖，选派“尖刀班”干部达到2630名；扎实推进“两新”组织党建重点工作，全州率先组织“两新”组织党建工作现场会，确保“两新”组织党组织和党建工作全覆盖；探索建立“214”（线上线下2个公示平台，每年1次民主管理会议，建立健全民主理财、民主议事、民主决策、民主监督4项工作制度）民主管理模式。进一步拓宽农村党员教育培训渠道，充分利用全县乡镇党校全覆盖优势，积极探索村干部、普通党员和乡土人才通过“菜单式”方式进行培训，将“土专家”“田秀才”请进乡镇党校课堂，打通党员干部教育培训“最后一公里”；克服财政压力，持续加大党建经费投入，全年投入党建经费6988万元，村主职干部年报酬上调至4.2万元，居全州前列（仅次于州高新区村干部4.58万元）。积极争取国网光伏扶贫、省级留存党费补助引导资金3.39亿元，探索发展村级集体经济，109个重点贫困村集体经济均超过20万元，213个非重点贫困村集体经济均已过万元。

【机构改革】 机构改革后，党政机构总量由45个减少至37个，县委序列总量减少2个，政府序列总量减少6个。

【干部教育培养】 制定并下发《关于贯彻落实〈2018—2022年全国干部教育培训规划〉的实施方案》，坚持把学习贯彻习近平新时代中国特色社会主义思想摆在干部教育培训最突出的位置，在各类主体班次中，以习近平新时代中国特色社会主义思想课程为主。以县委党校为主阵地，依托北京、杭州对口支援培训资源，在北京举办党政干部班，在浙江大学开办5期扶贫干部和组工干部培训班，在县委党校开展19期主体培训班，累计培训干部3100余人次，实现乡镇领导班子成员、驻村第一书记、村（社区）党组织书记培训全覆盖。加强脱贫攻坚业务知识培训，举办“脱贫攻坚能力提升培训班”“组工干部脱贫攻坚专题教育培训班”“扶贫干部培训班”“州直驻村工作队精准扶贫政策业务培训”“结对帮扶责任人培训”等11期培训班，实现党政干部脱贫攻坚业务知识培训全覆盖。积极与各行业部门沟通衔接，扎实开展各类专题培训，举办政协委员、妇联干部、党外干部、团干部、党务干部、卫生管理干部、驻村第一书记、基层党支部书记、行政执法、纪检监察等18个专题培训班，累计培训干部3300余人次。注重在一线培养锻炼干部，选派79名干部到综合部门、重大项目单位挂职；选派12名干部到杭州下城区挂职学习。

【激励干部担当作为】 坚持正确导向用人，全年从项目建设、脱贫攻坚、维护稳定、招商引资“四个一线”提拔重用干部44人次，其中提拔重用驻村第一书记5名；表彰驻村帮扶单位20个、驻村帮扶干部19名，2019年12月被全县通报表扬的29名新时代新担当新作为优秀个人中，21名是在脱贫攻坚工作中迎难而上、埋头苦干、开拓进取、作出重大贡献的干部；绿葱坡派出所被评为湖北省“人民满意的公务员集体”；实行驻村工作队员年度考核单列，优秀等次比例提高至30%。大幅提高乡镇工作补贴标准。县委决定从2020年1月起，按照边远乡镇金果坪乡每人每月1000元，高寒乡镇绿葱坡镇每人每月800元，其他乡镇每人每月600元（城区乡镇信陵镇不享受）的标准发放乡镇工作补贴；建立异地交流干部报销交通费制度，从2020年1月1日起，对异地交流任职和两地分居的县乡干部，按照一年累计不超过12次的标准报销家庭居住地和任职地之间发生的往返交通费。有序推进公务员职务与职级并行制度，全县累计晋升公务员职级57人次并落实相关待遇。全面落实离退休干部待遇政策，开展走访慰问310人次，原县商务局老干支部被省委组织部授予“省级示范支部”荣誉称号，投资9000万元的老年大学已建成并投入使用。

【人才队伍建设】 聚焦高质量发展，夯实人才基础。强化人才政治引领，在全县知识分子中开展“弘扬爱国奋斗精神、建功立业新时代活动”。结合支部主题党日和庆祝新中国成立70周年活动，各级党组织集中学习张富清、邹炜、王光国、易盛荣等先进人物奋斗事迹，深入金果坪、溪丘湾等地开展红色革命精神教育，引导全县知识分子立足岗位担当奉献。落实党委联系服务专家和优秀人才制度，举办全县优秀人才培训班和座谈会，增强人才政治认同、情感认同；推动人才向基层流动，开展急需紧缺人才专项招聘，为农业、住建、交通、文旅等部门引进人才15名，实现除教育、卫健系统外其他系统专项招聘人才“零”的突破，续聘10名2018年直接招聘引进人才。深化东西部协作人才支援，承接实施省“三区人才”计划、“基层高质量发展专才”计划和博士服务团等人才倾斜项目，接收各类挂职人才70多名，借用外来智力助力基层发展。持续推进“我选湖北”计划，吸纳2400多名大学生实习见习；抓实本土人才培育，抢抓北京市、杭州市对口支援机遇，利用县内县外两种资源，统筹推进党政干部、扶贫干部、基层组织“领头雁”、农村实用人才、农村致富带头人、技能人才等能力提升计划，完成各类人才培训10000多人次，12名党政干部、25名专技人才到杭州市挂职交流。实施“一村多名大学生计划”，首批73名建档立卡贫困村大学生进入恩施职业技术学院学习；加快人才平台建设，硒海棠院士专家工作站成功创建省级院士专家工作站，其科研团队成功创建州级重点创新团队，平台被授予“中国产学研成果奖优秀奖”，“种养加旅”创新创业平台顺利通过州级验收，翔龙农业科技创新工作室获得2019年度全州重点人才项目支持，全县8人获得“恩施州优秀人才”称号。成功举办恩施州创新创业大赛巴东分赛，3个项目在决赛中分别获得初创项目组一、二等奖和创意组三等奖，另3个项目获得优秀奖，县委组织部获最佳组织奖。

（王　奇）

宣传工作

【概　况】 2019年，根据《巴东县机构改革方案》《巴东县机构改革实施意见》精神，对县委宣传部在改革中所承担的职责进行调整。对外加挂县新闻出版局（县版权局）牌子，将划入的新闻出版管理职责和有关电影管理职责，由原“文艺科”更名的“文化文艺出版发行管理股”承担。对外加挂县委精神文明建设指导委员会办公室牌子，由原“文明办”更名的“文明创建指导股”承担相应职责。对外加挂县人民政府新闻办公室牌子，撤销县委宣传工作领导小组办公室，由原“宣传科”更名的“新闻宣传教育股”承担相应职责。对外加挂县委网络安全和信息化委员会办公室、县互联网信息办公室牌子，撤销县委网络安全和信息化领导小组办公室，由新设立的“网络安全和信息化股”承担相应职责。

【党的理论宣传】 坚持把学习宣传贯彻习近平新时代中国特色社会主义思想作为首要政治任务，用好党委（党组）理论学习中心组、“学习强国”平台和支部主题党日活动等学习载体。县级领导干部“进党校上讲台、下基层上党课”常态化。组织习近平新时代中国特色社会主义思想、扫黑除恶县级理论宣讲26场次，村级宣讲644场次，县级百姓宣讲24场次；开展红色故事宣讲，县融媒体中心开办《听父辈讲革命故事》专栏，赓续红色历史，传承红色基因。坚持“走出去”宣讲，展示巴东形象，传播巴东声音。金果坪乡人社中心主任易盛荣先后到江西、海南等省进行宣讲，受众达103000多人；巴东县福娃娃幼儿园负责人、省优秀“三新”宣讲员向宏茂在全国范围内宣讲50场次以上，受众15500多人。全县“双宣讲”累计1314场次，受众14万余人次。

【意识形态】 严格执行“五纳入三报告”制度，每季度召开意识形态工作联席会议，每半年开展责任制落实情况督查考评。针对省委第九巡视组意识形态工作专项巡视反馈的5个方面17个问题，举一反三，逐项整改。认真履行县扫黄打非领导小组办公室和新闻出版局职能，开展文化企业办证9件，监管62次，开展扫黄打非专项行动5次，全县意识形态阵地管理得到进一步加强，意识形态领域总体稳定可控。

【新闻宣传】 长江大保护中的巴东作为、脱贫攻坚中的巴东担当、生态优先发展中的巴东实践等成为主流媒体报道的热点。其中，12月31日《新闻联播》用2分12秒的时长聚焦巴东易地搬迁故事；9月24日央视一套黄金时间播出的大型文献专题片《我们走在大路上》第十八集《脱贫攻坚》，多处展示巴东全面攻坚深度贫困的生动实践“元素”。全年在中央电视台发稿7件、人民日报5件、新华社3件、人民网30件、新华网12件、“学习强国”学习平台15件。

【网络综合治理】 开展网络生态综合治理专项行动，加强对全县网络工作群组的管理，清理整合各类群组2200余个。积极开展网络扶贫，成功召开全省网络扶贫工作现场推进会，开展《流量扶贫行动——巴东站》活动，通过直播售卖巴东土特产，宣传巴东的土特产和旅游景点，用新型的传播方式助力巴东脱贫，引导互联网由“最大变量”转变为“最大增量”。

【选树典型】 积极选树先进典型，发挥榜样引领作用，评选出巴东县“最美乡村”5个，“最美家庭”10个，“最美巴东人”10个；“绝壁愚公”陈显兵上榜“中国好人”；支教青年袁辉荣获省级道德模范称号；谭建华、朱丽年、易盛荣分别被评选为感动恩施年度人物和提名人物。

【文明创建】 积极培育践行社会主义核心价值观，实现“讲文明·树新风”、社会主义核心价值观等公益宣传全覆盖。扎实开展“五大文明创建”活动，2019年，在省文明办进行的文明指数测评中，巴东在全省64个县市中排名第18名，较2018年上升8位，在全州8县市中位列第1名，文明创建步伐更加铿锵有力。

【文化惠民】 着力完善公共文化服务体系，推进县级融媒体中心、新时代文明实践中心、村综合文化服务中心等基层宣传思想文化阵地建设，“戏曲进校园”、送戏下乡等文化惠民活动丰富多彩。大力创作文艺精品，组织出版《巴东文联》《书画巴东》，创作歌曲《有一个地方和你去过的世界不一样》在北京“文艺扶贫奔小康”歌曲创作成果汇报音乐会上公开唱响，精准扶贫主题歌曲《太阳照在屋顶上》获省第十届“五个一工程”优秀奖，电影《漂洋过海来爱你》获得省第十届“屈原文艺奖”。文化产业快速发展，2019年文化产业增加值占GDP的4.32%，居全州第一。

（侯江华）

统一战线

【概　况】 2019年，统战工作以习近平新时代中国特色社会主义思想为指导，全面贯彻党的十九大、十九届二中、三中全会精神，深入学习贯彻习近平总书记关于加强和改进统一战线工作的重要论述，坚决贯彻落实中央、省委、州委、县委关于统一战线工作的各项决策部署，着力在维护核心、服务中心、凝聚人心上强化使命、担当作为，为巴东经济社会发展、决胜脱贫攻坚、建设“五个巴东”凝聚广泛共识、汇聚强大力量。

【思想政治引领】 认真学习贯彻习近平新时代中国特色社会主义思想，组织开展全县党外干部专题政治理论培训、“不忘合作初心、继续携手前进”无党派人士专题政治理论教育培训，以座谈会、支部主题党日、理想信念教育等为载体，加强对统战干部、统战成员思想政治引领。

【服务县域中心工作】 继续运用好东西部扶贫协作等机制平台作用，积极争取杭州市下城区统一战线资源资金支持力度；持续推进“百企帮百村”扶贫行动。贯彻落实省委、州委、县委关于促进民营经济发展的相关政策。

【整体推进各项工作】 加强非公经济领域统战工作，积极搭建异地招商引资服务平台，成立非公有制企业投诉服务中心，组织参加“光彩行”社会公益活动，力促非公经济“两个健康”发展。加强新形势下民族宗教工作，扎实推进全国民族团结进步示范县创建和“七进”活动，推进县乡村三级宗教事务管理网络和乡村两级宗教工作责任制落实落地。加强党外知识分子、新的社会阶层人士统战工作，完善党外人士联系交友制度，开展党外代表人士队伍建设调研，召开党外干部联席会议制度和统战工作领导小组会议等，讨论研究全县党外代表人士队伍建设相关工作；严把德才标准，坚持公正用人的选人用人要求，加强党外干部的培养、推荐、考核、选拔工作；成立巴东县新的社会阶层人士联谊会。加强港澳台及海外侨工作，以增进认同、深化交融为目标导向，推动与巴东关系密切的港澳台侨相关社团、相关人士经贸文化交流，承接台湾书画家王品卉一行到巴东开展文化交流。对全县重点、困难台胞台属、侨眷侨属进行走访慰问，落实相关政策。

【帮扶考察】 5月21—22日，杭州市委常委、统战部长陈新华率杭州统一战线帮扶团20余家民营企业到巴东县开展帮扶考察工作。杭州统一战线帮扶团一行深入信陵镇大面山项目建设现场、官渡口镇红花岭村易迁安置点，通过实地考察、听取情况介绍等方式，详细了解巴东脱贫攻坚、特色旅游等工作开展情况。会上，杭州海外联谊会、杭州旅港同乡会、浙江崇豪汽配、浙江集商优选、杭州联华华商集团和广安仓储共向巴东县现场捐赠人民币22万元、港币10万元以及总价值18万元的校服1500套。

【领导调研】 6月19日，由民革恩施州委专职副主委李玮玮带队，民革恩施州委调研组一行七人到巴东，进行“旅游＋扶贫”和美丽乡村建设调研。县委统战部组织召开调研座谈会，会后，调研组一行深入溪丘湾乡甘家坪村、东瀼口镇牛洞坪村实地调研，了解“旅游＋扶贫”工作开展情况。

【重要会议】 12月13日，巴东召开新的社会阶层人士联谊会成立大会。会议听取《巴东县新的社会阶层人士联谊会筹备工作情况报告》，审议并通过《巴东县新的社会阶层人士联谊会章程（草案）》，选举产生巴东县新的社会阶层人士联谊会第一届理事、会长、副会长、秘书长和监事、监事长。谭显猛当选为巴东县新的社会阶层人士联谊会会长、谭明读当选为监事长。

（县委统战部）

信　访

【概　况】 2019年，在县委县政府的坚强领导和省州信访部门的精心指导下，全县上下深入学习习近平总书记关于加强和改进人民信访工作的重要思想，扎实贯彻落实州委州政府、县委县政府关于信访工作的决策部署，积极探索社会治理新思路新举措，进一步深化信访工作制度改革，推进信访矛盾化解攻坚，全力争创全国信访“三无”县。全年共受理办理信访事项1469件，同比下降31.49％。12月20日，张泽青被县委组织部、县委宣传部通报表扬为全县新时代新担当新作为优秀个人。

【信访工作】 2019年，全县上下切实提高思想认识，强化底线思维，认真贯彻落实县委政府关于平安稳定工作的决策部署。县信访工作领导小组印发《巴东县创建信访“三无”县工作实施方案》，把推进“三无”县工作摆在重要位置。2019年，在重要敏感时段实现“零进京赴省、零滞留、零非访”和“六个不发生”的目标，为创建全国信访“三无”县和维护全县社会大局的和谐稳定打下坚实基础。

【矛盾化解攻坚】 扎实推进开门接访、领导下访、书记陪访“三访”常态化、规范化。紧密结合领导包案，将领导所包案件作为下访、约访的重点内容，通过走访深入了解案情，按照法律法规和相应政策，及时、妥善处理群众诉求，促使信访矛盾解决在基层、化解在萌芽状态。落实依法分类处理。组建律师顾问团为来访群众及所在单位提供法律咨询，开展法治宣传教育、疏导分流、法律援助等工作，对重大信访事项开展法律风险评估、审查信访文书、出具《法律意见书》等。设置人民调解室，聘请专职调解员参与提供法律咨询、矛盾纠纷调解、实施信访代理、宣传引导等工作，从根本上、源头上有效化解矛盾纠纷。强化领导包案化解。认真落实州信访工作领导小组《关于进一步做好领导干部包案工作的通知》的要求，将州“双签双交办”县的重点信访矛盾19件和县梳理排查的重点信访矛盾136件，纳入县级领导包案范围，并明确包案化解要求和时限。要求各乡镇和县直各部门同步做好本乡镇本系统的突出信访矛盾排查梳理，列清单、派任务、排工期、抓督办，落实好领导干部包案化解突出信访矛盾工作。

【落实“六条措施”】 认真贯彻落实州纪委机关、州信访工作领导小组印发的《加强政治监督整治信访领域形式主义官僚主义的六条措施》，加强对信访工作责任落实、领导干部接访下访、信访矛盾化解攻坚、信访积案化解和风险防控预警等环节进行明察暗访，强化过程监督，对在信访工作中失职失责的相关人员进行通报。全年对县教育局、水布垭镇、清太坪镇等单位在信访工作中责任不落实、措施不到位等问题进行通报。

（万杰华）

机关事务管理

【概　况】 2019年，围绕县委、县政府中心工作，以实现“管理有序、保障有力、服务有效、干部有为”为目标，全面贯彻落实《机关事务管理条例》《党政机关国内公务接待管理规定》，重点抓好中办、国办两个《办法》的学习宣传和贯彻实施。主动作为，履职尽责，稳步推进机关事务服务工作。

【规范管理】 机构改革后对全县45个涉改单位中的18个单位进行办公用房调整。并对调整单位办公用房使用情况开展专项检查。共检查单位8个，检查房间数29间，面积共604.46平方米。针对检查过程中发现的问题，中心下发整改通知书，限期整改，已全面整改落实。完成全县党政机关办公用房信息统计报告工作。公务用车管理。大力推进公务用车ETC的安装工作，截至2019年8月，全县509台公务车全部安装车载ETC，安装率达100%。开展公务用车使用管理专项清理及节假日监督检查工作。全年共开展四次专项监督检查活动，分别为“全县党政机关和事业单位规范公务用车管理和使用清理整改工作”和“元旦、春节期间”“劳动节、端午节期间”“国庆节期间”专项监督检查“公务用车明察暗访工作”，发现公务用车管理不规范的问题线索8条，现场进行批评纠正违规问题1个，移交给县纪检委问题线索7条。全力推进事业单位公务用车制度改革。2019年8月26日，向全县印发《巴东县事业单位公务用车制度改革指导意见》。严格审核各参改单位的“车改方案”。为让全县所有参改单位准确把握车改政策，稳步有序推进事业单位车改，印发《巴东县事业单位公务用车制度改革指导意见政策解读》和《关于推进事业单位车改工作的通知》，统一制定事业单位车改方案参考模板。2019年12月底，全面完成事业单位车改工作任务。政务联络。政务联络股（接待中心）完成全国人大常委会副委员长曹建明一行到巴东调研，省委书记、省人大常委会主任蒋超良一行到巴东调研，自然资源部副部长凌月明巡查三峡库区地质灾害防治工作，省委常委、省委宣传部部长王艳玲一行到巴东考察，省政府副省长陈安丽到巴东野三关调研等重大接待活动，共计60批2600多人次，接待工作未出现纰漏，得到县委、县政府领导的认可。

【后勤服务】 进一步加强安保力量，严格执行保安24小时值班巡逻，做到日常、重要节点零事故。2019年完成党政办公小区变压器改造升级，监控设施升级投入使用。进一步强化对党政办公小区的消防、电梯等设备进行安全检查维护力度，把安全隐患解决在萌芽中。全力落实县“六城同创”办的要求，对党政小区环境进行综合整治2次，全年开展除“四害”活动4次，为干部职工提供一个整洁舒适的工作环境。提高会议服务质量。2019年，共服务各类会议128场，其中全县两会、春晚等大型会议17场。

【安全和信访管理】 定期组织人员对党政办公小区的消防、电梯、电气设备进行安全大检查，明确专人和专门机构负责日常维护保养。及时发现排除各类安全隐患，杜绝安全事故发生。中心成立后进一步明确党政大楼信访处置程序，有效保障党政办公小区的办公秩序。严格按大楼信访处置程序协助处置信访人员631批次（其中1个人上访的520批次，2个人上访的71批次，3—5人及以上的42批次）。

（机关事务服务中心）

政策研究

【概　况】 2019年，县委政策研究室以习近平新时代中国特色社会主义思想为指引，紧紧围绕全县中心工作和重大部署，切实提高文稿服务水平，深入开展调查研究，认真推进全面深化改革委员会及财经委员会各项工作，切实发挥参谋助手和智囊团作用。

【文稿工作】 以全县中心工作为抓手，紧跟县委、紧贴县委领导积极发挥参谋辅政作用，全年完成各类文稿236件，其中县委领导各类讲话文稿65万余字，涉及经济、政治、文化、社会和党的建设等各个方面；完成给胡春华、曹建明和省委、省政府，州委、州政府领导同志、对口支援地区等各级领导的工作汇报；制定县委常委会工作要点、重点工作落实机制、全县重点工作安排等重要文件；在总结巴东县学习贯彻习近平新时代中国特色社会主义思想、推进巴东高质量发展等方面好经验、好做法的基础上，在州级及以上媒体发表推介文章13篇。其中，在省《政策》发表署名文章1篇、省《农村新报》发表署名文章1篇、省《咨询与决策》统筹发表署名文章6篇、省《调查与研究》发表署名文章1篇、省《党员生活》发表署名文章1篇、州《今日恩施》发表署名文章3篇。

【调研工作】 统筹开展全县重点调研课题29个，呈报《调研参阅》8期，努力为县委决策提供可靠的依据。围绕优化营商环境，实现民营经济高质量发展，开展专题调研，研究制定《关于推动民营经济高质量发展的若干意见》，推动巴东县营商环境不断优化。围绕顺利推进实施乡村振兴战略，开展专题调研，推动审议通过《巴东县乡村振兴战略实施总体规划》。围绕提升城镇居民生活品质开展专题调研，形成《关于加快解决县城区“停车难”问题的调研报告》，着力提升城镇交通基础设施。同时，积极做好县委其他重要课题的讨论修改工作。

【改革工作】 全年组织召开2次县委深改委会议，审议研究改革事项16项。上报改革简报5篇，改革信息4条，积极排除改革的各种“梗阻”，统筹推进政治、经济、社会、文化、党的建设等领域改革。充分发挥县委改革办组织协调作用，成立县委全面深化改革委员会及其办公室，出台县委全面深化改革委员会“两规则一细则”、改革专项小组设置方案、全面深化改革督查工作办法，印发《中共巴东县委全面深化改革委员会2019年工作要点》，共确定改革项目85个，明确改革的“任务书”“施工图”“时间表”；深入推行县领导领衔推进重大改革项目制度，将省、州、县确定的14个重大改革项目纳入县领导领衔推进改革项目清单。建立县领导向县委深改委汇报领衔改革项目推进情况的工作机制。县委深改委成员主持召开改革协调会32次，开展改革调研24次、改革督察7次，解决改革难题8个，出台配套改革文件90个。通过县领导示范引领，带动各责任单位全力以赴抓改革，确定“完善旅游扶贫机制”“优化营商环境”等一批打基础、利长远的改革项目；统筹推进政治、经济、社会、文化、党的建设等领域改革，持续深化教育、医疗、就业诸多民生领域改革。政府机构改革全面完成，五大领域综合行政执法改革、农村产权制度改革、医疗卫生综合改革、企事业单位公车改革稳步推进。“3550+100”改革目标全面实现，“12345”政务热线正式开通，首个“不打烊”政务服务便民自助区投入运行，巴东打击“拒执”改革经验得到最高法院推介，《新闻联播》聚焦巴东异地扶贫搬迁工作，一批有影响的“巴东经验”正在不断完善。

【财经工作】 县委财经委始终坚持以全力抓好全县经济社会发展的整体谋划，加强对重大经济工作的综合调度，有力保障全县经济社会平稳健康发展为目标。组织召开县委财经委员会会议，学习中央财经委员会第一、二、三、四次会议精神和湖北省委财经委员会第一、二次会议精神、恩施州委财经委员会第一次会议精神，审议通过《中共巴东县委财经委员会工作规则》和《中共巴东县委财经委员会办公室工作细则》，并对全县财经工作进行研究部署；充分发挥县委财经办组织协调作用，推动建立全方位、全过程、全覆盖预算绩效管理体系，将全县县直部门和乡镇的所有项目支出、部门整体支出纳入绩效目标编制范围，支持加大扶贫项目资金绩效管理工作力度；推动制定《巴东县财政投资评审业务流程》，在资产管理岗位设置、权责分配、业务流程等方面建立决策、执行和监督相互分离、相互制约、相互监督的机制，提升管理效能。

（陈治刚）

机构编制

【概　况】 2019年，以习近平新时代中国特色社会主义思想为指引，认真贯彻落实中央省州机构编制工作精神和县委县政府重大决策部署，创新体制机制，深入推进党政机构改革，持续推进其他领域改革，统筹编制资源配置，优化事业单位登记管理，务实重行，主动作为，各项工作取得明显成效。县委编办严守编制总量底线，严格机构编制管理，确保全县行政机关和事业单位的机构、编制、财政供养人数均控制在省州规定的范围内。

4月3日，巴东县机构改革工作会议

2019年，《县委办公室 县政府办公室关于

2018年度目标责任制综合考核结果的通报》，巴东县编办获“工作突出单位”;《中共巴东县委政法委员会关于2018年度全县综治（平安建设）、法治工作考评结果的通报》，巴东县编办获2018年度综治（平安建设）工作合格单位;《关于2018年度全县落实党风廉政建设责任制情况检查考核结果的通报》，巴东县编办获优秀等次。

【机构改革】 2019年机构改革中，根据上下基本对应和因地制宜相结合的原则，新组建或重新组建县科学技术和经济信息化局、县自然资源和规划局、县水利局、县农业农村局、县文化和旅游局、县卫生健康局、县退役军人事务局、县应急管理局、县市场监督管理局、县医疗保障局、县政务服务和大数据管理局、县司法局。优化县委办公室、县委组织部、县委宣传部、县委统战部、县委政法委员会、县委机构编制委员会办公室、县人民政府办公室、县发展和改革局、县教育局、县公安局、县民政局、县财政局、县人力资源和社会保障局、县住房和城乡建设局、县交通运输局、县审计局、县林业局职责；将县人民政府办公室〔县招商局（县硒资源保护与开发局）〕的硒资源保护与开发职责划入县农业农村局。

县委政策研究室、县信访局调整为县委工作机关；县委县直机关工作委员会更名为县委直属机关工作委员会后调整为在县委组织部挂牌；县城市管理局更名为县城市管理执法局后调整为县政府工作部门；县林业局由县自然资源和规划局统一管理，仍作为县政府工作部门；县档案局（县档案馆）的行政职能划入县委办公室，县委办公室对外加挂县档案局牌子。不再保留县质量技术监督局稽查分局、县工商行政管理局稽查分局、县工商行政管理局消费者权益保护分局、县工商行政管理局督察队、县工商行政管理局市场主体信用监督管理分局、县工商行政管理局登记注册分局6个副科级行政单位，其职责划入县市场监督管理局。县发展和改革局、县教育局、县国土资源局、县卫生和计划生育局、县审计局等部门的专设机构调整为内设机构。不再保留设在县委办公室的县委落实党风廉政建设主体责任办公室，日常工作由县委办公室承担。保留县委巡察工作领导小组办公室、县民族宗教事务局、县统计局、县人民政府扶贫开发办公室。

统筹推进县委县政府直属事业单位改革和承担行政职能的事业单位改革，明确县融媒体中心、县机关事务服务中心、县档案馆、县委党校（县行政学校）为县委直属事业单位；明确县招商服务中心、县区域合作中心、县公共资源交易中心、县公共检验检测中心为县政府直属事业单位。同时，建立健全县委对重大工作的领导体制机制，加强县委职能部门的统一归口协调管理职能，清理规范挂牌机构，统筹推进其他各项改革。

机构改革之后，全县共设行政机构57个。其中党委部门10个（含纪检监察机关1个），人大系统1个，政府系统27个，政协系统1个，群众团体6个，乡镇机关12个。

全县事业机构415个，其中党委直属事业单位4个，政府直属事业单位4个，县直主管部门延伸管理的乡镇事业单位71个，包括：乡镇卫生院、乡镇国土资源所、乡镇林业管理站、乡镇水利水产管理站、乡镇人社中心各12个、乡镇财政所11个；乡镇直属事业单位15个；乡镇转制事业单位60个；其他事业单位261个。

【编制及人员状况】 全县党政群机关及事业单位共核定编制9142名，2019年末实有人员8052人。其中核定行政编制1898名，2019年末实有行政编制在职人员1714人；事业单位编制核定7244名，2019年末实有人员6338人。

【重点工作】 紧扣机构改革目标任务，紧盯方案制定、动员部署、班子配备、机构挂牌、人员转隶、部门“三定”等主要环节，协调完成16个县委工作机关、27个政府工作部门、1个县政府派出机构、9个县委政府直属事业单位改革任务；

完成40个涉改部门（单位）“三定”规定拟定和调整。打破编制资源部门所有、单位所有的模式，按照“二合一”部门精简编制20%、“三合一”部门精简35%的政策，加大部门间编制统筹调配力度，倾斜保障重点行业、重要领域、关键部门用编需要；领导职数严格按政策要求核定，原有内设机构、专设机构、挂牌机构、设在相关部门的机构核定的领导职数一律取消，较之改革前党政部门领导职数减少比例超过30%。

【五大领域综合行政执法改革】 积极推进市场监管、文化旅游、交通运输、农业、城市管理等领域综合执法改革工作，制定巴东县五大领域综合行政执法改革实施方案，建实执法机构，配齐中队编制人员，统筹解决乡镇基层治理迫切需要解决的执法难问题。经济发达镇行政管理体制改革不断深化。印发《巴东县深入推进野三关镇行政管理体制改革的实施方案》，着力构建精干高效的组织体系和运行机制。坚持权责匹配，各部门下放涉及人事财政、规划城管、农林水利、食药安监等领域五大类行政职权共166项（其中行政审批事项16项、行政执法类104项、其他类46项）事权，有效扩大经济社会管理权限。退役军人服务保障体制机制健全完善，建立健全集中统一、职责清晰的退役军人管理保障体制，组建县退役军人事务局，县级成立退役军人服务中心，12个乡镇分别建立退役军人服务站，初步建立起上下贯通的退役军人服务保障运行机制。健全医疗保障经办服务体系，将县人社部门、民政部门承担的医疗保险、生育保险、医疗救助等经办服务职责统一划转至县医疗保障部门，设立巴东县医疗保障服务中心，保障经办力量。

【事业单位登记服务】 在法定的时间内完成全县334家事业单位法人年度公示工作，完成率100%；按照省州要求继续承接和完成事业单位登记管理的行政职权和服务事项认领和发布工作；按照国家要求重新修订和优化事业单位登记服务指南，完成事业单位登记管理的审批事项数据推送，发布于湖北省政务服务“一张网”系统平台；实现事项“全程网办”。做好事业单位法人年度报告公示“双随机、一公开”执法检查，按照3%的比例抽取检查对象10家事业单位涵盖9个系统领域，抽查结果公示于湖北省双随机一公开监管平台。继续承接机关群团赋码工作。机构改革后，对64家机关群团单位的统一社会信用代码进行赋码管理；继续规范做好网上名称管理工作。对全县党政机关、群团组织、事业单位的中文域名注册工作进行清理规范，并启动本年度的续费工作，实现中文域名注册100%全覆盖，继续对党政机关和事业单位的网站标识进行清理规范，实现党政机关、事业单位网上挂标100%全覆盖。

【人才队伍建设】 机构编制实名制管理。严格执行人员编制实名制管理意见，建立人员流动编制管理台账，以编制卡为载体，严格上下编程序，建立部门联席会议制度。加大机构实名制管理系统运用力度，规范完善实名制机构编制、人员信息。

优化编制资源配置。统筹机构编制资源保障事业发展需要，建立动态调整机制，重点保障涉及扶贫、党建、教育、医疗、安全监管、乡镇一线等部门人员编制需求，保障县乡两级机关事业单位人才合理分配和有序流动；强化相应人才工作职责，着力构建起分工明确、边界清晰的人才工作机制，推动形成常态化的人才工作体系。

招录引进党政人才。配合相关部门完成州委编委下达2019年新增人员指标422名的录聘用工作，接收安置退伍士兵和军转干部用编18名，商调引进巴东籍干部34名；积极做好部门遴选、选调工作人员、乡镇财政所分流人员递补进编、楚天视讯转企改制人员安置等用编核准工作，有效保障各部门人员力量。

（李豪杰）

干部培训

【概　况】 2019年，县委党校认真深入贯彻落实党的十九大和十九届历次全会精神、把握全面从严治党精神实质，围绕县委要求和各级党校工作会议精神，切实服务于全县工作建设大局，努力推动巴东党员干部教育事业发展，加强教师队伍建设，加强科研咨政工作，提高办学水平；党校职工工作认真负责，积极学习领会习近平新时代中国特色社会主义思想，成为各项政策的积极宣传者、实践者，不断提高自身业务素养和思想政治素养，为“文化巴东、富裕巴东、智慧巴东、美丽巴东、幸福巴东”作出贡献。

6月15日，参加“乡村振兴及高质量发展暨恩施州党校系统第30届理论研讨会”，获一等奖2篇，二等奖4篇，三等奖3篇。

6月24日，《恩施日报》头版刊发《一束光辉映万颗星—乡镇党校实践探索的巴东路径》，对巴东乡镇党校进行专题报道。

8月6日，《湖北日报》刊发《巴东在湖北首建乡镇党校10163名农村党员不再“失学”》，专题报道巴东乡镇党校建设情况。

【党校工作】 强化思想政治建设，加强政治理论学习。校领导班子紧密结合党校工作实际，以习近平新时代中国特色社会主义思想为指导，深入学习贯彻落实党的十九大和十九届历次全会精神，坚持周五集中学习制度，将单位内部集中学习常态化；结合党建工作和“支部主题党日”集中学习环节，针对当前形势进行梳理分析，适时调整学习内容；扎实开展主题教育。通过学习，加强理想信念教育、思想道德建设和作风建设。落实县领导带头到党校讲党课制度，领导干部带头到党校讲党课，作为学习教育的“关键动作”，对党校教学能否取得实效具有风向标意义。全年县领导到党校授课6人次，受到广大学员的好评。

9月18日，中共巴东县委党校召开“不忘初心、牢记使命”主题教育动员部署会议　　汪涛涯　摄

【党风廉政建设】 恪守规矩和纪律规则。班子成员率先做到讲规矩、守纪律，模范遵守党纪国法，扎实开展好学习实践活动，不断提高全体教职员工的团队意识、职业道德水平和业务素质，认真开展“支部主题党日”、党风廉政建设宣传月和“12·4”宪法日等活动，坚持以教育为基础、以作风为突破、以制度为保障、以监督为关键，深入开展《中国共产党廉洁自律准则》《中国共产党纪律处分条例》和“七五”普法等法律法规知识的学习，认真开展“两学一做”活动，落实落地主题教育，扎实履行“一岗双责”，通过召开专题民主生活会和组织生活会，切实解决干部成长发展存在的突出问题，促使全体干部职工模范遵纪守法。进一步加大从源头上预防和治理腐败的力度；继续推进惩防体系建设，切实加强党风廉政建设和反腐败工作，全年未出现违规违纪违法情况。

【培训宣讲】 2019年，围绕全力打好“六大硬仗”，加快建设“五个巴东”，以培养“干净、忠诚、担当”的党员干部队伍为目标，组织好教学培训。全年开展各类培训班26期，共培训3653人次。其中主体培训班20期（包含外出培训6期），专题培训班6期。在课程安排上，保证一、二两个单元课程不低于整体课程的70%，突出政治立校基本属性。坚持“领导干部大课堂”和“学员微论坛”等平台，提高教学的吸引力和感染力。全年县领导到党校授课6人次，受到广大学员的好评。积极发挥党校政策理论宣讲主阵地的作用，主动作为，围绕党的十九大精神、习近平新时代中国特色社会主义思想、习总书记视察湖北讲话精神、乡村振兴等专题深入到乡镇、部门、企业开展宣讲。特别是为迎接新中国成立70周年，组织教师围绕学习党史、习近平新时代中国特色社会主义思想、“不忘初心、牢记使命”主题教育等开展宣讲近30场次，受众4000余人。

【科研咨政】 坚持“三围绕”（围绕县委、县政府安排部署的重点工作、人民群众关心的热点问题和重点教学内容），积极开展调研工作。围绕县委中心任务开展调研工作。参与县委探讨、总结巴东县“党建+扶贫”的经验及做法，编撰《抓党建促脱贫攻坚》教材，并在干部教育培训中进行推广。配合县委政研室开展关于乡村振兴的调研。积极与州委党校开展科研合作。3个科研课题《党建促脱贫》《巴东茶产业发展研究》《乡村振兴与农业高质量发展》均已结项，刊发于州委党校科研期刊《清江论坛》。参加“恩施州党校系统第30届理论研讨会”。选送调研文章获一等奖2篇、二等奖4篇、三等奖3篇。

【乡镇党校】 着力打造“乡镇党校”品牌，对乡镇党校业务指导持续发力。强化办学指导。派出优秀班主任、骨干教师对乡镇党校办学现场“一对一”指导，分江北、江南两个片区对全县12个乡镇党校开展现场业务指导与服务工作，规范办学流程，提升培训效果。共享教学资源。持续提供师资支持，选派骨干教师到乡镇党校授课；探索“主课堂+分课堂”模式，通过远程视频系统，以乡镇党校为培训阵地，开展2次全县村支部书记培训，1次村组织、纪检委员培训，实现该类人员培训全覆盖，降低培训成本。全面启动无职党员培训。积极探索无职党员培训，引导农村无职党员在脱贫攻坚、乡村振兴中发挥先锋模范作用，真正实现党员教育培训全覆盖。全年全县乡镇党校共开班68期，培训6018人次，其中无职党员3028人次。强化宣传推介。6月《恩施日报》对乡镇党校进行专题采访，头版刊发《一束光辉映万颗星——乡镇党校实践探索的巴东路径》，并配有评论文章。7月《湖北日报》报道乡镇党校建设，刊发《巴东在湖北首建乡镇党校 10163名农村党员不再“失学”》专题报道。10月，州委党校常务副校长覃章梁一行对巴东办乡镇党校进行调研，并形成名为《打通党员干部教育培训的“最后一公里”》的调研报告，于12月获州委书记柯俊签批。

10月11日，州委党校常务副校长覃章梁（前排中）一行对巴东办乡镇党校进行调研　　熊　莉　摄

【教师队伍】 为提高理论教员和管理人员的业务能力，选派教师出外参加各级党校培训学习，全年共选派教师外出培训达8人次。

【精准扶贫】 根据县脱贫攻坚指挥部的统一安排和部署，县委党校牵头并派驻两个驻村工作队共计5人，帮扶水布垭镇铜铃岩村（贫困户110户363人）、信陵镇中元子村（贫困户270户792人）。两个驻村工作队吃住在村、走访入户、深入调研、推进项目，全年2个驻点村共完成砂石路整修14.2千米、公路整修1.2千米、道路硬化2.4千米；解决11个组安全饮水，457户1615人受益；发展小水果脆蜜桃13.33公顷、青脆李6.67公顷、南瓜2.33公顷，组织农村实用技术培训2

次516人；危房改造完工并验收34户，易地搬迁安置房79套228人，进城购房2户8人；改厕完成41户，配备垃圾桶70个，垃圾清运12次，共清运垃圾30余吨。单位16名干部职工结对帮扶贫困户共2个村120户（水布垭镇八斗坪村和双道冲村）。配合两村村委会及驻村工作队完成扫黑除恶专项斗争、扶贫相关政策宣讲、产业发展摸底宣传、人居环境整治的工作。

【推进“六城同创”】 党校紧扣活动主题，把“六城同创”活动作为转变干部作风、树立良好形象、推进各项工作的良好契机，采取有力措施认真抓好落实，取得较好成效。认真做好校园绿化工作，教职工全员上阵，每人养护花草树木五棵，校园内凡能绿化区域已全部绿化；扎实做好清洁卫生“门前五包”，每周星期五单位职工集体打扫卫生，实现卫生无死角；文明劝导不搞形式，每天安排两人进行文明劝导，劝导做到“二勤”，即勤动口劝导市民讲文明，勤动手打扫卫生死角。

【领导调研】 9月20—22日，省委党校经济学与经济管理教研部主任、教授王能应一行到野三关镇开展调研工作。10月11日，州委党校常务副校长覃章梁一行对巴东办乡镇党校进行调研。11月19日，县委书记单艳平，县委常委、统战部部长、信陵镇脱贫攻坚指挥部指挥长贾继建，县政协副主席向秀忠一行到党校结对帮扶村信陵镇中元子村调研精准扶贫工作。重点调研易地搬迁、危房改造、基础设施等各项惠农政策的落实情况，要求确保全面完成各级脱贫验收任务。

【暑期社会实践研修班】 7月8—13日，2019年全省高校本专科生优秀辅导导员暑期社会实践研修班活动在巴东举行。此次活动由湖北省教育厅主办，中国地质大学承办，县委办、县委组织部牵头，县委党校提供培训服务，野三关、清太坪、绿葱坡、茶店子等乡镇协助配合。

（向肖潇）

巴东县人大

综　述

【概　况】 2019 年，县人大常委会在县委的正确领导下，认真学习贯彻习近平新时代中国特色社会主义思想和党的十九大、十九届二中、三中、四中全会精神，不断坚持和完善人民代表大会制度，紧紧围绕县十八届人大三次会议确定的工作任务，依法行使监督权、重大事项决定权、人事任免权，服务和保障代表依法履职，为“五个巴东”和“三基地一枢纽”建设，打赢“六大硬战”，决胜全面建成小康社会作出应有的贡献。2019 年，共依法召开人民代表大会 2 次，常委会会议 6 次，听取和审议“一府两院”专项工作报告 13 项，开展专题视察 1 次，作出决议决定 6 项。

3 月 29 日，巴东县人大常委会召开乡镇人大工作座谈会　　邓正赋　摄

【讨论决定重大事项】 把讨论决定重大事项与促进全县经济社会发展紧密结合起来，认真落实《巴东县人民代表大会常务委员会讨论决定重大事项办法》。常委会先后作出《关于同意 348 国道巴东县城至巴东北站快速通道项目建设模式变更备案的决定》《关于同意郑万铁路巴东北站站前广场及站房项目备案的决定》《关于同意县人民政府关于生态环境保护规范性文件清理结果备案的决定》等决议、决定 9 项。

【常委会机关建设】 常委会始终把加强自身建设摆在重要位置，全面加强党的建设，不断提高履职能力，保障各项工作的顺利开展。注重课题调研和人大宣传工作。2019 年是新中国成立 70 周年、人民代表大会制度建立 65 周年、地方人大设立常委会 40 周年，县人大常委会大力宣传国家根本政治制度和民主法治建设成就，对习近平坚持和完善人民代表大会的重要思想开展专题学习研讨。围绕中心开展课题调研，圆满完成州人大常委会和县委安排的茶产业建设、环境状况和污染防治攻坚战、如何做好乡镇人大工作等课题调研任务，《巴东县柑橘产业发展现状及对策》《当前非监禁刑适用的现状及对策》2 项课题获评州优秀调研成果。在“不忘初心、牢记使命”主题教育中，县人大常委会各位领导结合工作实际，确定调研课题，形成调研文章 12 篇，推动一些实际问题的解决。加强与新闻媒体的联系，广泛宣传人民代表大会制度和人大工作，为推动基层民主政治建设营造浓厚氛围。

主要工作

【监督工作】 2019年，听取和审议全县扫黑除恶专项斗争工作情况报告，听取和审议县人民检察院关于公益诉讼工作情况的报告，对法院、检察院的工作开展年中调研。认真开展规范性文件备案审查和涉及生态环境保护规范性文件清理及废止工作，促进法制的统一和建立健全最严格最严密的生态环境保护法律制度。协助省、州人大常委会开展《湖北省清江流域水环境保护条例（草案）》《恩施州饮用水水源地保护条例（草案）》立法调研2项，开展“民族团结进步荆楚行”活动、省直单位对口帮扶工作、野三关特色小镇建设专项调研6项。

渝黔湘鄂部分县（市、区）人大工作联席会第五十八次会议参会人员在巴东县野三关镇合影　　邓正赋　摄

听取和审议2019年国民经济和社会发展计划、财政预算半年执行情况、2018年财政预算执行和财政财务收支审计及整改情况、2018年财政决算工作情况的报告，适时审查年度预算调整方案。审议通过《巴东县审计整改监督办法》。听取和审议全县国民经济和社会发展第十三个五年规划纲要中期评估工作、脱贫摘帽、防范化解金融风险工作、生态环境状况和污染防治攻坚工作、全县基层文化场所建设和活动开展情况、北京市对口支援巴东工作情况的报告。

【人事任免】 坚持党管干部和依法任免相统一的原则，认真贯彻落实《中华人民共和国全国人民代表大会组织法》《湖北省各级人民代表大会常务委员会人事任免工作条例》，规范人事任免，依法行使任免权，全年共任免国家机关工作人员151人次。在县十八届人大常委会第十七次会议上，集中对3名副县长、全县机构改革调整的县政府工作部门负责人20人次集中任免，使县委推荐的人选得到及时任命，确保机构改革后各项工作的顺利开展。

【代表工作】 充分尊重代表主体地位，不断提高服务保障水平。常委会组成人员利用分管工作、驻村包片、工作对口联系等机会，全年共走访代表200多人次，密切常委会与人大代表之间的联系。加强阵地建设，全县建成代表之家12个、代表工作站59个、代表小组83个，成为代表学习培训、联系选民、开展代表活动的重要履职平台。集中组织代表履职培训2场次，分层次开展代表学习及脱贫攻坚业务知识培训97场次，提高代表依法履职能力。

县十八届人大三次会议共提出议案1件、建议55件，其中重点督办件8件。常委会坚持经常性对建议办理情况进行调查，适时对重点建议的办理工作进行检查指导，各承办单位高度重视，分类推进，55件建议全部办理完毕，办理工作取得明显实效。

持续深入开展“聚力脱贫攻坚、人大代表在行动”活动。按照县委“八个到村到户”“六个清零、六个全覆盖”的要求，突出扶贫政策落实、扶贫责任落实、巡视问题整改落实，组织全县920名各级人大代表进村入户，通过“双十看”，发现问题314件，形成建议152条，问题162个。坚持问题“清零”，实行清单化管理，除5件建议因涉及争取项目、资金问题短期内无法解决外，其余309件全部办结。

【交流宣传】 承办渝黔湘鄂部分县（市、区）人大工作联席会第五十八次会议，会议围绕“坚持绿色发展理念，推动乡村振兴战略实施”的主题，交流巴东人大工作，推介巴东特色产品，搭建招商平台，展示巴东良好形象。

重要会议

【巴东县第十八届人民代表大会第三次会议】 1月4—6日，巴东县第十八届人民代表大会第三次会议召开。听取和审议巴东县人民政府工作报告、关于巴东县2018年国民经济和社会发展计划执行情况及2019年国民经济和社会发展计划的报告，审查批准巴东县2019年国民经济和社会发展计划；听取和审议关于巴东县2018年财政预算执行情况和2019年财政预算的报告，审查批准巴东县2019年财政预算；听取和审议巴东县人大常委会工作报告、巴东县人民法院工作报告、巴东县人民检察院工作报告；选举易开美、谭文胜为巴东县人大常委会副主任，谭若峰为巴东县监察委员会主任，郎艳辉为巴东县人民检察院检察长。

【县十八届人大常委会第17至22次会议】 第17次会议：3月29日举行。会议审议通过县人大常委会2019年工作要点；听取和审议县人大常委会关于茶叶产业建设工作的视察报告；听取和审议县人民检察院关于公益诉讼工作情况的报告；决定任命皮剑飞为巴东县人民政府副县长、巴东县公安局局长，黄金波为巴东县人民政府副县长，肖谨诚为巴东县人民政府副县长，李前兵为巴东县发展和改革局局长，冯国权为巴东县科学技术和经济信息化局局长，谭德君为巴东县民政局局长，向宁平为巴东县城市管理执法局局长，郑刚为巴东县水利局局长，王宜为巴东县农业农村局局长，谭勇为巴东县文化和旅游局局长，王昌哲为巴东县卫生健康局局长，黄家舜为巴东县应急管理局局长，田卫东为巴东县市场监督管理局局长，王联平为巴东县医疗保障局局长，张正勇为巴东县政务服务和大数据管理局局长，武明刚为巴东县自然资源和规划局局长。决定免去：何祖爱巴东县人民政府副县长、巴东县公安局局长职务，谢成校巴东县人民政府副县长职务，谭联才巴东县发展和改革局局长职务，李前兵巴东县民政局局长职务。

第18次会议：5月24日举行。会议听取和审议县“扫黑除恶”专项斗争领导小组办公室关于全县开展扫黑除恶专项斗争工作情况的报告，听取和审议县人民政府关于巴东县经济和社会发展第十三个五年规划纲要中期评估工作情况的报告。决定任命贺申富为巴东县人民政府副县长。任命郑永娥为巴东县人民法院野三关人民法庭副庭长。

第19次会议：7月26日举行。会议听取县人民政府关于北京市对口支援巴东工作情况的报告，听取和审议县人民政府关于2019年国民经济和社会发展计划上半年执行情况的报告，听取和审议县人民政府关于2019年财政预算上半年执行情况的报告，听取和审议县人民政府关于2019年财政预算调整情况的报告，听取县人民政府关于全县决战脱贫攻坚摘帽工作情况的报告，听取和审议县人民政府关于全县基层群众文化场所建设及活动开展情况的报告，审议通过县人大常委会同意县人民政府关于新建郑万铁路巴东北站增加到发线、动车存车线项目的备案报告，审议通过县人大常委会同意县人民政府关于郑万铁路巴东北站站前广场项目的备案报告。

第20次会议：9月29日举行。会议听取和审议县人民政府关于县十八届人大三次会议议案、建议和意见办理落实工作情况的报告，听取和审议县人民政府关于2018年财政预算执行和其他财政收支审计及整改工作情况的报告，听取和审议县人民政府关于2018年财政决算（草案）的报告，审查和批准2018年财政决算的报告，听取和审议县人民政府关于防范化解金融风险工作情况的报告。决定免去黄金波同志巴东县人民政府副县长职务。

第21次会议：11月22日举行。会议听取和审议县人民政府关于国有企业国有资产管理情况的报告，听取和审议县人民政府关于全县生态环境状况和污染防治攻坚战工作情况的报告，审议通过《巴东县审计整改办法》，审议通过县人大常委会关于废止有关涉生态环境保护规范性文件的决定，审议通过县人民政府关于有关涉生态环境规范性文件清理结果备案的报告。决定任命杨玉莲为巴东县监察委员会委员，夏文为巴东县人民法院审判员、巴东县人民法院野三关人民法庭副庭长，彭蔚为巴东县人民检察院检察员。决定免去许俊林的巴东县监察委员会委员职务。免去杨玉莲的巴东县人民检察院检察委员会委员、检察员职务。

第 22 次会议：12 月 13 日举行。会议听取和审议县人民政府关于 2019 年预算调整情况的报告，审议通过县人大常委会关于同意县人民政府关于 348 国道巴东县城至巴东北站快速通道项目建设模式变更备案的决定，审议通过关于召开县十八届人民代表大会第四次会议的决定，审议通过县十八届人大四次会议有关文稿，听取关于补选县十八届人民代表大会代表的报告，审议通过《巴东县人大常委会关于确认补选代表资格的决定（草案）》。

【巴东县第十八届人民代表大会第四次会议】 12 月 18—19 日，巴东县第十八届人民代表大会第四次会议召开。会议听取和审议巴东县人民政府工作报告；听取和审议关于巴东县 2019 年国民经济和社会发展计划执行情况及 2020 年国民经济和社会发展计划（草案）的报告，审查批准巴东县 2020 年国民经济和社会发展计划；听取和审议关于巴东县 2019 年财政预算执行情况和 2020 年财政预算（草案）的报告，审查批准巴东县 2020 年财政预算；听取和审议巴东县人大常委会工作报告；听取和审议巴东县人民法院工作报告；听取和审议巴东县人民检察院工作报告。

（苏金伟）

巴东县人民政府

综　述

【概　况】 2019年，实现地区生产总值116.3亿元，同比增长4.4%。完成地方财政总收入10.37亿元，其中公共财政预算收入6.7亿元。实现规模工业增加值10.1亿元，其中县属规模工业增加值4.46亿元、增长5.5%。固定资产投资增长11%。服务业增加值增长9%。社会消费品零售总额增长11%。城镇、农村常住居民人均可支配收入分别达到30100元、11400元，增长9%、10%。居民消费价格指数涨幅3.5%。

322个“尖刀班”2630名干部吃住在村、岗位在村、工作在村，1.23万名干部职工真情帮扶，对口帮扶单位全力相助。统筹资金11.63亿元，全面补齐农村基础设施短板。新建饮水工程412处，饮水安全得到巩固提升。新改建农村电网727.4千米、配变394台，实现村村通动力电。硬化农村公路941.6千米，新建农村砂石路388.9千米，乡村通行能力持续提高。新改建通信基站404个，开通宽带用户1.59万户，4G网络综合覆盖率达98%。累计投入74.3亿元，易地搬迁12844户42618人，改造危房3.44万户，实现“人不住危房、危房不住人”。实施通畅工程3000千米，建设农村供水工程2.3万处。设立公益性岗位3190个，完成农村职业技能培训2.7万人次，大力发展特色农业，建设扶贫工厂，加快旅游和电商扶贫，推动贫困户通过“宜农则农、宜工则工、宜旅则旅、宜商则商”实现增收。生态补偿、教育扶贫、健康扶贫和保障兜底实现“应享尽享、应补尽补、应保尽保”。坚持“两不愁三保障、一高于一接近”国家标准，实现118个贫困村出列、55913户181248人脱贫，贫困发生率从39.09%降至0.34%。

【加快产业培育】 新增规模以上工业企业5家、限上商贸企业5家、房地产开发企业4家、外贸出口企业2家。特色农业转型升级，流转土地0.44万公顷，开办专业合作社2501家、家庭农场547个，州级以上龙头企业达到18家，实现了组织化生产行政村全覆盖。新发展茶叶、柑橘、道地药材、蔬菜等特色产业基地3.33万公顷，认证“三品一标”产品30个。新增茶叶经营主体24个、标准化生产线3条，正山堂巴东红、神农单枞茶、金茗抹茶正式投产。积极应对非洲猪瘟等重大疫情，生猪调出大县地位持续巩固。以北京双创中心、云集网、国网商城、恩施机场体验店为平台，巴东郡贡茶、硒土豆、柑橘等农特产品实现网络热销。工业经济破困转型，全年完成工业固定资产投资18亿元，其中工业技改投资1.96亿元，同比分别增长15%、138.3%。标准化厂房入驻率达75.7%。三峡、水布垭、茅源等重点酒企破困突围，“武陵酒都”白酒品牌实现重塑。博宇科技与许继集团合作持续深化，新能源充电桩正式投产。吉笙牛蒡种植加工效果良好，时珍堂药业中药饮片提质升级。凯瑞服饰实现当年引进、当年投产。全域旅游多点突破，全年接待游客1043万人次，实现综合收入80亿元，同比分别增长20%、20.1%。绿葱坡高山滑雪场、巴王水寨开门迎客，天子印、逍遥谷、仙池峰、花天河等旅游开发加快建设。森林花海提档升级，谭家坪度假酒店主体竣工，以野三关为代表的高山旅游康养度假业态得到公认、蓄势待发。“壮美三峡·秘境巴东”走进世界军运会，巴东美景霸屏武汉。成功举办第七届纤夫文化旅游节、高山森林国际半程马拉松、第二届国际地质灾害论坛、全国长江冬泳邀请赛等节庆赛事活动，全域旅游知名度和美誉度不断提升。

【城乡共建】 长江大保护守土尽责，山水林田湖草生态保护修复工程统筹推进，长江库岸治理加速实施，新增造林绿化476.4公顷。乡集镇污水治理、城乡生活垃圾无害化处理实现全覆盖。全年空气优良天数342天，主要地表水断面水质达标率100%，森林覆盖率61.3%，成功创建省级生态文明建设示范县。河长制、山长制有效落实，各级环保督察反馈问题全面整改。12个污水处理厂、11个乡镇垃圾中转站建成投用，荷花垃圾预处理厂主体完工，镇村垃圾收运体系开始运行。黄土坡、白岩沟生态环境综合整治加快实施，厕所革命深入开展。县城区新增人行梯道6条、停车场9个、停车位961个，沿江大道人行天桥、楚天路立体停车楼年内投用。以碧桂园为代表的房地产企业投资巴东，江北新区蓬勃发展。巴东火车站完成改造，到站连接线即将投用。郑万高铁平阳隧道全面贯通，高铁新区棚户区改造初具规模。国省干线普通公路“建养一体化”项目启动建设。郑万高铁巴东北站成功升格为始发站。巴张高速进入省“十三五”交通规划，过江通道有望获批。

【优化营商环境】 深化“放管服”改革，完成国家“互联网+监管”平台对接，实现权力“大瘦身”。县乡村三级政务服务事项实现“只进一扇门”。省内首家实现钉钉移动办公全覆盖，州内率先开通“12345”政务热线。全面落实减税降费政策，惠及企业减免税费1.12亿元。821项服务事项进驻政务大厅，24小时不打烊自助服务区建成投用。企业用水用电用气实现网上报装，政务服务基本实现“一网通办”。“3550+100”改革基本完成。经济开发区管理体制改革不断深化，园区配套逐步完善，区域性统一评价编制完成。新增市场主体3555家，引进省外资金22.3亿元，投放贷款9亿元。紧扣供给侧结构性改革，支持煤矿企业转型升级，完成商品房交易735套8.99万平方米，存量消化周期进一步缩减。落实高速公路收费体制改革，ETC安装率达90%。

【社会生活】 清江大桥及三友坪至泗淌连接线全线通车，两岸百姓告别摆渡过江历史。坛子岩地质灾害抢险项目全面竣工，318国道恢复畅通。投资5000万元实施跨区域调水，彻底解决茶店子集镇饮水难题。启动县城及部分乡镇应急水源建设，供水保障能力持续提升。神农中小学、明德外国语学校开学招生，老年大学投入使用。博德医院建成投用，标准化村级卫生室全覆盖，县域医共体正式运行。树立安全办学理念，校园安全短板全面补齐，公办幼儿园乡镇全覆盖，职业高中提质扩容，中高考再创佳绩。人民医院内科大楼、民族医院公共卫生楼主体完工，妇幼保健院启动搬迁。新建村级党员群众服务中心5个、文化广场62个，公共文化体育设施实现镇村全覆盖。城镇新增就业5138人，失业人员再就业1378人，城镇登记失业率1.05%。城乡居民医疗保险、社会养老保险基本实现全覆盖，社保服务实现“线上线下一卡通”。募集慈善资金1500万元，惠及特困群众5万余人次。残疾人康复中心启动建设，农村幸福院试点加快推进。金融风险、政府债务风险、社会风险得到有效管控。

“雪亮工程”全面推进，治安防控能力显著增强。安全事故起数持续走低。圆满完成“迎大庆、保军运”安保维稳。

重要会议

【巴东县人民政府第七次县长办公会议】 1月28—30日，召开第7次县长办公会议，传达省第十三届人民代表大会第二次会议精神和州第八届人民代表大会第三次会议精神，学习《省委办公厅、省政府办公厅关于印发〈湖北省领导干部自然资源资产离任审计规定（试行）的通知〉》和《中共湖北省纪委关于2019年元旦春节期间严明纪律要求持续纠正“四风”的通知》；审议2019年全县项目工作计划；分别听取县旅游局、湖北扬帆旅游发展有限公司关于2019年全县生态文化旅游产业项目建设计划，县扶贫办、水利水产局、供电公司、交通运输局、经信局、住建局、农业局关于2019年脱贫攻坚工作计划和2019年脱贫攻坚补短板项目建设投资计划，经济开发区管委会、县经信局、溪丘乡人民政府、官渡口镇人民政府关于巴东经济园区2019年项目建设计划，县住建局、交通运输局、水利水产局、神投公司、城投公司关于2019年城乡基础设施项目建设计划，县文新广局、教育局、卫计局关于2019年社会事业项目建设计划，关于调整全县公务用车驾驶员工资待遇结构情况等汇报。

【巴东县人民政府第八次县长办公会议】 8月6日，县长郭玲率队调研巴东经济开发区企业发展和项目建设情况，并召开第8次县长办公会议。会议听取巴东经济开发区、县科学技术和经济信息化局、县税务局关于项目进展和提请解决事宜情况汇报，充分肯定2020年开发区在项目建设方面所取得的成绩，指出开发区项目谋划的体量和存量不足等问题，明确下一步工作的方向和要求。

【巴东县人民政府第二十六次常务会议】 12月30日，召开县政府第26次常务会议，审议《巴东县2018年国民经济和社会发展计划执行情况及2019年国民经济和社会发展计划（草案）报告》《巴东县2018年财政预算执行情况（草案）和2019年财政预算（草案）报告》，听取关于迎接国家扶贫成效考核工作情况、湖北三峡酒业有限公司财政性借款有关情况等汇报。

【巴东县人民政府第二十七次常务会议】 1月10日，召开县政府第27次常务会议，传达学习全国安全生产电视电话会议和恩施州委七届六次全体（扩大）会议暨全州经济工作会议精神，审议《巴东逍遥谷康养休闲旅游区投资开发协议》《巴东三里城旅游度假区项目投资开发框架协议》《北京茶业交易中心有限责任公司与湖北省巴东县人民政府产业扶贫战略合作框架协议》，讨论《关于进一步做好“光纤宽带通村到户”和消除零箱体的工作方案》，听取关于水污染防治项目建设中心债务化解及移交工作情况、巴东县老君坡公墓回购评估方案及回购资金来源建议、绿葱坡镇北界易地扶贫搬迁试点建设有关情况、处置县人民政府原驻宜昌办事处房屋资产情况、巴东县农广校所属国有不动产无偿划转给中国地质大学（武汉）相关事宜、官渡口镇集镇道路综合整修改造项目优化调整情况等汇报。

【巴东县人民政府第二十八次常务会议】 3月6日，召开县政府第28次常务会议，开展集中学习，审议关于全县2019年脱贫攻坚“补短板”项目投资计划、巴东经济开发区2019年项目建设计划、全县2019年重点项目投资计划和县领导联系服务重点项目情况。听取关于东瀼口镇道路改造及基础设施建设项目变更增量情况、巴东县精准扶贫清洁水源工程PPP项目实施方案修改情况、大支坪镇易地扶贫搬迁配套产业标准化厂房建设情况、增加野三关镇铁厂荒社区谭家坪易地扶贫集中安置小区建设资金、209国道巴东长江大桥南岸接线工程实施情况、迅速实施城区危桥加固改造工作情况、恩施双盈置业有限公司国有建设用地使用权出让行政纠纷案件等汇报。

【巴东县人民政府第二十九次常务会议】 3月29日，召开县政府第29次常务会议，开展集中学习，讨论《中共巴东县委 巴东县人民政府关于坚持农业农村优先发展做好“三农”工作的实施意见（送审稿）》《北京感恩公益基金会 & 巴东县人民政府“点亮乡村，光明万家”公益项目合作协议》，听取关于全县2018年度目标责任制综合考核情况、发放2018年度机关事业单位奖励性补贴有关问题、巴东县长江大保护十大标志性战役情况、脱贫攻坚“六个清零”工作情况、巴东县山水林田湖草生态修复项目进展情况、上级退役军人事务会议暨全县退役军人事务工作情况等汇报。

【巴东县人民政府第三十次常务会议】 4月10日，召开县政府第30次常务会议，集中学习习近平、汪洋关于扶贫工作的指示和讲话、《湖北省党委和政府维护稳定工作领导责任制规定（试行）》《省委办公厅 省政府办公厅印发〈关于进一步激励关爱基层干部的意见〉的通知》《省扶贫攻坚领导小组办公室关于进一步明确脱贫攻坚有关政策标准和工作要求的通知》《州委办公室 州政府办公室关于全面对标中央巡视要求进一步强化脱贫攻坚“州县抓落实”工作机制的通知》，讨论《巴东县市场主体产业基地灌溉水池建设以奖代补实施方案（送审稿）》，听取关于全县1—3月经济形势分析情况和2019年一季度全县经济运行预判分析、巴东县非贫困村“补短板”项目情况、打赢财税突围仗行动方案有关情况、西壤坡移民综合市场相关问题、官渡口镇易地扶贫搬迁晴帆园（冯家湾）安置小区建设情况、合资开发巫峡口景区7D体验馆、全县非洲猪瘟防控工作情况等汇报。

【巴东县人民政府第三十一次常务会议】 4月28日，召开县政府第31次常务会议，传达《省委审计委员会办公室、湖北省审计厅关于巴东县两个易地扶贫搬迁项目建设严重违反政策规定》（审计专报第4期）及省领导批示精神，专题听取关于省审计专报指出相关问题整改情况的汇报。

【巴东县人民政府第三十二次常务会议】 5月13日，召开县政府第32次常务会议，开展集中学习；讨论《巴东县易地扶贫搬迁安置点管理办法》《巴东县水布垭库区滑坡体居民避让搬迁工作实施方案》；听取关于巴东县国民经济和社会发展第十三个五年规划纲要中期评估报告，巴东县2018年度脱贫攻坚政策落实和扶贫项目资金管理使用及惠民资金发放到户审计指出问题的整改工作，中央环保督察“回头看”反馈问题整改暨长江大保护十大标志性战役二季度工作，乡镇污水处理设施及市政基础设施改造与完善PPP项目及绿葱坡、茶店子镇污水处理项目建设，巴东县推进“大棚房”问题专项清理整治行动工作，2019年度第二批易地扶贫搬迁补短板项目等情况汇报。

【巴东县人民政府第三十三次常务会议】 6月18日，召开县政府第33次常务会议，传达学习省委副书记、省长王晓东在全省优化营商环境工作电视电话会议上的讲话精神、全省精准扶贫专项工作会议精神、《省委办公厅、省政府办公厅关于2018年度市县党委和政府扶贫开发工作成效考核结果的通报》（鄂办文〔2019〕125号）、《恩施州人民政府扶贫开发办公室、中共恩施州纪委机关关于印发〈关于加强政治监督整治扶贫领域形式主义和官僚主义的六条措施〉的通知》（恩施州扶办发〔2019〕7号）、《湖北省扶贫攻坚领导小组关于印发〈2018年国家对湖北省脱贫攻坚成效考核反馈问题整改方案〉的通知》（鄂扶组发〔2019〕7号），讨论《巴东县在外人员返乡创业三年行动计划（2019—2021年）》《巴东县2019年就业扶贫实施方案》《巴东县关于深入推进野三关镇行政管理体制改革实施方案》，听取关于全县优化营商环境工作情况和“12345”政务服务热线管理制度及考核方案、城乡建设用地增减挂钩节余指标交易资金使用方案、防患化解政府隐性债务风险工作情况、开展全县机关事业单位临时聘用人员清理工作、全县乡镇生活污水治理和城乡生活垃圾无害化处理全达标“6・30”工作完成情况、巴东港砂石集并中心项目建设情况、申报巴东县域产业基金出资额度有关情况等汇报。

【巴东县人民政府第三十四次常务会议】 7月8日，召开县政府第34次常务会议，开展集中学习，讨论《巴东县全面推开县域医共体建设工作实施方案》《巴东县城长江干流岸线环境综合整治华润物流码头拆迁补偿工作方案》《新建郑州至万州铁路巴东北站增加到发线、动车存车线建设合作协议》，听取关于全县半年经济运行情况、全县脱贫攻坚“十看村、十看户”补短板项目情况、巴东县城乡生活垃圾无害化处理收运管理实施方案有关情况、支持巴东明德外国语学校发展相关事项、2019年东西部扶贫协作工作情况、巴东城区路灯节能改造项目建设情况、巴东县2019年严重精神障碍患者管理救治工作情况、巴东县中心城区智慧停车工作情况等汇报。

【巴东县人民政府第三十五次常务会议】 8月2日，召开县政府第35次常务会议，开展集中学习，讨论《巴东县扶贫小额信贷风险补偿金管理办法》《巴东县成品油价格补贴退坡资金管理暂行办法》；听取关于农村贫困人口基本医疗保障政策调整情况，巴东县事业单位公务用车制度改革工作情况，区域合作工作情况，第二届巴东国际地质灾害论坛筹备工作情况，启动土地增减挂钩项目融资情况，巴东县信陵镇谭家湾集中安置点滑坡治理工程投资增加、市政道路及基础设施配套工程、茶叶加工项目建设情况，解决巴东一中东侧公廉租房项目资金缺口情况，巴东县信陵镇八公里不稳定边坡治理工程情况，巴东县全面推行“行政执法公示制度、执法全过程记录制度、重大执法决定法制审核制度”情况等汇报。

【巴东县人民政府第三十六次常务会议】 9月9日，召开县政府第36次常务会议，邀请湖北省工程咨询公司常务副总经理兼湖北省发展规划研究院有限公司总经理付军明就《政府投资条例》进行解读，传达中共中央办公厅法规局巡视员梁栋在全省党内法规工作培训班上的讲话精神和湖北省国土空间规划编制工作会议精神，学习《湖北省脱贫人口“回头看”工作方案》（鄂扶组办发〔2019〕20号）、《恩施州2019年度县市和州直部门精准扶贫目标责任考评方案》（恩施州脱贫攻坚指挥部令第〔2019〕4号）和《州委办公室、州政府办公室关于深刻汲取“9・2”案件教训开展“迎大庆、保军运”平安稳定工作督查的通知》，听取关于全县中央巡视反馈问题整改工作推进情况、全县生态保护红线评估划定工作进展情况、易地扶贫搬迁突出问题整改方案、全县农业产业发展情况、修订完善《巴东县产业扶贫以奖代补实施方案（试行）》情况、教师节表扬优秀单位和个人情况、深化供销合作社综合改革情况等汇报。

【巴东县人民政府第三十七次常务会议】 9月29—30日，召开县政府第37次常务会议，传达习近平总书记在“不忘初心、牢记使命”主题教育工作会议上的重要讲话精神，习近平总书记在内蒙古、甘肃考察并指导开展“不忘初心、牢记使命”主题教育时的重要讲话精神，习近平总书记关于张富清同志先进事迹的重要指示精神；学习《县委办公室、县政府办公室关于印发〈州对巴东县2019年度目标考核项目清单责任分解表〉的通知》；审议《“脱贫攻坚榜样”表扬大会名单及会议方案》；讨论《巴东县属国有企业公务用车制度改革实施意见》；听取关于财政“两金”借款清收工作情况、巴东县野三关集镇供水价格调整方案、经济开发区相关工作、防范化解全县社会保险风险防控工作情况等汇报。

【巴东县人民政府第三十八次常务会议】 11月1日，召开县政府第38次常务会议，开展集中学习，讨论《巴东县交通运输综合行政执法改革实施方案》《巴东县农业综合行政执法改革实施方案》《巴东县文化市场综合行政执法改革实施方案》《巴东县市场监管综合行政执法改革实施方案》《巴东县城市管理综合行政执法改革实施方案》《巴东县工程建设项目审批制度改革实施方案》，审议《湖北巴东茶店驿站项目投资协议》，听取关于防范化解金融风险及平安财险合作情况、巴东县城区出租汽车运营价格调整情况、《巴东县光伏扶贫电站运维及收益分配使用管理办法》修订情况、清太坪镇史家村前村安置点整改情况、全县违建别墅清理整治情况、化解不动产登记历史遗留问题情况、全县公示地价体系建设工作成果、水布垭镇杨柳池社区非法采矿引发泥石流问题整改情况、人防系统腐败问题专项治理工作情况、公共预算增支事项有关情况、县政府办牵头中央脱贫攻坚专项巡视反馈意见问题整改工作情况等汇报。

【巴东县人民政府第三十九次常务会议】 11月25日，召开县政府第39次常务会议，开展集中学习，听取关于2020年财政预算编制和全面实施预算绩效管理工作情况、全县妇女儿童工作情况、三峡后续专项资金投入到西谷核桃等三个民营企业有关遗留问题处理情况、拟与省地质局签订《关于深入推进“五个巴东”建设战略合作协议》相关情况、市场监督管理工作情况、湖北省楚天视讯网络有限恩施分公司巴东支公司转企改制有关遗留问题处理情况、全县医疗保障工作有关情况、校园安全工作情况、官渡口镇火峰村，红花岭村拟“撤村建居”和晴帆园小区拟组建社区工作相关情况、巴东县神农片区铜鼓组团安置房楚峡园（TB1–6）消防工程建设情况、亲水游步道征用滨江花园三期C栋部分构建筑物补偿方案、黄土坡滑坡体生态修复，神农溪提档升级等项目情况、城乡建设用地增减挂钩节余指标交易资金分配方案等汇报。

【巴东县人民政府第四十次常务会议】 12月6日，召开县政府第40次常务会议，审议《县政府工作报告（送审稿）》《巴东县2019年度目标责任制综合考核办法》，讨论《绿色智慧石材产业园投资协议》，听取关于《巴东县乡村振兴战略实施总体规划》编制情况、建设野三关等3个乡镇应急抢险供水工程情况、全县易地扶贫搬迁入住和拆旧复垦情况、巴东县普通公路推行“建养一体化”模式运行相关情况、解决绿葱坡滑雪场用地所需资金情况、巴东电商产业园运营区（二期）收购情况、2019年预算收入调整及2020年预算收入安排情况等汇报。

【巴东县人民政府第四十一次常务会议】 12月23日，召开县政府第41次常务会议，开展集中学习，听取关于巴野公路绿色生态旅游配套工程建设情况、县烈士陵园革命史迹陈列馆布展项目、《巴东县发展新型村级集体经济的实施方案》起草情况、《三峡库区恩施州水生生物自然保护区和长江流域重点水域渔民退捕安置补偿工作方案》有关情况等汇报。

政府办公室工作

【概　况】 2019年，县政府办公室以习近平新时代中国特色社会主义思想为指导，紧紧围绕县委、县政府决策部署，立足参谋助手、统筹协调、办文办会、督查督办、服务保障等五大职能，进一步创新工作方法，完善工作机制，切实保障政府各项工作高效运转。

【机关党建】 深入开展“不忘初心、牢记使命”主题教育，推进“两学一做”学习教育常态化制度化，以提高机关效能为契机，全面推进机关党的思想、组织、作风和制度建设，切实提高履职尽责能力和水平。认真学习贯彻《关于新形势下党内政治生活的若干准则》，严肃党内政治生活，召开主题教育专题民主生活会，严肃开展批评与自我批评。党组班子成员严格落实双重组织生活，开展主题党日活动14次，讲党课10余次。各党支部严格落实“三会一课”制度，规范开展党员民主评议。严格落实县委相关要求，召开组织生活会2次，机关党支部结合实际，以党小组的方式开展批评与自我批评，组织生活更加严肃规范。完善机关党组集中学习制度，制定机关党组和机关干部“不忘初心、牢记使命”主题教育学习计划，组织党员集中学习党的十九大和习近平总书记系列讲话等重要内容，学习领会中央、省、州的各项方针政策、纪律法律以及现代科技知识，提升干部职工综合素质，提高办事水平。

【廉政建设】 坚持“一岗双责”，既落实抓发展的主体责任，同时履行好抓党风廉政建设的主体责任。全年组织学习研究党风廉政建设10余次，建立健全横到边、纵到底的责任体系。党组书记认真履行“第一责任人”职责，坚持全面从严治党和党风廉政建设重要工作亲自部署、重大问题亲自过问、重点环节亲自协调；结合“不忘初心、牢记使命”主题教育，带头为全体党员干部上党课；定期听取班子成员党风廉政建设工作汇报，充分发挥“头雁效应”，推动党风廉政建设。领导班子成员把全面从严治党要求融入分管业务工作，同步推进、同步落实；加强对分管股室（队）党员干部的教育管理监督，经常开展监督检查、廉政谈话提醒。扎实开展“党风廉政建设宣传月”和党纪法规知识宣教“十进十建”活动，大力倡导“精准严实”的工作标准，发扬信念坚定、认真负责、务实高效、勇于担当、廉洁勤政、争创一流的工作作风。严格落实机关干部去向公开公示制度，设立党风政风监督牌、举报电话和邮箱。参加电视问政，加强网络问政，认真受理群众信访，注重收集群众意见，畅通政民沟通渠道，提高从严治党工作水平，树立良好的机关干部队伍形象。积极支持派驻纪检监察组工作，涉及大额支出做到提前报备，主动自觉接受监督。开展领导干部配偶、子女及其配偶违规经商办企业问题排查整治、领导干部利用名贵特产类特殊资源谋取私利问题自查、领导干部社会组织兼职专项清理和监察对象基本信息登记，37名党员干部如实报告情况。紧盯春节、国庆等重要时间节点，通过印发廉政通知、转发廉政微信、开展廉政检查等举措，为党员干部廉洁过节配送廉政套餐。严格落实力戒形式主义官僚主义、减轻基层负担的相关要求，把集中整治形式主义官僚主义突出问题作为践行“两个维护”的实际举措。

【政务信息】 印发《关于进一步加强和改进政务信息报送工作的通知》，着力健全信息报送考核制度，有效拓展信息渠道，促进政务信息更好发挥服务决策作用。围绕全县中心工作，挖掘特色亮点，积极总结经验，配合发布《巴东政务要情》137期，编发《政务信息与调研》149余期，其中5篇信息获省级采用、30篇信息获州级采用，完成省级信息约稿任务及州、县信息编撰任务。基层调研硕果累累。扎实开展政策调研，主动深入乡镇、企业、贫困村和发达地区调研，撰写《优化营商环境调研报告》《关于巴东县财源建设情况的调研报告》《巴东县民宿产业发展现状调研报告》《做足精细文章不漏一人，铆足决胜干劲奋力摘帽》《城乡建设用地增减挂钩政策调研报告》《巴东县工业经济发展专题调研报告》等各类调研报告11篇，编发《决策与调研》13期，为县政府领导决策提供参考。应急信息及时准确。2019年是机构改革年，机构改革后，县政府应急办相关职能划转到县应急管理局，紧急突发事件信息的报送工作归口到县政府总值班室。为确保全县紧急突发事件信息的及时报送，各乡镇、县直相关单位明确1名应急信息报送责任人，负责紧急突发事件信息的收集、整理和报送工作，扎实开展应急值守，认真落实24小时值班制度和信息报送制度，信息报送和应急值守工作得到强化。2019年，县政府总值班室共向州政府总值班室（应急办）报送各类应急信息59篇，其中一般事故类10篇，安全生产及隐患类35篇，自然灾害类9篇，其他类5篇；发布各类气象预警信号115期，通过短信发布预警21550条。

【政务督查】 紧紧围绕县政府重要决策和重大工作部署、上级机关和领导交办事项及人大代表、政协委员和人民群众关心的热点、难点问题开展督办检查工作，强化督查环节动态管理、落实督查责任，创新督查方式，切实增强督查工作质量和水平，通过现场督查、上门督办、现场帮办、电话催办、联合督查、书面督查通报等多种形式，开展集中督查、专项督查，促使决策落实，确保政令畅通。5月21日，县委办、县政府办联合印发《2019年督查检查考核年度计划清单》，督查工作严格执行《计划清单》，未列入《计划清单》的不得擅自开展，确需开展的要一事一报，切实改进方式方法，不断提高督查检查考核的实效。全年督促落实11期县政府常务会议、2期县长办公会议、18期县政府专题会议议定事项；联合相关部门开展一季度综合督查、非洲猪瘟防控、中央脱贫攻坚专项巡视问题整改、城乡居民两险征收等6次实地督查；组织开展工作不实、弄虚作假专项治理，配合完成国务院第五次大督查、省政府季度督查等专项督查。编发《督查通知》20期、《政务督查通报》21期。累计承办州委书记批示件8件、州长批示件8件、县级领导批示77件，湖北省阳光信访平台共交办29件。督促办理人大代表议案1件、建议55件，政协委员提案68件。

【金融工作】 按照《关于印发〈恩施州金融风险隐患大排查工作方案〉》（恩施州金融攻坚指办发〔2019〕1号）文件要求，全面摸清全县潜在金融风险隐患，坚持重点排查与源头治理、线上排查与线下整治、清理整顿与依法打击相结合，全面排查、分类处置化解金融风险；坚决守住不发生区域性系统性金融风险和不发生大规模群体性事件风险两条底线。督促各金融机构落实主体责任，统筹负责好辖内、重点行业、领域内涉嫌非法集资等金融风险的专项排查活动，对管辖区所有企业逐一进行全面普查，摸清风险底数，列出问题清单、建立风险台账、明确责任职能部门，一企一策制定防范化解措施，稳步推进风险化解。连续八年获评湖北“金融信用县”。进一步优化融资环境。开展金融服务特色产业对接活动，组织8家商业银行调研茶叶、柑橘、药材等特色产业，共走访7个乡镇、对接新型农村经营主体53家，已发放贷款5笔377万元，达成授信意向12家1020万元。组织政银企现场签约活动，8家银行分别与16家企业签约，合同总金额2.5亿元。大力开展政府增信产品，恒信担保公司累计提供担保37笔，金额8383万元，在保余额19148万元；与省农业担保集团合作的“楚农贷”已发放4笔375万元；创业担保贷款已发放230笔4479万元；政银集合贷已发放8笔4064万元；积极推广“银税互动”产品，7家商业银行已推出“银税互动”产品，共发放48笔3090万元。各银行积极发放普惠型贷款，普惠型贷款利率均控制在15%以内。自与蚂蚁金服达成“普惠金融+智慧县域”项目合作以来，截至12月底，蚂蚁金服旗下网商银行共计已向全县授信8.1亿元，授信人数7.4万人。进一步压缩企业向法人机构、非法人机构申贷审查审批时限，实现贷款申请、资产评估和授信审查、办理抵押登记手续、签订贷款合同、发放贷款5个工作日办结。

【脱贫攻坚】 落实帮扶责任。按照县攻坚办和官渡口镇要求，认真履行驻村帮扶牵头责任，与县农经局、工会等成员单位加强沟通、协调，集中优势资源，通力协作配合，指导帮助核桃园、庄屋顶、蔡家等三个贫困村和赵家湾非贫困村脱贫攻坚，完成“村出列”任务。落实官渡口镇庄屋顶村脱贫攻坚包保责任，派出驻村第一书记1名、工作队员3人，与村支两委形成合力，扎实开展驻村帮扶工作。工作队员按照“三在村”要求，每月驻村工作均不低于20天，真正做到用心用力用情。机关50余名干部，按照“9户上限”指标，联系4个村400余户贫困户，实现结对帮扶全覆盖。始终保持扶贫帮扶干部相对稳定，严格落实每年不少于6次走访要求，主动服务，真情帮扶，切实解决贫困群众实际困难和具体问题。2019年，庄屋顶村发展烟叶133.33公顷，带动76户293人脱贫；培育畜牧养殖、药材种植农民专业合作社3家，年产值300万元，直接带动贫困户101户345人增收。鼓励有技术、有干劲、有激情年轻人外出务工，庄屋顶村有105人在外务工，其中贫困户83人，月平均工资2300元。庄屋顶村共有29人享受小额贴息，共贷款196.5万元。庄屋顶村现有低保43户69人，正在对13户14人启动低保程序，五保15户16人。组织开展义务体检、“两癌”筛查10次，惠及200人次。利用光伏收益资金慰问残疾人56人，发放慰问金56000元。

民族宗教工作

【概　况】 2019年以习近平新时代中国特色社会主义思想为指导，全面贯彻党的十九大和十九届二中、三中全会精神，深入贯彻习近平总书记视察湖北重要讲话精神和关于民族宗教工作的重要论述，按照中央、省委和州委及县委关于民族宗教工作的总体部署，以民族团结进步创建为主线，着力铸牢中华民族共同体意识；以特色村寨建设为抓手，推动乡村振兴战略规划；以民族经济发展为重点，聚焦精准扶贫，着力打赢脱贫攻坚战；以宗教事务管理法治化为目标，努力开创共同团结进步、共同繁荣发展的新局面，以新的业绩迎接中华人民共和国成立70周年。1月9日，民宗局办公室主任夏碧芳获全州民族团结进步先进个人称号。2月20日，巴东县民宗局被考评为2018年度全县法制工作优胜单位。3月7日，在省水利厅召开“616”对口支援巴东工作会议，下发省委专题会议纪要（〔2019〕第2号），落实机构改革精神，将“616”对口支援、荆门对口支援的职能划转到区域合作中心。按照新一轮机构改革总体要求，完善工作格局，坚持和加强党对民族宗教工作的集中统一领导，整合新成立事业单位巴东县民族宗教事务服务中心，机构和队伍建设更加完备。干部职工提升工作水平和部门形象，成功复评州级最佳文明单位。4月18日，县民宗局被县委统战部表扬为2018年度全县统战工作创新成绩突出单位。

5月13日，县委书记单艳平（左四）带队在省民宗委汇报工作

【党的政治建设】 深入学习贯彻落实近平新时代中国特色社会主义思想和习近平总书记视察湖北重要讲话精神，强化理论学习，开展学习研讨、测试答题、理论轮训等多种活动，锤炼严实学风。领导干部带头深刻领会习近平总书记有关重要论述的精神实质和深刻内涵，提高政治站位，高度重视民族宗教领域意识形态风险点管控，落实宗教工作“三级网络两级责任制”，宣传民族宗教工作风采和动态，树立民族团结进步典型，展现民族团结新风尚，担负起意识形态工作主体责任。推进中央巡视、督查反馈问题整改落实工作。

推进“两学一做”学习教育常态化制度化，开展“不忘初心、牢记使命”主题教育，组织“支部主题党日”，支部组织全体党员重走清太坪镇红旗渠，到烈士陵园开展红色教育，庆祝中国共产党成立98周年。通过“干部在线学习”“学习强国”“法宣在线”等学习平台，强化干部职工的理论学习，在机关上下掀起学习“时代楷模”张富清、身边典型易盛荣等的先进事迹，进一步激发党员干部不忘初心、一心为民精神信仰。严肃党内政治生活，坚决落实“三会一课”制度、民主生活会和组织生活会制度、谈心谈话制度、民主评议制度等，领导班子成员以身作则，认真落实“一岗双责”，发挥模范带头作用，增强党组织的凝聚力和战斗力。

加强党风廉政建设，履行全面从严治党的主体责任，实施责任清单和纪实管理制度，深化全面从严治党效果。贯彻执行中央“八项规定”，驰而不息纠正“四风”，组织3次集中观看警示教育片，落实“三重一大”报告事项13件，党组工作约谈2人次，谈心谈话12人次。在民族成分认定审核、精准扶贫、民贸企业政策落实等工作中，领导干部积极深入基层一线，面对面交流，做好细致服务，切实践行为民服务宗旨意识。

【民族团结进步教育】 2019年，县委第9次常委会专题研究全国民族团结进步示范县创建工作，县创建办先后组织召开争创全国民族团结进步示范县互观互检活动筹备会、全县民族团结进步创建工作推进大会，全面深化和拓展工作机制、创建内容、工作形式。5月，县委书记单艳平带队赴省民宗委专题汇报；10月，县委常委、县委统战部部长贾继建带创建办到国家民委专题汇报民族团结进步示范县创建工作。

上半年重点打造以民族文化公园、民族实验小学、国网巴东供电公司、纤夫文化走廊等沿线的民族团结进步创建示范带。5月，通过省民宗委组织的争创全国民族团结进步示范县互观互检活动。

在1月召开全州第七次民族团结进步表彰大会，全县8个集体和11名个人被表彰为全州民族团结进步先进集体和先进个人。推荐神农溪纤夫文化走廊申报省级民族团结进步示范单位，湖北金果茶业有限公司为省级民族团结进步先进集体；金果坪乡人力资源和社会保障服务中心主任易盛荣被推荐表彰为全国民族团结进步模范个人。

【理论学习】 县宗教工作领导小组下发《巴东县贯彻落实中央宗教工作督查反馈意见的整改措施》，从思想认识、基层工作力量、宗教领域突出问题、宗教界自身建设等方面对宗教督查整改工作进行落实。将宗教理论政策和宗教法律法规纳入各级党组织理论中心组学习内容，编印《党委中心组学习、宗教工作专辑》，形成常态化机制。组织将省民宗委编辑的《宗教政策法规读本》印制1000册送到全县统战宗教干部、宗教联络员、宗教教职人员和宗教活动场所，有效提升相关人员的宗教理论水平。

组织新《宗教事务条例》、社会主义核心价值观和和谐寺观创建活动标准“上墙”及“四进”活动，开展宗教场所“双随机、一公开”执法检查，确保宗教场所依法依规开展宗教活动。抓好宗教领域风险的排查处置，实现宗教工作常态化管理。建立完善打击校园传教渗透活动的长效机制，加强宗教出版物管理，加大对各类非法宗教出版物的执法检查力度，严防境外敌对势力的思想文化渗透。

【民族政策】 增派年轻到工作队，充实“尖刀班”工作力量。“尖刀班”围绕全州统一下发的关于“六个清零、六个全覆盖”，认真组织和发动群众，组织实施基础设施建设、产业扶持、安全饮水补短板、农村危房改造、异地扶贫搬迁等项目，2019年危房改造农户共计34户，修建蓄水池3口，“阡竹线”道路加宽硬化、周家坪香郁茶厂、2—9组环村道路连接线交通项目实施完工。全村经济发展水平明显提高，生态环境和村容村貌明显改善，素质技能和村风文明程度明显提升，群众发展信心和幸福指数明显增强。

争取并落实到位中央少数民族发展资金 1514 万元，省级少数民族专项资金 215 万元，在少数民族特色村寨建设、培育和壮大特色产业、改善小型公益性生产生活设施条件、增强贫困人口自我发展能力等方面积极发挥效益。

助力教育脱贫，积极落实“民族助学工程”为 30 名高中生、8 名大学生新生每人分别发放 1000 元和 5000 元助学金。严格执行高考少数民族优录资格审查工作，为县内就读的 2294 名、县外就读的 488 名考生办理少数民族考生加分证明。开展民族服饰展示、民族歌舞演出、民族传统体育赛事等活动。

【交流活动】 5 月 6—10 日，县委统战部副部长、民宗局党组书记舒云博赴长阳、五峰、鹤峰参加省民宗委组织的争创全国民族团结进步示范县互观互检活动。9 日，检查组到达巴东开展互观互检调研活动。

7 月 29 日至 8 月 1 日，县委统战部副部长、民宗局党组书记舒云博到长阳参加全省民族团结进步创建工作座谈会暨少数民族流动人口管理服务经验交流现场会，会上代表巴东县委县政府就创建全国民族团结进步示范县工作做经验交流发言。

（*夏碧芳*）

政务服务和大数据管理

【概　况】 2019 年，在县委政府的坚强领导下，在州局的正确指导下，以习近平新时代中国特色社会主义思想为指导，紧紧围绕中央、省、州、县委和政府决策部署，切实履行主体责任，克服重重困难，持续深化“放管服”改革，不断优化营商环境，扎实推进智慧巴东建设，规范公共资源交易监督管理，逐步加强机关内部规范化建设，上下联动抓推进，左右协同抓落实，稳步开展各项工作。

2019年3月18日，县政务服务和大数据管理局（县公共资源交易监督管理局）挂牌成立

【政务服务】 抓住“放管服”改革这个“牛鼻子”，着力在“放”上做“减”法、在“管”上做“加”法、在“服”上做“乘”法，促进政府职能的“大转变”、政务数据的“大整合”、行政效能的“大提升”。动态调整行政审批事项目录，新增 3 项，承接 4 项，取消 13 项，调整后保留县级行政审批事项 400 项，实现政府权力的“大瘦身”。全面对接国家“互联网 + 监管”平台，推行“双随机、一公开”监管，依法清理调整并公布 39 个部门 245 项随机抽查事项。优化政务服务，持续推进“三集中三到位”改革，县乡村三级政务服务事项入驻对应政务服务机构办理，做到“应进必进”，实现“只进一扇门”；县级 32 个部门和 9 家企业进驻县政务服务中心，承办 821 项政务服务事项；乡级 159 项、村级 17 项（社区 18 项）进驻乡村两级便民服务机构集中办理。全县 322 个行政村电子政务外网全部联通，县乡村三级政务服务事项入驻湖北政务服务网办理，县级可网办率达 94.14%，乡村两级达 100%，做到“应上尽上”，实现“网上可办、网上能办、一网通办”。建成 24 小时“不打烊”自助服务区并投入运行，实现全年 365 天无休、全天候办事，着力解决下班期间群众无法办理相关业务的烦恼。“12345”政务服务热线平台于 11

月1日正式开通上线运行，截至12月10日，共生成工单412件，办结403件，办结率98%，实现受理一体化、办理快速化、服务优质化、监督实时化的服务群众目标。

【营商环境专项整治】 成立由县长郭玲为组长的优化营商环境工作领导小组，抽调人员组成专班，专职负责优化营商环境工作。建立县领导定期调度，每月通报排名制度，健全优化营商环境的体制机制保障。集中开展整治活动，解决突出问题，打造最优营商环境。推进行政审批“三集中、三到位”，着力解决审批大厅窗口授权不到位、体外循环等问题；完善窗口服务制度。推行“首问负责制、限时办结制、服务承诺制、延时办结制”制度，实行帮办代办服务、容缺预审、联合踏勘等服务措施，建立排队叫号系统，设立导办台，负责咨询引导工作；缩短窗口办事时间。对窗口单位的审批事项、办事环节、办理时限进行精简压缩，对审批窗口设立AB岗，保证群众随时办事随时受理，设立自助服务区，实现公安、税务、不动产自助服务。

【“3550+100”改革】 推行“多证合一”“先照后证”“全县通办”，全面取消企业银行开户许可，让企业开办更加便捷。在经济开发区开展区域性统一评价，完成环境影响评价、水土保持评价、矿产压覆评价、地质灾害危险性评价、地震安全性评价，洪水影响评价、文物保护评价。全面实现开办企业3个工作日内完成、不动产登记5个工作日内完成、工业建设项目施工许可50个工作日内完成的目标任务。工程建设项目审批制度改革方案已经县政府常务会审议通过，工程建设项目审批制度改革进展顺利，全面实现工程建设项目审批时间缩减至100个工作日以内的目标。2019年新增市场主体3555家（含新开办企业659家），政府投资项目审批198个，企业投资项目备案71个，不动产登记8485件。

【企业服务】 开展“专班进企业”活动，落实好领导联系企业制度，着力构建“亲”“清”的新型政商关系。将用能报装服务纳入政务服务中心窗口，全面取消普通客户用电设计审查和中间检查环节，推行“互联网+服务”，实现用能报装网上办理和网上缴费。搭建政银企交流平台，组织政银企现场签约活动，7家商业银行开通“银税互动”产品，累计发放52笔3241.8万元贷款，着力破解企业融资难题。深入落实减税降费政策，全县累计减税降费金额为8824万元（涉及市场主体8343户），其中税收部分6824万元，社保费2000万元，有效地减轻企业负担。

【宣传工作】 充分利用《恩施日报》及“两微”（巴东发布、巴东传媒）两网（政府门户网、长江巴东网）一号（巴东政务服务微信公众号）推介一些经验、作法。开办《巴东360》优化营商环境工作系列访谈专栏节目并成功开播25期。

【综合交易监管】 2019年组织本地22家招标代理机构、50余家投标企业、100余名评标专家进行电子评标业务培训，着力推进招投标全流程电子化。对库内评标专家资质资格进行重新审查，清退超龄专家2名，资格要求年限不符的5名，组织新增70名房屋市政类专家进行评标技能业务培训。

定期开展巡查，加大现场监督力度，确保监督不缺位。督促项目业主、行业监管部门履职尽责，加强项目评审现场管理，加大监督力度，确保交易过程公开、公平、公正。

扎实开展中央巡视、省巡视反馈问题的排查和整改工作，借力巡视整改、工程项目招投标领域营商环境专项整治行动，深入开展打非治违专项行动，下达行政处罚决定书4份；加大标后监管力度，重点查处借用资质投标、围标、串标、虚假资料投标等违法违规行为，下达行政处罚决定书6份。

【数字政府建设】 着力信息建设推动政府高效运转。在全州首建322个行政村通村视频会议系统，召开各类、各级会议170余次，初步估算节约开支

400余万元。启动钉钉政务办公，简化办公程序。截至目前，全县各单位钉钉在线人员7800余人。

整合“12345”热线拓宽政务服务渠道。2018年10月正式启动巴东县“12345”政务服务热线建设，经过一年的筹备，于2019年11月1日正式上线运行。

科技便民措施增强百姓获得感。将便民、利民作为智慧巴东建设的第一目标。建成巴东城区智慧公交平台，老百姓出行更加便捷。指导相关建设公司对智慧停车场进行建设、改造和升级。

稳步建设大数据营运中心。大数据运营中心在巴东县影视文化中心5楼筹建，占地面积1721平方米。中心集成“12345”政务热线，多功能会议大厅，城市大脑指挥中心，大数据产业运营中心于一体。设计初稿已完成，预计投资2000万元，由神投公司负责承建。

（吴　朵）

应急管理

【概　况】 2019年，全县共发生各类事故4起，死亡4人，受伤2人。其中，建筑施工领域2起，死亡2人，受伤1人；工商贸领域1起，死亡1人，受伤1人；道路交通事故1起，死亡1人。自然灾害方面：全县遭受风雹、暴雨洪涝、旱灾、滑坡、崩塌、塌陷、地震等自然灾害，共8.0413万人受灾，直接经济损失14940万元。其中，暴雨洪涝灾情涉及1.535万人，直接经济损失1584万元；滑坡、崩塌、塌陷等地质灾害11起，涉及129人，直接经济损失180万元；旱灾损失最为严重，共造成4.1058万人、2628头大牲畜饮水困难，直接经济损失12631万元，占总损失的85%。另外，发生2.7级以下地震7次，无人员伤亡和经济损失。

2019年3月18日，巴东县应急管理局挂牌成立
曾垂伦　摄

【安全生产责任体系】 严格落实安全生产“党政同责、一岗双责”制度，明确党委政府主要负责人为本辖区安全生产第一责任人，各乡镇均配齐配强2—4名专兼职安全监管人员，夯实安全生产基层基础。以机构改革为契机，调整17个安全生产专业委员会，健全完善专业委员会工作机制，压实成员单位行业监管责任，督促企业落实主体责任。

【安全生产宣教培训】 对开工整改煤矿所有管理人员和特种作业人员的持证情况进行全面清理，全年培训矿山企业从业人员900余人次、危化品和烟花爆竹从业人员300余人次，开办消防安全流动课堂培训2000余人次。开展“安全生产咨询日”、应急救援演练和安全生产知识进社区、进校园等一系列活动，参与人员5000多人次，发放宣传资料1万余份，制作宣传展牌和横幅近200条。开通“巴东应急管理”微信公众号，充分利用新媒体的快速、便捷、覆盖面广等优势，普及安全生产和防灾减灾知识。

【隐患排查整治】 实施“全覆盖”式隐患排查治理，全年排查整改煤矿领域安全隐患110处、非煤矿山领域安全隐患108处、危化品和烟花爆竹领域安全隐患113处、旅游领域安全隐患41处、火灾隐患1170处。对318国道K1420+000至K1420+600段崩滑地质灾害、绿葱坡集镇新农村居民点后部坡体岩石滑坍、绿葱坡镇果水公路高边坡崩塌3处重大事故隐患进行挂牌督办和跟踪检查。紧盯涉氨制冷、粉尘涉爆、有限空间作业等高危行业企业，对危险化工工艺、特殊作业、危化品运输、充装等重点环节开展专项整治，完善风险分级管控和隐患排查治理双重预防机制，坚决遏制较大以上事故的发生。

【安全生产监管执法】 在矿山领域，严格落实煤矿“三个一”监管工作机制，通过政府购买安全技术服务的方式，向矿山企业派驻技术人员，24小时驻矿盯守；对16家非煤矿山企业实现检查全覆盖，重处重罚3家，体检验收13家。在危化品和烟花爆竹领域，持续开展危化品和烟花爆竹安全生产大检查专项行动，完成全县烟花爆竹延期换证205家。在建筑领域，集中开展大培训、大巡查、大整改行动，对乡镇污水治理全覆盖项目质量安全生产情况进行专项督查检查，立案查处11起。在道路交通领域，共处理交通事故3854起，查处酒、醉驾违法行为141起，查处交通违法行为1544起。在旅游领域，开展旅游安全生产专项检查53次，累计检查文化和旅游企业350余家次，排查安全隐患41处。在消防领域，共检查单位863家次，发现火灾隐患1375处，督促整改火灾隐患1170处，办理行政处罚案件4起，临时查封单位9家。深入开展安全生产“打非治违”，共打击严重违法违规行为76起，责令停产停业21家，关闭违法企业3家。

【防汛抗旱】 按照管行业必须管防汛安全，管业务必须管防汛安全，管生产经营必须管防汛安全的原则，重新调整县防汛抗旱指挥部成员单位，并设立8个防汛抗旱分指挥部和12个乡镇防汛抗旱指挥部，明确职能职责，进一步压实责任。在全县范围内开展全方位、多层级的防汛隐患大检查，总结往年预案编制的经验教训，结合工作实际，及时修订完善江河、水库、城镇防洪、山洪灾害易发区等各类防汛抢险应急预案，紧急采购救生衣、安全帽、雨伞、雨衣等应急物资。2019年，全县共投入抗旱资金350万元、泵站2台、送水车辆42台，共计用油3.1吨、用电2.45万千瓦时，解决近3万人的饮水困难。

【森林防火“攻坚战”】 森林防火重点时期，充分利用广播、电视、标语、横幅、屋场院子会等形式进村入户宣传森林防灭火知识，全县近5000人投入到“烟点清零”行动，粘贴《森林防火戒严令》1万余份、各类宣传标语、横幅1000余条，电视台播放公益宣传片2条，印发森林防火警示宣传画2000份，全县所有学校放假前集中20分钟开展森林防火安全教育课，营造人人参与森林防火的良好氛围。扎实开展森林火灾风险隐患排查整治，整改问题150余条，全面提升森林火灾防范应对能力，全力保障人民群众生命财产安全和森林资源安全。

【地质灾害排查治理】 以地质灾害易发区、山洪灾害易发区、低洼易涝地带为重点，进行拉网式排查，建立隐患台账，确保各项隐患整改落实。2019年共核查地质灾害点1005处，其中纳入2019年县级重点监测的地灾隐患点483处。创建减灾示范社区3个，报送2020年减灾示范社区创建项目2个，应急避难场所项目1个，综合减灾示范教育基地项目1个，应急指挥信息化建设项目1个，切实提升应急处置能力。

【自然灾害救助】 2019年全县共争取各类救灾资金1547万元，救助6.6833万人。其中，救助农房因灾倒塌恢复重建42户255人，救助因旱灾生活困难2.2223万人，救助冬春生活困难4.4387万人，发放冬春救助资金892.819万元，发放救灾专用棉被1400床、棉衣480件、棉大衣280件、绒衣180件，实现“应救尽救”的工作目标。

（谭佳丽）

消　防

【概　况】 2019年，巴东县消防救援大队在州消防支队和县委、县政府的正确领导下，积极投身消防改革，扎实做好火灾防控和灭火救援等工作，加快推进消防救援队伍建设和转型升级，主动回应人民群众对社会消防安全环境的新期待，确保全县消防安全形势持续平稳，为全县经济社会发展和民生稳定创造良好的消防安全环境，有力服务巴东改革发展大局。全县全年共发生火灾76起，无人员伤亡，直接财产损失933490元。同比，火灾起数下降42.4%，直接财产损失下降7.72%。未发生群死群伤恶性火灾事故，安全稳定的局面不断巩固。

【灭火救援】 围绕转型升级，强化实战练兵，对标应急救援“国家队、主力军”的职能定位，坚持基础化、专业化、实战化的“三化”融合训练方向，大力提升各类灾害事故的处置能力。通过转变观念强意识、全员练兵强基础、沙场竞技强斗志、围绕打赢强战能的“五强”目标，全面提高打赢能力，圆满的完成年度的各项执勤保卫和灭火救援任务。深入贯彻《政府专职消防队建设管理和执勤训练规定（试行）》《关于进一步加强企业专职消防队伍执勤训练工作指导的通知》《微型消防站联勤联训工作指导意见》及《湖北省多种形式消防队伍联勤联训工作管理规定》等上级文件要求，以“勤务联合、调度联合、保障联合”为目标，构建出消防站和多种形式消防队伍的统一指挥、同步出警、区域联防、梯次增援的网络。严格落实检查指导培训工作，成立专门的骨干小组，每月深入企业微型消防站、政府专职队进行指导，了解掌握执勤训练情况，督促落实部署要求，帮助解决实际困难。2019年，全县全年共发生火灾76起，无人员伤亡，直接财产损失933490元。同比去年，火灾起数下降42.4%，直接财产损失下降7.72%。

【社会化消防】 宣贯新修改的《中华人民共和国新消防法》，推动消防安全责任落实；下发消防工作责任提示清单，明确各乡镇、职能部门的主要工作任务；联合应急管理局、住建局、教育局、市场监督管理局对校园安全整治开展专项检查；建立隐患约谈机制，先后组织开展化学危险品场所、仓储物流场所、民宿、文化娱乐场所约谈会，约谈人数达720余人次；指导督促公安派出所继续依法履行日常消防监督和消防宣传教育职能，确保公安派出所消防工作不断档，基层火灾防控工作持续推进。加大火灾隐患排查整治力度。提请政府部署开展仓储物流场所，老旧居民楼院、棚户区及周边小商铺、小门店、小作坊、仓库和出租房、“三合一”“城中村”、城乡结合部等区域的隐患排查，开展文博单位消防安全隐患自查自改和检查整改，开展“迎大庆、护军运”消防安保专项检查工作。提请县政府挂牌督办巴东县喜乐福商贸有限责任公司、巴东县芝楠香园商务有限公司芝楠香园大酒店、湖北省烟草公司恩施州公司巴东卷烟营销部等3处重大火灾隐患，并全部销案。大队共检查单位1080家次，发现火灾隐患1624处，督促整改火灾隐患1367处，办理行政处罚案件20起，临时查封单位9家，罚款7.5万元，有效维护辖区消防安全形势稳定。

【消防宣传教育】 紧扣全民消防，务求宣教并举，持续优化消防安全环境。积极开展各类主题宣传活动，先后联合开展开学消防第一课、中小学生安全教育日、防灾减灾日、科普宣传周、安全生产月、消防进军训、119宣传月等主题宣传活动；拍摄消防公益宣传片，印制11万份消防宣传挂历、海报，向广大群众宣传消防安全常识，助推冬季火灾防控工作；按照“工作日每人每天不少于2家”的标准，到辖区党政机关、职能部门、高危单位、重点单位、街道社区、乡镇农村等单位场所开展消防安全巡回培训和服务，开展流动课堂培训100余次；落实监督员每周半天宣传教育培训制度，强化社会单位责任人和员工的消防安全意识，提高场所从业人员“四个能力”水平，为全县消防工作奠定良好的基础。

（刘可盛）

政协巴东县委员会

综　述

【概　况】2019年，县政协常委会在中共巴东县委的领导下，以习近平新时代中国特色社会主义思想为指导，认真落实党中央和省委、州委、县委各项决策部署，紧扣全县中心工作，聚焦改革发展稳定大局，坚持团结和民主两大主题，坚持继承和创新有机结合，依靠全体政协委员，发挥专门协商机构作用，履行政治协商、民主监督、参政议政职能，在建言资政和凝聚共识上双向发力，为全县经济社会发展作出积极贡献。

主要工作

【理论学习】县政协党组贯彻落实党中央和省委、州委、县委部署，扎实开展“不忘初心、牢记使命”主题教育，取得实实在在的效果。在主题教育过程中，坚持领导带头与全员覆盖一体推进，读原著学原文悟原理与自觉践行紧密结合，认真学习党章、《习近平关于“不忘初心、牢记使命”重要论述选编》《习近平新时代中国特色社会主义思想学习纲要》、党的十九届四中全会精神等重要内容。全面落实“思想引领、学习在先”机制，在召开党组会、常委会、主席会等重要会议时，学习习近平总书记有关重要论述、重要讲话和指示批示精神。县政协党组成员参加县

县政协主席刘太可（左二）陪同县长郭玲（中）在北京市对接对口支援工作

委中心组集中学习15次，县政协两级党组中心组集中学习10次，县政协常委会集中学习4次，开展支部主题党日活动14次。通过学习，实现学习贯彻习近平新时代中国特色社会主义思想往深里走、往心里走、往实里走。

县政协党组全面落实主体责任，定期召开党组扩大会议，专题研究党风廉政建设、意识形态等工作。开展廉政教育，系统学习党中央反腐败斗争重大创新举措，在“不忘初心、牢记使命”主题教育中，邀请县纪委监委宣讲员作廉政辅导报告。严肃党内政治生活，召开“不忘初心、牢记使命”主题教育，党组成员以“自我净化、自我完善、自我革新、自我提高”的革命精神，对照党章党规找差距，深挖思想根源，列出问题清单，逐一整改到位。严格执行重大问题请示报告制度，支持派驻政协机关纪检监察组工作，持之

县委副书记王国玮（左一）县政协主席刘太可（左二）在县政协扶贫点溪丘湾乡小龙村检查精准扶贫工作

以恒正风肃纪，依照《政协章程》撤销1名县政协委员资格。强化思想引领，坚定信念。坚持用党的创新理论团结教育各族各界代表人士，在非公企业党支部中扎实开展“不忘初心、牢记使命”主题教育、支部主题党日和爱国主义教育等活动，邀请理论宣讲团成员作“不忘合作初心，肩负历史使命”的辅导报告。建立党外人士联系制度，组织党外人士代表前往贵州遵义等地开展革命理想信念教育，引导社会各界人士坚定合作初心，继续携手前进。

【脱贫攻坚】 全员上阵，助力打赢脱贫攻坚战。按照县委年初统一分工，一名副主席继续专抓脱贫攻坚工作，县政协领导班子成员深入到乡镇担任脱贫攻坚指挥部指挥长或副指挥长，共联系6个乡镇、23个村。县政协办公室牵头负责溪丘湾乡小龙村、甘家坪村和徐家湾村脱贫攻坚工作，抽调5名机关干部到“尖刀班”，机关干部共结对帮扶贫困户224户。12个乡镇政协联络组在乡镇脱贫攻坚工作中承担着重要任务，作出积极贡献。222名政协委员积极参与精准扶贫“为民”“爱心”“带动”三大工程，结对帮扶贫困户859户、贫困人口2712人，贫困学生333人，联系农村专业合作社20个。在打赢精准脱贫攻坚战中，涌现出周平、陈祠辉等一大批先进典型。小龙村脱贫攻坚任务异常艰巨，为打通全村水泥路，郑建友委员带领“尖刀班”，克难攻坚，连续作战，全面完成20.4千米的道路硬化工程。将军山农牧开发有限公司董事长谭显猛委员，坚持“企业联系贫困户、专业合作社带动贫困户、生产大户联动贫困户”的模式，带动贫困户151户共519人增收脱贫。谭祖红委员牵头成立清太坪镇教育基金协会，筹款筹物40万元，全力帮扶困难学生。县政协系统严格对照“两不愁、三保障”目标和“户脱贫、村出列”的验收标准，扎实推进脱贫攻坚工作，所联系的乡镇和村均通过州级脱贫摘帽初审，县政协办公室被县委、县政府表彰为全县驻村帮扶榜样，县政协办公室派驻溪丘湾乡小龙村“尖刀班”被州委、州政府表扬为全州扶贫先进集体。

县政协副主席李闯（左一）、向秀忠（左二）调研“乡风文明引领全覆盖”课题

【服务工业经济】 全年召开6次专题会议，研究工业经济发展中面临的问题，化解工业经济和工业企业运行中的困难，深入到恩施州辉旺石材、神峰薯业、晟美康药业等企业调查研究，帮助企业解决融资等实际困难。推动重点项目建设。推动人民医院住院综合楼、巴东逍遥谷康养休闲旅游区、野三关至绿葱坡镇旅游快速通道、巴东港砂石集并中心等重点项目建设。积极谋划清江抽水蓄能、大支坪康养中心、野三关国际会议中心、花天河旅游开发、金果坪革命老区红色旅游等重点项目。发展特色产业。服务京援硒食品产业园建设，争取北京对口支援资金4200万元，完

成投资3000万元。高标准建设柑橘产业园，官渡口、东瀼口、沿渡河、溪丘湾4个乡镇新发展柑橘0.13万公顷，国家市场监督管理总局受理“巴东椪柑”公共品牌的申报。大力发展牛蒡产业，按照“公司+农户”的模式，开发牛蒡茶等系列产品，不断延伸产业链条，增加农民收入。

县政协副主席向秀忠（右二）在贫困村查看软件资料

【建言资政】 政治协商效果明显。全面贯彻落实习近平总书记对协商民主的重要论述，充分发挥专门协商机构的作用，承接省委改革办关于“探索政协协商与基层协商、社会组织协商相衔接”的改革任务，拓宽协商平台，丰富协商内容。整体协商全面深入。在县政协九届三次全体会议上，委员们围绕《政府工作报告》等开展协商讨论，以大会发言、提案、社情民意等形式集中反映，收集意见建议78条。王习虎等12名委员围绕扶贫扶志工作、拒绝“一次性”餐饮用具等群众关心的热点、难点问题，进行议政发言。专题协商富有成效。县政协主席会议成员利用列席县委常委会、县政府常务会等平台，就全县重大决策、重要工作、重要人事安排等提出意见、建议。县政协常委会针对全县精准扶贫、扫黑除恶、生态环保等重点工作开展专题协商。在县人代会召开前，组织政协委员对《县政府工作报告》进行协商修改，提出中肯建议。对口协商面向基层。县政协领导班子成员深入到联系乡镇和村，围绕基层党建、脱贫攻坚等与乡镇党委政府、县直相关部门、村支“两委”、村“尖刀班”、基层群众开展面对面协商，提出解决问题的对策和建议。11月，由县政协领导班子成员带队，组织6个小组，到12个乡镇政协联络组开展走访协商座谈，了解各联络组和基层政协委员履职情况，并听取基层意见建议。利用互联网开辟网络议政平台，实施网络远程协商。4月19日，组织部分政协委员参与省政协十二届六次常委会议网络协商议政活动，分别围绕长江沿岸生态修复、农业面源污染治理、如何解决沿江港口各自为政状况、长江绿色经济发展等课题协商议政，积极建言献策，得到省政协的肯定。

【民主监督】 广泛征集，严格审查，县政协九届三次会议以来共立案提案68件。坚持县领导领衔督办重点提案工作制度，将11件提案作为重点提案督办，促使一些热点、难点问题得到有效解决。县委书记单艳平在督办田发敏委员提出的《“干净巴东”的城市名片需进一步擦亮的提案》过程中，召开全县城市管理工作调研会，形成《县委关于城市管理工作的专题会议纪要》，加大提案办理力度。县长郭玲在督办黄在玉等委员提出的《关于完善绿葱坡高山滑雪度假小镇配套建设的建议》中，带领相关部门实地察看、现场办公，推动提案落地见效。继续坚持提案办理报告制度，由县政府常务副县长向县政协全会作提案办理情况报告。开展优秀提案及提案办理先进单位评选表扬活动，政协委员王联荣提出的《关于全面普及残障儿童义务教育建立特殊教育发展新格局的提案》等10件提案被评为优秀提案，县财政局、县交通运输局、县教育局、县住建局、县水利局5个单位被评为提案办理先进单位，县财政局在办理向小花委员提出的《关于全县干部职工医疗保险的建议》时，克服县级财力困难，将全县行政事业单位干部职工补充医疗保险纳入财政预算。通过各承办单位的共同努力，68件提案均办结，实现见面率、答复率、满意率三个100%。邀请部分基层委员对贫困户和低保户的动态调整等进行全程监督，确保动态调整过程的公开、公正和公平。参加专项监督。部分政协委员担任人民陪审员，组织政协委员旁听涉黑案件公开审理，参与部门行业听证会、评审会、电视问政等监督评议活动，参加“走进纪委监委、司法机关”开放日活动，充分发挥政协民主监督作用。

【参政议政】 紧扣乡风文明引领“全覆盖”工作开展深度调研，破解基层治理难题。调研组到乡镇、村、社区走访座谈，前往周边县市借鉴先进做法，形成专题报告，提出“扎实开展思想道德星光等八大行动，加大对‘整无事酒、建豪华墓’等乱象的治理力度”等具体建议，县委书记单艳平作出“很好、有见地、及时，请分管领导组织研究，尽快给常委会汇报”的批示，在第二十二次县委常委会上，对乡风文明建设进行专题研究，讨论并通过《巴东县乡风文明引领全覆盖工作指导意见》。围绕县城区备用水源开展专题调研，补齐民生短板。调研组一行到水源地现场踏勘，召开座谈会，听取各方意见，形成《加快备用水源建设 确保城区供水安全》的调研报告。提出“优化现有水源，启动城区备用水源建设，逐步理顺‘引供排’一体化机制”的建议。10月中旬，县委副书记王国玮带领相关部门深入到长江应急提水工程和溪丘湾乡徐家咀水库拟建现场实地调研，督办县城备用水源建设进度。长江应急提水工程启动，预计到2020年底建成并投入使用；溪丘湾乡徐家咀水库将于2020年动工，预计到2022年底建成并投入使用。开展“两区一库”建设专项视察，推动重点项目建设。视察组到高铁新区棚户区、站前广场、神农新区官东路等重点项目工地，现场听取建设情况，详细了解项目推进过程中遇到的困难和问题，对下步工作提出“要优化审批服务，加强项目管理和债务风险管控”等建议，为县委、县政府加快推动“两区一库”建设建务实之言。针对健康扶贫开展调研，切实关注民生。调研组深入到乡镇卫生院、村级卫生室和部分大病患者家中走访调研，了解全县健康扶贫的现状，查找工作中存在的困难和问题，提出“要加强政策宣传，尤其是加大对23种特殊慢性疾病政策的宣传力度，引导患者依规治疗，按程序申报，要做实签约服务”等具体建议，为县委、县政府开展健康扶贫工作提供有益参考。聚焦电子商务开展调研，助推电商产业蓬勃发展。调研组深入到三峡酒业等电商龙头企业和电商村级服务点实地调研，了解电商运营基础设施、经营现状等情况，破解电子发展中的难题，形成《全力做强电子商务 纵深推进产业扶贫》的调研报告，提出“促进农业产业优化升级，解决电商人才缺乏问题，支持物流快递服务转型”等建议，为全县电子商务快速发展献计献策。

【联谊交流】 县政协常委会始终突出团结民主两大主题，依托专委会和联络组两个平台，加强政协委员与各界群众的沟通联系和交流互动，走访基层群众，用实际行动向他们传送党和政府的关怀和温暖，化解矛盾隐患，大支坪镇综治主任吴江华委员参与化解县“双签双交办”信访积案8件，调解矛盾纠纷11件，部分政协委员主动担任矛盾调解员，积极参与平安巴东建设，为保持社会大局平安稳定作出不懈努力。加强与县委统战部、县工商联、人民团体、无党派人士的联系交流，增进共识，团结协作。组织政协委员和非公企业开展“慈善一日捐”活动，捐款25万元，周祖顺委员组织东顺伟业出租车公司捐款2.7万元。

加强内引外联，主动寻求并争取各方支持支援，助力全县经济社会快速发展。对口支援成果丰硕，张立军委员在全县区域合作工作中主动作为，争取北京市及房山区政府援助资金9190万元，杭州对口支援资金5500万元，省内对口支援三峡库区资金680万元，省内定点帮扶资金1180万元，开展各类管理和专业技术人才赴支援地区培训948人次。扩大交流，9月上旬，参加湘鄂渝黔边区县（市、区）政协工作第37次会议，会上作了“推动文旅融合 打造秘境巴东”大会发言，推荐全县文旅资源，向大会提交《关于湖北、湖南两省共同推进巴张高速公路建设的建议》，争取巴张高速公路建设尽早启动。宜都等兄弟政协共7批次来巴东学习交流，与北京、杭州等地开展双方考察交流250人次。

【文史工作】 发挥文史资料“存史、育人、资政”的作用，完成20余万字《恩施传统村落文化丛书（巴东分卷）》编撰工作，通过县级评审。将2019年政协常委会的履职情况和部分政协委员的先进事迹汇编成《政协风采》一书，客观真实记录政协工作，展示政协委员风采。

重要会议

【政协巴东县第九届委员会第三次会议】 1月3日，中国人民政治协商会议巴东县第九届委员会第三次会议开幕。县政协主席刘太可向大会作工作报告。审议通过《政协巴东县第九届委员会第三次会议提案审查情况报告（草案）》《常委会工作报告的决议（草案）》《关于九届二次会议以来提案办理情况报告的决议（草案）》《中国人民政治协商会议巴东县第九届委员会第三次会议政治决议（草案）》。12名政协委员分别进行议政发言。会议通报表扬县政协九届二次会议以来的先进政协联络组、优秀县政协委员。

【政协巴东县第九届委员会第四次会议】 12月17日，政协巴东县第九届委员会第四次会议开幕，县政协主席刘太可代表政协巴东县第九届委员会常务委员会作工作报告。报告强调，2020年是全面建成小康社会和“十三五”规划收官之年，县政协常委会要以习近平新时代中国特色社会主义思想为指导，全面贯彻党的十九大和十九届二中、三中、四中全会精神，深入学习贯彻习近平在中央政协工作会议暨庆祝中国人民政治协商会议成立70周年大会上的重要讲话精神，认真落实上级各项决策部署和县委十五届九次全会精神，坚持团结和民主两大主题，切实提高政治协商、民主监督、参政议政水平，把党对人民政协的工作要求落实下去，把全县各族各界各方面的智慧和力量凝聚起来，充分发挥人民政协在坚持和完善社会治理体系、提升治理能力中的重要作用，全面推进乡村振兴战略，为推动全县经济社会高质量发展作出更大贡献。

【县政协常委会议】 5月24日，巴东县政协主席刘太可主持召开县政协第九届常委会第十二次会议，就县城区备用水源调研报告等事项进行协商讨论。

7月26日，召开县政协第九届常委会第十三次会议。会议听取《全县扫黑除恶专项斗争情况报告》，并就《全县乡风文明引领“全覆盖”工作调研报告》进行协商讨论。

11月15日，巴东县政协召开委员会第九届第十四次常委会议，集中学习中国共产党十九届中央委员会第四次全体会议公报等文件精神，协商讨论通过《全县健康扶贫工作调研报告》《全县电商扶贫调研报告》等议题。

【调研“对口支援”】 7月3—4日，北京市扶贫支援办研究室主任邵明阳带领督查组到巴东，对北京市对口支援项目进行实地督查，协商下一步对口支援工作开展相关事宜。

7月5日，湖北能源集团副总经理孙贵平一行到巴东，对三峡库区对口支援项目情况进行调研，协商下一步对口支援工作相关事宜。

7月12日，北京市房山区城关街道办事处工委副书记、办事处主任郭泽峰一行到巴东，深入推进对口支援工作。

（胡　琴）

纪检监察

概 述

【概 况】2019年，全县纪检监察机关围绕学习贯彻习近平新时代中国特色社会主义思想这条主线，聚焦主责主业，强化责任担当，履行监督责任，持之以恒正风肃纪，坚定不移惩贪治腐，党的纪律建设全面加强，党内政治生活气象更新，作风建设成效明显，反腐败压倒性胜利持续巩固提升，纪检监察工作实现高质量发展。

县纪委驻官田村“尖刀班”被评为巴东县2019年“驻村帮扶榜样”，县纪委监委机关被评为2019年全州“扶贫先进集体”。

2019年3月13日，纪委书记谭若峰（左二）在茶店子查看村村行现场　　谭 平 摄

【服务大局】出台《关于查处诬告陷害类信访举报的实施办法》，清理不实信访举报25条，打击诬告陷害11人，为信访举报查证不属实的14名干部澄清正名，激浊扬清形成震慑效应。全年本级受理信访211件，同比下降26%，省州交办件26件，同比下降42.2%，为巴东成功创建全国信访“三无”县作出重大贡献。协助县委县政府出台《关于促进民营经济高质量发展的若干意见》，提出改进政商关系14条廉政意见，努力构建亲清新型政商关系。开展“两不愁三保障”扫雷行动和“双十看”活动，贫困发生率降至0.26%；推行“1+N”产业发展模式，形成特色小水果、茶叶、药材梯级产业发展格局，顺利通过退出贫困县第三方评估检查；争取扶贫资金265万元，协调为沿渡河镇官田村引进企业主体到村连片发展茶叶50.58公顷。

纪律监督检查

【廉政建设】带头开展党风廉政建设“两个责任”落实情况“讲、评、议”活动，提出实质性措施12条。设立8个派出纪检监察组，形成“1+8+N”监督体系，开展重大风险防控排查和整治，督促55家单位建立廉政风险防控机制和清单。全面推行“1331”监督处置模式，试行《村（社区）监察信息员廉情信息报告制度》，出台《村级“三小”监督体系建设实施意见（试行）》，扎紧制度笼子。工作约谈年度考核排名靠后的2个乡镇和3个县直单位主要负责人，通报履行“两个责任”

2019年5月24日，参加党风廉政建设宣讲月
谭 平 摄

不力的18个单位，“一票否决”领导班子1个，领导干部14人。严把选人用人政治关、廉洁关、作风关，廉政审查26个单位、2042人。

【纪律建设】 组织和参加各级干部培训33期750人次，全面性系统学习各级纪委全会精神。多形式开展第20个“党风廉政建设宣教月”“廉政共逐梦、奋进新时代”送戏下乡演出等活动，持续推进党纪法规知识宣教“十进十建”工作。州级及以上各类媒体用稿404篇，其中国家级媒体发稿17篇、省部级媒体用稿88条、州级媒体用稿299篇。与县电视台联办“巴风廉韵”电视节目，打造电视宣传橱窗，推出节目45期，推送至州电视台“风清气正看恩施专栏”用稿15条，推送至州电视台“恩施新闻联播”用稿2条，湖北卫视用稿5条，“荆楚廉政栏目”用稿3条。

2019年7月20日在沿渡河泉口村安排部署“扫雷”行动
谭 平 摄

【作风建设】 全年查处违反中央八项规定精神问题47个75人，形式主义、官僚主义问题110个167人，通报典型案例3期40人。

【扶贫监督】 督促各乡镇党委开展“祛痛点破难点解焦点村村行”活动，现场解决问题2877条，协调落实项目144个。扶贫领域追责问责党员干部425人；“大数据”核查督促整改问题线索277条，追责问责25人；财政补贴资金“一卡通”专项治理发现问题线索23条，追责问责11人。

【专项整治】 开展违建别墅清查专项整治、人防系统腐败问题专项治理和领导干部收受名贵特产资源集中整治，追责问责26人；环保领域追责问责15人。

2019年3月12日，纪委书记谭若峰（左一）督察巡察工作
谭 平 摄

【巡察工作】 开展2轮常规巡察，发现面上问题55个、问题线索6件；对问题集中、信访矛盾突出的31个重点村（社区）开展脱贫攻坚“点穴式”专项巡察，移交问题线索125件，追责问责41人；配合州委第四巡察组开展精准扶贫脱贫攻坚、基层党组织建设专项巡察“回头看”，发现面上问题1453个，移交问题线索6件。做好巡察“后半篇文章”，在50个村（社区）对州委巡察反馈意见整改情况进行专项督导，追责问责23人，印发通报3期；对十五届县委巡察对象整改情况进行大起底、大检查，督促被巡察党组织整改完毕问题283个，党纪政务处分54人，移送司法机关5人。

2019年12月1日，县纪委到东瀼口镇查看基层基础工作进社区　　　谭　平　摄

【“双基”工作】 建立每个领导班子成员联系1—2个乡镇，每个部室联系1个重点村的对接支持机制，形成调研报告8篇。研究出台《巴东县纪委监委监督工作实施办法（试行）》等11个制度，明确县乡村三级纪检监察工作流程。确立乡镇“六规范”、村（社区）“六有六监督”的标准，争取财政资金201万元支持基层基础规范化建设。选派12名机关优秀干部到乡镇蹲点，重点指导乡村提高基层基础工作水平。开展两轮基层基础工作现场观摩会，实地了解12个乡镇规范化建设情况。

【执纪审查】 正确运用监督执纪“四种形态”处理614人。其中第一、二种形态处理554人，占90.23%；第三种形态处理24人，占3.9%；第四种形态处理36人，占5.9%。全年受理问题线索638件，立案237件，给予党纪政务处分201人，组织处理393人，移送审查起诉16人。

【扫黑除恶】 深挖彻查涉黑涉恶腐败和“保护伞”，对涉黑涉恶案件一律“一案三查”，全年立案36人，留置2人，党纪政务处分24人，组织处理33人，移送司法机关7人。制作警示教育片《迷失的初心》，用身边事教育身边人，实现查处一案、警示一片的良好效果。

（许　鹏）

人民团体

总工会

【概　况】 2019年，在县委、县政府和州总工会的正确领导下，县总工会紧紧围绕全县中心工作和工会工作全局，牢牢把握增“三性”、去“四化”、强基层、促发展的主线，以职工群众需求为导向，以服务职工“十件实事”为载体，充分履行“忠诚党的事业，竭诚服务职工”的使命担当，团结动员全县广大职工为决战脱贫攻坚、决胜全面小康、持续打好“六大硬仗”，加快建设“五个巴东”作出应有的成效。

【主体责任】 县总工会党员干部深入学习习近平新时代中国特色社会主义思想，及与全总新一届领导班子集体谈话和中国工会十七大精神，把思想建设作为基础性建设，推进“两学一做”学习常态化制度化，扎实开展“不忘初心、牢记使命”主题教育，认真落实意识形态工作责任制，全面落实党风廉政建设主体责任，以强有力的党建工作措施统领县总工会各项工作。扎实开展支部主题党日活动。严格按照“八事联动”，组织党员集中学习，开展民主议事大讨论，切实整改存在的问题，确保支部主题党日活动效果和质量；强化干部职工学习教育。针对工会干部的知识空白、经验盲区、能力弱项，开展精准化、多层次的教育培训，提高工会干部的履职能力，政治上激励、工作上支持、心理上关怀，凝心聚力，共同营造工会系统团结奋进、风清气正的深厚氛围；加强纪律教育和警示教育，全面落实党风廉政建设“一岗双责”。单位一把手定期同班子成员开展廉政谈话、班子成员定期同分管部室负责人廉政谈话、部室负责人定期同干部职工廉政谈话，环环相扣，一手抓发展、一手抓廉洁，“两手都要硬”。通过有力措施，有效地把教育、监督、预防、惩治等各项党风廉政建设工作落到实处；扎实开展“不忘初心、牢记使命”主题教育。按照“守初心，担使命，找差距，抓落实”的总体要求，深入开展学习教育、调查研究、检视问题、整改落实，每一名党员干部都实现理论学习有收获、思想政治受洗礼、干事创业敢担当、为民服务解难题、清正廉洁作表率的目标。在学习教育和调查研究方面，县总工会的特色亮点做法受到县指导组的高度肯定。创新开展学习班，创新人人讲课的学习方式，自主新增爱国主义教育内容。在调研过程中，县总工会成立4个专题调研组深入到各基层深入调研，形成涵盖扶贫和工会业务工作的调研报告，找出问题，提出解决问题的具体措施。

【组织建设】 巴东县总工会坚持党建带动工建、工建服务党建，用工会建设服务党的建设的思路和方法，以推进“两个普遍”为着力点，积极探索工会组建与职工入会的新方式，不断扩大工会覆盖面和影响力。按照基本实现职工服务业务工作网上运行的目标，广泛动员并派工作专班到各基层工会一对一进行业务指导，“互联网 + 职工服务”系统共录入系统基层工会组织 296 个，录入工会会员 1.57 余万人。

【困难职工帮扶】 2019 年共筹集帮扶资金 63.2 万元，其中，中央财政帮扶资金 12 万元，省财政帮扶资金 16 万元，省总工会专项助学资金 4 万元，省总工会送温暖资金 7 万元，县财政帮扶资金 20 万元，县总工会配套送温暖资金 4.2 万元。积极开展困难职工帮扶、送温暖、助学工作。截至 2019 年 11 月 15 日，中央财政帮扶资金医疗救助 9 人 14.7 万元，生活救助 29 人 14.5 万元；湖北省财政资金医疗救助 3 人 4 万元，生活救助 6 人 3 万元，送温暖 8 人 1.9 万元；省总工会专项助学 20 人 4 万元；省总工会送温暖资金共 97 人 7 万元；县总工会送温暖 35 人 4.2 万元；县财政帮扶资金生活救助 18 人 9 万元，医疗救助 3 人 3.2 万元。帮扶困难职工及“送温暖”228 人次 65.5 万元。积极开展“送清凉”慰问活动。8 月，巴东县委常委、统战部长、县总工会主席贾继建带队看望慰问公交驾驶员、环卫工人及郑万铁路巴东段户外工人，为烈日下的劳动者送去防暑降温用品。县总工会还看望慰问南潭河渡口职工、铁路办护路队、东顺伟业出租车司机、交警大队执勤民警、快递员、驻村“尖刀班”。在“送清凉”慰问活动中慰问职工 682 人，慰问物资折合金额 68200 元。积极开展杭州市对口恩施州“春风助学”活动。县总工会共为农村建档立卡贫困家庭子女和城镇建档困难职工子女新生申报春风助学 110 名，发放助学资金 33 万元。积极开展“关爱女职工”活动。“三八”妇女节期间组织全县女职工进行“两癌”普查活动，2000 多名女职工进行检查。

【劳模管理】 认真做好劳动模范和优秀人物评选。成功推荐评选公汽公司谭玉玲获得湖北省“五一劳动奖章”；成功推荐评选巴东县芝楠香园商务有限公司获中华全国总工会全国“模范职工小家”荣誉；成功推荐覃仕伦等 11 名州级劳动模范；推荐 10 名省部级劳模分两批次参加省、州总工会举办的疗休养活动，组织 21 名劳模进行免费体检。开展丰富多彩劳动技能竞赛活动。推荐巴东锦瑞出租车公司参加州总工会组织的评奖，获奖金及证书。推选县“荆楚工匠”钱之初申报恩施州“劳模和工匠人才创新工作室”。

【工会经审】 对县总工会机关财务进行审计。根据州总经审委要求，聘请专业中介机构对县总工会 2018 年机关财务进行审计，对审计出的问题及时进行整改，并将整改情况报告州总经审委。聘请专业中介机构对巴东县环卫局工会委员会、中国邮政巴东分公司工会委员会、巴东县公安局工会委员会进行重点审计，对审计中发现的问题及时指导，限期整改。根据《中共巴东县纪委关于印发〈2019 年度作风建设综合监督机制运行方案〉的通知》要求，由县人社局牵头，县人社局、县委组织部、县财政局、县审计局、县总工会组成检查专班，对全县十二个乡镇及部分所属事业单位进行职工福利费和工会经费支出专项检查，对发现的问题督促整改。

【职工文化】 广泛开展文体活动，提振职工群众精气神。成功举办“庆五一・迎华诞”职工运动会，设有篮球、乒乓球、羽毛球、足球、象棋和趣味运动等项目，来自全县各乡镇、各行业的职工运动员 1600 多人。紧紧围绕隆重庆祝中华人民共和国成立 70 周年，大力弘扬以爱国主义为核心的伟大民族精神，以“我和我的祖国”为主题，开展形式多样、内容丰富的群众性主题宣传教育活动，与县委宣传部共同举办“庆祝新中国成立 70 周年・讲好巴东故事”演讲比赛活动，来自全县 12 个乡镇和县直各单位的 30 多名选手参赛；与巴东锦瑞出租车有限公司联合开展建国 70 周年暨锦瑞公司成立五周年庆祝活动；在溪丘湾乡郑万高铁建设工地举办“情系巴东・梦圆高铁”演出活动，慰问郑万高铁湖北段建设者。一系列爱国主义活动激发广大职工群众的爱国之情、奋斗之志。协助县委县政府举办“小康之约”2019秘境巴东高山森林国际半程马拉松赛，动员广大职工近3000人报名参赛。协助县委县政府举办2019年“7·16全民游泳健身主题系列活动”（巴东重点会场）暨“畅游神农溪·横渡大三峡”冬泳邀请赛，来自全国各地的1200多名泳士畅游巫峡口、体验巴东美景美食。与县“六城”同创办、大数据局、机关事务服务中心联合开展“逐梦小康 行者必至”健步走活动，践行“低碳先行、绿色引领”理念，进一步倡导绿色生活、健康生活。通过开展丰富多彩的文体活动，用体育精神奏响新时代巴东职工群众的劳动最强音，进一步提振精气神，激发干事创业热情。

【工会改革】 坚持改革创新，牢牢把握工运时代主题。扎实推进全县乡镇工会改革，在全州率先高质量完成工作任务。县总工会主动作为，提请县委常委会研究全县乡镇工会改革创新工作，推动县委办公室以巴办发〔2019〕40号文件转发县总工会关于推进全县乡镇、开发区（工业园区）工会改革创新的实施方案。召开全县乡镇工会改革创新工作培训会议，县委常委、县委统战部部长、县总工会主席贾继建同志到会安排部署相关工作。强化督办指导，组建指导组督促各乡镇规范召开工会会员代表大会，按期完成工会联合会换届任务。经本次换届，各乡镇工会联合会组织机构更加健全，均由乡镇党委委员任主席，选举产生副主席和兼职副主席，成立工会经费审查委员会和女职工委员会。广泛宣传工会会员特惠服务的内容和参与方式，吸引企业和社会资源合作参与，鼓励广大会员使用“恩施州总工会”微信公众号开通会员，大力推行工会会员特惠服务。2018年已有23户商家的基础上，新增8家与州总工会签订特惠服务协议，更好地为广大职工办实事、谋实惠。对接州总工会大数据平台，拓展县总工会网上职工服务中心功能，整合线上平台和线下阵地，健全线上受理和后台分办服务管理办法，为会员提供实名登记、电子会员证、困难帮扶、商业特惠等项目服务。

【精准扶贫】 扎实做好机关精准扶贫工作。县总工会高度重视，常务副主席及一名副主席担任两个村的驻村“尖刀班”班长，带领机关6名工作队员岗位在村、工作在村、吃住在村，按照“八个到村到户”的要求，狠抓基层组织建设，着力群众教育引导，强化政策执行与矛盾化解，村容村貌焕然一新。机关帮扶干部严格按照帮扶工作要求，深入结对帮扶对象入户走访，宣传政策，关心生产生活，和贫困户交朋友结亲戚，深得帮扶对象好评。想方设法筹集资金7万元，支持驻点扶的谭家湾村用于村党员群众服务中心阵地及广场建设。认真做好东西部协作扶贫工作。组织15名干部到杭州市总工会培训学习，学习杭州先进工作经验，开拓工会干部视野；县委常委、县总工会主席贾继建、县总工会常务副主席胡才芳随巴东县委书记单艳平赴杭州市下城区开展东西部扶贫对接工作，并建立沟通联系机制；全县110名贫困大学生享受到杭州市总工会春风助学金，每人3000元，已发放助学资金33万元，解决部分建档立卡贫困家庭上学困难；在资助困难家庭大学生学费基础上，推荐在读大学生参加“娃哈哈·春风助学”职业体验训练，加强对对口帮扶地区困难家庭大学生的扶智、扶志力度；积极做好杭州职工疗休养对接工作，2019年杭州职工到巴东疗休养共4671人，9561人次。

（总工会）

共青团

【概　况】 2019年，团县委以习近平新时代中国特色社会主义思想为指导，紧紧围绕深入贯彻党的十九大精神和习近平总书记视察湖北及“7·2”重要讲话精神为主线，高举伟大旗帜、聚焦主责主业、深化改革攻坚、全面从严治团，团结带领全县广大团员青年围绕中心、服务大局、务实进取、开拓创新，团的各项工作取得新发展。

10月31日，团县委在红色老区金果坪开展红色教育实践活动

【理论学习】 坚持把学习习近平新时代中国特色社会主义思想作为理论武装的首要任务，全年组织开展“青年大学习”网上学习共5季33期，参与人数累计超过65000人次。围绕上级指示精神，组织开展“支部书记讲团课”等多种形式宣教活动30余次。严格落实意识形态责任制，切实防范共青团意识形态和网络安全风险，继续常态化、规范化组织开展“主题团（队）日”活动，全年共组织各类主题活动24次。突出政治功能，办好主题活动。抓住五四运动100周年、马克思200周年诞辰、新中国成立70周年等关键节点，广泛开展以“青春心向党·建功新时代”“红领巾心向党·争做新时代好队员”活动、“不忘初心、牢记使命”主题教育等。抓住清明、六一、“10·13”少先队建队70周年等常规节庆，组织全县少先队以学校为单位开展“清明祭英烈·共铸中华魂”“喜迎建国七十年——我是小小追梦人”等主题活动。抓住“4·15（国家安全日）”“网络安全周”等敏感时段，与主流媒体同频共振，通过组织观看宣传片、发放宣传册等方式，开展各类主题活动。

【宣传工作】 大力推进“网上共青团”建设，利用“青春巴东”微信、微博、抖音等新媒体平台，实现宣传思想工作融媒体化发展。抢占青少年理想信念制高点，关注重要节点、围绕中心工作、突出青年视角，推出有代表性的新媒体文化产品，全年原创推送90余篇，转发80余篇，吸引粉丝13000余人。为突出基础青年风采、弘扬青春正能量，选取乡村教师、一线民警、扶贫干部等5名代表，制作五四宣传片《青春心向党·建功新时代》，获得广大青年一致好评。开展青年文明号、青年岗位能手创建、五四“两红两优”、优秀辅导员、最美中学生、“烛光奖”等系列评选活动，县城市管理综合执法大队执法队员谭宏伟获得恩施州“青年岗位能手”称号、县公安局金果坪派出所被评选为恩施州“青年文明号”、支教老师袁辉获得中国青年五四奖章。

【共青团和少先队改革】 突出基层基础，扩大团组织覆盖面。联合县委组织部印发《关于印发〈巴东县2019年村（社区）团组织换届工作实施方案〉的通知》，制定《共青团换届选举工作手册》，召开换届选举培训大会，规范进行换届选举工作，全县12个乡镇322个行政村（社区）完成换届，通过联建、共建等方式组建248个村（社区）团支部，选出的248名书记中村（社区）“两委”198名，大学生村官11名，选出835名支部委员中30周岁以下的756名，大专及以上学历465名。组建各类“两新”团组织12个，实现有条件的规模企业、组织和单位应建尽建。强化制度管理，增强团员先进性。对照改革目标，继续实施总量调控和发展团员编号制度，严格控制团员规模，合理降低团青比率，按照初中毕业班团青比例控制在30%以内，高中毕业班团青比例下降到70%以内的标准。制定《巴东县规范化发展学生共青团员和管理团员档案流程导图》，规范团员发展程序，严格入团标准，提高新发展团员质量，全年共发展团员880名。围绕“智慧团建”系统，解决“团队衔接”“学社衔接”“党团衔接”等现实问题。围绕“三会两制一课”制度建设，规范团籍注册、团费收缴使用管理、团员民主评议、团组织关系接转和团的仪式教育等工作，并将团员参与组织生活、志愿服务等情况作为评先评优、推优入党的重要依据。对接东西部协作资源，开展两地学校团干部、少先队辅导员交流会，实现让团少干部走出去、让新思想引进来。注重平台建设，服务青年阵地不断建强。继续实施中学中职共青团“强基固本”工程，水布垭镇长岭初级中学获得活动项目竞赛“启明学堂——与人生对话（彩虹人生）”报告会省级优胜项目，野三关镇民族实验初级中学获得团支部主题团日活动省级优胜项目；以打造示范性“青年之家”为抓手，促进基层团组织发挥作用，努力在服务青少年、就业见习、社会实践等方面实现突破，依托村“妇女儿童之家”打造留守儿童之家，鼓励乡镇一级打造青少年综合服务平台，全县有“青年之家”3个入驻云平台，线上发布活动8场；投入7万元打造茶店子镇青少年综合服务平台，已投入使用。

【精准扶贫】 落实社会保障兜底一批成员单位职责，牵头落实关爱留守儿童数据维护、结对帮扶等任务，联合县民政局等部门下发《关于进一步加强农村“三留守”关爱服务体系建设的通知》，进一步压实工作责任。组织召开全县农村“三留守”关爱服务体系现场推进会，开展关爱留守儿童专项督导3次，覆盖12个乡镇52个村，下发整改通知2份。深入开展“双结双促”工作，募集捐款7.81万元用于购买学习、体育和生活用品，并按照人均100元的标准分发到全县781名留守儿童。深化东西部扶贫协作，与杭州市下城区对接，组织20名留守儿童参加“跟着课本游浙江”夏令营、10名贫困学子参加“走出大山看大海”夏令营活动；对接武汉市汉阳团区委开展“1+3”对口帮扶活动，为全县20名贫困留守儿童解决自小学到大学的全部学杂费及生活费。落实教育发展脱贫一批中社会救助类牵头部门职责，整合教育、妇联、工会等多部门资源，实施“泛海计划”“春风助学”“金凤工程”等系列助学项目，争取“希望工程·二十助”“乐善助学”等系列助学项目，累计发放助学金62.8万元，帮助378名贫困学子顺利升学。对接各类社会公益组织，开展“爱心衣橱”送校服、“拾穗行动”送关怀等活动，为溪丘湾后坪小学等4所小学筹集校服价值约20万元。全力做好驻村扶贫“尖刀班”工作，常态化驻点帮扶金果坪乡连天村，以解决“两不愁三保障”突出问题为重点，以产业发展为突破口，解决农民脱贫致富的根本性问题。

【志愿服务工程】 规范管理县志愿者协会，推动全社会注册志愿者，4652人注册为志愿者。引导团员青年增强防范化解重大风险意识，组织银行、检察院、公安等机关志愿者开展“送金融知识进校园、进乡村”“网络安全进校园”等活动。服务创建省级文明县城，常态化开展“保护生态环境·共建绿色家园”志愿服务活动。助力创建全域旅游示范区，组织志愿者近千名参与到“秘境巴东高山森林国际半程马拉松”“第七届长江三峡（巴东）纤夫文化旅游节”“畅游神农溪·横渡大三峡冬泳邀请赛”等各类赛事活动。组织和招募省内外103名大学生志愿者分别在茶店子镇等6个乡镇，睿博文化艺术学校等8个“希望家园”开展暑假实践志愿者活动。落实博士服务团、大学生志愿服务西部计划（含研究生支教团）、“三支一扶”青年事务岗等项目，全年新引进博士服务团成员2名，大学生志愿服务西部计划（含研究生支教团）30名，“三支一扶”青年事务岗3名。

【青年工作】 培育创新力量，打造双创品牌。配合县人社局、县人才办开展青年创新创业培训，联合举办巴东县第一届青年创新创业大赛，巴东县润禾农贸普通合伙企业、湖北掘进者户外拓展有限公司等一大批优秀企业脱颖而出。贯彻落实团省委“扶助有志青年扎根深度贫困地区创业”行动，参与新型职业农民协会管理，联合县就业局、县农业农村局筹建巴东县青年创业联盟，已进入实际注册阶段。联合华图教育、中公教育等培训机构，开展公务员、乡村教师、事业单位等就业考试培训3期，累计参加182人；开展社工培训等职业资格培训2次，累计参加120余人。

【荣　誉】 方汶锋被共青团湖北省委表彰为“全省优秀共青团干部”。袁辉荣获2019年中国青年五四奖章。沈传宝荣获中国青少年发展基金会“TCL希望工程烛光奖计划”“奉献奖”。清太坪镇思阳坪村村主任助理覃佳红被共青团恩施州委表彰为2019年度“恩施州优秀共青团员”。巴东县第一高级中学学生胡郡焓被共青团恩施州委表彰为2019年度“恩施州优秀共青团员”。巴东县沿江大道消防救援站消防员闫虎被共青团恩施州委表彰为2019年度“恩施州优秀共青团员”。官渡口镇初级中学团委书记刘登丽荣获2019年度“恩施州优秀共青团干部”。

（覃业健）

妇　联

【概　况】 2019年，以习近平新时代中国特色社会主义思想为指导，深入学习贯彻习近平总书记系列重要讲话精神和对群团改革、妇联改革的重要指示，认真落实各级妇代会精神和党代会精神，以宣传贯彻党的十九大精神为主线，以保持和增强政治性、先进性和群众性为目标，聚焦中心、聚力改革、聚心妇女，圆满地完成各项目标任务。覃丹凤获得“全国维护妇女儿童权益先进个人”称号。11月28日，巴东县野三关福娃娃幼儿园荣获“湖北省家庭教育工作先进集体”称号，巴东县妇联办公室主任李俊蓉荣获“湖北省家庭教育工作先进个人”称号。12月25日，溪丘湾乡溪丘湾村妇联主席谭明枝获“湖北省妇联系统劳动模范”称号。12月3日，巴东县骄顶寨农业开发股份有限公司被湖北省妇联评选为“全省巾帼脱贫示范基地”。

【强化妇女群众思想】 组织开展“我与祖国共奋进，寻找最美芳华·70年70人”主题活动，寻找推荐巴东70年最美芳华候选人2名；开展主题为“巾帼心向党·礼赞新中国”“唱讲写献”群众性宣传教育活动，在大支坪镇长岭岗村举办“巾帼健康大讲堂”；积极发现、挖掘、推荐、宣传好优秀妇女典型，做好日常联系和服务工作，在锦瑞出租车公司成立“三八红旗手”工作室，组织优秀妇女入工作室开展典型宣讲；建设一支由基层妇联干部、代表、“爱心妈妈”组成的网宣员队伍，开设“巴东县妇联系统网宣群”，吸纳网宣成员150名，在“巴东女性”微信公众号转发上级妇联微信及原创文章共计70余篇；号召基层妇联执委激活“妇联通”APP，常态化利用妇联通观看妇联系统内巾帼大宣讲和各类讲座，开展党的十九届四中全会精神学习研讨。

【基层阵地作用】 加强“妇女儿童之家”阵地建设。根据州妇联下发的《基层妇女儿童之家建设指导意见》，指导各乡镇妇联加强基层妇女儿童之家阵地建设，确保每一个乡镇、村（社区）都按照“三有一功”标准（有基本场所、有基本队伍、有基本制度、发挥基本功能）建立“妇女儿童之家”；开展“妇女儿童之家”示范创建。指导12个村（社区）“妇女儿童之家”按照“五好”标准（基础条件好、服务功能好、运行机制好、功能发挥好、示范效应好）创建州级示范，推荐大支坪镇长岭岗村为“百佳妇女之家”；争取财政资金，落实乡镇妇联专项工作经费，用于开展

“妇女儿童之家”阵地建设和功能发挥，加强农村文化公共设施建设管理；发挥基层阵地作用。组织推荐并获“恩施州最美妇联人”（含提名）2名，组织开展“最美妇联人”事迹巡讲活动2次，组织开展农村妇女健康知识、人居环境整治之家庭收纳、儿童安全教育三个系列的“伴爱成长”公益活动项目36场3600余人次，全面提升农村妇女的健康意识、妇女儿童的环境保护意识、家长及其未成年子女的安全意识。

【精准扶贫】 推进产业发展，带动就业脱贫，与人社部门联合开展女性创业、农家乐厨师、月嫂、电商等培训10余期，涵盖贫困妇女400余人。联合县劳动就业局就杭州对口支援人才招聘之机开展“春风行动”大型招聘会，帮助失业女性实现就业；高效率推进农村贫困妇女“两癌”免费检查工作，2019年完成筛查任务11100人。2017—2018年申报农村贫困母亲“两癌”患者38名，2018—2019年申报农村贫困母亲“两癌”患者45名，发放救助金额共计83万元；启动实施2019年“加油木兰”关注贫困女性保障项目，为全县84025名女性提供教育、生育、大病保险，截至12月底成功理赔3668例，获理赔金额789万元；开展2019年“我看见：消除白内障 荆楚送光明”精准扶贫公益项目，组织245名贫困白内障患者免费检查，为62名白内障手术患者实施复查，13名贫困患者通过手术重获光明；持续推进“姐妹手拉手 巾帼脱贫快步走”活动，实施“百岗助百村”“百企帮百村”计划，组织县税务局“巾帼示范岗”和新宇纺服饰结对帮扶野三关镇招凤台村，定期开展走访慰问活动；建立留守妇女关爱服务体系，联合县脱贫攻坚指挥部、县民政局、团县委出台《巴东县关于进一步加强农村“三留守”关爱服务体系建设的通知》，明确各单位、各乡镇党委政府、驻村“尖刀班”及帮扶责任人等的职责，建立多元化“三留守”关爱志愿服务队，完成322个村（社区）“留守妇女”摸底工作和118个重点贫困村的指导督查，核实留守妇女2332人。

【家庭教育指导】 推进《全国家庭教育指导大纲》《湖北省家庭教育指导与服务“十三五”规划》实施，全县共建村社区家长学校290所；按时向州妇联推荐家庭教育专家2名、家庭教育精品课件3个，推荐省级家庭教育先进集体1个、先进个人1名，推荐亲子阅读体验基地1个、亲子阅读优秀数目8本，推荐“荆楚最美家庭”1个，获“恩施州最美家庭”（含提名）2个，推荐县级最美家庭3个，获“巴东县最美家庭”1个；联合县教育局在24所学校实施“呵护成长”女童防性侵安全教育共建项目，开展法治教育暨安全自保培训24场次，培训60名家庭教育骨干和一批本地家庭教育志愿者服务队伍；将农村留守儿童和困境儿童关爱保护工作纳入家庭教育工作总体规划，关注留守儿童和困境儿童身心健康状况。将家庭教育指导和“12338”妇女维权服务热线纳入巴东县“12345”政务服务大数据平台，实行专人专责；完成12个贫困村的“家庭教育楚天行——恩施州家庭教育巡讲”活动，各村家长、群众积极广泛参加，12个乡镇结合巡讲，组织开展“最美家庭”或优秀妇女代表事迹宣讲、“心系妇儿 · 送法到家”、“建设法治恩施 · 巾帼在行动”等法治宣传活动；围绕庆祝中华人民共和国成立70周年筹划开展“弘扬家国情 礼赞新时代”、家风家教宣传月、亲子阅读等家庭教育主题实践活动。联合托幼中心、特殊教育学校举办“书香为伴牵手行 千人合唱颂祖国”“阅读悦成长”成果汇报展示暨“我和我的祖国”主题宣传教育活动，联合纪委监察部门组织领导干部家属赴看守所集体接受廉政教育，联合中国儿基会、飞鹤乳业举办“阅成长 悦成长”亲子教育活动，为全县500名幼儿捐赠价值10万元的爱心书籍。

【“三留守”关爱服务】 组织开展“爱心妈妈”

巾帼志愿服务活动，动员691名爱心人士做“爱心妈妈”，与农村留守儿童和困境儿童结对，关注所帮扶孩子的生活、学习及思想动态，给予孩子母亲般的关爱，共开展爱心活动3次，走访慰问留守儿童13名，关爱留守、困境儿童60余名；开展暑期“彩虹行动”，湖北民族学院和中南财经政法大学的11名学生为100余名留守儿童开展儿童安全自护、学业辅导、文体活动等服务；在2所学校开展“护蕾行动”安全自护讲座，“金凤工程”资助应届女大学生17人4万元；中国儿基会为全县各基层教学点和幼儿园的困境留守儿童捐赠价值6.85万元的书包文具685套；联合幸福时光摄影巴东公司开展2019“礼赞中国 最美我家”公益圆梦摄影活动，为全县322个村（社区）50岁以上老年夫妇免费拍摄婚纱照。

【家庭纠纷预防化解】 协调政法部门将婚姻家庭纠纷预防化解工作纳入本级综治工作及平安建设的总体规划，纳入矛盾纠纷多元化解机制，且考评专项分值不低于1分；协调财政部门落实婚姻家庭纠纷人民调解委员会工作经费，县政府出台婚姻家庭纠纷案件补贴相关文件；借助镇、村（社区）人民调解委员会，开展免费法律咨询、心理疏导和纠纷调解等服务，将婚姻家庭纠纷预防化解工作植入妇女之家以及人民调解工作中；借助“三八”节庆、“心系妇儿·送法到家”和妇女儿童之家活动和自媒体平台大力宣传《反家庭暴力法》《湖北省反家庭暴力条例》，定期组织婚姻家庭纠纷调解员参加司法部门“人民大调解”培训。全年开展“心系妇儿·送法到家”活动14场次，发放宣传册1800余册，基层家调委调处婚姻家庭纠纷案件17件，县妇联接访处理婚姻家庭纠纷案件11件，申请法律援助服务中心调解2次，成功调处案例2个。

【县委重点工作】 定期召开会议专题研究党建、党风廉政建设及反腐败工作、意识形态工作、社会治安综合治理工作、统战工作；规范开展“支部主题党日”活动12次，开展中心组学习研讨12次；开展“不忘初心、牢记使命”主题教育，召开筹备动员会2次，开展读书班集中学习5天，进行“四大教育”，赴基层调研2次，撰写调研报告2篇，召开研讨会1次，讲党课2次，开展谈心谈话8次，征求意见和建议反馈问题5个，检视问题36个整改36个，组织考试1次，立行立改为民办实事6件，解决民生问题6个；召开专题民主生活会1次、组织生活会1次、民主评议党员2次；培养入党发展对象1名（已转走）；召开意识形态研判分析会4次；组织优秀妇女干部和乡镇妇联主席前往北京、杭州、武汉、陕西等地开展专题业务培训5次80人次。

协助牵头拟定《巴东县精准脱贫社会兜底专项行动实施方案》《2018年巴东县健康扶贫工作实施方案》《巴东县农村“三留守”人员关爱工作实施方案》等文件；重视定点帮扶工作，召开扶贫专题会议，解读精准扶贫相关政策，研究结对帮扶扶贫工作，制订各种脱贫具体方案；严格完成驻村帮扶任务。结对帮扶清太坪镇茂草坪村22户80余人，增派帮扶干部3人，其中驻村“尖刀班”成员1人。帮扶责任人进村入户6次以上，帮助发展产业增收致富，向老百姓宣讲党的十九大精神、各项惠民政策、各种民生举措；帮助扶贫村制定脱贫攻坚后续发展和巩固提升方案，抽调专人赴村整理扶贫档案，拨付茂草坪村经费5000元，用于开展档案和妇女儿童之家阵地建设；牵头实施“加油木兰”公益保险项目、农村贫困妇女“两癌”免费筛查项目等工作均完成任务。

【法治宣传】 利用微信公众号、QQ群、微信工作群等自媒体定期推送宣传禁毒、扫黑除恶等应知应会知识，动员各乡镇联合司法部门开展“三八维权周”“建设法治巴东 巾帼在行动”“心系妇儿·送法到家”等各类法治宣传讲座，引导妇女群众增强法治意识，依法理性维权，发放宣传资料2000余份；发挥妇联组织在社会治理中的积极作用，采用“214”民主管理模式，以定点扶贫村为综治联络点，大力开展“平安建设”法治宣传活动，以家庭平安促进社会和谐稳定；落实禁毒委员会成员单位职责，认真开展“6·26”国际禁毒日宣传教育活动，动员妇女群众积极参与禁毒工作，大支坪镇“不让毒品进我家，争创禁毒好家庭”获州妇联征文活动一等奖；在村（社区）推动妇女议事会机制，基层妇女议事会覆盖率达1/3，利用妇女议事制度引导基层妇女积极参与社会治理，着力解决妇女群众最急最忧最怨的问题。

【志愿服务】 7月8日，中南财经政法大学学生组成的“彩虹行动”志愿服务队——尼加提·雪莲花志愿服务队湖北恩施分队，到金果坪乡连天村，按照其所承接的湖北省妇联“公益木兰”项目要求，开展为期一个多月的支教活动；7月15日，2019年巴东“彩虹行动”正式启动，湖北民族大学彩虹行动服务队在野三关镇麻沙坪村鼓楼小学开始志愿服务活动。

【“加油木兰”项目】 8月6日，中国妇女发展基金会众联办项目主管单祺超、央广网记者高级编辑郝伟杰抵达巴东，开始2019年“加油木兰”实地走访和项目培训等工作。

8月8日，举行“加油木兰”项目理赔培训会，全县12个乡镇相关部门负责人及“理赔专员”通过视频会议系统集中接受项目政策及理赔流程培训，县政府办、扶贫办、妇联、教育局、卫健局领导出席培训会。

【亲子教育公益活动】 10月31日，中国儿童少年基金会、飞鹤乳业、巴东县人民政府联合开展巴东县“弘扬家国情 礼赞新时代”暨“阅成长·悦成长”亲子教育公益活动，该活动由巴东县妇联、巴东县信陵镇托幼中心具体承办，飞鹤乳业捐赠价值20万元的亲子绘本500套。

（妇联）

工商联

【概　况】 2019年，巴东县工商联坚持“团结、服务、教育、引导”的工作方针，引导巴东非公经济人士健康成长，促进巴东经济健康可持续发展。从抓好党的建设、夯实招商服务平台、优化营商环境、聚焦脱贫攻坚、培育特色亮点五个方面发力，做好政府管理和服务非公有制经济的助手，被省工商联表彰为2018—2019年度全省“五好”县级工商联。

【聚力脱贫攻坚】 县工商联结合企业和贫困村实际，进一步拓宽帮扶参与面，配强帮扶力量，重新调整充实31个重点贫困村的结对帮扶企业，将帮扶措施进一步细化，更加突出重点，帮到点上、扶到根上，推动“百企帮百村”深入开展。

持续推进东西部协作工作。加强与杭州市对接联系，积极争取支持和帮助。5月，杭州市委常委、统战部长陈新华率杭州统一战线帮扶团到巴东县开展对口帮扶工作，杭州海外联谊会、杭州旅港同乡会、浙江崇豪汽配、浙江集商优选、杭州联华华商集团和广安仓储有限公司捐赠人民币22万元、港币10万元以及总价值18万元的校服1500套，对口帮扶效果明显。

县工商联换届后，党组积极调整充实驻茂草坪村“尖刀班”的人员力量，保证一名副职吃住在村、工作在村、岗位在村，同时严格落实一把手“4+1”“3+2”工作机制，稳步推进“八个到村到户”，重点抓好“六个清零、六个全覆盖”，茂草坪村的脱贫攻坚工作取得良好成效。易迁安置房配套设施建设、房屋拆旧复垦、安全饮水主管网铺设、危房改建清零等工作基本结束。

县工商联积极组织巴东县乡野农业等三家贫困村结对帮扶企业参加全省民营企业助力2019年建档立卡贫困村出列消费扶贫展销对接会，三家企业与湖北楚苑等二十余家大型企业达成销售合作初步意向，并成功签约五家，成交额达百余万元，对进一步促进帮扶贫困村的脱贫攻坚起到积极地推动作用。

【服务全县经济】 县工商联牵头成立县促进工商联所属商会改革和发展领导小组，结合实际制定《巴东县关于促进工商联所属商会改革和发展的实施方案》，并在第二十二次县委常委会上审议通过，为全县商会改革工作提供坚强的组织保障。有 11 个乡镇商会（东瀼口镇未完成）完成换届工作，2 个乡镇商会（清太坪镇商会、信陵镇商会）完成注册登记工作。

全县已授牌天津市、杭州市 2 家恩施商会异地招商引资服务平台，通过“引进来”“走出去”服务全县民营经济发展。县工商联承办、协办异地商会到巴东考察项目 10 次。同时发挥招商联络处的作用，大力推进农特产品的销售工作，天津恩施商会在天津河西区桂发祥麻花馆设立恩施农特产品专柜，巴东县部分农产品已入驻。

积极组织工商界人大代表、政协委员重点围绕党委政府和企业家关注的热点、难点课题，深入调研，撰写并提交议案提案 11 件，其中向萌提出的《急需解决县党政大楼停车泊位的建议》被县政协表彰为优秀提案。向桂晶所属湖北水布垭酒业有限公司被表彰为全省 2019 年民营企业调查点工作示范单位。

【联谊交流】 3 月 3 日，杭州市恩施商会新春联谊会暨恩施州新春招商推介会在杭州萧山开元宾馆隆重举行。会上，巴东县与杭州恩施商会举行授牌仪式，就招商服务方面签订协议。3 月 4 日，巴东县委常委、统战部长贾继建，县政协副主席、工商联主席向凤英率县工商联、县招商局一行，赴下城区工商联，对接东西部协作扶贫工作并召开座谈会。4 月 17 日，巴东县副县长肖谨诚率工商联、招商服务中心、自然资源和规划局等部门，以及杭州恩施商会会长周亮一行六人，到杭州娃哈哈集团总部，对接矿泉水合作事宜。5 月 25 日，天津恩施商会成立大会在天津津卫大酒店隆重举行。会上，巴东县委常委、统战部长贾继建为天津恩施商会会长蔡松授予巴东招商服务平台，巴东招商服务中心相关负责人与商会签订招商服务协议。8 月 19—23 日，下城区工商联理想信念教育培训班在贵州遵义举行，下城、巴东的 40 名企业家代表参加培训。

【领导调研】 5 月 7 日，州工商联副主席宿成慧一行三人到巴东，就“千企帮千村”工作进行督查。宿成慧一行先后到九端茶业、楠柏生态、乡野农业、金果茶业，就企业与结对贫困村开展结对帮扶情况进行详细了解。8 月 12—13 日，天津恩施商会会长蔡松率商会班子一行十人到巴东，考察对接相关项目。10 月 15 日，恩施州工商联党组成员、副主席傅建国，恩施州工商联四级调研员张敏到巴东调研乡镇商会党建及全州重点工作完成情况。

（陈　锋）

法　治

政法委及综治

【概　况】 2019年，全县政法系统在县委、县政府的坚强领导下，全面推进平安巴东、法治巴东、政法队伍和智能化建设，健全“一统三化”城乡社区治理模式，纵深推进扫黑除恶专项斗争，深化政法领域改革，服务经济高质量发展，在全省平安建设专项测评中，群众安全感、政法机关公正执法满意度、矛盾纠纷化解效率、扫黑除恶成效评价等各项指标位于全省第一方阵，成功创建“全国信访‘三无’县”。

【维护社会稳定】 严格落实重大节会、敏感节点“战时”机制，实行矛盾风险日排查、日研判、日调度，圆满完成全国两会、新中国成立70周年、第七届世界军运会、“小康之约”2019秘境巴东高山森林国际半程马拉松赛事、第七届“纤夫节”等重要活动的安保维稳任务。全年未发生有不良影响的个人极端事件、公共安全事件或群体性事件。

【综治平安建设】 成立乡镇综治中心，配备专职副主任。落实“一村一警”制度，建立义务巡逻队、护校队、网格员、平安志愿者等群防群治队伍。全县1161个高清探头、121套违停抓拍系统上线运行，建成11个试点智慧小区。2019年非正常死亡事件数同比下降12%，亡人交通事故同比下降52%。各级调解组织调处较大矛盾纠纷1062起，成功化解1002起，化解率96.5%。年度综治考评位居全州第一。

【城乡社区治理】 制定《巴东县城乡社区治理试点建设工作方案》，探索构建“一统三化”城乡社区治理模式；成立指导组到各试点进行现场指导，组织各乡镇、成员单位分管负责人现场学习观摩，建成沿渡河镇罗溪坝社区、茶店子镇梅花山易迁安置点、信陵镇荷花村、东瀼口镇橘香园安置小区，官渡口镇晴帆园、县税务局、县公路局智慧小区等一批社会治理样板。中南民族大学、三峡大学等多所高校在巴东县建立基层治理科研基地。全县“一统三化”社区治理模式得到《人民法治》《楚天法治》《恩施日报》等多家媒体报道推介。

【扫黑除恶专项斗争】 持续开展“打伞破网”“打财断血”专项行动，抽调公安、财政、税务等部门专业人员成立“打财断血”工作组，全面查清黑恶违法犯罪人员财产，确保“黑财”应缴尽缴，此举措得到州扫黑办通报表扬。开展“黄赌毒”听之任之、失职失责甚至包庇纵容、充当“保护伞”问题专项整治，对近三年涉“黄赌毒”案件大起底，打处涉“黄赌毒”案件23起130人。上级交办涉黑涉恶线索全部办结，县内收悉线索办结率达98.2%。

【法治巴东建设】 深入开展“七五”普法，建立县、乡、村三级公共法律服务机构，持续推进律师“三进”，行政机关负责人出庭应诉率达100%，居全省前列。县法院坚持以打击拒执犯罪引领执行工作，全年受理执行案件3111件，执行到位标的2.98亿元；最高法院执行局以巴东执行案例为原题材出品电影《拒执罪》，全国11个省、市43家法院到巴东考察学习。县检察院办理长江流域生态环境公益诉讼案件30件，在全州率先开展安全生产、文物保护领域公益诉讼探索，相关案件被评选为全省检察精品案件。

（政法委）

公 安

【概 况】 2019年，巴东县公安局以习近平新时代中国特色社会主义思想为指引，全面贯彻中央政法工作会议和全国、全省、全州公安工作会议精神，坚持全面从严治党治警，紧紧围绕公安工作职能，以新中国成立70周年大庆和第七届世界军人运动会安保为抓手，以扫黑除恶专项斗争为重点，以服务经济社会发展为目标，强力推进队伍建设、专项斗争、平安稳定三大公安主业，坚决确保全县政治、经济、社会安全。

1月10日，县公安局在县民族职业高中举行110宣传日活动

【警卫保卫】 坚持以国庆、军运会和十九届四中全会安保为主线，紧紧围绕“五个确保、六个不发生”工作目标。对全县反恐重点目标单位逐一排查，完善预案。开展校园反恐知识讲座、反恐

8月10日，县公安局圆满完成“小康之约”2019秘境巴东高山森林国际半程马拉松赛安保工作

8月26日，县公安局开展纪律作风整训活动

防暴袭击演练10场次。强化反恐建设，构建溪丘湾—城区—野三关快速涉恐处置圈。落实一名政府干部、一名责任区民警、一名“尖刀班”成员、一名村社区干部“四个一”工作机制，县公安局情报中心和县研判中心每日“一见面、两点名、一研判”。落地实施“一村一警”机制。

【打击违法活动】 坚持严打高压态势，强力打击各类违法犯罪活动，持续提升群众安全感和满意度。2019年，受立行政案件1126起，行政拘留543人，罚款320人。立刑事案件584起，刑事拘留403人，逮捕189人，起诉284案448人。抓获起诉涉盗抢骗案件38人，抓获网上逃犯39人。成功破获周某章、田某军故意杀人案。

【扫黑除恶】 县公安局党委定期听取扫黑除恶工作汇报，研究解决扫黑除恶难点问题，主要领导靠前指挥，高位推进扫黑除恶工作。建立局长、分管副局长、扫黑办、所队长、办案民警五级责

任体系和局长、分管局长、所队长“三长会签”制度。抽调23名办案能手集中攻坚，在全县各行业全覆盖深挖隐案积案和群众关注度高涉黑涉恶违法犯罪活动。与纪委监委、政法委、检察院、组织部等部门形成扫黑除恶专项斗争强大合力。2019年，破获涉黑涉恶现行刑事案件8起，抓获犯罪嫌疑人17人，刑事拘留27人，逮捕17人，移送起诉黑恶案件72起65人，核查扫黑除恶线索85条。

【禁毒工作】 围绕“飓风扫毒、肃毒攻坚、禁毒宣导”三大行动，大力开展禁毒集中攻坚战，稳控吸毒人员，有效打击各类涉毒违法犯罪行为。坚持“清零”“清隐”“清库”要求，做实社区禁毒工作。深入推进青少年毒品预防教育“6·27”工程建设，组织学校推广“青骄第二课堂”，禁毒社会化宣传氛围基本形成。严打涉毒违法犯罪，共立涉毒刑事案件8起，破获8起，抓获涉毒犯罪嫌疑人10人。查处涉毒行政案件31起，铲除毒品原植物777株。

【安全管理】 配合县委、县政府加强“平安金融”“平安医院”建设，落实“一校一警”机制，监督全县150所中小学校幼儿园配齐安保人员和安保器材、开通一键报警、封闭校园围墙、实现视频监控校园全覆盖。持续做好散装汽油、油气及输油气管道安全、寄递物流、客运公交和党政机关等重点单位的安全管理。

9月12日，县公安局部署新中国成立70周年和第七届世界军人运动会安保工作

【经济案件侦查】 强化服务发展支撑，加强经济犯罪案件侦查，立经济类案件23起，涉案总金额1.8亿余元，抓获犯罪嫌疑人46人，移送起诉40人。受理涉企案件10余起，采取强制措施9人，挽回损失90余万元。立涉烟类案件5起，收缴非法经营卷烟2300余条，查获库存烤烟17000余公斤。强化社会风险化解，牵头对公共安全领域的风险进行全面排查化解，召开联席会议，确保各类风险隐患及时发现及时消除。强化污染防治，加大宣传打处力度，开展集中打击食药环犯罪“昆仑”行动、打击环食药农等领域犯罪及开展长江清江大保护行动、打击整治黄赌违法犯罪“断链”行动、打击破坏野生动物资源违法犯罪等各类专项行动，取得明显成效。

【服务民生】 持续开展“放管服”改革，放权限、减环节、压时限，全面落实“一窗式受理、一站式办结、一次性告知、一周办结制”，积极推进网上公安局建设，为办事群众提供便捷、高效、优质的政务服务。专题研究精准扶贫领域民生服务工作，优化民爆物品审批环节，上门、预约为扶贫户办理证件。积极参与精准扶贫和“六城”同创工作。深入推进“雪亮工程”和智慧小区建设，高质量完成州委政法委和州公安局交办的建设任务，完成1161个高清探头建设任务，121套违停抓拍系统全部上线运行，农村高清视频监控系统和智慧小区建设稳步推进。

（县公安局）

检　察

【概　况】 2019年，巴东县人民检察院在县委和州人民检察院的领导下，以习近平新时代中国特色社会主义思想为指引，全面落实县委决策部署和县人大会议决议，忠实履行宪法法律赋予的法律监督职责，以依法履职尽责、服务保障大局为主线，强化法律监督、开展专项工作、持续深化改革、助力精准扶贫、加强队伍建设，各项工作取得新进展。

【刑事检察监督】 全年批捕犯罪嫌疑人136件200人，起诉261件378人。起诉故意杀人、绑架等严重暴力犯罪1人；起诉抢劫、抢夺、盗窃等多发性侵财犯罪46人；起诉涉毒涉赌犯罪55人，起诉涉枪涉爆犯罪3人；批准逮捕刘某平等涉黑涉恶类案件5件20人，起诉10件39人。对侦查机关应当立案而不立案的监督立案9件，对不应当立案而立案的监督撤案5件；提前介入重大刑事案件，引导侦查取证；启动非法证据排除程序，纠正侦查活动违法15次；追诉漏犯8人，追诉漏罪7人，坚决保证案件质量。加强刑事审判活动监督，对法院判决确有错误的案件提出抗诉，纠正审判活动违法1次。检察长列席法院审判委员会1次，对重大案件的判处进行有效监督。

4月26日，县检察院开展职工运动会

6月27日，禁毒宣传活动

【刑事执行监督】 全年办理刑事执行检察案件164件，发出《纠正违法通知书》68份，发出《检察建议书》17份。深入开展维护在押人员合法权益专项活动，纠正超期羁押、久押不判案件21件。受理羁押必要性审查案件22件，建议变更强制措施并被办案机关采纳13件。办理在押人员控告举报申诉18件。开展重大案件讯问合法性核查27件，涉黑涉恶案件的审查达到100%，坚决防止刑讯逼供、暴力取证等行为。常态化开展财产刑执行检察“回头看”，向县法院发出《纠正违法通知书》11份，监督挽回国家、集体和被害人的损失70余万元。深化判处实刑罪犯未执行刑罚专项活动，监督司法局启动建议撤销缓刑程序2件，监督县法院将2名审前未羁押判处实刑罪犯交付执行。积极稳妥开展特赦检察工作，对全县12个基层司法所在矫的179名社区服刑人员进行全面筛查，针对发现问题向司法局发出《检察建议书》4份。纠正社区矫正执行违法17件，预防和打击社区服刑人员脱管、漏管、虚管和再犯罪。

5月29日，县检察院开展“携手关爱 共护明天”检察开放日活动

【民事行政监督】 监督民事诉讼公平，保障行政诉讼公正。着力发展民事行政检察工作，补齐法律监督短板。审查民事行政监督案件8件，调查核实28次，提出再审检察建议1件。助力“基本解决执行难”攻坚战，调阅执行案件120件，办

理执行监督案件3件，移送虚假诉讼案件线索2件。对于多数没有问题的民事行政监督案件，做好息诉服判工作，共同维护法律权威。

【公益诉讼】 全年立案审查公益诉讼案件39件，同比上升48%。守护长江之“腰”取得新成效，办理长江流域生态环境公益诉讼案件30件，督促治理被污染水源地31.13公顷、清运固体垃圾60吨、恢复林地面积8.07公顷，监督非法捕捞者放流成鱼109公斤、鱼苗5.6万尾。11月，最高人民检察院微博直播检察院“倾情守护长江之腰”公益诉讼工作。守护食品药品安全展现新作为，重点在药品管理、食品质量、农产品农药残留等群众关注领域开展专项检查。针对夜市店主李某铺在火锅中添加“头痛粉”药品一案，提起首例刑事附带民事公益诉讼。通过诉前程序实现维护公益的最佳状态，全年立案35件行政公益诉讼，行政单位均在诉前阶段积极整改；利用“两法衔接”平台与行政执法形成良性互动；积极回应人民代表监督，及时处理代表反馈的偷盗古茶树线索并进行保护。

【化解矛盾纠纷】 牢牢把握社会治理特点，全力减少执法“负产出”，多措并举打造社会治理“枫桥经验”巴东检察版。重要安保时期组建专班连续4个月动态排查风险隐患；逐案开展案件风险评估，化解各类风险20件；牢牢守住不发生系统性风险的底线，审慎稳妥办理非法集资等涉众型经济犯罪，如办理张某某集资诈骗案，及时疏导46名被害人情绪，并督促扣押涉案资产，追赃挽损近100万元。全年接待来信来访82人次，全部做到7日内程序性回复，3个月内办理过程或结果答复。办理司法救助案件3件。加强普法宣传，对“建群抢红包”变相赌博、非法集资及花样繁多的诈骗手段及时提醒。用检察建议协助解决社会治理问题，如针对办案中发现的机动车非法营运问题发出检察建议，促进专项治理。

【未成年人检察】 严惩性侵、强迫未成年人卖淫等犯罪，批捕8人。未成年人涉嫌轻微犯罪并有悔罪表现的不批捕5人、不起诉3人，应当依法惩戒的批捕7人，起诉13人。落实最高检“一号检察建议”，与县妇联等单位共同开展预防性侵、远离毒品等主题宣讲，涵盖中小学3000多人；开展“携手关爱，共护明天”检察开放日活动，邀请县教育局、妇联等单位及教师、家长、学生代表走进检察机关，了解未成年人检察工作，护航未成年人健康成长。携手县教育局督促落实涉性侵害违法犯罪人员从业禁止、校园性侵强制报告、宿舍封闭管理等制度，切实保护好未成年人。

6月19日，县检察院在光明小学开展预防青少年犯罪法制讲座

【扫黑除恶】 2019年，专项斗争开展以来，批捕涉黑涉恶案件11件63人，提起公诉13件48人。严把案件质量关，对刘某某、陈某某、向某涉嫌恶势力犯罪案件提前介入41次；对李某某为首的黑社会性质组织犯罪案件提出补充侦查意见150条，并由检察长出庭支持公诉。不拔高不凑数，纠正漏诉1人、漏罪1起，纠正侦查机关违法4次，保证专项斗争始终在法治轨道运行。移送犯罪线索27条，“保护伞”线索8条，监督查封、扣押、冻结涉案财产。针对易滋生黑恶势力的重点行业、重点领域发出检察建议，促进基层治理。

【反腐败斗争】 继续深入反腐败斗争，净化政治生态。监察与检察配合有力、衔接规范，全年共受理监察委移送职务犯罪案件13人，提起公诉8人。积极发挥诉前职能作用，提前介入调查11次，提升审查起诉质效。依法对原鹤峰县委副书记、县长胡某某、原野三关镇人力资源和社会保障服务中心主任陈某某等人提起公诉。

【精准扶贫】 积极参与扶贫领域腐败和作风问题专项治理，严惩扶贫领域腐败，起诉扶贫领域"蝇贪""鼠窃"3人。与县扶贫办共同制定司法救助实施意见，防止刑事被害人因案致贫、因案返贫，发放救助金5万元。坚决惩治严重扰乱扶贫秩序行为，起诉相关寻衅滋事罪、故意伤害罪7人。全院51名干警定点帮扶5个村217户688人，选派6名干警组成两个"尖刀班"驻村，筹集经费投入扶贫村，圆满完成定点扶贫任务。巴东县检察院获东瀼口镇"驻村帮扶榜样"称号，驻村第一书记获东瀼口镇"帮扶干部榜样"称号。

【全面深化改革】 深入推进制度创新、理念创新、实践创新，激发内生动力，破解发展难题。率先调整机构设置和干警工作岗位，完成内设机构改革，检察工作以全新的理念和模式运行。坚定不移推进司法责任制改革，坚持放权与管权并举，明确检察委员会、检察长和检察官的职责权限，完善检察官业绩考评制度，坚持办案与管理并行，每季度对领导办案情况进行全院通报。坚定不移推进刑事诉讼制度改革，充分发挥审前把关、审前过滤作用，防止案件"带病"进入审判环节，建议公安机关撤回起诉1件；提前介入重大刑事案件，加大检察环节审查把关力度。围绕检察新理念，解决不会监督、不善监督问题，开展"巴东检察大讲堂"，持续提升干警素质能力。

【加强生态保护】 深入开展"长江流域生态保护公益诉讼专项行动"，办理环境资源领域公益诉讼案件33件。针对长江流域非法采矿、非法排污等问题，向县林业局、恩施州生态环境局巴东县分局等部门和相关乡镇发出检察建议，有关单位和乡镇积极履职，相关环境问题得到有效管控。坚决打击破坏生态环境的违法犯罪，对非法捕捞长江渔业资源的行为提起刑事附带民事公益诉讼3件。贯彻落实与县林业局等单位共同制定的"补植复绿"从轻处罚实施办法，落实落细生态补偿机制。

【优化营商环境】 落实"新鄂检十条"，立足专业办案，提供精准法律服务。起诉串通投标、强迫交易等破坏市场公平竞争犯罪19人；起诉侵害企业利益的贪腐犯罪6人，着力营造企业健康成长的环境。办理企业涉罪案件既坚守法律底线又充分考虑长远发展，对4名涉嫌轻微刑事犯罪的企业管理者从轻处罚。如商贸公司总经理黄某勇将银行贷款高利转借他人非法获取利益，为保障公司正常运营，在其认罪认罚并主动退赃后建议从轻适用缓刑。巩固"服务和保障创新驱动发展"专项法律监督成果，充分利用服务站，开展"检察护航民企发展"检察开放日活动，与民营企业面对面交流；院领导带队走访民营企业，宣传政策、了解并帮助解决困难；开展"法律宣传周"，为30余家民营企业在加强管理、预防犯罪、权益保护等方面提供法律服务。

（县检察院）

法 院

【概 况】 2019年，全院共受理各类案件7596件，结案7351件，结案率达到96.77%，居全州第五。其中，依法惩治刑事犯罪，受理刑事案件363件，审结338件；有效化解民商事纠纷，受理各类案件3924件，审结3798件；有效开展行政审判，受理行政案件80件，审结79件；重拳出击执行攻坚，受理执行案件3115件，结案3022件。其他类型案件收案114件，结案114件。

1月11日，湖北省高级人民法院司法鉴定处对2018年全省法院对外委托工作专项评查表现突出的先进集体和先进个人予以通报表扬，巴东

1月2日，巴东县人民法院召开集中兑现农民工工资专项活动

6月4—5日，浙江省湖州市中院党组成员、副院长王怡带领湖州中院及辖区5个基层法院一行到巴东法院就拒执犯罪案件办理工作进行考察交流

3月4日，巴东县人民法院组织干警参加全县“弘扬雷锋精神，引领青年风尚”主题学雷锋志愿服务活动

法院司法技术科科长陈发开被表彰为“2018年全省法院对外委托工作专项评查先进个人”。2月，湖北省高级人民法院下发《关于2018年度全省法院系统先进集体和先进个人记功奖励的决定》，巴东法院立案一庭荣记“集体二等功”。12月26日，2019年恩施州劳动模范表彰大会在州城召开。巴东法院干警谭文芳被授予“恩施州劳动模范”荣誉称号。

【惩治刑事犯罪】 受理刑事案件363件，审结338件，结案率为93.11%。深入开展扫黑除恶专项斗争。全面落实中央部署和县委要求，依法严惩黑恶犯罪行为，坚决惩处黑恶势力“保护伞”、依法铲除黑恶犯罪经济基础、全面排查并甄别移送黑恶犯罪线索。突出打击重点领域犯罪。保持对严重暴力犯罪高压态势，公开开庭审理县食药领域首例刑事附带民事公益诉讼案件，切实保障人民群众“舌尖上的安全”；依法惩治涉网络犯罪，积极营造风清气正的网络环境。

【调判民商纠纷】 受理民商事案件3924件，审结3798件，结案率为96.79%。注重家事案件审判，加强对妇女、儿童、老人合法权益的保护。妥善处理土地经营权流转、土地征用补偿等涉农纠纷案件，维护群众利益和农村社会稳定。依法审理劳动争议、交通事故、医患纠纷等涉民生案件，维护弱势群体的合法权益。加强民间借贷、金融借款等案件的审理工作，规范融资行为，积极化解经济下行压力下的矛盾纠纷。着力优化营商环境，服务经济高质量发展，及时审结涉及全县产业发展、旅游开发、高铁新区建设的案件，为县域经济健康稳定发展提供优质高效的司法保障。

【化解行政争议】 受理行政案件80件，审结79件，结案率为98.75%。坚持合法性审查标准，支持行政机关依法行政，行政机关胜诉率达到73.53%，同比增长11.9个百分点，体现行政机关的执法能力和水平正在逐年提升。加强行政机关负责人出庭应诉工作，出庭应诉率历史性地达到100%。

【开展执行攻坚】 2019年，共受理执行案件3115件，执结3022件，结案率为97.01%，执行到位标的3.008亿元。健全执行体制机制，巩固“基本解决执行难”成果，认真落实最高法院“一性两化”工作要求，形成一整套“理念先进、制度健全、措施有力、成效明显”的执行工作新模式。先后有浙江、山东、黑龙江、云南等11个省的42家法院到巴东考察交流。强化执行工作措施，对接全国网络司法查控系统，实现对被执行人财产信息查控全覆盖；全方位多角度发布“失信被执行人名单”，敦促被执行人自觉履行义务；强化惩戒，依法适用搜查、罚款、拘留等强制措施，教育引导社会各界形成积极主动履行人民法院生效法律文书的意识和氛围，社会反响强烈，营造良好的社会道德风尚。加大对拒执犯罪行为的打击力度，审结拒执自诉案件108件，判处刑罚26人，结案数占全省法院的1/5。州中院把普及巴东模式确定为全州法院执行工作的三项重点之一；县人民法院主要领导先后向全省法院执行业务培训班、全国基层法院院长培训班累计540余名学员介绍经验;《人民法院报》以《巴东打击拒执：理念与操作之变》为题向全国推介。最高法院执行局为推广巴东经验，联合省高院、州中院出品巴东执行题材电影《拒执罪》。

【推进司法公开】 强化审判信息公开，推进裁判文书上网工作，公开发布裁判文书5758份。推进执行指挥中心实体化运行，实行“一案一账号”，切实维护当事人权益。加强新闻宣传，充分发挥舆论阵地的引领作用，通过微信公众号推送原创稿件162篇，点击量超过70万人（次），在《人民法院报》《人民法治》等国家级主流媒体刊发宣传稿件30余篇，为法治巴东建设营造良好的舆论氛围。

【化解涉诉信访】 增强防范化解风险的紧迫感、责任感和使命感，做实做细“迎大庆、保军运”工作。认真落实院领导接待日、包案和带案下访制度，共接待群众来访百余人次，涉法涉诉形势总体平稳可控。实行诉讼与信访对接，将41件信访案件引入诉讼程序，努力促进矛盾纠纷依法化解。

【《拒执罪》拍摄】 11月24日，由最高人民法院、湖北省高级人民法院、恩施州中级人民法院、巴东县人民法院联合出品的执行工作题材电影《拒执罪》开机发布会在恩施州中院执行指挥中心举行。12月2日清晨7点正式杀青。

11月24日，由最高人民法院、湖北省高级人民法院、恩施州中级人民法院、巴东县人民法院联合出品的执行工作题材电影《拒执罪》开机发布会在恩施州中院执行指挥中心举行

（田海青）

司法行政

【概　况】 2019年5月，巴东县司法局被湖北省委宣传部、省司法厅、省普法工作办公室表彰为

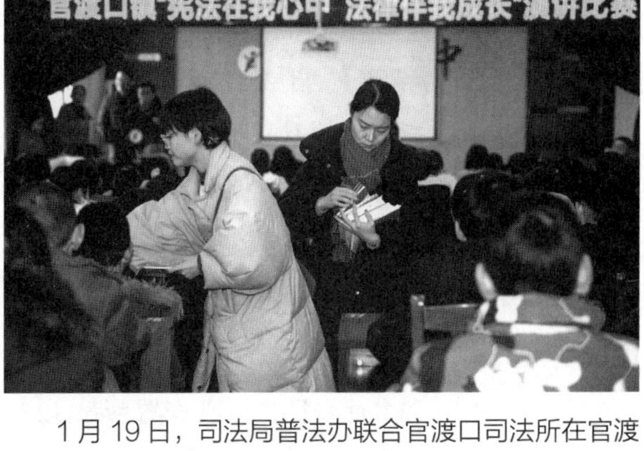

1月19日，司法局普法办联合官渡口司法所在官渡口镇初级中学开展法治宣传教育活动

6 月 11 日，大支坪司法所工作人员在水谷坝村开展法治讲座培训

8 月 28 日，巴东县司法局举行公证开放日活动

全省“七五”普法中期先进集体；2020 年 4 月，被恩施州司法局授予 2019 年度全州司法局行政工作综合考评优胜单位，司法局宣教股股长雷玉斌同志被表彰为先进个人。

11 月 20 日，官渡口镇第三方联合调解委员会被湖北省司法厅、江西省司法厅、湖北省司法厅、广东省司法厅、广西壮族司法厅、重庆市司法厅、贵州省司法厅 7 个省市司法厅联合发文表彰为化解边界矛盾纠纷的模范人民调解委员会。

【行政执法】 强化证明清理工作，对全县规范性文件中的证明事项进行清理，建议取消 2 项，建议保留 1 项，并上报州司法局进行审核。认真履行县政府规范性文件、重大决策、重大事项合法性审查职责，列席县政府常务会 10 次，参与重大项目 35 件、重大决策 70 余件，审查规范性文件 1 件，审查重大事项 25 件，提出意见和建议 50 余条。

【社区矫正及安置帮教】 自 2012 年社区矫正工作启动以来，全县累计接收社区服刑人员 2056 人，累计解除矫正 1874 人。截至 10 月底在册社区服刑人员 182 人，2019 年办理入矫 127 人，解除矫正 130 人，警告 25 人，呈报特赦 3 人。全年无社区服刑人员脱管、漏管和重新犯罪。

截至 2019 年 11 月 8 日，全县安置帮教 1273 人（其中五年内监狱释放 753 人，三年内解除矫正 520 人）。县乡村三级成立安置帮教工作领导小组，各乡镇综治办、司法所落实日常工作；开展刑满释放人员大排查、大走访。建立精准的帮扶措施，建立“一人一策一档”；压实工作责任，突出重点管理。采取“5+1”（司法所、综治维稳中心、派出所、村组干部、家属）安置帮教小组，挂名包保，责任到人。

【法律援助】 县法援中心为 3560 余人提供免费法律咨询，为 5 名残疾人、45 名老年人、38 名妇女、6 名未成年人、36 名农民工、130 名刑事被告提供无偿法律援助服务，受理 225 人的法律援助申请。在法院、检察院、看守所设立法律援助工作站；开通法律援助“绿色通道”，为特殊群体和贫困人口维护合法权益提供更多便利。

【公证办理】 办理各类公证 447 件，其中合同类 50 件，继承类 89 件，委托类 95 件，声明类 90 件，赠与类 30 件，遗嘱类 14 件，婚姻亲属关系类 20 件，证据保全类 32 件，其他 27 件，公证办证合格率 100%。全力配合征地拆迁、综合整治、精准扶贫等重点工作，深入现场办理公证。

【人民调解】 2019 年，全县各级人民调解组织 345 个，调解员 1613 名，排查矛盾纠纷 324 件次，预防纠纷 292 件次。防止民转刑案件 5 起 8 人次，防止重大矛盾纠纷引起的上访和群体性事件 3 起 86 人；排查调处各类矛盾纠纷 1062 起，调解成功 1002 起，调解成功率 96.5%，调处涉及金额

10 月 8 日，司法局组织机关干部、退休党员、楚峡所党员到溪丘湾天池岭参加革命传统教育和红色教育

11 月 29 日，县直各单位学习 2018 年宪法修正案，推进国家治理体系和治理能力现代化视频会

约 1435.36 万元，涉及当事人 2205 人，两会期间，排查各类纠纷 77 件。选任人民陪审员 120 人，为司法公正审判提供人员支持。

【普法宣传】 首创细化无纸化网上每人每月必须学到 200 学分，并实行季度通报。按照“谁执法谁普法”的要求推动普法宣传，组织、督促各执法单位开展重点法规的宣传。组织百名律师进千村入万户开展“三学三知，助推精准扶贫”法治宣传活动；开展“扫黑除恶”及禁毒法治宣传；开展防范非法集资等金融风险宣传月活动。

12 月 3 日，司法局在巴东广场举办“12 · 4”宪法日宣传活动

【司法鉴定】 办理司法鉴定案例 220 例，法律援助案例 5 例，平均采信率 98.5%。相比 2018 年，损伤程度鉴定案例减少 40%。

【精准扶贫】 积极开展法律宣传、助力精准扶贫。根据全州“三学三知”法治宣传教育活动要求，积极在全县 322 个村（社区）广泛开展法治宣传教育活动，努力把相关法律法规融入精准扶贫工作中。加强帮扶基础设施建设、优先发展产业帮扶措施。在玉米塘村开展道路硬化工作；保证水量、水质、取水距离达标；开展电网改造；保证全村通宽带。全村以蔬菜种植为主导产业，并成立玉菜、铭扬等 5 个种植专业合作社，关联贫困户 80% 以上，并于 2018 年 10 月获准注册“野村玉菜”商标。扶贫问题整改销号彻底完成。根据县扶贫整改办的要求，及时召开专题会议研究整改方案，建立整改台账，全力完成扶贫整改要求。

（卢　军　向家书　张家军）

军　事

人武部

【概　况】 2019年，巴东县人武部在上级党委首长的正确领导下，始终坚持以习近平强军思想为指导，以提高支援保障作战能力为牵引，以夯实后备力量建设基础为重心，深入学习贯彻党的十九届四中全会、军委基层工作会议精神以及上级的各项决策部署，立足新职能、新使命，着力加强政治建设，聚焦备战打仗，狠抓主责主业，依法从严治军，强力正风肃纪，扎实打牢部队高度集中统一和安全稳定基础，单位建设呈现稳步发展的良好势头。

【思想政治建设】 深入开展“理论大学习”活动，结合实际及时学习习近平主席在庆祝中华人民共和国成立70周年大会上的重要讲话，广泛组织全国两会精神、党的十九届四中全会精神、军委基层建设会议精神的学习宣贯，做到领读原文、领讲要旨、领谈心得，带动干部职工学习时事政治、强化思想追随，用党的创新理论占领干部职工思想高地。发挥党委中心组理论学习阵地作用，紧扣改革主题、时代发展和官兵思想实际，全年开展13次集中理论学习，通过学习思考、调查研究、讨论交流，把政治建军的时代要求转化为党委抓人武部机关和民兵队伍建设的思路举措，为人武部全面建设把脉定向。联合驻巴部队到巴东县烈士陵园开展“缅怀革命先烈，重温入党誓词”主题党日活动，利用支部党日时间开展戴党徽、学党章、背誓词、交党费、上党课、观影片活动，进一步丰富学习教育形式，拓展党内组织生活，夯实绝对忠诚、绝对纯洁、绝对可靠的思想根基。深入开展“不忘初心、牢记使命”主题教育。根据统一部署，人武部党委严格按照主题教育守初心、担使命，找差距、抓落实的总要求，明确“一个党员都不能少、一招虚招都不能出、一个问题都不放过”的组织实施标准，确保实现“理论学习有收获、思想政治受洗礼、干事创业有担当、为民服务解难题、清正廉洁做表率”的教育目标。在抓好规定课目理论学习的同时，11月15日组织机关全体干部职工到东瀼口镇牛洞坪村开展“举旗帜、强信念、重走红军路、再温入党词”的红色革命传统教育实践活动，追忆红三军在土地革命时期战斗历史，缅怀革命先烈，重温入党誓词，使广大干部职工感受和领悟革命先辈为了理想信念不畏强敌投身革命事业，为了民族解放不图名利、不怕牺牲的革命英雄主义精神，砥砺初心，牢记使命，艰苦奋斗。教育过程中，人武部党委主动征求县委、县政府各部门以及各乡镇人武部的意见建议，共收集4个方面16条意见，逐条逐项制定整改落实计划，为深入搞好党委检视剖析，明确整改提高重点，确保教育走深走实提供重要依据。大力弘扬巴东党管武装优良传统，会同地方党委政府落实双重领导、双向兼职、党委议军、现场办公等制度。7月31日召开县委常委集体议军会暨乡镇党委书记党管武装述职，在随军家属就业安置、预留行政事业岗位专项招考退役士兵、统一制作基干民兵保障卡、新兵役前教育训练经费等多项军地关心关注的敏感问题上取得重要突破，为顺利推进相关工作提供极大支持。细化《党管武装考核考评实施办法》，国防动员内容纳入年度综合考核体系。

【执勤战备】 部党委“一班人”始终站在“讲政治、谋打赢”的高度，把军事训练和战备工作摆到重要位置来抓。狠抓战备工作的落实。狠抓战备形势教育的落实，规范日常战备工作和各项战备制度，及时修订完善各种应急预案，落实应急专业力量，突出抓好反恐维稳、抢险救灾等应急队伍建设，民兵应急分队快速反能力明显提高。严格落实战备值勤制度，始终保持值勤员24小时在岗在位，逢节假日战备教育时机，专门组织战备值勤人员进行培训，使每名值勤人员熟练掌握了遇有突发情况时的处置程序。加强与巴东县综治、维稳、信访、应急和公安等单位的协调联系，建立健全军地信息互通机制，增强应急维稳工作的实效性，牢牢掌握处置突发事件的主动权。着力提高民兵军事训练质量。坚持把军事训练作为提高战斗力的根本途径，先后组织全县专武干部、部分民兵骨干以及22名冲锋舟操作手进行集中训练，安排副部长带领全州八县市8名专武干部参加省军区新任职武装部长集训，取得个人和单位第一名的成绩。突出抓好两期县民兵应急连、一期乡镇民兵应急排、一期民兵防空专业分队集中军事训练，完成50个训练日，通过考核与验收，各科成绩都在良好以上水平，较好地提高民兵的军事训练质量。联合宜昌巴东海事处组织军地联合抢险救援训练演练，被中央电视台军事频道报道。

【后备力量建设】 采取“业务辅导与实操培训、分散调查与集中录入、信息筛选与结果运用”三个相结合的办法认真做好民兵潜力调查工作。围绕“编组出战斗力”，按照“三沿”“三重”原则、“两个30%、一个70%、一个80%”标准和“一人一卡一号”要求，精准编建民兵应急、专业、特殊三支队伍。采取抓试点、促全面，抓基层、打基础等措施，以抓绿葱坡、东瀼口和水布垭镇民兵整组试点为推手落实全县民兵组织建设。稳步推进国防动员数据库建设。4月中旬以来，先后召开国防动员潜力统计调查任务部署会、业务技能培训会、促进工作推进会，传达省、州有关指示，成立领导小组和工作专班，有序推进全县8个专业办公室的潜力信息数据统计调查录入工作，搜集统计各类数据15000余条，为健全国防动员潜力信息数据库和国防动员潜力转换为战争实力打下良好基础。完成年度兵员征集任务。严格按照上级的有关指示精神，紧紧扭住征集大学生兵员这个核心，围绕“65190”工作目标，充分做好征兵各项准备工作。在实际工作中，严密组织，周密部署，广泛开展宣传发动，坚持做到依法征兵，严格把握征兵工作各个关键环节，严把体格检查和政治考核关口，加强纪律监督，密切协调军地关系，确保年度征兵工作的顺利。

【参建参治】 坚决贯彻州、县扶贫攻坚指挥部号令，克服部队调整改革期间人少事多矛盾，科学统筹人员力量，指派国动办常务副主任到东瀼口镇羊乳山村担任“尖刀班”班长，驻村开展扶贫工作。按照军分区“131”扶贫工作要求，动员全县专武（民兵）干部和民兵骨干积极投身扶贫攻坚战。妥善处理群众内部矛盾5起，组织修缮防汛沟涵5千米，发展种植茶苗10余公顷，改造升级茶园20多公顷。积极参与生态文明建设和长江大保护，抓住植树节等契机，组织人武部干部职工和乡镇武装部、民兵队伍开展“绿化荒山、植树造林、美化家园”集中行动，3月组织人武部干部职工带民兵应急排40余人，到东壤口镇羊乳山村开展“军民共栽桂花树、军地共育富贵林”活动，植树300余棵，绿化荒山2000余平方米。融入社会治理。动员干部职工参与县城“六城同创”活动，先后组织120余人次上街开展文明劝导和巡逻执勤活动；急时成建制参与县乡两级重大活动、敏感时期安保维稳工作，协助化解社会矛盾、稳控社会大局。在巴东野马赛、冬泳赛和油菜花节、纤夫文化旅游节以及军运安保等期间，东瀼口、沿渡河、信陵、官渡口、茶店子、野三关、绿葱坡、大支坪等乡镇先后组织民兵协助执行安保勤务和服务保障。

（人武部）

武　警

【概　况】 2019年，中国人民武装警察部队巴东中队坚持“政治引领铸军魂、练兵备战强中心、夯实基础厚底蕴”，制定“厚实底蕴、精武强能、一往无前、勇攀高峰”奋斗目标。抓住常态工作常态落实，官兵维护核心的政治意识，践行“两个维护”“四有”“四铁”要求，以听党话、跟党走；能打仗、打胜仗；法纪严、风气正的标准，严格遵守各项规章制度，圆满完成各项任务。完成总队应急班集训、支队勤训轮换等重大军事训练，取得较好成绩。面对执勤兵力紧张的情况下，中队党员干部主动走上哨位站暖心哨，高质量完成国庆城市武装巡逻、外出就医临时押解等多起临时性勤务，中队建设呈全面向上向好的发展态势，在中队全体官兵的共同努力下，2019年底被总队表彰为“基层建设标兵中队”。

【思想政治教育】 坚持党对军队的绝对领导，增强“四个意识”、坚定“四个自信”、做到“两个维护”，做到看齐追随的首要政治任务。立起理论武装“主心骨”。以《习近平论强军兴军》《军委主席负责制学习读本》《习近平新时代中国特色社会主义思想学习纲要》《习近平强军思想学习纲要》等为基本教材，按照“学懂弄通做实”，推动习近平强军思想进入头脑深处、融入话语体系、转入思维理念，在部队落地生根。守牢政治教育“主阵地”。落实“传承红色基因、担当强军重任”教育，采取“1234”模式（总队一次大课辅导、支队两次小课辅导、中队三个配合活动、四次课后讨论），扎实开展学习教育、要点释疑解惑，领悟基本观点，强化思想认同。开展“唱红色歌曲、讲红色故事、当红色传人”实践活动，在延续红色血脉、践行训令训词中强化责任担当，矢志强军兴军，营区走廊悬挂习主席系列讲话精神展板，进一步增强“四个意识”。掌握思想工作“主导权”。结合内部关系专项治理整顿，用好用活“三互”“双四一”载体，着力抓教育、抓查摆、抓整改，密切官兵内外关系。结合新兵第二适应期的特点和规律，开展“带新促老”活动，研究制定帮带措施，运用典型讲述、集体生日、群众谈心、邮寄家信等方式，丰富内容，浓厚氛围。

【执勤战备】 巴东中队作为看守勤务单位，任务敏感、责任重大、风险高，坚持“每日讲勤务、每周议勤务、每月评勤务”，守好阵地、全时防御。认真贯彻总队、支队党委关于科技强勤工作的决心意图，推进智慧磐石工程建设，协调目标单位，完成联动报警、全域监控、配套照明建设任务。采取操场练、执勤纠、会操促的方法，干部突出组织指挥和方案讲解训练，领班员突出勤务组织，执勤安全监控员突出值班设施操作训练，哨兵突出应急情况处置实战化训练，提高各执勤岗位素质能力。针对可能面临的突发情况，按照“五快”要求，精心组织实兵情况处置演练，在困难险局中锤炼部队战斗力；突出重大节日和敏感时节，协调目标单位组织联合方案演练，提高联动处置能力。结合哨兵日常执勤实际情况，利用支委会、队务会，组织研究方法对策、发挥群策群力，磨砺官兵过硬实战处置能力。突出常态化抓备战。着眼“两个不经，一个保持”，抓好“3+1”战备值班力量体系建设，完善应急能力编携配装，严格落实总队、支队经常性检查督导精神，常态设施“不定时搞拉动，析形势出情况”战备检验模式，应急战备水平显著提升。

（武警巴东中队）

农业　农村经济

综　述

【概　况】 2019年全县农村人口42.43万人，乡村从业人员24.08万人。常用耕地面积4.4万公顷。累计完成农业总产值41.65亿元，同比增长3.7%，实现农业增加值23.86亿元，同比增长3.7%。农村常住居民人均可支配收入达11471元，同比增长10.45%。9月20日，在首届湖北地理标志大会暨品牌培育创新大赛中，“巴东郡贡茶”成功入选湖北101张地标名片，并获品牌创新培育大赛银奖。10月11日，由中国老区建设促进会、中国优质农产品服务协会和中国品牌建设促进会联合举办的“一县一品”老区扶贫产品选品对接会在北京举行，“巴东玄参”成功入选，并签订品牌扶贫行动合作协议。10月22日，在第十五届中国茶业经济年会上，巴东获“2019年中国茶业百强县”称号。

【种植业】 粮油播种面积保持稳定在7万公顷，总产20万吨以上，马铃薯播种面积1.7万公顷，同比增长4%；小麦播种面积0.14万公顷；油菜播种面积1.2万公顷。主推品种覆盖率90%以上，主推技术覆盖率85%以上。2019年度全县享受耕地地力支持保护补贴的农户数为11.64万户，补贴面积4.416万公顷，发放补贴资金共计5248.66万元。

【特色农业产业】 2019年，新增茶叶基地0.12万公顷，新增柑橘基地0.16万公顷；柑橘管护面积达0.9万公顷，发展特色小水果近0.33万公顷，投产面积约0.2万公顷，总产量2.2万吨，总产值达1.75亿元；全县中药材种植面积1.7万公顷，药材总产量5万吨，总产值4.61亿元，新增木瓜、独活、玄参等药材基地0.11万公顷，示范管护中药材0.08万公顷；全年蔬菜种植面积2万公顷，新建蔬菜大棚550个。全年出栏生猪66万头、肉

3月18日，巴东县农业农村局挂牌成立

溪丘湾乡平阳坝村柑橘标准化基地

牛 0.31 万头、山羊 18 万只、家禽 98 万羽，肉类产量 6.7 万吨、禽蛋产量 0.76 万吨。

【茶叶产业】 全县茶叶基地面积达到 1.14 万公顷。新增茶叶经营主体 24 个，新增茶叶加工厂房 10 栋，设备 79 台，标准化生产线 3 条。成立湖北正山堂巴东红茶业有限公司，开发系列产品，“湖北九端”正式投产，湖北金茗农业与国内最大抹茶生产企业“御茶村”成功签订合作协议，春季试生产抹茶系列碾茶 1.5 吨。全年茶叶产量 3300 吨，平均单价 130 元/公斤，产值 4.29 亿元。参与精准扶贫的茶企 30 家，联系帮扶贫困村 27 个，帮扶贫困人口 2037 人，贫困户人均增收 3000 元以上。

【畜牧业】 2019 年，完成对巴东县二官口养殖专业合作社、巴东县将军山农牧开发公司、湖北盛源牧业有限责任公司畜禽养殖标准化数据采集工作。申报 2020 年建设 5000 头以上生猪标准化规模养殖场 2 个，已纳入 2020 年中央财政支持项目库。对全县中蜂养殖情况进行调查摸底，全县户养 5 群以上中蜂养殖户 1853 户、存蜂量 25937 群，全县养中蜂 30 群以上的 189 户，50 群以上的达到 79 户，100 群以上的达到 16 户。争取到位省畜牧兽医局安排项目资金 100 万元，建设中蜂标准化示范场，扶持养蜂专业合作社或养蜂大户带动部分贫困户养殖中蜂增收。对全县 322 个村 8266 个建档立卡贫困户饲养的 11901 头能繁母猪、1683 头能繁母牛办理政策性保险，实行零收费，财政统筹解决保费 81.264 万元，该项政策惠及贫困人口 30693 人。对全县非建档立卡贫困户 4158 户饲养的 4259 头能繁母猪办理政策性保险，按每头 32 元的标准财政统筹解决保费 13.63 万元。指导易迁点畜牧产业扶贫，全县共有 124 个易迁点建栏圈 423 栋 3086 建 38981 平方米，受益建档立卡贫困户 3086 户，2019 年易迁点饲养生猪 1063 头。全县畜牧产业链综合产值达到 16 亿元。

野三关镇上李坪村马蹄大黄种植示范基地

【农业科技培训】 按照“农业经营主体＋农民田间学校”联合培训的模式，以柑橘、茶叶、药材、畜牧、蔬菜产业为重点，共完成产业扶贫致富带头人培训 4700 余人。组织各类农业经营主体参加农业农村部举办的农村实用人才培训 2 期 100 人，组织生猪养殖培育技能提升培训 2 期 100 人，全省牛羊高效养殖技能提升培训 78 人。培训农药经营主体 150 人，培训种子经营主体 140 人，农药经营资格培训 50 人。组织农业、畜牧技术人员 224 人进行知识更新培训，培训农业执法人员 50 余人。完成 6 个试验示范基地建设。

【农业产业化】 全县茶企达到 81 家，县级以上柑橘龙头企业 3 家、农业合作社 26 家、家庭农场 35 家、种植大户 120 家，流转经营面积达 0.17 万公顷。培植特色硒产业集群肉食品加工企业 3 家（惠丰、楠柏、大兴）。组织百余家市场主体入驻国网“惠农帮”，线上营销巴东农产品。时珍堂巴东药业公司 2019 年完成销售总额 1.3 亿元，税收 350 万元。成功新培植湖北金茗农业有限公司成长为省级农业龙头企业。探索走茶旅结合、文旅结合之路。茶店子镇以风吹垭村铜矿岭 20 公顷茶山为核心区域，打造“茶山云海”户外运动休闲基地；溪丘湾乡铧厂垭金果庄园依托 130 公顷高标准茶园，在传统的采茶、制茶、售茶模式上，推进茶旅融合，把茶叶基地打造成一道亮丽的风景线。金果庄园、九端茶业、“巴东郡贡茶”体验馆已成为众多游客感受巴东茶文化和品茶、购茶的良好去处。

【农产品质量安全和农业品牌建设】 2019年，国家、省、州农业部门对全县的茶叶、水果、蔬菜、食用菌和畜产品进行例行抽检和监督抽检，抽取样品136个，合格率100%；特色农产品草甘膦残留风险评估，抽取样品15个，合格率100%。县级完成蔬菜、茶叶、畜牧产品定量检测981批次，合格率100%；完成定性检测2480批次，合格率100%；乡镇中心完成农产品快速检测28815批次，合格率99.85%。有效“三品一标”农产品26个，有效认证面积1.4万公顷，认证产量28.43万吨，已建成0.2万公顷全国绿色原料（柑橘）标准化基地；绿色食品申报企业6家，农产品地理标志4个，有机农产品申报企业1家。“巴东玄参”被省人民政府纳入“一县一品”建设项目。先后组织县内20多家企业的产品进入上海参加“中食展”、进入杭州参加“第三届国际茶叶博览会”、进入恩施参加“世界马铃薯大会”等。在“恩施硒茶斗茶大赛暨茶业职业技能大赛”活动中，巴东选送的“金茗湖”获绿茶组金奖、“万仙碧峰”获绿茶组银奖，茶艺技能大赛获个人组第一名、茶艺展示获团体赛第二名。在第五届世界硒都硒产品博览交易会上，“金果毛峰茶”“金茗绿茶”被评为名优硒产品，“铧厂垭绿茶”被评为特色硒产品。巴东县硒果山休闲度假村、巴东县野花村、巴东县九端茶业观光园、巴东县黄莲坪生态休闲观光园被省农业农村厅认证为湖北省休闲农业示范点。

溪丘湾乡茶叶苗圃基地管理情况

【农作物病虫防控】 全年发布农作物病虫情报9期，向上级部门提供病虫监测数据100多期，为全省病虫防控提供数据服务。在官渡口镇、四季坪、后山村建立0.03万公顷柑橘绿色防控示范区，辐射带动面积约0.13万公顷，安装频振式太阳能杀虫灯200盏，有效降低柑橘潜叶蛾、吸果夜蛾、蚜虫等害虫虫源基数。在绿葱坡镇范家坪、刘家荒村建设0.01万公顷马铃薯晚疫病防控示范基地，辐射带动面积0.07万公顷，建远距离传输监测点一个，农户可通过手机扫描二维码进入系统，免费获取监测数据。全县共举办草地贪夜蛾防控防控现场会近百场次，参加人数3000多人，发放防控物资15787瓶（袋），防治面积0.12万公顷，挽回农作物经济损失1000多万元。

东瀼口镇牛洞坪村水稻新品种展示示范基地

【动物疫病防控】 开展畜禽春秋集中防疫。全县免疫接种生猪92万头，牛5.7万头，山羊26万只，鸡182万羽，高致病性禽流感等六种重大动物疫病的免疫密度均达到100%，免疫标识佩戴率达到100%，建立免疫档案1300本。落实“月月补针”防疫工作机制，全年共补免猪瘟、猪口蹄疫 9.94 万头，高致病性猪蓝耳病 4.97 万头，鸡瘟禽流感 15.9 万羽。推进羊布病净化，制定 2019 年羊布病净化实施方案，全年采样任务 10000 份，开展布病采样检测知识培训，完成调查及采样工作。抓好非洲猪瘟防控。牵头组织各乡镇及相关部门持续落实落细监测排查、设卡堵疫、屠宰行业自检、餐厨剩余物管控等非洲猪瘟防控关键措施。组织开展辖区内养殖场（户）、屠宰场、无害化处理场、自然村等生猪养殖情况实行全覆盖排查，累计排查养殖场（户）59.5 万户、屠宰场 780 场次，排查生猪 213.2 万头（次），对排查中发现的异常情况，及时进行果断处理。对存栏 50 头以上的 280 户中小型规模养殖户建立排查台账，排查采样 2360 份，为科学处置生猪疫情提供技术支持。编印消毒技术指导手册，专门开展业务培训，在高速、国道、省道设立检查消毒点，严格按照防控要求开展检查、消毒、登记等工作，使违规调运生猪行为得到遏制。

【农业综合执法】 全年共检查种子、农药经营主体 370 家次，签订农资经营承诺书 250 份，取缔无证经营农药 119 家，全县共下达责令整改通知书 256 份，立案查处农资违法案件 10 起，罚款金额 43800 元，收缴非法农药 38 个品种，1436.8 公斤。完善乡镇 31 个动物检疫申报点的建设，规范建设动物检疫电子出证点 17 个，全县共检疫生猪 53.009 万头，牛 0.2233 万头，羊 11.605 万只，家禽 50.701 万羽，全县畜禽检疫率达 100%。县依法向两个定点屠宰场派驻动物检疫人员 10 人，严格按照农业部“动物检疫操作规程”的要求实施宰前、宰后同步检疫。全县屠宰检疫生猪 15.7023 万头，牛 0.2431 万头，羊 1.9081 万只，鸡 8.5204 万羽。开展畜牧兽医行政执法工作，规范建设“畜牧兽医行政执法与刑事司法衔接信息共享平台”，全年共办案 14 件，罚款 56103 元，扑杀违规调运生猪 533 头，全部案件已通过司法审核合格。开展渔政执法集中整治 3 次，出动执法人员 19 人次，发放宣传公告 500 余份，悬挂宣传横幅 5 幅。

东瀼口镇羊乳山村全域绿色化茶叶种植基地

【农业绿色发展和资源保护】 全县推广测土配方施肥技术 6.67 万公顷以上，达到农作物总播种面积的 90% 以上，免费为 10 万农户提供施肥指导服务。2019 年全县采购有机肥 5000 吨、绿肥种子 50 吨，完成酸化治理面积 0.42 万公顷，县域耕地质量调查及评价取样调查 95 个，检测 665 样次。积极推进农药减量增效工作。大力推广绿色防控技术，综合运用农业防治、物理防治、生物防治、化学防治、生态控制等技术。全面开展长江三峡工程农业生态与环境年度调查监测和农业面源污染监测，向上级业务部门提供土样、泥砂样、水样 100 多个，各种监测数据 2000 多个。做好地膜国控点污染监测和进行耕地质量类别划分及完成第二次全国农业污染源普查后续工作。加强畜禽及水产养殖环保工作。全年共整改有影响的养殖环保问题 6 起，并与相关养殖户签订搬迁关停及补偿协议。关闭搬迁县城居民集中区和临江沿岸养殖户 25 家。做好畜禽养殖废弃物资源化利用，编制《2019 年畜禽粪污资源化利用项目实施方案》，第一批项目全面启动。完成 2019 年度畜禽养殖总量减排项目建设，涉及 7 个乡镇 17 个养殖场。制定《巴东县 2019 年水产养殖用药减量实施方案》，开展 2018—2019 年度增殖放流活动，在长江干流、清江支流共增殖放流草鱼、鳙

野三关镇独活规范化种植试验示范基地

鱼、鲢鱼、鳊鱼等品种1070万尾。开展种质资源研究及搜集民间茶叶遗存资料，挖掘巴东白鹤茶传说、收集茶叶加工历史。撰写《巴东茶叶生产简史探析》，产生《巴东先民饮茶器具考》《早期巴人饮茶之因及历史初探》《抗战时期巴东茶业研究》等多篇有影响力的研究成果。拍摄巴东古老“踩茶”传统制茶工艺，还原古法制茶记忆，从中取其精采，研究加工工艺原理。

【农业基础设施建设】 全年建设高标准农田面积0.39万公顷，完成投资8789万元。建成以官渡口石包子村、沿渡河天池村、野三关道子坪村、高阳寨村、水布垭蛇口山村等一批“田成方、水相连、路相通”的高标准农田，巴东县农业农村局被中共恩施州委农办评为2019年全州“高标准农田建设工作成绩突出单位”。投资2500万元的“巴东郡贡茶”产业园主体工程即将结束，投资1200万元的油菜田间工程全面完工。成功申报争取到2019年三峡后续产业（柑橘、茶叶）资金3800万元，中央财政投资逾4000万元的畜禽粪污资源化利用整县推进项目完成“一场一策”设计工作。编制柑橘田园综合体项目实施方案，总投资6.3亿元，拟纳入2020年三峡后续项目申报。

【农业机械化】 落实中央农机购置补贴资金81.59万元，补贴机具880台，受益农户768户，全县农机总动力达34.23万千瓦。新增农业机械880台（套），农机拥有量38.64万余台（套）。农机化服务组织7个，其中农机专业合作社4个，农机户12411户。全年累计推广机耕4.66万公顷、机收0.29万公顷，农机化作业率达到32%。

【乡村振兴试点和美丽乡村建设】 坚持脱贫攻坚与乡村振兴有机结合、协调推进，围绕“五个振兴”的目标，深入开展乡村振兴试点村建设。加强东瀼口镇牛洞坪村、野三关镇石桥坪村、绿葱坡镇中村和野花坪村4个县级乡村振兴试点村建设，持续推进溪丘湾乡甘家坪村、沿渡河镇罗溪坝村、野三关镇葛藤山村等12个乡镇乡村振兴试点村建设。制定《巴东县美丽乡村建设五年推进规划（2019—2023年）》，申报牛洞坪村、甘家坪村等13个美丽乡村示范村及雷家坪村等51个整治村。持续推进“厕所革命”改建工作。全县农村户厕完成47814户；农村公厕完成207座，完成三年任务的68.8%；城镇公厕完成51座，完成三年任务的79.7%；交通厕所完成18座，完成三年任务的163.6%；旅游厕所完成11座，完成三年任务的73.3%。

（周　涛　宋　美）

农村经济

【概　况】 2019年，巴东县农村经济管理局在县委、县政府的正确领导和上级业务部门的具体指导下，紧扣中央、省、州农村工作会议精神，按照全面深化改革的决策部署，紧紧围绕农业供给侧结构性改革这一主线，全面开展土地确权“回头看”、培育壮大新型农业经营主体、深入推进农村集体产权制度改革等工作，农民承包地得以确权颁证、农村综合产权交易规范运行、农村集体产权制度改革有序推进，农村集体“三资”监管和农民负担监督管理等工作取得可喜成绩。

【农村财务管理】 开展一年一度村级财务例行检查。配合县纪委、监委、扫黑办组织专班村级财务进行审计。

【农村综合产权交易】 截至2019年完成交易160宗。其中土地流转交易19宗。村集体资产使用权招租14宗，村集体资产采购127宗。

【农村产权制度改革】 通过“9步操作流程”和“3232421工作内容”的运行模式和工作经验，扎实推进产权制度改革工作，2019年组织4次业务培训和工作督办，9月底“两清”工作全面结束。清产核资工作通过农业农村部、省农业农村厅两次数据审定与修正，资产数据全部录入国网。清人分类工作结束。2020年4月将启动符合条件的村进行集体经济组织的成立工作，开启集体经营性资产股份合作制改革，成立村集体经济合作社或村集体股份经济合作社，启动村集体经济组织赋码登记工作。

【土地确权“回头看”】 开展土地确权回头看，完成勘误修正。全县基本完成确权档案整理。向省农业农村厅汇交全县农村土地承包权确权登记颁证数据库数据，顺利通过农业农村部数据库的质检。

【农业新型经营主体培育】 农民专业合作社、家庭农场发展培育情况。注册家庭农场547家，创建省级示范家庭农场5家、州级示范家庭农场2家、县级示范家庭农场68家；全县正常运营合作社共2512家，创建省级示范专业合作社6家、州级示范专业合作社31家、县级示范专业合作社193家。通过清理，各乡镇共清理空壳社349家。

【问题整改工作】 针对由县农业农村局牵头的56种表现形式中的“是否存在专业合作社未发挥带动作用的现象”。县农经局组织专班，深入各乡镇，各合作社进行指导，对2512家合作社建立“一社一档”，对79个村合作社管理人员进行培训。强化合作社的帮扶带动作用，所有合作社都发挥带贫益贫的作用，共带动贫困户48321户，自下而上共排查建立问题台账142条，全部实现整改销号。

【土地纠纷调解】 2019年，仲裁庭接访土地承包经营纠纷和信访案件7起，接待上访人员27人次，仲裁委受理2起农村土地纠纷案件。

【新型村级集体经济发展】 积极探讨县级村集体经济发展规划，代为起草《巴东县新型村集体经济发展实施方案（征求意见稿）》于2019年12月23日县政府常务会与2019年12月31日县委常委会分别审议通过。谋划用好省委组织部、省财政厅、省农业农村厅扶持新型村集体经济发展的扶持资金，共为县内22个深度贫困村和5个省管党费扶持村按每村50万元提供扶持资金。

（陈国辉）

林 业

【概　况】 全县土地总面积33.5万公顷，其中林业用地面积24.1万公顷，占全县总面积的72%，林业用地中有林地面积20.9万公顷；全县森林蓄积1108万立方米，森林覆盖率62.43%。国有林场1个（巴山林场），森林公园2个（巴山森林公园、铁厂荒森林公园）。植物种类繁多，境内沿渡河小神农架属神农架“植物基因库”的一部分。现已知的蕨类植物和种子植物约166科734属，1870多种，其中第三纪前后的孑遗残遗及特稀有植物近50种。食用植物、纤维植物、树脂油料植物、饲用植物、药用植物等品种分布广

3月12日，县委书记单艳平参加义务植树

泛，诸如珙桐、银杏、巴东木莲、鹅掌楸、神农杜鹃、腊梅等濒临灭绝的植物均有分布。县境内野生动物种类众多，其中脊椎动物受国家保护的有18种，诸如金丝猴、金钱豹、林麝、水獭、小灵猫、勺鸡、毛脚鱼、褐鱼等国家一、二级保护动物在全县均有分布。

【目标任务】 举办“野生动植物保护宣传月”“3·12义务植树节”“爱鸟周”等主题活动，开展林业生态科普宣传，加强生态文明建设。开展石漠化综合治理，实施人工造林0.17万公顷，封山育林0.005万公顷。向省退耕办申报新一轮退耕还林计划0.15万公顷。继续实施天然林保护工程，落实生态公益林和国有林管护11.2万公顷，实施封山育林0.047万公顷，森林抚育0.08万公顷。加强生态保护修复，实施长江两岸造林绿化，营造护岸林0.0119万公顷，长江岸线复绿0.0156万公顷，通道绿化里程62千米，城镇村庄及居民点绿化0.013万公顷，森林质量提升面积0.1445万公顷。

6月14日，结合退耕还林发展的木瓜产业

7月4日，国家森林公园规划设计技术人员航测铁厂荒森林资源

落实森林资源管理目标责任制，强化站场管理人员、生态护林员巡护管护责任，强化林地征占用审核和林木采伐限额制度管理。整改落实环保突出问题，督促指导林地植被恢复，加强古树名木挂牌保护。严格落实森林防火层级管理责任制，加快森林防火装备和基础设施建设，森林火灾受害率控制在0.9‰以内。严厉打击涉林违法犯罪活动，开展严打专项行动，确保涉林刑事、行政案件查处率95%以上。完成全县第五次森林资源普查外业调查工作，完善森林湿地资源动态监测体系，加强野生动植物保护，强化森林病虫害防治，综合防治率85%以上，有害生物成灾率控制在2.7‰。

结合新一轮退耕还林发展银杏产业，推进清太坪银杏生态公园建设，管护核桃产业0.32万公顷，抓好秋冬季农业综合开发示范点建设。利用森林资源发展生态旅游，全力服务高山滑雪场及森林花海项目建设，满足人们对户外休闲的需要，大力发展观赏园艺产业，满足人民对身边增绿的需求。

完善集体林权制度改革体系建设，抓好遗留纠纷调处，合法推进林权流转，培育新型林业主体。强化措施，巩固国有林场、集体林权制度、山长制三项改革成果。

推进国家森林城市创建，加强城乡生态建设，创建良好人居环境，提高城乡居民生态文明意识。继续推进国家森林公园创建，保护森林风景资源及生物多样性，普及生态文化知识。

【精准扶贫】 落实生态公益林补偿，发放贫困户生态补偿资金897.81万元；选聘生态护林员1490名，发放护林员补助542.72万元；组织贫困户实施退耕还林，发放贫困户退耕还林补助资金3126.5万元；完善退耕还林政策补助，兑现271.76万元。发放贫困户生态补偿资金4838.79

万元，惠及全县 12 个乡镇 320 个村 37746 户贫困户 126880 人，全县 70% 建档立卡贫困人口享受到生态补偿脱贫一批政策红利。9 名干部职工驻村（思阳坪、史家、青果山、茂草坪村）扶贫，95 名干部结对帮扶 613 户，全面开展“两不愁三保障”“六个清零、六个全覆盖”“十看村、十看户”脱贫攻坚工作。

【林业生态建设】 推进新一轮退耕还林。完成新一轮退耕还林 2018 年度 0.19 万公顷验收兑现，兑现资金 2529 万元；完成 2014 年、2015 年、2016 年度复查验收兑现，兑现资金 4800 万元；完成 2019 年度完善退耕还林政策补助兑现，兑现资金 704 万元；2019 年度新一轮退耕还林 0.15 万公顷建设任务稳步推进。完成核桃、银杏产业技术培训 34 期 4062 人。开展长江两岸造林绿化专项战役，完成护堤护岸造林 0.0185 万公顷、岸线复绿 0.0147 万公顷、城镇村庄绿化 0.0145 万公顷、补植封育 0.1445 万公顷。具体为长江百米绿化带，官渡口镇柑橘林，信陵镇矿区绿化，长江巫峡口景区林，209 国道绕城线高边坡绿化。组织 120 个单位干部职工及乡镇村民 10 万余人，义务植树 80 万余棵，建义务植树基地 13 个。牵头“裸土复绿”工作，完成重点区域裸土绿化规划设计。

4 月 28 日，县森林公安局开展非法贩卖野生动物清查集中统一行动

【森林资源管理】 加强天然林资源管护，实施封山育林和中幼林抚育，选聘有劳动能力的建档立卡贫困人员 1496 名为生态护林员，管护全县 25 万公顷林地。完成封山育林 0.05 万公顷、中幼林抚育 0.05 万公顷，新增 3.72 万公顷天然林停伐。

【涉林执法打击】 开展“毁林毁草毁湿专项整治攻坚”“破坏野生动物资源违法犯罪”“绿卫 2019 森林草原执法”“昆仑 5 号”等专项行动。打击非法占用林地、盗伐滥伐林木、破坏野生动植物资源等行为，受理刑事案件 11 起，破获 9 起；受理行政案件 33 起，查处 33 起。

【林业资源保护】 编制《巴东县中心城区山体保护规划及法定图则（2018—2030 年）》，2019 年 1 月 15 日报州人民政府批准（恩施州政函〔2019〕11 号），县人民政府于 2019 的 3 月 12 日发通告公布。拟定《巴东县推进县城中心城区山体保护山长制工作方案》，启动山体保护打桩定界和树立标识标牌示范点工作。开展重大林业有害生物防治。在野三关和水布垭镇开展春尺蠖防治 0.03 万公顷；在巴山林场、野三关、水布垭等乡镇，开展松褐天牛和马尾松毛虫防治 0.07 万公顷；在巴山林场开展落叶松叶蜂防治 0.014 万公顷。印制通告 1000 份、宣传手册 1000 份，制作宣传横幅 26 条，开展松材线虫病防控宣传。在野三关、水布垭镇设立松材线虫病动态监测点 6 个。

【国家森林城市及森林公园创建】 2019 年 9 月，县人民政府批准实施《巴东县国家森林城市建设总体规划（2018—2030 年）》，报国家林业和草原局备案，将创建任务分解到各乡镇和县直部门实施。完成巴东国家森林公园可研报告，于 2019 年 9 月报国家林业和草原局。11 月 8 日，国家林业和草原局委派专家组，实地考察巴东森林公园创建工作，按照专家组提出的意见修改完善后报国家林业和草原局组织专家评审。

【国家林业和草原局到巴东调研】 12 月 10 日，国家林业和草原局林草防治总站党委委员、副总工程师曲涛一行，对巴东县水布椏镇、野三关镇松材线虫病防治疫点除治现场，进行松材线虫病防治情况抽查调研。

（陈德皇）

水　利

【概　况】2019年在县委、县政府的正确领导下，在州水利和湖泊局的具体指导下，县水利局顺利完成机构改革，由原移民局与原水利水产局合并组建水利局。始终坚持以习近平新时代中国特色社会主义思想为指导，切实以水利工程补短板、水利行业强监管为各项工作的出发点和着力点，振奋精神、凝聚力量、坚定信心、开拓奋进，使全县水利工作健康有序推进，较好地完成年初各项目标任务。在全县开展以农村安全饮水工程、乡集镇供水项目建设为重点的水利基础设施建设；以防灾减灾和城市防洪、水利工程安全度汛为中心的水利防汛抗旱；以合理开发利用与保护水资源为目的水政执法，以修复水生态环境为根本任务的河湖长制等工作职能。

3月18日，巴东县水利局挂牌成立

【水利工程建设】争取北京对口支援资金建设卢家沟和西流水堰塘，解决信陵镇城区周边农村地区供水水源问题。其中，卢家沟堰塘建设项目投资758.31万元，主要对库区清理，新建埋石砼重力坝、输水管及放空管，设计总库容3.2万立方米；西流水堰塘建设项目投资712.45万元，主要是新建浆砌石重力坝、泄水建筑物等，设计总库容7.26万立方米。完成钟坝河水库工程方案设计，设计总库容230万立方米，概算投资1.8亿元，建成后采取自流方式供水，输水距离8千米，可为野三关集镇及周边村日供水8000立方米以上，使野三关集镇总的日供水能力达到1.5万立方米。开展田家坪水库工程方案设计工作，设计库容30万立方米，项目建成后可解决绿葱坡集镇及滑雪场项目用水需求。积极推进徐家咀水库项目前期工作，总库容602万立方米，规划投资2.1亿元，建设成后可满足东瀼口、官渡口及神农小区7.65万城镇乡村居民生活、工业用水和0.057万公顷农田灌溉用水需求，同时为县城提供备用水源。

完成巴东县江南三镇易地扶贫搬迁茶店子供水基础设施项目，筹措资金4980万元建设茶店子水厂，其中北京对口支援资金3000万元，杭州东西部援建资金900万元，扶贫专项资金1080万元。主要内容为建取水坝4处，提水泵站1座，铺设输配水管网23千米，新建处理能力2700立方米/天净水处理厂1座，解决困扰茶店子集镇及周边村1.3万人多年的饮水难问题。完成水布垭水厂复建工程建设，2019年6月，原水布垭水厂因岩溶地质塌陷报废，造成水布垭集镇近0.8

9月8日，党组书记、局长郑刚（中）带领专业技术人员到徐家咀水库拟建现场踏勘

万人供水困难，灾情发生后，迅速采取临时措施保障供水，同步启动水布垭水厂复建工程，项目计划投资650万元，新建处理能力2000立方米/天净水处理厂1座。完成溪丘湾乡集镇应急供水工程，2019年因极度干旱导致溪丘湾乡集镇供水水源严重不足，为解决溪丘湾乡集镇1.1万人的供水问题，从兴山县高桥镇田家坪水库铺设DN160PE应急输水管线9.5千米至溪丘湾水厂，工程投资399.7万元，其中杭州东西部援建资金300万元，自筹资金99.7万元。

实施泗汉湾水库除险加固工程，工程投资289万元，主要对大坝上游土工膜防渗体及浆砌块石护坡进行部分拆除，重新铺设土工膜防渗，采用混凝土格栅浆砌块石护坡。已完成水库清淤工作，计划年底完成全部工程建设任务。

谋划实施官渡口镇西溪坝排洪工程，项目估算投资3500万元，工程建成后可解决困扰官渡口镇西溪坝片区多年的洪涝灾害问题。

【水电产业开发】 2019年，完成南潭河水电站增效扩容项目装机4000千瓦，总投资1084.7万元；完成虎牙河电站增效扩容改造项目装机6000千瓦，总投资1714.5万元；启动潭口电站增效扩容改造项目装机6000千瓦，总投资1923.7万元；新建岔河水电站小水电扶贫工程，装机4200千瓦，概算投资3432.99万元，计划2020年底建成。

12月4日，全系统干部职工向宪法宣誓

工程建成投产后，可从电站收益中分配100.8万元用于当地贫困户扶持和贫困村基础设施建设。切实强化电站监督管理。分批次在全县电站安装生态流量泄放在线监控设施，根据长江经济带小水电清理整改工作意见，对全县水电站实施清理评估，编制“一站一策”方案，达到保护长江生态环境要求。

【水利防汛抗旱】 2019年，巴东县气候异常，极端性灾害天气频发，总体呈现旱重于涝。经过全力防灾减灾救灾，最大限度地降低灾害损失，无一例责任事故导致的人员伤亡，防汛抗灾工作取得实质性的成效。全县降水严重偏少，时空分布极不均衡，大范围强降水过程仅4次，其他多为局地短时强降水。据山洪测站统计资料显示，除野三关、清太坪降水较正常外，其他乡镇降水量均不同程度偏少，平均累计降雨量较常年同期偏少40%。自7月下旬以后，高温在江北地区大面积发展，高温日数达30天以上，高温强度普遍超过40℃，巴东国家站日最高气温多次位居全省第一、全国前五，极端最高气温41.4℃，居历史第二位，仅比气候极值低0.2℃。汛情。全县发生3次暴雨洪涝灾情，涉及除信陵镇、野三关、大支坪外的9个乡镇1.535万人，共计造成直接经济损失1584万元，其中水利设施经济损失180万元。受高温、少雨天气的持续影响，全县干旱灾害不断漫延，尤其是江北旱情最为严重，据湖北省植被干旱指数卫星遥感监测显示，全县大部分地区处于重旱，江北部分区域处于特旱，最严重时有8个乡镇出现不同程度的旱灾情，全县一度达到2.9245万人、0.2628万头大牲畜饮水困难。

巴东县应急管理局于2019年3月中旬正式挂牌成立，县防汛抗旱指挥部办公室设在县应急管理局，设立水利等8个防汛抗旱分指挥部，并明确各分指挥部的职能职责。县水利局切实提高政治站位，及时与县应急管理局进行无缝对接，从汛前准备到汛期防守等各个阶段，按照宁可做重、不可遗漏的原则，在县防指的领导下，全方位的积极主动配合开展防汛抗旱各项工作，确保全县的防汛抗旱工作有序开展。强化监测预警。实行山洪监测预警24小时值守制度，密切关注雨情、水情和汛情发展，实时通报水雨情动态，及有发出预警为抢险转移安置受灾群众赢得时间。2019年发布重大气象信息31条2.63万人次、暴雨内部预警信息6条804人次。强化行业监管。实时监测水库运行情况，要求项目业主编制水库防洪调度方案，督促修订完善防汛抢险应急预案，要求各水库、水电站、河道等水域管理单位，加强责任感，高度重视防溺水事故防范工作。灾情发生后第一时间赶赴受灾现场，查灾核准，组织生产自救，最大限度的降低灾害损失。根据旱情发展动态，按照"先生活、后生产"的原则，统筹安排，优先保障人畜饮水，合理进行灌溉，限制发电用水。投入抗旱资金350万元，解决近3万人的饮水困难，取得抗旱阶段性胜利，全力保障民生和社会稳定。对水库、电站的防汛应急预案及调度方案按照管理权限组织审批，及时补充防汛抗旱抢险物资、举办防汛抗旱知识培训，开展群测群防项目建设，向广大群众宣传山洪灾害防御常识。自4月15日正式实行24小时专人值班和领导带班制度，密切关注汛情、工程运行情况和水旱灾害防御工作情况，及时统计、核实和上报有关信息，确保重大险情和突发事件第一时间上报。

【水资源保护】 全年征收水资源费2750万元，新增2户生活用水取水户，换证40户生活用水取水户、15户电站取水户。积极做好190项职权清单清理、红顶中介清理、行政许可和行政处罚双公示上报工作，完成水行政审批事项19项。严格水功能区监督管理。启动入河排污口设置论证制度，完成省管5个重要水功能区确界立牌，对纳入州级考核的7个水功能区和7个监测断面进行监测。深入开展水情教育工作。结合"中国水周""世界水日"开展宣传，全年累计发放宣传资料1000余份。加强水源地保护，全县划定城市饮用水水源地保护区19个、准保护区19个。全县12个城镇集中式饮用水水质达标率为100%。

【移民服务】 紧抓三峡后续机遇，科学谋划三峡后续项目，积极争取三峡后续资金，主动协调责任单位促进度、强监管、降资金、增效益。2019年争取项目资金2.0746亿元，项目11个，已全部启动实施。后续项目实施工作有序开展。加强项目管理，严格资金拨付，督办检查项目的实施进度和工程质量，落实三峡后续项目资金的消存工作。促进库区经济社会发展移民安稳致富，积极申报2020年度三峡后续项目，申报项目17个，其中续建项目6个，新建项目11个，总投资5.79亿元，申请专项补助资金4.88亿元。按照轻重缓急、符合投向和补短板、强弱项的原则，结合全县三峡后续项目工作实际，完成2020—2022年项目库的建设工作，申报项目30个，专项资金7.95亿元，其中续建项目8个，新建项目22个。

根据移民后期扶持工作规划，以移民精准脱贫解困、美丽家园建设、后扶项目推进为工作重点，严格落实移民后期扶持政策，强化项目监管注重成果效益，促进移民安稳致富，切实保障移民群体和谐稳定。移民后期扶持补助资金管理再规范。及时准确核查农村移民后期扶持人口和城镇困难移民补助人口，核定农村移民后期扶持人口24013.1人，发放补助资金1443.486万元；核定城镇困难补助人口10889人，发放资金435.56万元。2019年下达项目资金7111万元，项目17个。推进美丽家园建设工作，提升移民幸福指数。上报官渡口镇东坡社区和水布垭顾家坪村为2019年创建省级美丽家园示范村。牵头制定出台《巴东县水布垭库区滑坡避险搬迁实施方案》《关于调整后续175米蓄水影响避险搬迁政策的通知》，协调相关乡镇启动水布垭库区滑坡避险搬迁和三峡水库175米蓄水影响避险搬迁工作。有序推进水库移民后期扶持信息数据更新、扶持项目绩效目标方案编制和自评、配合移民资金审计等日常工作。积极稳妥化解移民遗留问题，认真排查并逐步化解移民信访矛盾，消化结存结余资金，库区社会秩序总体稳定。

【水行政执法】 加强水政监管工作力度，强化执法宣传、巡查及案件的查处。执法能力建设进一步增强。补充执法人员4名，新增水政执法艇1艘、执法趸船1艘，夯实执法力量和装备。宣传工作进一步强化。累计发放宣传资料1000余份，安全告知书200余份，宣传横幅12条，在各类宣传媒体发稿30余篇。执法监管巡查有序推进。设置24小时水事违法行为举报电话，及时发现、处理、解决问题。全年累计执法巡查351人次，出动车辆74次，船39航次，巡查河道1400千米，水域1280平方千米，现场制止违法行为15起。联合执法机制初见成效。强化部门协作，形成“信息互换、监管互认、执法互助”的执法监管平台。与公安、渔政、长江公安、长江海事、地方海事等部门实行联合执法；与巫山、秭归、神农架、建始等地加强区域协作，建立边界河流共建共管长效机制，达成共建共管框架协议。全年累计召开部门联席会议3次，区域协作5次。全年办理水政执法案件9起。其中非法采砂案件8起，非法移动采砂船舶案1起。已结案8起，送达处罚告知1起。严格监管砂石资源依规开采。按照长江采砂规划批复，对长江三个可采区的采砂作业范围、时限和开采量严格监管，完成采砂许可总量，无违法开采行为发生。

【安全生产质量监管】 按照“管行业必须管安全、管业务必须管安全、管生产必须管安全”的原则，落实“党政同责、一岗双责”责任体系，切实加强组织领导，强化行业安全质量监管，深化隐患排查治理，夯实基础，不断筑牢水利安全质量防线，水利行业安全质量形势呈现平稳向好态势，全年无安全生产责任事故发生。强化安全质量组织领导。及时调整水利安全专业委员会成员，明确职责。将安全质量工作纳入重要议事日程。扩大安全质量宣传教育。结合“安全生产月”等活动，采取图片展览、发放宣传资料、悬挂横幅标语等形式广泛深入宣传安全质量，加强全民安全质量意识。全面落实安全质量责任制。签订安全质量责任书。严格落实巡查检查制度，加强安全质量应急救援体系建设。深入开展安全质量隐患排查等系列专项治理活动。对排查出的安全质量隐患，全部建立隐患台账，逐条督促落实整改。加强安全质量队伍管理。牢固树立“以人为本、安全第一”的思想观念，认清安全质量形势的严峻性，增强责任感和使命感。全年开展安全质量专项检查及其活动20余次，共发现安全隐患120处，已整改完成120处，发出安全整改意见书15份。对江南三镇易地扶贫搬迁项目等11个在建水利水电项目进行质量监督，验收蔡家河水电站等6个水利水电项目，对7个在建项目进行安全质量通报，下达整改通知7份，已全部整改完成。

【脱贫攻坚】 2019年投资1.4亿元，分三批实施农村安全饮水补短板项目412个，解决全县11.35万人的饮水安全巩固提升问题。通过近几年的车沟水库、田家坪水库、茶店子引水工程、沿渡河泉口引水工程、金果坪长冲引水工程、信陵镇卢家沟和西流水堰塘等水源工程建设，很大程度上解决了巴东县部分乡镇供水水源不足的问题，确保所有农村人口饮水达到基本安全标准以上。严格落实农村供水工程管理体制、运行机制和管理责任，实现解决全县农村居民饮水安全问题，有效提升群众认可度，达到国家脱贫验收标准。

派驻驻村工作队4个14人，全力巩固提升水布垭镇大面山村、沿渡河镇堆子社区、汙石村、黄金村脱贫成效，全局干部职工1000余人次深入结对帮扶户进行走访，全面宣传政策，力所能及的解决群众难点问题。大面山村驻村工作队派驻5人，全村建档立卡贫困户307户1100人，

2019年新增集中饮水1处30万元，受益人口350人，发展木瓜种植46.67公顷，道路硬化3.2千米，整修砂石路12.5千米，危房改造55户；堆子社区驻村工作队派驻6人，全村建档立卡贫困户386户1143人，2019年新建投资57.7万元的新居委会党员活动中心建成投入使用，投资110万元解决该村饮水问题，实现安全饮水问题“清零”，道路硬化12.7千米，整修砂石路37千米，新修产业路2.5千米，发展猕猴桃6.67公顷、核桃20公顷、白柚33.33公顷、花椒13.33公顷、茶叶10.67公顷，危房改造179户、易地搬迁30户；汗石村驻村工作队派驻2人，全村建档立卡贫困户186户647人，2019年新建100平方蓄水池1口，铺设管网2100余米，实现安全饮水问题“清零”，整修砂石路9千米，发展红心猕猴桃40公顷、红心蜜柚和白柚20公顷、茶叶66.67公顷，新建文化广场1个、公厕1座，危房改造56户、易地搬迁17户；黄金村驻村工作队2人，全村建档立卡贫困户297户837人，2019年新建蓄水池5口，铺设管网34000余米，受益171户530人，道路硬化8.5千米，整修砂石路12.5千米，发展银杏118.73公顷、茶叶64.67公顷、葡萄10公顷、脆李6.67公顷，新建文化广场1个、公厕1座，危房改造58户、易地搬迁27户。

（向　勇）

水土保持

【概　况】 2019年，巴东县水保局在县委、县政府的坚强领导下，全面贯彻落实党的十九大精神，以科学发展观为指导，紧紧围绕全县“生态优先”发展战略和构建“美丽巴东”的宏伟目标，进一步加强领导班子和干部队伍建设，不断强化水土保持监督执法，加快水土流失综合治理，圆满完成年度工作目标任务。

【综合治理工程】 2019年，县水保局继续坚持以小流域为单元的综合治理技术路线，因地制宜，科学规划，生物措施、工程措施、农业技术措施优化配置，山、水、林、田、路综合治理，形成综合防护体系，将治理水土流失与精准扶贫、产业发展、观光旅游等紧密结合，统筹兼顾生态、经济和社会效益。

完成2016年度巴东县岩溶地区石漠化水土保持项目建设任务，建成坡改梯16.89公顷，蓄水池6口，作业道路1222.48千米，排水沟2428.96米，截水沟1492.32米，沉沙池22口，完成投资451万元；完成2017年度巴东县岩溶地区石漠化水土保持项目建设任务，建成坡改梯20.74公顷，机耕道1500米，截排水沟4200米，沉沙池22口，完成投资717.35万元；完成巴东县生态屏障区溪丘湾项目区甘家坪综合治理工程治理任务，建成坡改梯25.28公顷，堰塘2口，作业道路8.8千米，排水沟7.9米，截水沟2.3米，沉沙池6口，新建机耕路4.6千米，田间道4.5千米，完成投资803万元。巴东县岩溶地区石漠化2018年度水土保持综合治理，完成坡改梯30.03公顷，作业道路702.5米，排水沟816米，沉沙池2口，新建机耕路1025米，投资649.18万元。

全县累计完成重点治理水土流失面积28.83平方千米，项目总投资2725万元。

【滑坡监测与水保监测】 按照《中华人民共和国水土保持法》相关要求进一步加强全县水土保持监测工作，积极开展对重点省管监测点李家湾滑坡监测点和黄家沟小流域园艺场水土保持径流观测小区进行全年观测。累计采集监测数据8982个，其中滑坡监测数据1782个，收集整理水土保持监测数据7200个。完成水土流失径流观测实验3次，收集实验数据378个，分析数据312个，气象观测数据6382个，作物物候期观测数据128个，并按照省监测中心的要求和相关技术规范，按时完成监测数据收集整理和分析上报工作。

【落实水土保持“三同时”制度】 在水土保持监

督执法工作中，严格按照《中华人民共和国水保法》《中华人民共和国行政许可法》《中华人民共和国行政处罚法》及其他相关法律法规的规定，积极开展水土保持方案审批、水土保持监督检查、水土保持“规费”征收和水土保持违法案件查处工作。

利用“世界水日”“中国水周”《水土保持法》实施八周年等活动，加大水土保持法律法规宣传，利用县行政服务中心、寇公广场电子显示屏，滚动播放“治理水土流失，建设美丽中国”“加强水土保持，打造绿水青山”“贯彻执行《中华人民共和国水土保持法》”等宣传口号；借助“世界水日”“中国水周”活动，刷新水土保持标语20多条，组成2个工作专班到全县生产建设单位巡查，检查水土保持“三同时”落实情况，向广大市民和生产建设者分发法规宣传册200余份；加强与国土、环保、安监等相关单位联合执法力度，县国土资源局、县环保局、县安监局等部门从工作流程中加入水土保持许可程序，建立横向联动机制，扭转水土保持执法工作的被动局面。

制定出台《巴东县2019年生产建设项目水土保持监督检查工作方案》，明确工作目标、检查重点、进度安排和检查要求。在日常巡查工作中，严格按照《省水利厅关于强化依法行政进一步规范生产建设项目水土保持监督管理工作的通知》（鄂水利函〔2016〕148号）落实水土保持监督职责，2019年完成生产建设项目巡查30个。

2019年1月，对全县生产建设项目水土保持监督执法专项行动以生产建设项目不依法编报水土保持方案（以下简称“未批先建”）、水土保持设施未经验收投入使用（以下简称“未验先投”）和随意倾倒废弃土石渣等不依法履行水土流失防治义务行为为重点，采用梳理排查、现场核查，整理完成全县水土保持专项执法行动名单，其中“未批先建”恩施绿葱坡滑雪及高山运动度假小镇建设项目、巴东县绿葱坡镇绿善公路改扩建工程、巴东县官渡口镇2018年易地扶贫搬迁五里堆社区冯家湾集中安置点建设项目等3个项目，“未验先投”水布垭镇黄夏岭至三里城公路路面工程、巴东县管道天然气输供气项目、三峡库区巴东新县城至野三关公路工程3个项目。“未批先建”全部整改，“未验先投”完成整改。

结合对全县生产建设项目水土保持执法巡查，从生产建设项目水土保持监督的不足着手，进一步补短板、强弱项、上手段，对现有17个未缴纳生产建设项目水土保持补偿费的生产建设项目进行全面清缴，其中已开工建设的有13个，涉及水土保持补偿费498.411万元；未开工建设的有4个，涉及水土保持补偿费99.81万元。全面完成263万元的水土保持补偿费收缴任务。

2019年共实施生产建设项目水土保持方案行政许可15件，完成“湖北省投资项目在线审批监管平台”申报工作。对生产建设项目水土保持方案报告书采用3人以上的单数进行方案评审，评审中严格按照水利部、省水利厅相关文件要求进行审查，通过评审后再下达生产建设项目水土保持方案行政许可文件；对生产建设项目水土保持方案报告表实行承诺制管理，生产建设单位从省级水行政主管部门水土保持方案专家库中自行选取至少一名专家签署是否同意意见。生产建设项目开展技术评审产生的评审费用已全部采取财政支付。

【精准扶贫】 按照县脱贫攻坚指挥部要求，主要牵头负责东瀼口镇牛洞坪村和陈家岭村的扶贫攻坚工作，按照“三在村”“八个到村到户”和“六个清零、六个全覆盖”等相关工作要求，围绕“两不愁三保障”脱贫标准，扎实开展扶贫相关工作。

加强牛洞坪村水、电、路等基础设施建设，壮大土、特、种、养等农业产业。新建源头取水池1200立方米/6口，新增取水点4处，铺设引水管网59440米，并新建分户加盖水池226口；完成全村新一轮电网改造，群众生产生活用电得到充分保障；完成全村23千米公路硬化，组组通公路的目标基本实现；全面完成村内4G网络全覆盖工作；完成197户改厕任务。完成易地扶贫搬迁33户，全村集中力量对最后一批70户危房进行“清零”，初验合格15户，增加的C级危房户完成改造任务，达到“危房不住人、人不住危房”的目标；发展全村主打产业，种植油菜66.67公顷、水稻66.67公顷，把稻谷深加工，打出“牛洞贡米”品牌。通过小额信贷等支持，发展3户养猪专业户，建成18家农家乐，对旅游接待中心进行提档升级，为全村旅游产业奠定基础。全村着力打造“乡村旅游”“休闲度假村”，发展农家乐和民宿，带动土特种养产业壮大，走乡村绿色休闲旅游的路子。

完善陈家岭村基础设施，以“公司＋农户”的产业发展模式推动农业产业发展。2019年，修建8口水池，基本实现安全饮水全覆盖；在3、5、13组增设3台变压器，保障全村村民的用电；道路硬化6千米，新修砂石路8千米，组组通公路的目标基本实现；以茶叶产业为龙头带动农业产业发展，通过流转土地，由有技术特长的村民牵头成立鑫丰源茶叶有限公司，将现有95.33公顷茶叶纳入公司集中管理，充分发挥特色产业效益，带动村民致富。积极争取项目投资，加快脱贫致富步伐。争取高标准农田整治项目投资216万元，11月底正式启动实施。计划2020年启动实施石漠化水土保持综合治理，项目总投资1300万元。

【“六城同创”】 根据州县相关要求，积极参与“六城同创”活动，成立领导机构，明确工作专班，制定实施方案，落实工作责任；规范开展文明劝导活动。每周由局领导带队，安排4名工作人员轮流在北京大道有关路段参加执勤和文明劝导活动；开展“扫干净、摆整齐、保畅通”活动，对综合办公大楼周边环境开展集中整治和亮化美化，组织开展集中大扫除活动40余次；加大宣传，积极营造良好的创建氛围，及时传达相关会议精神，上报信息情况，归集档案资料，接受检查考评等，完成相关工作任务。

【领导调研】 4月10日，省水利厅水土保持处调研员邵志杰一行3人，对巴东县2017年度茶店子坡耕地水土流失治理项目实施及问题整改情况进行督查，11日到野三关镇葛藤山村查看2019年坡耕地项目现场。

4月15日，长江委水土保持监测中心总工田红调研员率队到县调研。调研组一行实地察看黄家沟小流域园艺场监测点的气象观测、作物种植管理及设备维护等工作情况。

5月10日，水利部水土保持监测中心副主任乔殿新、副处长丛佩娟、工程师王国振，省水利厅水土保持处处长吴遵雄、三级调研员邵志杰，州水利和湖泊局副局长覃涛、水保科科长陈森林等一行到巴东县茶店子镇风吹垭坡耕地治理现场抽查复核重点工程督查贫困县发现问题整改“回头看”整改落实情况。通过检查认为“整改措施到位、工程管理档案管理完善、项目效益明显”。

5月21—23日，水利部水土保持植物开发管理中心总工蔡建勤、水利部水土保持植物开发管理中心副处长夏静芳、水利部水土保持植物开发管理中心高工殷丽强、水利部水土保持植物开发管理中心高工赵学明、省水利厅二级巡视员江淼生、省水利厅水土保持处三级调研员邵志杰、州水利和湖泊局调研员于左清、州水利和湖泊局水保科科长陈森林、州水土保持监督监测站站长吴永杰一行于2019年5月17—23日到巴东县野三关镇支井河村、溪丘湾乡下庄坡村开展坡耕地调研工作，主要调研典型村坡耕地的利用现状、种植结构、收益情况，评估陡坡耕地退耕对农民收入和生计的影响，尤其是对贫困人口的影响，分析陡坡耕地退耕的可行性，研究提出科学推进长江经济带坡耕地治理的对策措施建议。

8月23—24日，水利部水土保持监测中心工程师靳兴兴、高工罗秀禅等一行10人，到县野三关、溪丘湾、沿渡河等开展国家级水土流失重点治理区三峡库区重点治理区水土流失动态监测野外调查工作。

8月28日，博州水利局党组副书记、局长苏布塔；博州水利局水政水资源科科长李宏健；博州水利局质监站站长刘新国一行，到巴东县调研考察山区水源工程建设、小流域水土保持综合治理等项目建设管理工作。

（陈仕军）

金丝猴国家级自然保护区

【概　况】 湖北巴东金丝猴国家级自然保护区的前身是“巴东县沿渡河金丝猴自然保护小区”，于2002年3月经省人民政府批准设立（鄂政办函〔2002〕17号），为野生动物类型自然保护区，保护小区面积3000公顷。保护区西距重庆巫山10千米，南距长江15千米，区内最高海拔3005米，最低海拔240米，森林覆盖率82.73%。地理位置：北纬31°11′50″—31°24′40″，东经110°15′51″—110°29′59″。

保护区总面积20909.99公顷，其中核心区9580.38公顷，缓冲区3009.17公顷，实验区8320.44公顷。保护区林地面积18925.86公顷，占90.51%；非林地面积1984.13公顷，占9.49%。林地面积中，有林地面积12529.99公顷，占保护区总面积的59.9%，占林地面积的66.20%。森林覆盖率82.73%。

保护区涉及2个乡镇的12个行政村，区内有户籍人口1496户3999人，其中实验区897户2491人，缓冲区327户792人，核心区272户716人。截至2019年底，尚在原地居住529户1399人，其中核心区31户82人，缓冲区134户333人，实验区364户984人。由于保护区地处偏僻，山高坡陡，交通不便，生产、生活条件差，近些年来自身条件较好农户以及大部分精准扶贫贫困户迁移到保护区外生活居住。

【动植物资源】 保护区是我国川金丝猴的重要栖息地之一，长期在保护区活动的金丝猴有800多只。保护区内有维管束植物183科827属2308种，其中国家重点保护野生植物21种，有国家Ⅰ级重点保护野生植物红豆杉、珙桐、光叶珙桐3种，国家Ⅱ级重点保护野生植物篦子三尖杉、连香树、鹅掌楸、水青树、香果树、巴山榧树等18种。

【森林防火】 2019年，在春节、清明节、五一等重要节假日时段，在进入保护区的主要路口设立4个临时检查站，严禁火源入山和人员穿越。累计设卡检查25天，检查车辆600余台次，人员2000余人次，拦截计划到保护区内徒步穿越人员4批50余人，收缴火源火种100余个；排查发现保护区内存在安全隐患涉及的输电线路长度约10千米，经过与供电所、国网公司协调后整改；在重点防火期内，安排2台宣传车进行巡回宣传，累计宣传40天，行程8000多千米，树立中型防火宣传牌9块，张贴森林防火彩色宣传画1000余张，制作张贴小标语700余幅；给保护区内农户送达《森林资源管理和森林防火告知书》700余份，与无民事行为能力的监护人签订森林防火监护责任状40余份。

【资源管护】 全年完成保护区勘界立标工作，树立界牌及宣传标牌100余块；严厉打击资源破坏行为，利用红外相机，有效收集固定2起猎捕野生动物的照片及视频资料证据，2名犯罪嫌疑人被依法采取刑事强制措施；开展“绿盾”专项行动问题整改，4个环境问题全部整改到位并销号，保护区保持连续2年无遥感监测疑似问题信息；开展保护区内二类森林资源外业调查工作，完成保护区二类资源调查外业质量抽查检查；开展违建别墅清理工作，共清查房屋信息 511 处（栋），实现保护区内房屋清查全覆盖。

【联建共管】 加强与周边保护区及当地党委政府协作共同管理保护区。与神农架国家公园管理局联合成立“自然遗产地共管委员会”，与神农架国家公园管理局木鱼管理处、神农顶管理处和下谷管护中心签订护林防火、资源管理联防联管协议。加入鄂西渝东毗邻地自然保护地联盟，参加 2 次联盟会议。和巴东县政府签订联建共管协议，保护管理站分别和所在地乡镇（沿渡河镇、溪丘湾乡）签订资源管护、森林防火协议。

【项目建设】 2019 年，完成 2018 年保护区补助项目、2018 年珍稀濒危野生动物救护与繁育项目建设任务，资金使用达到预期目标；完成 2019 年公益林信息核对及大数据录入工作，核对公益林补偿疑点 172 条，确保公益林补偿按时兑付；配合神农架国家公园完成 GEF 项目有关工作，选派 6 批 12 人次参加各类技术培训和外出考察工作，申报 1 个可持续社区示范项目和 3 个小型科研项目；配合联通公司完成森林资源动态监测体系 15 个视频监控点建设；推进天保工程 2019 年封山育林项目建设，完成造林整地、机械围栏、宣传碑、巡护路整修等主要建设任务。

（谭怀龙　邓正双）

工　业

科学技术和经济信息化

【概　况】 2019年，县科学技术和经济信息化局以习近平新时代中国特色社会主义思想为指引，坚决贯彻中央、省委、州委和县委决策部署，以落实全面从严治党管党为主线，坚持围绕中心服务大局、聚焦经济发展、扎实推进脱贫攻坚，各项工作取得较好成绩。

【科技工作】 2019年成功申报科技项目6个，到位项目资金245万元；完成科技成果转化2项，收集、发布各类技术成果500余条，实现技术市场交易额5300万元；新增高新技术企业2家，实现高新技术产业增加值1.1亿元，占GDP比重1.01%，比2018年增加0.38个百分点；全县已获认定2家省级校企共建研发中心、1家省级众创空间、1家州级重点创新团队、2家州级人才创新创业示范平台，引进科技中介服务机构3家。全县25名“三区人才”、20名州县科技特派员分别在26个企业及专业合作组织开展各种技术服务，覆盖102个行政村，带动贫困村48个。

【工业工作】 2019年，全县工业经济发展工作紧紧围绕全州“比抓强促”工作总体目标，抓调度、优服务、强培育，工业经济发展质效齐升。2019年，受水布垭电厂大幅减产的影响，36家规模以上工业企业累计完成现价工业总产值20.22亿元，同比下降10.32%；实现现价增加值9.13亿元，同比下降24.69%。其中县属规模以上工业企业累计完成现价工业总产值11.85亿元，同比增长24.61%；实现现价增加值3.6亿元，同比增长7.32%。新增规模以上工业企业4家；完成工业固定资产投资18.31亿元，同比增长17.1%；完成工业技改投资2.62亿元，同比增长238.9%。标准化厂房入驻率达75.7%。规模以上工业企业贡献税收6722.69万元，其中县属规模以上工业企业贡献税收2702.74万元，同比增长33.06%。

制定出台《中共巴东县委 巴东县人民政府关于促进民营经济高质量发展的若干意见》（巴发〔2019〕6号）。全面兑现2018年各类涉企优惠政策奖励资金892万元。落实优化企业用电报装服务、清理规范涉企保证金、建立健全企业家参与涉企政策制定机制等一系列优化营商环境措施。

2019年先后三次交办企业解难事项，共为企业化解难题27项。2018年12月以来，全县清理拖欠民营企业中小企业账款金额共3384万元，涉及民营企业31家，截至年底已清偿1504万元，剩余拖欠账款实施“一项目一还款计划”。

积极协调解决晟美康药业年产300吨银杏叶项目、辉旺石材厂建设项目，巴东泰鑫混凝土有限公司商品混凝土搅拌站建设等项目，在工程建设、天然林限制、生产许可等问题。全力服务博宇科技与国家电网许继集团就新能源充电桩及配件项目合作落实、落地。通过以物抵债化解存量债务的方式，为水布垭酒业、茅源酒业等企业，提供流动资金，释放产能。

【商贸工作】 2019年，全县51家限上商贸企业实现全社会消费品零售总额77.49亿元，新增限上商贸企业7家，批发、零售、住宿、餐饮四大行业均实现稳定增长，圆满完成社零增幅11%的目标任务。

2019年全县电子商务交易额累计达9.43亿元，同比增长32.8%，其中农产品上行交易额累计达1.54亿元，同比增长18.5%。全县累计发展电子商务主体1485家，国家电子商务进农村综合示范项目扎实推进，“一中心五体系”骨架基本形成；通过东西部扶贫协作两地政企互动对接，创新推进“硒品入杭”活动，2019年全县销往东部农产品累计销售额4104.83万元，带动贫困人口数4648人。

2019年完成进出口额1217.9万美元，其中自营出口172.3万美元，外贸出口1045.6万美元。

【信息产业】 2019年，巴东县编制《巴东县脱贫攻坚信息基础设施建设两年（2018—2019年）行动方案》，以“光纤宽带通村到户4G网络全域覆盖”为目标，大力推进信息基础设施建设；加速发展电子信息制造业，推进产业向中高端深化。2019年，全县实现信息产业收入4.85亿元。

2019年，巴东县计划新（改）建设4G基站384个，其中电信53个，移动144个，联通187个；实际已建成4G基站426个，其中电信53个，移动167个，联通206个。全县累计建成4G基站1845个。2019年9月18日至11月18日，巴东县组织开展为期两个月的4G互联网恩施州第三方测试验收，根据测试结果，已经实现4G网络全域覆盖的建设目标。

2019年，巴东县继续巩固宽带乡村建设成果，督促县移动、联通、湖北广电公司继续加紧对行政村实行有线覆盖。全县322个行政村、118个建档立卡贫困村已经全部实现通光，行政村通光率100%。按照“光纤宽带通村到户”建设要求，2019年120个初步具备条件的未通光纤宽带的规模自然村，核定具备条件的规模自然村已经全部通光。全县累计开通宽带用户116297户，固定宽带人口普及率为27.11%。

湖北博宇科技有限公司成立于2010年9月，注册资本3000万元，现有厂房面积10000平方米，员工70余人，其中精准扶贫户14人，专业技术人员10人。湖北博宇科技有限公司是鄂西地区领先、国内知名的电子元件零配件制造商、服务商。2019年，湖北博宇科技有限公司秉承爱国、担当、精进、创新、共赢企业精神，以创新为引领，以应用为驱动，做强电子元件制造业，努力发展新型能源充电桩业务。2019年被评为“东西部劳务协作就业扶贫车间”。

【重大活动】 组织企业参加第六届中国（杭州）国际电子商务博览会暨硒品入杭工业招商活动，与义乌市博佳服饰有限公司签订箱包生产加工项目投资协议，楠柏生态、神泉茶业分别与杭州楚杭农业科技有限公司签订硒品入杭购销协议。通过参加一系列展会活动，充分发挥消费扶贫在产业扶贫中的重要作用，助力产品出山，拓展全县农产品企业的销售渠道和市场空间。

（县科学技术和经济信息化局）

供　电

【概　况】 2019年，国网巴东县供电公司认真贯彻州公司党委、县委县政府决策部署和工作要求，坚持“稳中求进”总基调，把握高质量发展根本要求，围绕守底线、保目标、攻难关，聚力攻坚、强化执行、规范提升，推动公司和电网高质量发展，各项工作稳步有序推进。全年完成售电量4.86亿千瓦时，完成计划的101.92%，增幅

10 月 31 日，第二批“不忘初心、牢记使命”主题教育，并召开座谈会

12.86%；售电均价 606.68 元 / 千千瓦时，比计划低 18.94 元 / 千千瓦时，同比降低 35.56 元 / 千千瓦时；综合线损率 8.88%，比计划低 0.57 个百分点，同比降低 0.51 个百分点；实现销售收入 2.58 亿元，完成计划的 100.4%，增幅 9.47%；内部概念利润 0.76 亿元，完成计划的 95.3%，同比减少 0.44%；电费回收率 100%。电量增长率居全州第一，各项指标呈现稳中向好的良好态势。

【安全生产】 坚持党政同责、一岗双责、齐抓共管。开展新春安全教育、供电所安全管理提升、雨学夜学“两票”、安全“反思日”、“党建 + 安全”秋冬季送安全到现场等活动，完成县级供电企业安全性评价工作。严格安全履责痕迹管理等制度执行，实现施工现场和远程安全监管全覆盖，安全稽查违章单位记分 58 分、个人记分 136 分、安全合同违约 16 次，共处罚金 9.95 万元；对各生产单位和网改施工项目部进行 11 次集中式警惕性约谈；对网改 3 家施工项目部，1 个监理部，4 个生产单位，共 34 人次进行问责约谈。严格隐患整改，查出各类隐患 475 处，累计整改 363 项，整改率 76.4%。积极应对低温雨雪冰冻、高温大负荷、三级电网风险、强暴雨恶劣天气和重大保电工作，确保电网安全运行和电力有序供应。

【电网建设】 电网建设协调推进。开展全县“网格化”电网规划编制、审核工作，35 千伏尚家配电站、平阳坝 110 千伏变电站项目建议书及预可研顺利通过评审。持续优化电网结构，新建的 220 千伏神农溪变电站及配套 110 千伏农里、农家线及 35 千伏农雷线、农溪线顺利投运；新建 35 千伏八字岩、凤台配电站顺利投产，凉风垭配电站计划节后投运。完成属地协调 110 千伏及以上线路通道清理 288 处。协助完成 500 千伏江坪河上网线路巴东段架线施工协调工作，完成恩施东至朝阳 500 千伏线路路径对规划局、公安局、土管局等 14 个单位及部门的书面文件函询工作，完成白鹤滩至江苏 800 千伏的路径协议支撑文件。2019 年争取配网投入 3.4 亿元，实施 5 批次农村电网补短板项目 1596 个，新建及改造变压器 1017 台，10 千伏线路 822 千米，低压线路 710 千米，已完成 3 批，其余 2 批按计划实施，完成配网项目储备 1.07 亿元。

【经营业绩】 突出市场开拓，抢抓郑万高铁、长江库岸治理重点项目建设机遇，非普工业用电实现高速增长；服务新一轮农网升级改造，农村用电需求有效释放，积极开展电能替代找增量，仅电动汽车充电全年替代电量 180 万千瓦时。全年新增报装用户 6334 户、报装容量 89503 千伏安，同比增长 74.89%。加强线损管理，通过“日预警、周通报、月考核”监管，综合线损持续下降。狠抓营销基础管理，抄收管理、电价执行、业扩报装、计量资产等进一步规范，开展用电普

人力搬运电杆

10月30—31日，国家电网有限公司总会计师、党组成员罗乾宜一行到巴东县督导调研定点扶贫工作

查和稽查，发现问题100户，整改100户，查处窃电92户，追补和收取违约电费34.53万元。服务污水处理、垃圾治理、砂石集并码头项目建设，及时为“天眼工程”安装表计1097个，护佑平安巴东，共抓长江大保护，巴东港长江岸电示范性建设被央视四套《远方的家——长江行》专题报道，赢得政府和客户的一致好评。

【营商环境】 打好“优化营商环境”攻坚战，推动“供电营商环境”深入人心，提质提效。开展“千名党员进千企”“零费用接入”“一般工商业降价”等政策宣传，累计走访规模以上企业43家和样本企业14家、用户1.5万户。通过一名党员用一本节能指导书、开展一次上门走访、做一次节能分析、培养一名用电明白人，广泛宣传供电营商环境各类政策。严格执行降价清费政策，让利于民。全面实行低压用户“零费用”接入，实施“零费用”接入项目2902个，清退费用20.19万元。以全能型供电所建设为平台，以“光福”共产党员服务队为依托，做实做细“网格化”服务体系，大力宣传惠民政策和服务举措，客户用电获得感和幸福感不断提升。

【脱贫攻坚】 实施完成2019年国网定点扶贫项目18个，总投资900万元。有效督导光伏扶贫电站运行维成效、收益分配，累计完成发电量8385.68万千瓦时，实现发电收入8217.96万元，收益分配超过80%，发挥国网阳光扶贫效应。探索实施“1+N+N+N”电商扶贫模式，以电商平台为依托，建立1个县级运营中心，8个村级电商服务站，县境内共有129家农村小微企业入驻国网电商平台。积极响应“扶贫济困、国网情深”爱心订购活动号召，通过国网商城、淘宝、京东等电商平台订购土豆、菜籽油、茶叶等67种农副产品，销售额达1350万元。公司选派6名精干职工驻点帮扶水布垭镇麻石坪村开展精准脱贫工作，公司系统134名职工与961户贫困户开展结对帮扶，每年6次入户与贫困户共商脱贫之策，激发贫困户内生动力。

（县供电公司）

交　通

交通运输

【概　况】 2019年，坚持以党建为统领，全面落实全国及省、州交通运输工作会议精神，聚焦全县工作大局，以打赢“交通阵地仗”为目标，围绕“三基地一枢纽”战略布局，认真做好交通运输“加密、提质、互通”三篇文章，加快项目建设，决胜脱贫攻坚，优化运输服务，全面深化改革，加强自身建设，力争有为有位，以建设“五个交通”助力“五个巴东”高质量发展。

6月18日，省交通运输厅印发《关于2018年度全省“四好农村路”示范县和示范乡镇的通报》，巴东县茶店子被评为2018年全省“四好农村路”示范乡镇，并给该乡镇200万元的农村公路建设和养护资金奖励。6月，交通运输部、公安部、应急部、中华全国总工会、共青团中央下发《关于表扬2019年春运“情满旅途”活动成绩突出集体和个人的通报》，巴东县公路管理局南潭河渡口所被表扬为2019年春运“情满旅途”活动成绩突出集体。

【交通运输能力】 至2019年底，全县公路总里程7400千米，路网密度220.63千米／百平方千米，其中高速公路70.28千米、二级公路423.677千米、三级公路114.441千米、四级公路4700千米、等外公路2091.602千米；内河航道通航总里程184.5千米（界河按二分之一算），港口2个，生产性码头泊位15个；汽车客运站12个，其中三级客运站2个、五级客运站7个、简易客运站3个。

【交通基础建设】 全年完成交通固定资产投资60644万元（占县定年度目标60000万元的

交通系统参加全县2019年网络防控知识宣传

4月3日，交通系统职工参加烈士陵园扫墓

101.07%），比上年下降 13.89%。

清江大桥、三友坪至泗淌段连接线建成通车；巴东县国省干线公路灾毁重建工程全部完成；国省道危桥加固、G348 黄岩至马鹿池路面大修正在施工；S245 省道巴东县境公路灾害防治工程完工；国省干线“建养一体化”01 项目包进展顺利，S364 麻石坪至五峰段、S245 泗淌至金果坪段完成征迁和开工准备，G348 红砂大桥已进场施工，G348 巴东长江大桥至平阳坝完成征地等。

巴东县砂石集并中心疏港道路建成通车；巴东港宝塔河港区泓宇物流综合码头正在建设，临时砂石集并中心建成投产；小溪河航道整治工程顺利完工。

巴东县汽车客运站项目开展业主变更，项目的前期手续已移交神投公司；火车北站枢纽站开展工程可行性研究；完成 3 家客运站厕所革命工作。

【“四好农村路”建设】 把“四好农村路”建设作为助力精准扶贫、推进振兴乡村的“1 号”工程来抓。完成农村公路硬化 941.6 千米（其中交通补短板水泥路 689.226 千米），农村砂石路 388.88 千米，实现“村村通”硬化路、组组通砂石路。提档升级农村公路 200 千米，实施“美丽农村路”120 千米；实施“455”生命安全防护工程 473.3 千米，整治安全隐患路段 1140 千米，逐步实现临水、临崖、急弯陡坡路段、县乡道和中心村道安防全覆盖，维修加固农村公路危桥 5 座。大力推行“路长制”，坚持“有路必管养，管养必到位”。规范化管养 530 千米国省道和 5100 千米农村公路；打造大面山旅游路、金桃线、清桥线等“四好农村路”，成功创建茶店子镇“四好农村路”示范乡镇，清太坪镇通过省级“四好农村路”示范乡镇外业验收。坚持路运一体，建成县级物流配送中心 1 个、乡镇物流站 10 个、中心村物流点 150 个，巩固“村村通”客车成果，新增 27 条客运线路，完善在各行政村村委会或村级便民服务点悬挂公示客车约租信息。

4 月 8 日，巴东港宝塔河港区泓宇物流综合码头建设现场

【运输服务】 全年运输旅客约 170 万人次；春运期间投入运力 18973 台次、安全运送旅客 30.7398 万人、运送春节各类生产物资百余万吨；完成立讯精密工业（恩施）有限公司务工人员至江苏培训运输任务、高考、“野马”赛事、兵运、国庆等运输保障工作。全县旅游车 13 辆，485 个座位，主要负责县境内各个旅游景点运输保障工作。在旅游高峰期，运力不足的情况下，合理调配农村客运运力予以补充保障。

全年港口累计完成货物吞吐量 43.2 万吨，较上年同比上升 60%；预计全年港口累计完成旅客吞吐量 45.3 万人次，较上年同期上升 61%。春运投入客运船舶运力 10 艘共计 1227 客位，累计运送旅客 7375 人次，因受疫情影响较上年同比下降 71%。

2019 年，建成水布垭镇三友坪至泗淌段公路

全县交通物流企业共计18家。4家物流企业累计运进物资3167吨，运出3585吨，共计6752吨。与去年同期比较，2019年运进物资5280吨，运出4850吨，共计10130吨，运送物资量下降33.35%。

【行业管理】 强化日常养护。坚持清扫路面经常，清除水沟水毁塌方及时，坑槽修补、路面灌封适时，按养护规范常态开展护栏、防撞墙修复、绿化树修剪及扫雪防滑工作。加强安防设施建设。投资2735万元实施“455”生命安防工程建设，实现国省干线公路安防全覆盖。配套设施服务。投资90万元修建石马岭、耀英坪公厕，投资310万元改建绿葱坡服务区。突出应急保畅，投资796万元进行灾毁重建。通过加强养护工程建设和养护管理日常工作，全县养护质量水平稳步提升。2019年养护半年考核全省排名第九，全州排名第一。

以法治交通建设为主线，紧扣目标责任清单，严格落实普法学法制度，深入开展“法律六进”活动，聘请法律顾问，坚持依法行政。大力开展超限超载综合治理、非公路标志标牌专项清理，积极开展路政巡查，办理路损路补案件。全年共出动执法人3000余人次、检查车辆2500余台次、暂扣涉嫌非法营运客运车辆120台次；出动路政执法人员412人次，查处超限运输车辆141台，卸载货物2709吨；出动海事执法人员300人次，检查船舶150艘次，查处非法改装船舶1艘；检查交通在建工程项目30家次，查处违法生产12起；办理执法案件246件，无一起行政败诉案件，客货运输市场明显好转，群众满意度得到提升。

【科技与信息化】 汽车客运站安全管理信息系统、实名制购票系统和湖北省客运联网售票系统运行良好，巴东智慧公交上线运行。交通运输发展绿色化。巴东至沿渡河客运线路淘汰45辆车，投入15台17座高一级客车；开通沿渡河至罗溪坝、沿渡河至堆子场公交班线；新增2辆野三关—恩施城际约租（定制）客运服务；新增27条客运线路，完善悬挂公示客车约租信息；全县共有出租车270台；城市公交39台，野三关镇打造湖北首个电动汽车特色小镇，其经验在省交通厅网站和“学习强国”平台推介；农村客运车辆441台，其中新能源车辆20台，占比4.5%；整治“四废”的排放、占道经营、超类别经营等违法违章经营行为，20家一二类维修企业“四废”处理达到环保标准；巴野公路实现同步生态绿化、隧道机电照明低碳节能；完成不低于75%的港口船舶污染物接收转运处置设施建设任务，持续推进落实船舶污染物接收、转运、处置监管联单制度。做好岸滩修复复绿工作。

【安全应急管理】 全年安全生产形势平安稳定，无较大以上责任事故发生。建立健全的安全生产责任体系；明确部门的安全生产职能职责；建立健全的安全生产管理机构。全面部署安全生产工作。深入开展打非治违、平安交通、出租与旅游客运等专项行动。全年开展安全生产综合检查4次，排查安全隐患37处，整改35处，整改销号率95.8%，完成县安委会挂牌督办重大隐患2处，整改率100%。加强安全监管执法。全年开展行业安全检查52次，检查企业512家次，排查安全隐患162处，整改160处。全年出动执法人员4448人次，检查车船3158辆（艘）次，查处涉嫌非法营运客运车辆117台次、超限运输车辆77台次。开展消防救生应急救援演练，优化应急预案8个。办理上级督办、交办的安全问题78项，办结率100%。

【交通改革举措】 补齐交通基础短板，完善交通基础设施建设，推进物流降本增效。巩固“村村通客车”发展成果，县、乡、中心村物流网运营体系运行通畅。有序推进普通公路建养一体化工作。发挥大型专业企业在资金、技术、管理等方面的优势，有力缓解地方配套资金压力，助推全县普通公路建设，提高工程建设养护质量水平。

恩施州普通公路"建养一体化"巴东县"02"项目包（即348国道巴东长江大桥至平阳坝一级公路）已开标，率先在全州完成"十三五"期间所有普通公路项目按"建养一体化"模式实施。加快推进ETC安装进度，完成ETC安装23952张，占年度任务的87.83%。基本完成交通运输综合执法改革；深入开展"放管服"改革，推行"双随机、一公开"抽查，全面优化营商环境。行政审批实现了"三集中三到位""一网通办""一事联办"。

【交流交往】 3月12—13日，省交通运输厅副厅长姜友生赴巴东县督办落实中央脱贫攻坚专项巡视反馈意见整改工作。3月20—21日，宣恩县交通运输局局长谭大定一行赴巴东县交通运输局考察学习。6月13日，州公路地质灾害防治工作督导小组组长邓玉平带队督查巴东县公路地质灾害防治工作。召开巴东县公路地质灾害防治工作座谈会。7月4日，湖北交投荆州投资开发股份有限公司赴巴东县考察巴东县港口经营合作相关事宜，主要了解宝塔河港区综合码头情况。7月5日，省交通运输厅副厅长姜友生赴巴东县调研沪蓉高速核桃树大桥限行工作。9月9—10日，湖北交投荆州投资开发股份有限公司赴巴东县考察及洽谈长江巴东港货运综合码头等项目合作事宜。9月18日，县交通运输局局长许良才坐客巴东电视台《优化营商环境工作系列访谈》栏目，就县交通系统如何围绕优化营商环境开展工作进行解答，提升交通的形象。12月3日，县政府与荆州交投商洽巴东港综合项目合作座谈会。

（李　俊）

公路管理

【项目建设】 2019年克服资金紧缺、工程管理协调难度大等不利因素，稳步推进工程建设。清江大桥及两岸连接线建成通车，彻底解决两岸近10万群众的出行难问题；完成国省干线灾毁重建工程G209国道马鹿池至天三坪25.369千米、完成巴东国省道干线危桥加固工程；完成S231省道东流水至杨家槽大修8千米、S245省道草池塘至长岭大中修6千米；完成柚子树坪滑坡治理和G348溪丘湾至沿渡河应急保通工程；完成双神线及大清线竣工验收工作。积极推进普通公路"建养一体化"巴东县01项目包工作。该项目总建筑安装工程费约13.6亿元，建设总里程165.92千米。已完成该项目的施工单位招标，启动红砂大

巴东县清江大桥

245省道巴鹤公路长岭至泗淌段改扩建工程

麦丰隧道病害治理

桥、应急中心、S245杨柳池至金果坪新修段的准备工作；积极推进项目前期工作。紧紧围绕重点国省干线，加快推进施工图的批复、用地程序的报批、林业的许可。研究储备一批项目如：野三关、溪丘湾、绿葱坡、大支坪等绕镇线路的方案，“十四五”项目拟申报S231改造32千米，G348黄岩至县城改造，G318大支坪绕镇等。

【公路养护】 按照“畅通主导、安全至上、服务为本、创新引领”的养护工作方针，突出国省干线预防性养护、经常性养护、精细化养护。强化日常养护。坚持清扫路面经常，清除水沟水毁塌方及时，坑槽修补、路面灌封适时，按养护规范常态开展护栏、防撞墙修复、绿化树修剪及扫雪防滑工作；加强安防设施建设。投资2735万元实施“455”生命安防工程建设，实现国省干线公路安防全覆盖；配套设施服务。投资90万元修建石马岭、耀英坪公厕，投资310万元改建绿葱坡服务区；突出应急保畅，投资796万元进行灾毁重建。通过加强养护工程建设和养护管理日常工作，全县养护质量水平稳步提升。2019年养护半年考核全省排名第九，全州排名第一。

机械化扫雪防滑，保公路安全畅通

【路政管理】 切实维护路产路权，加强路域环境整治，开展超限综合治理。日常路政巡查。下达责令整改通知书、拆除标志牌、清理横幅广告、强制铲除非公路标语、清理污染路面、拆除违建棚屋、清理堵塞水沟、清除堆积物占道、清理占道经营、规范摆摊设点、现场监督当事人恢复被拆除钢护栏原状、强制拆除公路控制区内违栽电线杆，对路边打碑场所进行调查，立案、拆除；严格超限治理。确保超限治理高压态势，开展“零点行动”“暴风行动”等专项整治活动，在重点路段集中开展流动治超。深入到料场进行防超限宣传。加强部门联动，与乡镇派出所联合开展区域治超、联合治超，与高速路政七大队、兴山路政大队建立信息互通共享、联席会等工作机制；加大案件办理。对损坏路产的违法行为进行调查处理，行政处罚立案一件，结案一件，立案率、查处率、结案率在98%以上。

【安全生产】 健全安全生产责任体系。制定安全工作责任清单，明确职责，定期组织召开安全例会；强化日常隐患排查整改；开展专项整治活动，开展“迎旅游高峰，保安全畅通”专项行动、桥隧隐患专项排查、“打非治违”等专项整治活动；开展应急演练活动。在南潭河渡口开展反恐、消防和落水施救突发事件应急演练。2019年南潭河渡口所被国家五部委表彰为全国春运“情满旅途活动突出集体”称号。

【脱贫攻坚】 按照县委政府统一安排部署，县公路局始终把脱贫攻坚作为全局中心工作来抓。“尖刀班”人员到位。共选派10名精干力量驻“尖刀班”，负责大支坪镇河罗子村、清太坪镇白鸠坪村、沿渡河镇马饮水村开展扶贫工作，群众对“尖刀班”工作认可度高；后勤保障到位。保障“尖刀班”的驻村生活补助兑现、必要生活用品、办公用品添置、河落子村必要工作用车；干部结对帮扶到位。按期组织干部职工开展入户结对帮扶活动，宣传扶贫政策，帮助制定脱贫计划和措施；扶贫补短板项目实施到位，对脱贫成效满意度高。2019年10月县公路局被县委、县政府表彰为“驻村帮扶榜样”。

（县公路局）

道路运输管理

【运输保障】 截至2019年12月31日，全县有营运车辆1093辆（客车530辆，货车297辆，出租233辆，公交33辆）；客运车辆营运线路148条；道路运输企业38家（客运企业12家，货运企业21家，公交2家，出租3家）；汽车客运站12个（三级客运站2个、五级客运站7个、简易客运站3个）。全年运输旅客约170万人次；春运期间投入运力18973台次、安全运送旅客30.7398万人、运送春节各类生产物资百余万吨；完成立讯精密工业（恩施）有限公司务工人员至江苏培训运输任务、高考、“野马”赛事、兵运、国庆等运输保障工作。

【安全管理】 成立安全生产领导小组，制定工作方案；召开安全生产工作会7次，组织学习相关文件精神和要求，督促道路运输企业提高安全意识，严格落实安全生产主体责任。专项整治。开展全县道路运输行业安全生产大检查、安全生产风险防控和隐患排查治理百日行动；野三关集镇交通秩序大整治；“迎大庆·保军运”道路运输安保督查等专项行动。整改隐患。检查客运企业96家次，客运站144家次，公交、出租企业31家次，排查隐患42起，已整改落实。应急管理。落实到位应急运力62台，应急人员61人，发布预警信息100余条。

【行业管理】 共办理许可服务事项3748件，按期办结率达100%；发放各种补贴1254.2万元。调整结构。打造湖北首个电动汽车特色小镇，野三关镇投入80台纯电动出租汽车，数百台麻木车退出客运历史舞台，标志着巴东出租车行业步入绿色新能源时代，其经验在省交通厅网站和“学习强国”平台推介；巴东至沿渡河客运线路成功改造升级，淘汰45辆陈旧面的车，投入15台17座高一级客车；开通沿渡河至罗溪坝、沿渡河至堆子场公交班线。巩固成果。新增27条客运线路，完善在各行政村村委会或村级便民服务点悬挂公示“村村通”客车约租信息。提升管理。完成7家客运运输企业和12家汽车客运站质量信誉考核工作；开展长途客运实名制管理工作。并将评定结果与行政许可和资源配置挂钩。

【市场监管】 持续开展“打非治违”。全县共出动执法人员3000余人次、检查车辆2500余台次、暂扣涉嫌非法营运客运车辆120台次；办理完结转办交办信访事项7件，回复“12328”交通运输服务监督电话转交办理工单8件，回复网络问政帖子10条，接听投诉举报电话70起，回复率、满意率达100%。“扫黑除恶”工作取得阶段性成效。全所职工开展自查，签订承诺书42份；开展道路客运企业背景核查；开展道路客运行业涉黑涉恶线索筛查，并按要求逐一上报；办理转办交办事项2件。

【运综管理】 全县有维修企业145家（一类维修企业8家、二类维修企业20家、三类维修企业99家，摩托车维修企业18家）；机动车驾驶员培训3家；机动车检测站1家（歇业）。检查维修企业142家次，下达责令改正通知书20份，整改验收20家；一、二类维修企业完成湖北省汽车维修电子健康档案系统的安装；对修配厂四废问题进行督办，20家一、二类维修企业“四废”处理已达到环保标准。启动驾培计时培训工作，对173台教练车、164名教练员审核备案；招标确定检测企业，确保营运车辆按时接受检测。

【城市客运】 推进“智慧公交”建设，安装智能公交电子站牌，研发公交e出行APP，随时掌握车辆具体运行位置；推进公交“一卡通”互联互通，升级支付系统，为市民出行提供便利；公交车安装隔离防护栏，配备安全员；通过招投标方式确立野三关集镇公共交通营运主体。

【站场建设】 巴东县汽车客运站项目开展业主变更，项目的前期手续已移交巴东县神投公司；火车北站枢纽站在开展工可研；完成3家客运站厕所革命工作。

（税明红）

港航管理与地方海事

【交通运输能力】 至2019年底，内河航道通航总里程184.5千米，港口2个，生产性码头泊位15个。

【综合运输】 全年港口累计完成货物吞吐量43.2万吨，较上年同比上升60%；预计全年港口累计完成旅客吞吐量45.3万人次，较上年同期上升61%。春运投入客运船舶运力10艘共计1227个客位，累计运送旅客7375人次，因受疫情影响较上年同比下降71%。

【主要目标完成情况】 在建水运项目按照施工计划安全有序完成；全年水上交通形势安全平稳有序，无安全生产责任事故发生；“三大战役”持续开展，创新绿色发展效果显著；行业监管措施得力，各项工作顺利开展，全年主要目标任务按期完成。2019年3月，先后被州交通运输局、州港航海事局，表彰为全州交通运输工作成绩突出单位、全州港航海事系统先进集体。

5月10日，水上安全知识进校园活动（巴东县地方海事处工作人员现场讲授救生衣穿戴方法）

【水运工程项目】 在建水运工程顺利完工。长江三峡库区湖北省支流（沿渡河、小溪河）航道工程已完工，并完成交工及结算工作；砂石集并中心项目建设取得实质性进展。该项目按照“近期远期相结合”的原则，临时砂石集并中心和长期砂石集并中心（巴东港宝塔河港区泓宇物流综合码头）同步推进。建设规模及主要内容：建设3个5000载重吨泊位，设计吞吐量为560万吨/年，其中散货545万吨/年，件杂货15万吨/年，采用斜坡码头结构形式。建设内容为水工建筑、趸船、装卸机械设备购置及安装、生产及辅助生产建筑物、供电照明及通信、给水排水及消防、环保、临时工程等；《巴东港总体规划（修编）（2015—2030）》于2019年3月27日获省政府批复。

砂石集并中心全景图

【长江大保护三大专项战役】 抓非法码头专项整治，推动长江经济带发展。建立健全非法码头治理长效机制，巩固长江干线非法码头专项治理成果，按照每周不少于2轮的频率对辖区长江岸线实施巡查，严防非法码头死灰复燃；深入开展岸线资源清理整顿，优化港口岸线资源配置，促进全县港口集约高效发展。根据省港口岸线资源清理整顿专项战役指挥部办公室《关于上报长江、汉江沿线岸线资源清理整顿项目清单的通知》（鄂岸线办〔2019〕4号）、湖北省交通运输厅港航管理局《关于梳理上报2012年以来未取得港口深水岸线许可手续项目的通知》文件精神，进行分类清理。深入推进港口一体化，促进港口规模化、集约化、专业化发展，将主城港区原货运码头全部取缔，搬迁至远离城区的宝塔河港区；强化港口和船舶防污染专项治理措施，提升巴东港口和船舶污染防治能力。加快完成港口和船舶污染物接收、转运及处置设施建设，油污水回收船和船舶生活垃圾回收船各 1 艘建造完成并投入使用，真空式收油机 3 套，生活污水接收箱 3 个已完成配备，完成 2019 年港口和船舶污染物接收转运及处置设施建设任务 75% 的目标。全面落实船舶污染物接收、转运及处置联单制度和联合监管制度，2019 年全县港口和船舶回收垃圾共 3400 立方米、船舶生活污水 1800 立方米，基本实现垃圾回收、转运、处置全覆盖。加快港口岸电设施建设，提高岸电连接的便利性和经济，巴东港 3 个 3000 吨级以上客运码头正在建设推广使用岸电。

【安全及行业管理】 按照“党政同责、一岗双责、齐抓共管、失职追责”的总体要求，坚持“谁主管、谁负责”的原则，强化红线意识和底线思维，把好水上交通安全管理的每一道环节，确保 2019 年水上交通环境安全有序，水上交通零事故。2019 年共出动执法人员 300 余人次，巡逻监督艇 100 余次，检查船舶 150 余艘次，检查水运企业 30 家次、港口企业 39 家次，查出违法违规行为 4 起，督办整改 4 起；深入开展“水上交通安全知识进校园”活动。为学生讲授水上交通知识，组织学生参与有奖竞答，并发放《小学生水上交通安全知识教育读本》200 本、《平安渡运》宣传手册 1000 份，切实提高中小学生水上交通安全防范能力；严把国内水路运输企业资质核查初审关，开展 2019 年度水运企业资质核查。全县水运企业 11 家，参加核查的企业 11 家，核查合格 11 家，核查合格率 100%。

（陈　美）

邮政　通信

邮　政

【主要业绩】 2019年，在州公司和县委、县政府的正确领导下，巴东邮政紧扣省公司“不忘初心、主动担当、提升品质”的总体要求，围绕“高质量发展”的主线，继续坚持“规模稳位、树标夺旗”奋斗目标，落实“一体两翼”及“一核两轮”的发展战略，为打造行业“国家队”不懈努力；全年实现业务收入5614万元，完成州公司预算94.35%，同比增幅6.28%，收入规模全省第四十三位次，实现保位。官渡口、大支坪支局全州排位实现晋位，绿葱坡、西壤坡实现保位。

【金融和寄递业务】 以规模和结构增效为基础，以新时代群众消费和理财变化为需求，继续壮大规模，调整结构，持续推动基础业务拓展。全年新增综合资产3.71亿元，其中储蓄余额规模达到19.33亿元，活期占比达41.59%，市场占有率17.63%；新增保费2.23亿元，同比增长2.14%；理财达到1.17亿元，同比增长81.25%。新增手机银行11647户，第三方支付绑卡16816户，POS机118户，云闪付7057户和收单2172户；交易替代率达到94.7%。邮储综合收益率达到1.72%；保险综合收益率达到4.48%。全年实现收入4317万元，位居全州第4位。

深化邮速改革落地，全面整合实物网和信息网，完善营销体系建设，网运提速，管理提质，市场增量，打造寄递行业“国家队”。全年收寄39.55万件，完成收入527.17万元，同比增幅21%，市场占有率达17%。开发政务市场（法院专递、税务专递、放管服和交管项目）2.5万件，收入38万元；金果坪、沿渡河包裹快递收入超过20万元，在全州农村网点起到发展引领作用。全年进口妥投邮件57.27万件，客户满意度达96%。“双11”“双12”电商揽收共收寄快包5.4万件，增幅25%。

【平台提能】 打造“线上＋线下”电商运营模式，邮乐网线上建成“巴东销售馆”并注册2271个邮乐小店开展销售，线下建设村级“邮乐购”“邮掌柜”站点287个，确保农产品进城、电商产品进村通道。通过开展“邮政919·丰收欢乐购”、特色农产品展示周等活动，销售本地特产椪柑、猕猴桃等。探索“社会商家＋地方农品＋邮政配送”的批销发展模式，全年累计实现批销交易额483万元。10月组织站点抱团订货会，现场缴款360万元。

函件业务以互联网、自媒体项目为载体，线上与线下同步推进，广告及旅游明信片项目实现收入135万元。“车优保”、基因检测项目增收29万元。报刊业务全年实现收入232万元，报刊流转额达到739万元，人均订阅率15%，全州第一。

利用全县邮政网点代理税务双代业务，实现收入28.1万元；开展与“邮掌柜”深入合作，探索建立标准化邮政“村邮站”服务，解决好农村服务“最后一公里”问题，全县投资20万元完成“龙潭坪、石桥坪、白果村”三处村邮站改建。

【精准脱贫】 公司驻村帮扶溪口、茅田两个村，派驻扶贫驻村干部7人；县公司精准扶贫干部19人对口帮扶贫困户73户，助力脱贫攻坚，全年投入扶贫资金40万元。开展电商助力扶贫工作，全年新增电商扶贫户12户。

【平安邮政】 开展“金融防诈骗知识下乡”和普法宣传活动，党员干部深入村、组对接组织宣传活动；把邮政安全工作与平安巴东建设结合，开展创平安大院、平安机关、安全月等活动；坚持“扫黑除恶、扫黄打非”工作，杜绝黑恶势力影响，杜绝非法出版物通过寄递渠道传播。

（朱　洁）

电　信

【概　况】 2019年，中国电信巴东分公司在县委政府及省、州公司的领导下，在县级有关部门的大力支持及公司全体员工的共同努力下，加强基层组织建设，扎实推进党建工作，为推动巴东地方经济建设，特别是“智慧巴东”建设提供良好的组织保障，较好地完成县委、县政府和上级公司安排的各项工作任务，保持企业持续健康发展。实现全业务收入6653万元，发展固定宽带用户10980户，在全省65个县域经营单位中，经营业绩及健康度均排名靠前，继续保持电信宽带的市场主导地位。野三关支局、水布垭支局、茶店子支局、城区支局荣获中国电信股份有限公司湖北分公司“百优支局”称号。公司荣获“2017—2018年州级最佳文明单位”。

【信息化基础建设】 紧扣“一个目标”即“光纤宽带通村到户、4G网络全域覆盖”的扶贫总体目标，各项工作快速推进。宽带乡村自然村通光工程，在2018年全县322个行政村全部通光的基础上，于2019年9月30日前完成30个初步具备条件的规模自然村通光，全县所有有线网络都具备50兆以上的带宽接入能力。公司围绕巴东县2019年脱贫摘帽的总目标及“616工程”基站补盲项目总要求，全年完成新改建4G基站56个，无线信号覆盖率98%以上。完成特定区域的信号覆盖建设，解决诸如巴野路隧道、景区的覆盖，让进出巴东游玩的游客享受到巴东县的信息服务；完成巴东县委、政府交办的临时补盲区域的建设。

【信息化应用建设】 积极响应国家脱贫攻坚号召，在巴东县人民政府扶贫开发办公室的统一组织下，助力夯实政务服务、优化营商环境，解决村、社区电脑知识参差不齐的现状，配合建设全县322个行政村（社区）委会、12个乡镇便民服务中心的电子政务外网及通村桌面云系统。积极响应“智慧巴东”建设总要求，建成“智慧公交”项目，使老百姓足不出户便可掌握最新公交信息，出行更加便利。

【精准扶贫】 按照县委、县政府的统一安排部署，公司严格按照精准扶贫、精准脱贫的工作要求，进一步强化“央企姓党”的责任担当，继续派驻以赵庆明副总经理为“尖刀班”班长的5人脱贫攻坚“尖刀班”，长期在茶店子大井坪村驻村。严格对照“两不愁三保障”目标和“户脱贫、村出列”的验收标准，扎实推进脱贫攻坚工作。帮扶干部克服扶贫帮扶与业务发展的困难，帮扶干部职工200余人次到对口帮扶村茶店子周家坪村、天保山村、大井坪村。

（县电信公司）

移　动

【概　况】 2019年，中国移动通信集团湖北有限公司巴东分公司秉承中国移动“创无限通信世界，做信息社会栋梁”的企业使命，通过实施核心能力战略，在保持服务与业务领先、占据核心市场、推进资本运营、创建企业文化、实施企业信息化等方面取得了长足的进步，企业综合实力不断加强。主要经营移动通信业务、IP 电话及互联网接入服务等，总资产达 6 亿元。

【网络建设】 巴东分公司在“打造 4G 精品网络”战略思想的指导下，逐步对农村地区进行深度覆盖。自 2000 年开通第一个 GSM 数字基站以来，巴东移动公司共在全县范围内建成 2G 站点 341 个，4G 站点 470 个，实现县城、乡镇集镇 4G 网络全覆盖以及行政村原有 2G 站点共址的 4G 站点开通；宜万铁路、沪渝高速、沪蓉高速沿线（含隧道）4G 网络实现全覆盖；县内所有景区均单独建设 4G 基站，已投入使用。

【信息化建设】 建立巴东县社会管理创新平台，并结合该平台，通过录入各行业数据，如城管、交通、卫生、环境、消费、人口、安全、水、电等，进行实时管理，为县委县政府提供实时准确的数据，便于政府部门做好研究和决策等。

巴东移动为巴东县教育系统建设教育城域网，利用网络建设接入巴东全县 95 所学校及相关机构，为巴东教育的现代远程教学、教育信息资源共享、办公平台安全高速、偏远农村学校网络的接入打下良好的基础。

利用巴东县教育城域网的优势，巴东移动在巴东县教育系统建立涉及全县 12 个乡镇及教育局机关的“云视讯”会议系统平台建设，通过平台的建设，有效的解决教育局教学培训、行政会议、汇报工作、传达精神等工作要求。教育局可随时将视频会议开到各乡镇，有效节约差旅费用及其他各项开支。

为防止水源地污染，巴东移动公司利用传输专线优势，将全县 15 个水源地进行视频监控一期接入，将各个监控点的视频监控信息在巴东县水利局监控大厅进行汇聚，对水源地进行有效的视频监控，将各种污染水资源的不良行为进行实时监管，防患于未然。

加强社会治安防控，形成党委领导、政府主导、综治协调、各部门齐抓共管、社会力量积极参与的社会治安防控体系建设工作格局，健全社会治安防控运行机制，编织社会治安防控网，提升社会治安防控体系建设法治化、社会化、信息化水平，增强社会治安整体防控能力，全面推进平安巴东建设，建设 609 个城乡监控点的数据网络传输，适时查看或调取监控画面，为平安巴东保驾护航。

围绕旅游建设年活动，把“互联网 + 旅游”结合起来，建好“互联网 + 巴东旅游”全方位的“智慧旅游”信息平台，为旅游局打造旅游小区短信服务平台，让过往巴东境内的外地用户都能够收到巴东旅游局发出的温馨服务短信，提高旅游对外知名度。

【宽带建设情况】 根据国务院“宽带中国”的战略部署，全县 12 个乡镇街道实现 100% 通宽带网络、322 个行政村完成 320 个行政村的宽带覆盖。

【服务与业务工作】 秉承“优服务点赞 10 分”的服务理念，巴东分公司在全县 12 个乡镇共计设立 90 家实体渠道，办理入网、缴费、手机销售等业务，为全县移动用户提供方便、快捷、周到的服务。

【脱贫攻坚】 响应党和国家的号召，把脱贫攻坚作为当前最大的政治任务，由党支部书记、总经理亲自带头，选取政企精英、业务骨干和基层员工代表一起组成 4 个人、1 台车的尖刀班，吃住在村，同巴东溪丘湾乡椰树槽村村支两委一起带领 168 户家庭、710 口人口脱贫攻坚，通过同尖刀班成员的共同努力，建成占地 0.413 公顷的光伏发电站一座，村集体收入达到年 15 万元左右，发展茶叶 80 公顷，并在 2019 年争取到省移动公司帮扶资金 25 万元用于修建茶厂，谋划销路。建成 300 立方集中供水池 1 口、50 立方集中供水池 2 口、硬化道路 10.55 千米，整修砂石路 4.5 千米。利用本行业优势，为该村建成 4G 基站一座、光纤宽带已通达到村等。在2019年10月的扶贫表彰大会上，公司驻村第一书记邓建华被县委、县政府表彰为“十佳优秀帮扶干部”。

（县移动公司）

联　通

【概　况】 2019年，中国联通巴东县分公司按照县委县政府的总体部署，全面贯彻习近平新时代中国特色社会主义思想和认真学习贯彻党的十九大精神。统一思想、提高认识、明确任务，全体干部员工不忘初心、牢记使命，坚持抓好党建促业务指导思想，促进公司生产经营工作再上新台阶。2019年整体完成主营收入5000余万元。移动业务、固网用户共计10余万户。

【扶贫攻坚】 2019年，公司按照县委政府要求，配备第一书记和3个驻村工作队对溪丘湾狮子垭村进行帮扶，全年圆满完成各项扶贫工作任务，完成36900株、41公顷柑橘产业定植，推动完成龙王嘴桥桥梁引桥公路项目建设，在4、5、6组协调新增变压器各一台，解决夏季电压不稳定问题。公司积极争取上级支持，2019年捐赠30万元援建狮子垭村级文化广场，另捐赠5万元用于办公设备购置和产业发展启动资金。

结对帮扶工作情况。公司结对帮扶联系村为野三关高炉坪、瓦屋场，以总经理牵头，组织中层领导、骨干成员、关键岗位共计20人组成结对帮扶工作队，对上述两村共计54户贫困户开展结对帮扶，2019年人均入户达13次260余人次，电话沟通200余次，结合行业优势、落实各项脱贫措施。2019年，驻溪丘湾狮子垭扶贫工作队被恩施联通党委评为2018—2019年度“优秀扶贫工作队”，扶贫村驻村书记被湖北联通团委评为2019年度“青年志愿者优秀个人”、被湖北联通工会评为2019年度“湖北联通好员工”。

【网络基础设施建设】 4G移动互联网建设项目。截至2019年12月，公司投入资金8000余万元，新建4G基站200余座，累计建成4G基站530余座，完成年初制定的县域内4G信号全域覆盖、整体覆盖率95%以上的基本目标，解决巴野公路沿线（含隧道）、G50高速公路（含隧道）4G信号全覆盖问题。光纤宽带建设项目。2019年，投资近300万元，新建光纤端口8348个，改造光纤端口1704个，完成茶店子、绿葱坡、大支坪等乡镇县乡波分改造，乡镇出口带宽达到20G以上。

（向小芳）

城建　环保

综　述

【概　况】 全年完成固定资产投资8.3亿元（不含农户补助）。新增建筑企业4家，建材企业2家，建筑业总产值11.31亿元，同比增长26%。房地产开发投资额3.2亿元，同比增长144.1%。新增房地产开发企业8家，房产中介机构1家、物业企业8家。非税收入1579万元，同比增长85%。

【重点城镇项目建设】 争取2020年度中央、省级预算内城市基础设施建设资金4.35亿元，住建局承建的市政建设项目11个、投资1.54亿元，其中8个项目已竣工投入使用，3个项目按进度要求推进。

【乡镇生活污水治理】 12个污水处理厂基本完成建设任务，处理能力45100吨/天，5个提标改造污水处理厂（营沱、神农溪一期、野三关、溪丘湾、沿渡河）出水已达到一级A排放标准，7个新建污水处理厂（水布垭、大支坪、东瀼口、茶店子、绿葱坡、清太坪、金果坪）已转入试运行；累计建设污水主支管网138千米，新建泵站11座，改造泵站2座。

【城镇环境治理】 2019年度州考核排名第一，年度奖补资金全州第一。新建垃圾收集亭489个，配备垃圾收集容器2.5万个、兼职保洁员382名（不含城区），38辆生活垃圾收运车辆全部投入使用。新建11个乡镇垃圾中转站、转运规模设计353吨/天，新建2个填埋场污水处理站已投入使用，预处理厂主体完成。清理存量垃圾7.8万立方米，住建部挂号的3个点已验收销号。新购餐厨垃圾收集车1辆，荷花餐厨垃圾处理站已动工，创建103个示范村，322个村全达标。

完成20座城镇公厕建设任务，其中完成新建8座、改建12座，全州排名第四。

施工围墙变身文化墙扮靓城市　　付瑞勇　摄

楚天路停车场建设图　　谭长春　摄

【城市供水】 建成净水厂1座，加压泵站11座，加减压水池20座，供水主管网140千米、覆盖面积20多平方千米，神农小区供水设施得到完善，日供水能力4万吨。

【精准扶贫】 2019年，争取危房改造补助资金16773万元，实际拨付13872.45万元，实施危房改造14554户，占五年总数的61.4 %，完成住房安全有保障认定60705户，建档立卡贫困户56756户中住房安全有保障56743户。2020年，上级下达全县农村危房改造补助资金4657万元。

结对帮扶野三关镇高炉坪村、溪丘湾乡麦丰湾村，派驻6名工作人员任“尖刀班”成员，局主要负责人严格执行“1+4”工作模式，分管领导严格执行“三在村”工作模式，驻村工作队认真遵守驻村工作制度，结对帮扶干部扎实做好入户帮扶工作，先后落实帮扶资金60余万元支持结对帮扶村建设党员群众服务中心、村卫生室、两座桥涵、文化广场、宣传栏等基础设施及公共服务建设。

【保障住房建设】 棚户区改造项目建设。完成2018年759套（户）棚户区改造任务，其中野三关镇300套（户）、信陵镇159套（户）、官渡口镇100套（户）、清太坪镇100套（户）、茶店子镇100套（户）。巴东县高铁新区城中村棚户区改造项目完成30%，野三关镇金象坪棚户区改造项目完成10%。巴东县高铁新区城中村棚户区改造项目申请2019年第一批棚改专项债券1亿元用于项目建设。

公租房分配入住。省、州累计下达给巴东县建设任务共5671套，其中盘活300套，已分配入住4846套（含预分配780套），入住率90.2%。

租赁补贴发放。严格落实租赁补贴准入、退出机制，全年发放住房租赁补贴61户11.35万元。

【行业管理】 开展房屋建筑和市政工程“打非治违”专项整治，50个项目违法开工建设，分类处理；招投标专项整治，重新征集房屋建筑和市政工程评标专家库评审专家73人；注册建造师“挂证”专项行动，清理县域范围内注册建筑业施工企业23家，建造师“挂证”人员整改187人；“双随机、一公开”常态化开展，累计罚款280万元，没收非法所得99万元。完成“扶贫领域政策落实监查系统开展监督检查工作问题线索整改”反馈问题和县纪委监委5件交办件的调查工作，涉案企业已立案查处。

全县工程质量安全形势持续好转、有序可控，2019年全县在建项目143项、建筑面积102.4万平方米、投资额42.51亿元，共有商业混凝土企业2家、检测企业3家、“一体化”企业2家，组织完成8个涉危工程论证，施工企业标准化考评22家合格率100%；召开观摩会2次，创州级文明施工现场1项；新建项目实现五方责任授权书、质量终身责任承诺书、安全生产承诺书签订率100%。常态化治理城区扬尘，54个城区在建项目全部实施绿色围挡和安全文明施工。

【房地产管理】 2019年，新建商品房批准预售1917套、18.15万平方米，同比增长414.2%；新建商品房销售759套8.97万平方米，其中存量房成交941套13.34万平方米、同比增长157%，已批准预售尚未售出的商品住房1276套面积11.3万平方米。加大房地产市场专项整治，联合乡镇人民政府、县直相关部门对全县房地产市场开展3次检查，持续整顿房地产开发、销售、中介行为，下达责令改正通知书4份，现场关停2处违规售楼中心，净化房地产市场环境。加强商品房预售资金监管，制定印发《关于进一步加强商品房预售资金管理的通知》，明确资金监管责任，规范商品房预售资金使用流程，落实商品房预售资金网上监管制度。加强房地产市场金融风险防范，加强对房地产开发经营情况进行滚动式排查，制订风险隐患化解方案，做好风险化解分类处置工作。加强房地产住房租赁中介机构乱象整顿，对全县4家房地产经纪机构专项检查，严查房地产开发企业利用无证经营、未备案中介机构进行商品房销售等违法行为，组织全县房地产销售人员上岗培训，落实持证上岗制度。

【人防工程管理】 防空警报设施提档升级，城区鸣响率、覆盖率100%。人防系统腐败问题专项治理阶段性完成，清收历年易地建设费欠款171.67万元，其余欠款已依法提起诉讼。

【燃气安全管理】 落实燃气行业管理“13条”，强制规范企业日常运营“4种行为”，查处燃气非法经营案件5起，收缴液化气钢瓶124只，行政拘留2人，集中整治餐饮行业用气安全突出问题11个，整改站场安全隐患155处，上级交办19个问题全部销号。“二维码”充装改造石油液化气钢瓶1.2万只，升级改造燃气站场视频监控系统、泄漏监测系统和防雷、防爆、防静电预警系统，燃气特种设备信息化监管能力得到加强。

【深化改革】 工程建设项目审批制度改革。制定印发《巴东县工程建设项目审批制度改革实施方案》，全年受理办结施工许可68项、人民防空地下室易地建设审批8项、商品房预售受理12项、房屋交易登记备案1241件。

消防设计审查和验收。全年受理建设工程消防设计审查15件、办结3件；受理消防设计备案5个，办结3个；受理建设工程消防设计14件、办结5件。

（庹 斌）

城市管理执法

【概 况】 2019年，巴东县城市管理执法局认真贯彻落实党中央关于城市管理执法工作的方针政策和决策部署及省委、州委、县委工作要求，在履行职责过程中坚持和加强党对城市管理执法工作的集中统一领导。认真落实城市精细化管理的总要求，坚持“以人民为中心”城市管理理念，聚焦城市管理的薄弱环节和难点痛点，坚持问题导向、目标导向，多措并举、综合施治，县城区市容环境明显改善，保洁水平持续提高，市政管护持续加强，绿化建设不断提质，违建管控平稳有序，“干净巴东”的城市名片更加靓丽。

县城市管理执法局依法查处划定区域外占用道路及其他公共场所的食品摊贩违法生产经营食品行为，负责餐厨废弃物处置的监督管理工作；负责户外公共场所流动商贩管理和违规设置户外广告的行政处罚。

【环境卫生】 在主城区全面实施垃圾“袋装化”直收直运工作，每天3台洒水车对主次干道3次清洗、2台机扫车跟进强化作业、2台三轮高压冲洗车清洗重度污染路面，环卫工人全天候清扫保洁，城区保洁水平显著提升，群众满意度100%；公厕建设管理提质增效。按星级标准改造公厕4座，新建公厕2座，精细化管护公厕19座，城区公厕做到设施完好，标志齐全，基本无臭味、无蝇蛆、无尿碱，无乱贴乱画，为群众“方便”提供最大方便；垃圾处理更加规范。启动荷花垃圾填埋场渗滤液处理项目（二期）工程建设建成投产，处理能力增加到70立方米/天。整改后的垃圾填埋场填埋作业规范，场区环境整洁、空气良好，地下水监测全面达标，彻底消除环境安全隐患，填埋场运行质量达到州内一流水准；环卫装备保障加强。投资509.8万元采购垃圾收集桶600个，勾臂箱100个，果皮箱200个，作业车辆15台，环卫装备更趋完善，机扫率大幅提升。

【园林绿化】 项目管理更加规范，绿化质效得以提升。2019年新建营沱至209环城路出口处空闲地花池、启动江南城区5处高边坡生态修复项目；完成黄家大沟西侧危岩体应急治理工程和复绿工作，及时消除安全隐患；筹备建设面积为3公顷的苗圃基地，完成选址、测量、设计和建设费用概算。

坚持市场化导向，推行精细化管理。委托鑫浪、佳欣两家公司对城区绿化进行日常管理，园林养护水平明显提高；不断加大绿地养护力度。对绿化带进行春秋两次施肥，修剪7次，病虫害防治19次，绿地锄草28次，清理死树死株93棵。加大绿地补植力度，3月完成体育场、营西二桥、巴一中西门拐角的春季补植，6月完成巴山路、西陵路花箱的补植，补栽乔木10株、花灌木47株，色块400平方米，11月启动秋季补植工作；持续开展浇水抗旱工作。自7月起，城区持续高温干旱近三个月，在土家寨、体育场、公安局东侧绿地增设喷淋设施。对公园广场、梯道、街头游园、绿化带等绿地昼夜循环浇水抗旱保苗，其中实施夜间浇水445车次，减少苗木损失。

不断加大设施设备的维护力度，侧重于公园广场电路、排洪沟、铺装地面、公厕内设施的维护，投入资金4万余元，维修80余次147处。2019年春节、国庆期间，在巫峡广场等地摆放鲜花。

2019年常规巡查近200次，及时发现制止侵绿、损绿行为，严把审批和恢复关。开展督查整改16次，下发整改通知书25份、临时占用绿地审批6次，配合相关单位在巫峡广场、纤夫广场、巴东广场开展活动16次，查处侵绿损绿案件8起。组织开展城区绿地环境整治3次，开展绿地保护宣传活动1次，发放1200份《绿化养护管理倡议书》，市民随意修剪行道树、乱牵乱挂、随意占用绿地等行为得到有效遏制。

【市容秩序】 持续开展弃土运输专项治理，不断深化渣土污染整治行动。通过责令改正、强制整改等手段，强化城区市政、易迁及房地产等40余处工地的规范化建设；开展烧烤夜市专项治理行动。联合市场监督管理部门地毯式上门告知、限期整改和立案处罚，城区90余家烧烤夜市摊点全部按要求安装油烟净化设备；开展餐厨垃圾专项治理行动，督促城区400余家餐饮业主对餐厨垃圾进行干湿分离和分类投放，严查餐厨剩余物随意倾倒和喂食生猪违法违规行为；开展建筑垃圾专项治理行动。在重要节点安装2台电子眼强化管控，严厉打击在城区周边特别是黄土坡、绕城线片区的乱倾乱倒行为。

开展服务“两会”、旅游纤夫节、领导考察、冬泳赛等专项整治活动55次，规范出店经营1600余处，乱摆乱放1500余处，规劝流动商贩4820人次，清理广告横幅210处、落地店铺招牌69块，纠正占道经营1726人次，依法没收经营工具15件，取缔21个临时摊点。处理群众投诉、举报67人次，整改“周一曝光”不文明现象150余处，各级督办事项16处，整改率达100%，切实解决市民关注的热点、难点问题21处。

践行“七分服务、二分管理、一分执法”的执法理念，采用“劝导、告诫、警告、处罚”四步工作法，推行“志愿劝导、义务保洁取代违规小额处罚”的好做法，设立菜农临时疏导点，提高社会满意度。

2019年按简易程序当场处罚60余起，按一般程序实施行政处罚83件（其中两违案件55件、垃圾案件4件、渣土案件16件、占道案件6件、绿化案件2件），共计罚款170余万元，进入执法程序的行政强制案件20件。

【市政管理】 聚焦校园安全，安装石球防护工程。2019年在光明小学、京信友谊中学、实验小学、巴东一中附近路段安装大理石石球，有效防止校园周边车辆乱停乱靠，实现人车分离，消除安全隐患。

2019年完成卓越广场路面补损、灌缝修复工程预算编制及沿江路五座大桥防护改造工程申报计划。芭蕉树停车场道路指示牌已安装就位；西五路连接线市政道路上残存的建筑弃料全部清理；紧急修复冬泳赛举办场地周边道路损坏的路缘石等市政设施。不断强化设施日常维护管养，共计整修城市护栏328.6米，排水边沟266米，疏通冲沟522米，清理雨水井83个，改造积水点4处，更换井座井盖、泄水桥189余套、人行步砖283

平方米、盲道板85平方米、路沿石125米。

规范城市井盖管理。组建专班摸排井盖产权、位置、类别、大小等信息，建立台账，填补井盖管理信息的空白；井盖维护监管运转正常。及时清理修复破损井盖，消除隐患；建立防汛应急处置机制。对积水严重路段设立警示标志，并利用抽水泵设备疏导积水，确保沿江路低洼路面及松林湾大桥，万沪沱大桥桥面系不出现大面积积水。

2019年初启动城区11座市政危桥维修加固改造工程，按程序完成报批、立项、可研、初设、图审、财评、招投标等系列程序，一标段、二标段进入正常施工阶段。积极做好桥梁日常管理，城区共有大小桥梁18座，其中大桥7座，均运行在15年以上，切实强化日常监测和养护，建立健全日常监测制度，每季度出具监测报告，形成环比数据分析，确保桥梁安全运行。

已累计完成维修路灯1756盏次，更换各类光源电器656套，更换电缆6500米，安装更换LED灯560个、钠灯328个、交流接触器21个、时空开关21个、景观灯灯罩50套、路灯检查井盖板110片、铜鼻子660个、更换电表6块，保障亮灯率95%以上。争取资金38万元对寇准公园被盗路灯线路进行复建，并安装11处亮化动物图案；投入9.8万元完成寇准公园280个亮化红灯笼景观灯安装。

【违法建设管理】 严控违法建设“增量”和消除违法建设“存量”。拆除城区钢架棚违建10余处，有效遏止城区“绿帽子”蔓延态势。多措并举迫使信陵镇郭某某自行拆除700余平方米的历史违建，组织公安等130余人强制拆除官渡口向某某500余平方米的历史违建，协助东壤口拆除库岸施工范围的2栋征收房屋，拔掉严重制约长江库岸治理项目建设的阻工“钉子户”。清理拆除黄土坡片区乱堆乱占、乱搭乱建点位40余处，强制拆除巫峡口旅游接待中心核心施工范围向某某500余平方米的历史违建，协助信陵镇拆除大面山景区征收房屋40余栋。及时拆除乐乡大道江北物流园旁的3处历史违建、官渡口集镇涉及环保问题的2处历史违建、信陵镇涉及托幼中心校园安全的1处历史违建。

【精准扶贫】 克难攻坚帮扶精准脱贫，群众满意有实效。县局及局属各单位分别负责水布垭镇双道冲村、绿葱坡镇杨家坪村、野三关镇穿心岩村、溪丘湾乡平阳坝村及清太坪镇梯子口村、樱桃水村、核桃坪村共7个村的精准扶贫对口帮扶工作，严格按照“抽硬人、硬抽人”的原则，选派政治站位高、工作能力强的业务骨干20人作为帮扶工作队员，遵从县脱贫攻坚指挥部的统一要求，吃住在村，扎根一线，克服工作、生活中的困难，圆满地完成精准扶贫帮扶工作任务，得到各级领导及广大村民的一致肯定和认同。

（郑德喜）

“六城同创”

【概　况】 2019年度，县“六城同创”办以打造长江边上最干净县城为目标，持续推进“六城同创”工作。2019年8月27日，获“湖北省生态文明建设示范县”称号；省级文明县城也通过第三方测评；官渡口镇创成国家卫生乡镇和省级森林城市；清太坪镇、溪丘湾乡创成省级卫生乡镇；12月30日，湖北省环委会授予大支坪乡、绿葱坡镇“省级生态乡镇”称号；授予绿葱坡镇野花坪等10个村“省级生态村”称号。

【重点工作】 对标对表查短板定重点，制定年度短板任务清单。关键节点顾大局提品位。春节期间，在城区10处布景悬挂红灯笼1400余串；国庆节前，各乡镇、县直各单位悬挂节日灯笼，播放欢度国庆佳节标语，更换国旗，擦亮国徽，开启音乐喷泉。开展“微镜头走街头进村头”4期，为14位好榜样颁证授奖，发放文明传承基金700

元，营造全域创文明的氛围。

在“小康之约”2019 秘境巴东高山森林国际半程马拉松赛、“一把扫帚扫到底，干干净净迎国庆”百日攻坚活动、第二届巴东国际地质灾害论坛、2019 年“7 · 16 全民游泳健身主题系列活动”暨“畅游神农溪 · 横渡大三峡”冬泳邀请赛期间，协调城管、工商、公路、运管等职能部门开展城乡市容环境大整治。垃圾分类工作。12 个乡镇已完成收集亭的安装、分类垃圾桶的放置，引导老百姓分类投放。县城 188 个单位已完成强制分类试点工作。开展“筑梦小康 · 行者必至”健步走活动。由“六城同创”办、政务服务和大数据管理局、总工会、机关事务服务中心联合发起的“筑梦小康 · 行者必至”健步走活动，旨在倡导绿色生活、健康生活，保护环境，低碳出行。开展拒绝一次性餐饮用具工作，从源头控制城乡白色垃圾的增量，减少对生态环境的污染。一次性餐饮用具使用后，常被随意丢弃在溪流、河塘等地方，在自然条件下极难被降解，会污染水源和生态环境。开设“周一曝光台、周四大整改”专栏，先后 36 期曝光不文明行为和城镇乱象，监督及时整改，取得良好的效果。

【城市建设及管理】 加快智慧城乡建设速度。芭蕉树沟、巴山路一号、营沱经济适用房停车库 3 家智慧停车场投入使用，县城区已有停车泊位 8992 个。城乡同步确保交通畅通。“六城同创”办组织专班对各单位停车场免费开放情况进行暗访检查，有效治疗交通拥堵、无序停放、停车难等城市病。处罚各类交通违法 8267 起，暂扣车辆 925 台，报废机动车 137 台。加快旅游功能建设。按照“一街一景、街区即景区”的思路实施寇公大街建设、完成水布垭“巴王水寨”、廪君公园、巴人河景区、旅游公路、森林花海等工程建设项目，巫峡口景区项目建设有条不紊，有效释放旅游潜能。加快绿化建设力度。编制 2017—2030 年城市绿地系统规划，完成巴东道路及梯道绿化升级（道路绿化升级）工程建设项目，实施城区 4 处空闲地和高边坡绿化，启动乐乡大道绿化、寇公广场水景墙景观工程项目建设。加快亮化工程建设。巴东长江大桥将南北两个城区连在一起，位置居中，投资 1000 多万元实施的亮化工程，将大桥打造成为一座“网红桥”。启动城乡“路长制”工作。在县城区和 12 个乡镇启动“路长制”工作，推进“六城”同创向纵深推进、向高标迈进，推进城镇精细化管理工作落小、落细、落实、落地，把精细化管理标准和责任落实到“最后一米”。城乡同步开展市容环境整治。县“六城同创”办组织相关单位对城区“蜘蛛网”乱象进行整治，组织执法部门开展城乡市容环境大整治，取得较好的效果。城乡同步开展环境卫生保洁。全面落实“门前五包”责任制，设定每周五为“城乡环境卫生日”，全县各级单位开展环境卫生大扫除和文明劝导活动。

（县“六城同创”办）

生态环境

【概　况】 2019 年，州生态环境局巴东县分局以党的十九大精神为指导，以习近平新时代中国特色社会主义思想为指引，紧紧围绕“五位一体”总体布局和“四个全面”战略布局，践行习近平生态文明思想，积极履职尽责，开展多形式的环

4 月 4 日，州生态环境局巴东县分局正式挂牌成立

保宣传，扩大了公众知晓率和参与率。成功创建省生态文明建设示范县、省级生态乡镇2个、生态村10个。全年城区空气质量优良天数达到341天，集中式饮用水源、地表水水质达标率均为100%。8月27日，省环境保护委员会正式发文，授予巴东县省生态文明建设示范县称号。12月30日，省环境保护委员会授予巴东县绿葱坡、大支坪“省级生态乡镇”称号，授予绿葱坡野花坪等10个村为“省级生态村”称号。

【履职尽责】 长江巴东段是长江流经湖北第一县，全县始终牢记上游使命，全方位扛起扮靓“长江第一哨”的政治责任，推动各项工作落地落实。细化目标任务。紧紧围绕“州2019年污染防治攻坚战、长江大保护十大标志性战役任务清单”提出的目标任务，印发“2019年污染防治攻坚战作战任务清单”“2019年长江大保护十大标志性战役作战任务清单”“2019年中央、省级环保督察反馈问题整改任务清单”，锁定作战目标，明确时间表和路线图。持续加密调度。县环委会召开县委常委会、政府常务会研究生态环保议题30个，县级领导现场督办解难73次，县指挥部专题部署重点工作22次，并组织两次全覆盖专项督查。严格考核问效。全年迎接国家、省、州等专项督察10余次，出动监察人员241人次开展“双随机、一公开”专项执法行动，监察企业126家次，下发19份现场责令改正违法行为决定书、36份责令改正违法行为督办函，处罚违法企业9家次，处罚款24万余元，实施关闭、责令恢复原状1家，有效解决一批重点难点问题。

6月5日，在光明小学开展“6·5”环境日宣传和环保世纪行活动

【污染防治攻坚战】 2019年，污染防治攻坚战80项任务有效落地，完成58项，完成并长期坚持的18项。省生态文明建设示范县、2个省级生态乡镇、10个省级生态村正式命名。

超强度持续开展扬尘管控、餐饮油烟治理、露天禁烧和挥发性有机物治理四大专项行动，建实县领导包片、乡镇干部包村、村组党员干部包户，网格员、护林员、管护员、保洁员分块巡查的工作机制；18家餐饮企业安装油烟净化设施，20家一二类汽修企业加装废气处理设施，10家三类汽修安装废气处理设施，查处渣土运输违法行为10起，罚款2.8万元；稳妥划定县城高污染燃料禁燃区，强力推动煤炭转型减量49万吨，天然气清洁能源年累计销售251.47万立方米，8个码头配套岸电，投放新能源客车100余台。

全县以推进“四个三重大生态工程”项目建设为重点，实行“管、清、控、治、防”五措并举，推进“三源共治”（工业源、农业源、生活源）和水生态系统治理。持续实施“3个30”攻坚行动，5个改提污水厂实现稳定达标排放，7个新建污水厂试运行，配建管网138千米，建成11个乡镇垃圾中转站、489个垃圾收集亭，县城生活垃圾预处理厂主体完成，累计完成农村改厕44871户，建成农村公厕207座。持续深化河长制管理，完成6条县级河流管护空间和岸线核定登记勘界，53条河流完成“一河一策”编制，启动小微水体管理。111个地下油罐完成改造，治理库岸护坡12万多平方米。投资600万元打造两条清漂船，清漂作业实现机械化，年累计打捞江面漂浮物4020吨。

以保障农产品质量和人居环境安全为核心，扎实开展违建别墅清理专项行动，持续加强未利用土地监管，完成205个点位土壤污染状况详查和13个行政村环境综合整治，30家矿山地质环境恢复和综合治理完成验收，土壤点位监测年度任务全面完成。荷花垃圾填埋场等5家土壤污染企业确定为重点监管对象，医疗机构医疗废水、废物全部集中规范处置，实现台账和清单管理全覆盖。加快实施农业面源污染治理工程，完成0.23万公顷高标准农田建设，新增耕地质量提升与化肥减量增效示范333.33公顷，新增8个土壤酸化治理示范区，农作物秸秆综合利用率90%以上。全县生态环境质量考核数据收集整理上报基本完成，“二污普”数据审核通过率达100%。全县全年无辐射安全事故发生。

【推进“长十”战役】 2019年，全县“长十战役”102项工作任务完成79项，完成并长期坚持的18项，成效进位明显。长江巴东港规划修编获得省政府批复，完成4个绿色智慧港升级改造、7个码头防洪影响评价和临时砂石集并中心建设任务。增加船舶生活垃圾回收船和油污水回收船一条，全年共回收2982艘次生活污水2417吨、污油水120吨、生活垃圾4341立方米。集中摸排清理港口岸线资源，建立“一岸线一档”，3个河沙可采区规划投产，立案查处非法采砂7起，罚款5.75万元，关停涉河砂场4处。岸线复绿造林146.81公顷，护岸林造林148.77公顷，城镇村庄道路绿化造林146.81公顷，创建森林城镇1个、绿色示范乡村7个、绿化居民点11个，实施封山育林和退化防护林修复1444.95公顷，全县森林覆盖率61.3%。完成11个“百吨千人”水源地保护区划分、编制30个重要水源地保护区治理方案，启动县城应急水源项目建设。完成巴东经济开发区规划环评，严惩非法排污行为，查处违法企业7家，罚款20.2万元。完成131处共计7.8万立方米存量垃圾清理。统筹1400万元，对新发现的6处雨污混排口进行整改。

【推进问题整改】 2019年，全面集中力量解决好环保督察组反馈问题和群众反映强烈的突出生态问题，按序时进度推进中央、省环保督察反馈问题整改销号工作。2016年中央环保督察反馈的35个问题，已整改销号32个，交办的13个信访件全部办结销号。剩余3个（编号18、43、73）交办的任务，属分阶段整改的任务，分别是大气污染防治、保障饮水安全、长江水质污染问题，按上级要求序时推进。2018年省环保督察反馈的39个问题，已整改销号21个，2019年底应销号7个均已完成整改并按程序上报销号，剩余2020年底交账的11个问题均达到整改进度要求。11个交办信访件全部办结销号。中央环保督察“回头看”交办信访件19件已完成整改，整改效果持续巩固，没有出现反弹。省督查组暗访推动长江经济带发展交办巴东县的10个问题全部完成整改。中央环保督察“回头看”反馈意见14件、长江保护与湖泊开发专项督察反馈意见4件，完成整改5个件，其余13件按序时进度整改。

【生态文明宣讲】 利用“6·5”环境日进行宣传。今年是第48个世界环境日，巴东积极响应“美丽中国　我是行动者”环境日主题，环境分局联合金丝猴自然保护区管理局、沿渡河镇、溪丘湾乡开展生物多样性保护、环保法律宣传。3000多师生和集镇居民参加活动。“6·5”世界环境日当天，与县人大联合在光明小学开展环保世纪行活动，推动社会各界和公众积极参与生态文明建设。充分利用“尖刀班”进村入户的契机，开展全民动员，广泛宣传。着力推进城乡生态环境改善，统筹精准扶贫和污染防治攻坚战两场战役，全县322个“尖刀班”转化成环保整改战斗队，充分利用进村入户宣传精准扶贫政策机遇，以改厕、改厨、改圈、绿化、美化、亮化、垃圾分类、污水治理为宣传督办重点，进行生态环境风险隐患大排查、大整改。利用“六进”活动深入宣传，激发公众参与环境保护的责任感。利用媒介进行宣传。主动与媒体沟通对接，落实信息公开制度，向省州媒体积极投稿，把环保知识编进环保知识手册，县领导和县直部门负责人人手一册，广泛发放，制作发放宣传册3000余册。

【环境质量监测】 完成长江一级支流神农溪、编鱼溪、小溪河、清江等7个监测断面水质监测及神农溪“水华”预警巡查工作，上报监测数据1595个，出具监测报告16份。全年监测数据显示，以上7个水质监测断面水质均达到《地表水环境质量标准》(GB3838–2002)Ⅲ类限值要求。长江干流巴东段巫峡口、黄腊石两个国考水质监测断面采取采测分离方式进行每月例行监测，椐省环境监测中心站数据反馈，全年水质达标率100%。

完成城区及乡镇11个集中式饮用水源地（基本项目29项）水质监测，并委托武汉华正检测有限公司对城区万福河饮用水源每季度进行一次62项监测（第三季度为109项全分析）。共获有限监测数据2005个，出具监测报告33份。全年监测数据显示，巴东县城区及乡镇集中式饮用水源全部达标，达标率100%。

截至2019年12月31日，总计365天，其中有效监测天数364天、无效天数1天；优良天数341天，优良率93.7%，轻度污染18天（4.9%），中度污染5天（1.4%）、无重度及严重污染天数。

根据《环境噪声监测技术规范 城市声环境常规监测》(HJ 640–2012)第7条7.2要求，结合全县声环境功能区划，完成全县区域、道路交通、功能区声环境监测点年度监测，2019年度7个功能区每季度进行一次24小时监测，102个区域噪声和21个交通噪声监测点全年监测一次昼间等效连续A声级，共获得监测数据795个。监测数据显示，全县2019年度城区声环境质量良好，与2018年相比略微好转。

按照《湖北省2019年农村环境质量监测方案》要求，农村环境质量监测站对沿渡河镇长梁村、东瀼口镇石梁子村、信陵镇金竹园村三个行政村的农村环境质量进行专项监测（环境空气、土壤、饮用水源），共上报有效监测数据805个。

全年对营沱污水处理厂、神农溪污水处理厂、野三关污水处理厂、沿渡河污水处理厂、溪丘湾污水处理厂5个生活污水处理厂，实行每月开展一次监督性监测，出具监督性监测报告58份。对巴东县人民医院、巴东县民族医院、巴东县中医医院、荷花垃圾渗滤液处理厂、野三关垃圾渗滤液处理厂等重点污染源企业，对其污水、土壤及地下水各开展监督性监测。

继续与重庆市生态环境科学研究院合作，完成长江三峡库区重点污染源监测协作监测项目。

（崔先海）

商　贸

招商服务

【招商引资】 2019年巴东招商引资完成新开工亿元以上产业项目13个（任务12个），新投产9个（任务7个），引进省外资金22.37亿元（任务22亿元），在全州位居前列。

各乡镇和各产业部门对招商引资工作日渐重视，领导主动对接客商、主动外出招商的大员招商氛围已形成，招商引资“一号工程”“一把手工程”的意识深入人心。全年外出考察、推介及参加的各类商会活动30余次，其中由主要领导带队外出10次。

围绕县“五大产业集群”精心谋划40个招商引资项目，建实2019年招商项目建设库、2020年招商项目储备库。制定出台《巴东县鼓励社会力量招商引资奖励办法》，鼓励社会力量为巴东县招商引资。

设立招商引资服务平台。在长三角、珠三角、京津冀等地区，依托杭州、广东、北京、天津等发达地区的商会，设立4个巴东县招商引资服务平台，以商招商。加强同各地商会的联系，通过商会的资源获得招商信息，使得招商工作高效化、精准化。委托深圳市伙伴行网络科技有限公司，提供信息咨询、开展宣传推介、引进商客落户，进行专业化的招商服务工作；开展“能人回乡”工程，梳理在外地从商从政的能人，以乡情乡愁为依托，鼓励在外的成功商人返乡投资，宣传家乡、建设家乡。

【脱贫攻坚】 4月4日，招商服务中心接手沿渡河镇马寨村（深度贫困村）扶贫工作。中心安排2名负责驻村工作，其中1名党员担任驻村第一书记、“尖刀班”班长。驻村工作队继续落实各项惠农政策，大力推进项目建设。该村实施易地搬迁63户、危房改造106户，做到户户住房安全有保障。村卫生室设施完备，群众就近就医有保障；适龄儿童入学率100%，义务教育有保障；全村共建水池15个175立方米，铺设管网12125米，解决全村人畜安全饮水。村组主干道全部硬化，入户公路硬化率99%以上。

马寨村建设300平方米文化活动广场，文娱设备齐全，村民文化娱乐活动十分丰富；村委会还安排光伏资金9.45万元安装太阳能路灯50盏，夜间亮化村级主干道。“尖刀班”每月组织公益性岗位人员进行公益劳动1次，动员村民进行室内室外扫干净、摆整齐、污水不乱排，人居环境得到极大改善。

“尖刀班”举办“马寨最美系列评选”表彰活动2次，表彰一批先进典型（致富创业能手、优秀共产党员、环境文化宣传标兵、最美马寨人），充分激发内生动力。全村共有劳动力466人，其中外出务工就业294人、在家务农172人，种植苹果32.6公顷、辣椒19.73公顷、烟叶

12.93公顷、银杏9.93公顷，户平均养殖生猪2头以上。

招商中心全体工作人员保持与“尖刀班”的紧密联系，克服困难，在各村“尖刀班”的指导下，按时完成入户帮扶任务，没有人被巡查、检查通报，所帮扶的对象都完成脱贫。

充分发挥招商职能，招商引资东部地区企业到巴东投资兴业，助力巴东县脱贫攻坚工作。搭建招商平台。将浙江杭州恩施商会设为巴东招商引资服务平台，通过商会开展以商招商、精准招商；加大赴东部地区招商引资工作力度。县领导带队先后10余次赴东部地区进行项目推介、招商考察，东部地区企业来巴东进行项目考察10多批次，成功引进3家浙江企业投资落户；大力落实优惠政策。为东部地区招商落地企业落实帮扶资金162万元，产业奖补资金1181.7万元，外贸出口奖励6.97万元，新进规奖励资金20万元，资本市场挂牌奖励40万元。

【政务服务】 深入推进“放管服”改革，巴东县推出为群众免费复印身份证服务，行政审批事项应进必进，“一窗”分类受理，让企业主们办事“最多跑一次”，审批效能持续增速。投资项目审批事项实行“一口受理、一网通办、一码办结”，压缩审批时限，充分提高审批的时效性。优化项目用地审批流程，实现水、电、气“一网通办”。树立契约精神，切实落实招商引资协议，兑现政府承诺，诚信政府的形象不断提高。坚持依法行政，强化企业诚信，依法履约，合法经营。

【宣传推介】 进一步宣传推介巴东县的营商环境与各项优惠政策，制作全新的招商引资电视专题片、投资指南及PPT幻灯片，建立“巴东招商”的微信公众号，宣传巴东和推介巴东的招商引资动态、各项政策、投资流程、项目库建设情况等；对每周的客商考察和外出招商等招商引资工作动态及时上报恩施州商务局进行汇总。

（葛　曼）

烟　草

烟草专卖

【概　况】 2019年，巴东县烟草专卖局在州局党组和县委政府的坚强领导下，坚持以习近平新时代中国特色社会主义思想为指引，聚焦省局党组“六件大事”、州局（公司）党组“七个全面提升”重点工作，围绕高质量发展目标，坚持“稳中求进”工作总基调，坚持“抓基层、抓基础、抓规范、抓人心、抓发展”，狠抓“五精五不”要求落地落实，通过全体干部职工的共同努力，较好的完成年度各项工作目标任务，在全州烟草专卖系统年度综合考核中取得第二名的好成绩。

【卷烟销售】 年度累计销售卷烟12819箱，完成年度计划的100.15%，人均消费8.04条，居全州第三。其中省产烟9016.4箱，销售占比70.34%，居全州第一。实现销售收入40720万元，单箱均价31749元/箱，实现税利9728万元，上缴税金2000万元。

【专卖执法】 年度查获案件105起，其中万元以上案件35起，5万元以上案件9起；侦办网络案件2起（省标1起、国标1起）；查获“三非烟”150.68件；持证经营率98%以上；市场净化率97%以上；建设高质量守法诚信经营自律小组40个。

【精准扶贫】 2019年，精准扶贫工作围绕“两不愁三保障”扎实推进项目建设、阵地建设和产业发展。仙人桥村建成以茶叶、木瓜、药材为长期主导产业基地72公顷，打造仙人桥林下养鸡品牌，建水池66口，硬化道路10.19千米，实施危房改造52户，实施69户230人易地扶贫搬迁安置。高家坡村水、电、路、网、房等基础设施达到出列要求，投资30万元新建的村委会建设主体工程完工并投入使用。县局连续5届获得省级文明单位荣誉。

（谭显虎）

烟叶生产

【概　况】2019年，巴东县烟叶分公司在县委、县政府的正确领导和倾情关怀下，以开展“不忘初心、牢记使命”主题教育为契机，以习近平新时代中国特色社会主义思想和党的十九大精神为指导，紧扣“改革创新攻坚年”主线，围绕省局烟叶高质量发展“2232工程”新时代目标和州局“七个全面提升”的总体要求，聚焦“抓整改、严规范、提质量”工作重点，全面贯彻新发展理念，持续推进烟叶供给侧结构性改革，扎实推动巴东烟叶产业转型升级高质量发展。

【生产指标完成情况】全县两烟实际签订种植合同3216份2962.4公顷，其中烤烟2111份2642.4公顷，白肋烟1105份320公顷。

【两烟收购】收购烟叶10.17万担，烟农总收入16007.34万元，其中补贴1977.98万元。烤烟收购总量8.51万担，完成计划的97.52%，均价29.64元/公斤，上等烟比例71.17%，中部烟比例79.41%，上部烟比例17.83%，户均收入6.83万元，亩均收入3193.63元；白肋烟收购总量1.66万担。烟叶收购实现烟农、市场、企业、政府“四满意”的工作目标，烟叶质量得到深圳烟草工业、湖北中烟、浙江中烟等工业客户的认可，烟叶销售市场稳中向好。

【现代烟草农业建设】以提升烟农专业合作社服务率、烟叶基础设施利用率为主线，契合乡村振兴战略，持续推进现代烟草农业建设，促进烟农增收。依托合作社提升专业化服务能力，实现专业化育苗100%、机耕82.2%、植保83.2%、专分散收100%，因地制宜开展专业化烘烤服务。烟区设施配套逐步完善，实施2018年度育苗大棚新建2处10座，完成县财政243座普改密烤房建设，杭州东西部协作25座电烤房项目投入使用，钟坝河水库已完成省发改委可研审批，省水利厅已通过初设审查。围绕育苗设施、烤房、农机、基本烟田开展多元化经营，实现产值2686.3万元，亩均增收604元，户均增收8372元。

【税收情况】实现各项税收5358.57万元，其中烟叶税3403.69万元。

【产业扶贫】按照党委政府统一安排和部署，严格落实“八个到村到户”工作要求，重点帮扶水布垭镇石家垭、后门村，驻石家垭脱贫攻坚工作队8人，新增后门村驻村第一书记1名，驻村工作队聚焦“两不愁三保障”，持之以恒做好脱贫攻坚工作。产业帮扶促增收，争取县财政安排资金500余万元支持产业发展，提高白肋烟补贴标准，加强对贫困烟农的技术培训和服务指导，种烟贫困户1259户1205.73公顷，实现烟叶收入6791.4万元（其中补贴730.5万元），亩均3755元，户均53936元，实现“发展烟叶生产脱贫一批”的目标。提升专业化服务促增收，围绕“减工、降本、提质、增效”目标，引导烟农加入基地单元合作社，在产前、产中、产后提供专业化服务，降低烟农投入成本；充分发挥烟叶种植保险对烟农防灾救灾的兜底作用，保险公司理赔受灾烟农174户207.01万元，湖北中烟捐赠60万元补贴249户受旱灾烟农，确保烟农收入保持稳定。加大帮扶力度，2019年，石家垭村64户烟农种植白肋烟19.57公顷，烟农收入104.36万元（其中补贴12.87万元），户均收入16306.33元，亩均收入3555元；以药材（54.57公顷）为主导，烟叶、银杏、茶叶等产业为辅的“一长两短”产业发展模式基本形成，县公司捐赠10万元用于解决石家垭村集中安置点补充饮水工程建设并投入使用，争取林业部门8万元用于石家垭村古树保护。后门村主导产业柑橘面积40公顷，县公司捐赠9万元发展13.33公顷巫山脆李已纳入产业规划，捐赠6万元用于后门村道路维修。补齐饮水、电力、道路、4G网络、住房、人居环境等各个方面设施短板，加大村委会文化广场、党员活动室、村卫生室等公共服务落实力度，贫困群众的内生动力得到进一步激发。2019年，石家垭、后门村年度减贫目标全部实现。县公司荣获全县“驻村帮扶榜样”荣誉。

（陈高航）

供销合作

【概　况】 巴东县供销合作社联合社是县人民政府直属的经济合作组织，是参照公务员法管理的正科级事业单位，下辖二级事业单位一个。工作职责贯彻执行农村合作经济和社会发展的法律、法规、规章和方针政策；研究制定全县供销合作社发展战略和发展规划，指导全县供销合作社的改革发展；按照政府授权对重要农业生产资料、再生资源、农副产品经营进行组织、协调和管理；加快基层社改造，推进服务创新、经营创新、组织创新、体制机制创新；协同有关部门，引导基层社领办创办农民合作组织，发展农村电子商务、快递物流和合作金融业务；依法管理运营本级社有资产，监督社有资产保值增值。对基层社、社属企业行使出资人的职权，依法享有收益、重大决策和选择经营管理者等权利；承办县人民政府交办的其他事项。

【推进服务创新行动】 坚持把为农服务作为衡量改革成效的首要标准，县供销社与相关部门联手运作，共同构建便民服务生活网络。

【推进经营创新行动】 对标国家电子商务进农村综合示范项目创建标准，县供销社资产经营管理有限公司参股设立的巴东县捷风物流有限公司，在巴东电商产业园建成2000平方米的县级电商物流仓储中心、800平方米的县级电商物流运营中心，在经济开发区建2000平方米的镇级物流分拨中心，建成9个乡镇级、115个村级电商物流综合服务站，覆盖89个贫困村，服务功能涵盖日用消费品经营、农业生产资料销售等业务。公司实现工业品下行单量94.2万件，农产品上行单量15.7万件，月均吞吐量9.2万件。

【驻村帮扶】 脱贫攻坚组定岗8名（4人进驻野三关镇瓦屋场村，2人进驻茶店子镇南坪村，2人加入水布垭镇柳家村“尖刀班”），负责三个村的脱贫攻坚，落实县、镇脱贫攻坚指挥部的各项任务，驻村“尖刀班”成员坚持“三个在村”。

（张家刚）

石　油

【概　况】 2019年，中石化巴东石油分公司实现成品油销售总量4.09万吨，实现非油品销售额1372万元，实现总销售收入3.24亿元，上缴税收210万元。在全州8个县市公司年度综合考核排名第四。公司积极响应县政府的号召，认真落实精准扶贫工作，参加新农村建设。

【市场保供】 公司共调进油品4.09万吨，同比增量0.3万吨，增幅7.3%。确保全县成品油供应。

【销量效益】 公司成品油销量同比增幅3.5%；非油销售品质得到提升，百万店4座。

【基础管理】 基础管理进一步夯实，通过在全县加油站开展“数质量管理年”“每一滴油都是承诺”等活动，加强对油品进销存各环节的管理，严把油品数质量关，油品检验合格率达100%，数质量管理进一步加强，质优量足彰显国企社会

业务培训

责任。对内强管理，加大月度督查、季度督查力度，强化基础工作，提升服务质量。信息化建设更加完善。财务销售资金日清日结、发票开具在线监控，实现资金、税务风险有效联控。直分销业务“十大禁令”和“七大风险”得到有效执行。非油便利店管理、陈列水平都得到改观。

【安全管理】 两年的防渗改造使各站硬件设施得以加强，安全基础得到强化，公司上下以落实责任为主线，细化完善制度；以隐患治理为抓手，加大整改力度；以风险防控为重点，狠抓现场落实。各站积极开展预案演练，周五安全列会，提高应急处理能力和安全意识，加强现场管理，争取执法部门的支持，有效治理车辆乱停乱放。

巴东桥头站员工风貌

（杨本双）

经济管理

发展和改革

【概　况】2019年，巴东县发展和改革局在县委、县政府的领导下，在上级发改部门的指导下，坚持以习近平新时代中国特色社会主义思想和党的十九大精神为指导，深入贯彻十九届二中、三中、四中全会精神和习近平总书记视察湖北重要讲话精神，按照县委、县政府的决策部署，积极应对经济下行和极端干旱灾害等重大挑战，坚持新发展理念，坚持以供给侧结构性改革为主线，坚持稳中求进工作总基调，突出高质量发展主题，着力脱贫攻坚巩固提升、着力经济运行和体制改革、着力谋划推进项目建设、着力清洁能源产业发展、着力重大生态工程建设、着力优化营商环境、着力价格管理服务、着力粮食储备和安全、着力铁路建设协调服务、着力加强党的建设。

【宏观管理】采取年初计划下达、每月监测分析、逐季督办调度、半年人大审议、年底总结报告等多种措施，强化经济运行调度。全年预计地区生产总值增长4.4%，固定资产投资增长17%，社会消费品零售总额增长11%；招商引进省外资金22.37亿元，位居全州前列；规模工业增加值10.1亿元，其中县属规模工业增加值4.46亿元、增长5.5%；完成地方财政总收入10.37亿元，其中公共财政预算收入6.7亿元；城镇和农村常住居民人均可支配收入分别达到30100元、11400元，增长9%、10%。

【项目投资】绿葱坡滑雪及高山运动文化旅游项目和野三关高山硒养旅游度假区2个省级重点项目，年度计划投资4亿元，全年完成投资7.4亿元。三峡库区县城长江干流库岸综合整治工程建设项目、原生态富硒食药种植基地等15个州级重点项目管理，年度计划投资17.3亿元，已全部开复工建设，全年完成投资33亿元。省州级重点项目超额完成年度目标任务。全县计划实施500万元以上重点项目246个，总投资497.7亿元，完成投资93.35亿元，完成年度目标任务11%以上的增幅。“三库”调度全州领先，累计录入“三库”232个项目，总投资670.22亿元。储备库累计转至建设库转化率为62.9%，建设库累计转至达效库转化率为34.21%，每月按时按要求对项目储备情况、项目开工情况、投资到位情况、投资完成情况、资金支付情况、形象进度等有关项目信息开展调度，调度率100%。2019年争取中央、省预算内资金项目37个，到位资金1.6亿元，剔除易迁专项后，与去年持平；配合财政部门、项目单位争取地方政府专项债券资金需求73609万元。积极跟踪衔接《湖北武陵山片区基础设施领域五年攻坚计划（2019—2013年）》编制，巴张高速沪蓉沪渝连接线等14个项目纳入2019—2020年重点建设项目库，巴张高速野三关至张家界段等7个项目纳入2021—2023年前期推进项目库。

【物价调控】 全年完成政府定价项目6个，制巴人河景区及配套交通运输费价格，促成景区年接待游客同比增长30%，实现旅游综合收入同比增长27%。加强城区出租车价格政策宣传，在价格调整前会同行业主管部门、市场监管部门和经营企业加强价格政策和成本监审等方面宣传，增加价格政策的透明度，扩大消费者的知情权，实现价格调整平稳落地，促进出租车行业可持续发展。完成价格认定事项80件，认定标的总金额737924元，其中：办理涉嫌刑事案件财物价格认定76件，认定标的金额607188元；涉嫌违纪案财物价格案件认定3件，认定标的金额2274元；涉税财物案件认定1件，认定标的金额128462元。积极关注弱势群体对价格变化带来的影响，非洲猪瘟疫情发生后，市场猪肉价格与去年同期相比大幅上涨，会同农业农村部门对生猪和猪肉的主要品种进行价格监测，掌握价格变化态势，结合猪肉等食品价格上涨的实际，落实价格联动机制，自5—12月会同有关部门为优抚对象、城乡低保对象和特困人员、领取失业保险人员累计发放价格补贴1174万元。居民消费价格指数上涨3.5%，总体呈现温和上涨态势。

【易地扶贫搬迁】 按照"应搬尽搬、不落一人"的要求，全县累计完成易地扶贫搬迁12912户42968人，其中集中安置9771户31381人，分散安置3141户11587人。按照"保障基本，缺什么、补什么"的原则，实施补短板项目358个，完成安置区道路建设89.53千米，配套管网306.68千米，污水处理设施606个，垃圾处理设施225个。完成拆旧9310户，宅基地复垦8740户，生态修复124.15公顷。充分利用政策"窗口期"，完成易地扶贫搬迁增减挂钩指标交易52.44公顷，交易金额2.63亿元。通过实施易地扶贫搬迁建设、完善基础设施、配套产业，让12912户42968人实现稳定脱贫。2019年12月31日中央电视台《新闻联播》报道巴东县易地扶贫搬迁工作。

【铁路工作】 郑万铁路巴东北站升格为始发站。国铁集团和省政府2019年10月22日联合下发巴东北站增加到发线和动车存车线的I类变更设计批复文件（铁鉴函〔2019〕298号），批复总投资21050万元。变更设计后，巴东北站新增1条到发线和1处动车存车场，近期设动车存车线2条，预留2条。建成后巴东北站由原2台4线升级为2台5线，并由中间站变为始发终到站。郑万铁路建设加快推进，完成年投资10亿元，超额完成年度投资计划，实现安全生产零事故。宜万铁路环境安全综合整治成效明显，巴东火车站环境焕然一新，旅客发送量增幅较大，拉动效应凸现。

【经济开发区建设】 巴东经济开发区完成生产总值30.672亿元，规模以上工业总产值5.2064亿元，固定资产投资19.2586亿元，新增高新技术企业2家，新增入园工业企业3家，招商引资省外到位资金7.24亿元，实现税收8501万元。强力推进项目建设。省级重点项目野三关铁厂荒高山硒养度假区建设项目，改造升级的森林花海于6月8日正式恢复运营，全年接待游客约15万人，度假酒店项目在建设中。全面完成博德康复医院、明德外国语学校项目建设，正式投入运营。火车站连接线项目已完成除大桥外工程量的80%，站前广场完成改造升级。青龙桥工业园企业孵化基地项目3栋共1万平方米钢构厂房竣工验收，青龙桥扶贫产业园标准化厂房A、B栋完成主体工程；金象坪棚户区改造项目，5、7、9、10、11号楼完成整体工程量建设的40%；汽车城车辆检测站项目完成临时用电建设、土地报批和主干道路基施工；石桥坪农村产业融合发展示范项目完成前期施工图和招投标；两溪坪硒食品产业园项目完成三峡现代农业收购和改造。强力引导企业技改。引导鄂龙工贸公司继续加强技改，添置4套自动化收料机和1台热切机，生产能力大大提升。博宇工贸公司与许记电器公司达成合作，添置国网专用充电桩生产线一条，增加实验和检测设备，充电桩生产水平提高。强力保障招商企业落地。新招商落地凯华服饰、建川五金和卓沃电子3家企业。洽谈重大项目招商投资合同3个，

【清洁能源产业建设】 全县水电发电量298199万千瓦时，光伏发电量35941万千瓦时，天然气供应172.2万立方米，实现清洁能源综合产值11.6亿元，实现税收5211万元。修订完善《县人民政府关于印发巴东县光伏扶贫电站运维及收益分配使用管理办法的通知》，促进光伏扶贫电站管理运营和收益分配规范有序。恩施州被列入“鄂西页岩气勘探开发综合示范区”建设范围，巴东中东部地区是全州四个重点开发区域之一，计划2020年底启动。

【大健康产业】 建设5000万元以上大健康产业州级重点项目5个，其中新开工5000万元以上大健康产业州级重点项目3个，批复总投资990000万元，完成投资95476万元；续建5000万元以上大健康产业州级重点项目2个，批复总投资43441万元，本年度完成投资14000万元。

【精准扶贫】 加强组织领导，成立巴东县发改局脱贫攻坚领导小组和工作专班，制定精准扶贫工作制度。抽调精干人员，选派8人驻村帮扶野三关东流河村、官渡口镇水獭坪村、沿渡河白岩头村，严格遵守吃住在村、岗位在村、工作在村。扎实开展结对帮扶，安排32名干部职工结对帮扶271户贫困户，实现结对帮扶全覆盖，实现干部结对帮扶全覆盖。帮扶成效明显，推进驻点贫困村项目落实，驻村基础设施得到有效改善，产业发展初具规模，惠民政策全面落实，基层组织能力提升，帮扶干部作风扎实。

（姜东海）

财　政

【概　况】 2019年，地方财政总收入完成103653万元，占调整预算的100%，同比增长1.1%。一般公共预算收入完成67168万元，占调整预算的100%，同比增长0.1%。全年一般公共预算支出569000万元，同比增长18.4%。

【增收创收】 出台打赢财税突围仗实施意见，由县人民政府下发《强化财政收支管理打赢财税突围仗的意见》，进一步建实县综合治税领导小组和综合治税办公室，形成全员上阵、齐抓共管、力保目标实现的工作格局。稳定重点税源，盘活税收存量，充分挖掘基础财源潜力。稳定发展烟叶产业、有序开发房地产、稳定建安行业税收、推动金融行业健康发展、强化国有资产经营收入。抢抓机遇税收，做足土地文章，确保财政收支平衡。发展实体经济，壮大五大产业集群，强化产业税收支撑。出台《巴东县财政局支持实体经济发展方案》，选择“有信用、有产品、有规模、有贡献、有潜力”五有企业，实行“1个局领导+1个股室+N个企业”的模式，因企施策，破解企业发展难题。

积极争取对口支援项目资金。通过高层联系互动，部门协同协作，企业交流合作积极争取北京对口支援、杭州东西部协作、省“616”对口支援项目资金。加大重大项目申报力度。积极申报三峡后续、后扶，山水林田湖草以及农业、水利、交通、环保、住房等预算内和基金投资项目，助力县域重大项目建设。积极争取上级财力类补助。积极对接，主动争取基本财力转移支付、重点生态功能区转移支付、民族地区转移支付、村干部转移支付、军转干部安置补助等财力类资金，弥补县级财力不足，缓解收支矛盾。加大下划税收争取力度。找准政策，加强协调，加大对武烟集团、清江水布垭电站下划税收的争取力度。

【民生保障】 2019年，县财政局不断优化支出结构，统筹各级各项资金，盘活财政存量资金，全力保障各项民生支出。兜底基本社会保障。落实就业补助资金2756万元，促进就业和创业；筹

集社会救助资金23405万元，全力保障城乡低保、五保、孤儿、特困残疾人等人群的生活救助及城乡困难人群的医疗救助；筹集3831万元兑付全县重点优抚对象的生活补助和机关事业单人员死亡抚恤；落实离休干部公费医疗400万元；安排卫生和计划生育资金23189万元，用于基本公共卫生服务和重大公共卫生服务项目建设。持续加大教育投入。扩大城乡普惠性学前教育资源，安排上级转移支付资金858万元；统筹县本级资金300万元，用于官渡口镇中心幼儿园等5所公办幼儿园完善办园功能；投入1976万元用于学生食堂、学生宿舍、学生厕所和运动场等学校能力提升基础设施建设。2019年教育预算总支出81428万元，比上年增加607万元，增长1%，落实财政教育支出责任，确保一般公共预算教育支出逐年只增不减。聚焦生态环保。2019年共投入42200万元，全面推进农业面源污染防治、岩溶石漠化治理，开展土壤酸化治理和土壤污染状况详查，建立健全土壤污染环境质量监控网络和土壤环境质量，力保农产品质量和人居环境安全。及时兑现惠农资金，2019年，兑现耕地地力保护补贴5248.66万元，农机购置补贴61.69万元，退耕还林补贴3104万元，森林生态效益补偿2355万元。想方设法，按政策口径，及时、全额地保障全县干部职工各项待遇落实到位。

【精准扶贫】 2019年，安排2亿元，足额保障各驻村“尖刀班”及帮扶责任人开展精准扶贫工作；统筹整合各项各类财政资金用于精准扶贫194834.37万元，主要用于社会保障兜底一批18427万元，健康扶贫15564.78万元，发展教育脱贫一批7859.63万元，文化、智慧扶贫1093.05万元，生态补偿脱贫一批6271万元，易地扶贫搬迁脱贫一批27645万元，发展生产脱贫一批27853.56万元，农村基础设施建设90120.36万元，为实现全县按期脱贫，打赢脱贫攻坚战提供坚实的财力保障。

【项目建设】 2019年，投入1800万元实施溪丘湾乡白湾村、官渡口镇巫峡口村、大支坪镇野三坝村、茶店子镇风吹垭村、野三关镇葛腾山村和绿葱坡镇中村六个美丽乡村建设项目，顺利完成省综改办对巴东县美丽乡村项目验收工作，综合考核全省排名第一，同时成功申报2020年度9个美丽乡村建设项目；巴东县2018年纳入全国第三批山水林田湖草项目试点，该项目总投资10.68亿元，计划分三年实施，2019年已到位中央资金9000万元，主要用于库岸修复、地灾治理、垃圾污水处理、生态农业四个方面；2019年，县政府新增债券转贷收入2.73亿万元，主要用于水利补短板、厕所革命建设、铁路建设项目、土地收储项目和棚户区改造项目；大力发展交通，多渠道筹集资金，用于农村公路建设升级和改造、危桥改造以及国省干线公路改造，建设砂石路2000千米；下达实施长江三峡.巫峡口、茶叶柑橘产业发展等14个项目，共投入2.23亿元；成功申请2020年度三水厂管网工程、县城应急备用水源等14个三峡后续项目补助资金3.73亿元；优化完成2020—2022年三峡后续专项7.97亿元的项目库报省水利厅、省财政厅备案。

【平安建设】 2019年，本级财政安排7415.61万元，用于综治和扫黑除恶专项工作，其中信访288万元，维稳2061.11万元，综合治理平安建设1066.5万元（扫黑除恶500万元），校园安全4000万元，做到应保尽保。抽调人员，积极支持全县扫黑除恶专项斗争，县财政局分两批次抽调9人到县“打财断血”专班工作，协助开展涉案财物核查。落实乡镇包保责任制，在“迎国庆、保军运、创‘信访三无’”期间，县财政局负责督查茶店子镇，安排专人现场督办，与当地党委政府一起研判，确保安全可控。

【监督管理】 稳步推进建立全方位、全过程、全覆盖预算绩效管理体系，实现预算与绩效管理一体化。全县所有县直部门（单位）和12个乡镇的所有项目支出、部门整体支出纳入绩效目标编制范围。加大扶贫项目资金绩效管理工作力度，落实责任主体，开展绩效目标运行监控，实施重点绩效评价，对全县12个乡镇的2018年度扶贫项目、砂石路整修项目、产业奖补项目开展重点绩效评价。启动2019年财政专项扶贫资金重点绩效评价工作。

制定《巴东县财政投资评审业务流程》，规范财政投资评审工作规程，不断完善业务运转流程。2019年，完成122个项目的评审工作（其中工程项目108个，政府采购内项目14个），送审总金额128960.73万元，审定金额123818.2万元，审减金额5110.97万元，净审减率3.96%。从源头加强财政投资控制，提高财政资金使用效益，规范财政投资行为。

严格执行政府采购程序，完善管理体系。建立县级政府采购监管平台和电商平台，实现电子化采购，出台政府采购电商平台管理办法，规范政府采购行为，确保采购与监管无遗漏。对采购人、代理机构进行检查，依法依规及时处理投诉、举报案件。对监督检查中发现的问题，实行台账管理，责令被检查单位及时整改落实到位，打造政府采购公正、透明、规范、高效的运行环境。

抓好日常管理，严控资产配置、使用、处置等重点环节。理顺管理机制，强化和落实资产管理职责，在资产管理岗位设置、权责分配、业务流程等方面建立决策、执行和监督相互分离、相互制约、相互监督的机制，完善内部管理制度，强化资产管理与财务管理、预算管理的衔接，构建既有机联系又相互制衡的内部工作机制，提升管理效能。

开展作风建设综合监督检查，对县直14个预算单位和11个乡镇开展“三公经费”支出和财务报销违规违纪问题检查，对检查中发现的问题督促部门进行全面整改。牵头开展全县2019年惠农财政补贴资金“一卡通”专项治理工作，制定《巴东县惠农惠民财政补贴资金“一卡通”发放管理实施细则》，重点清查耕地地力保护补贴、退耕还林、农机购置补贴、生态效益补偿、困难群众，社会救助等22项财政补贴资金使用管理情况，对检查中发现的问题立行立改，及时清退，追缴问题资金，深挖问题线索，严肃处理问责。开展财政扶贫资金以及减税降费政策落实情况的监督检查。开展“小金库”常态化监管工作，进一步严肃财经纪律，强化财务管理，完善相关财务制度。组织开展全县政府会计准则制度执行情况的检查，进一步夯实会计工作基础，提升会计管理水平。

（张　雪）

税　务

【概　况】 2019年，巴东县税务局在州税务局党委和县委、县政府的坚强领导下，围绕税收工作主题主业主线，以党建工作为引领，统筹抓好组织收入、主题教育、减税降费、脱贫攻坚、扫黑除恶等各项重点工作，不断巩固扩大机构改革成果，高效务实做好各项工作。

【税收政策】 巴东县税务局坚持围绕组织收入中心工作，坚决贯彻“依法征税、应收尽收、坚决不收过头税、坚决防止越权减免税，坚决落实各项税收优惠政策”的组织收入原则，税收收入规模稳步攀升。2019年，巴东县税务局克服收入形势严峻、税源增长乏力等诸多困难，圆满完成年度税费目标任务，实现州税务局和县委、县政府的预期目标，为全县“财税突围战”贡献税务力量。围绕经济社会发展大局，认真落实减税降费、西部大开发、民族区域自治等系列税收优惠政策，有力地促进产业优化升级和企业提质增效，助力全县经济社会健康发展。

【减税降费】 建立健全减税降费工作领导小组，明确7个专项工作组的职责分工和管理运行机制，形成自上而下的责任链条；认真做好工作汇报，向县委政府和相关部门报送减税降费工作专报4期，向州局上报分析报告17篇，调研报告2篇，以税资政更有实效；加强宣传培训辅导，分批次分行业分类型，对内对外累计开展培训38场，涉及220余名干部职工和5000余名纳税人；挑选12名业务骨干送政策“下乡到户”，构建主流媒体、新媒体、基层分局、公众场所的全方位宣传矩阵，实现宣传全覆盖；加大减税退税力度，全县28381名自然人享受个税改革红利，1910户纳税人享受小微企业增值税起征点减免，219户纳税人享受增值税优惠类备案，2户纳税人享受核准类即征即退审批减免。办理“六税两费”应享未享纳税人退抵税783笔，协同邮政部门退税费1648笔。

【组织收入】 着力强化组织收入纪律，正确处理收入问题和执法问题，确保收入均衡协调平稳增长、税收质量稳步提升；坚定履行收入主责。深化组织收入责任制，把收入任务层层分解到分管领导、责任部门和责任人，把收入形势和压力传递到全体干部职工，构建“主要领导一周一调度、分管领导一日一汇总、管理分局一日一报告、县局一周一通报”的收入工作机制，聚全局之力，攻坚克难，圆满完成组织收入任务；多方合力协税护税。巴东县税收工作的优势在于县委、县政府的高度重视，在于与财政、工商等部门和各乡镇的密切配合，合力构筑强大的协税、护税机制。2019年，县税务局积极配合县政府及财政等部门拟定《全面完成2019年全县公共财政预算收入任务工作方案》，明确13项征收措施，构建全县“一盘棋”的综合治税新格局。

【税费治理】 圆满完成金三“并库”上线工作，为实现税收业务融合提供有力支撑。加强数据管理，累计清理各类系统数据21780条，协同市场监督管理局清理“僵尸企业”和比对民营经济市场主体信息8217户。强化大数据运用，广泛运用电子税务局，2019年网上申报率平均98%，处于全州前列。推广实施错峰申报，申报期内纳税人（缴费人）申报基本呈现均衡分布。逐步规范发票管理，分批次上缴核销税务机关库存旧版发票9万本，上门收缴销毁纳税人库存旧版发票11.2万份，并及时平稳对接纳税人发票需求。网络信息化全面升级，各楼层交换机改为光纤跳线，实现从百兆带宽到千兆带宽的飞跃。组建运维团队，全年共解决运维问题268件，确保各系统高效运行；行业管理水平不断提升。严格落实州局对五大行业税收规范化管理要求，五大行业全年累计入库同比增长34%。强化成品油行业管理，对巴东21个在册登记的社会加油站（点）进行实地评估核查。强化沙石料厂行业管理，以能耗比为主要依据，科学核定企业应纳税款，成效显著；税收风险有效管控。完成总局、省局、州局下发协作任务266起。积极开展扫黑除恶专项斗争，抽调局内30余名业务骨干，全年协助县纪委、县扫黑办和州稽查局查办涉黑涉恶案件10余起。以房产税、土地使用税“两税”清理和环保税全面征收为突破口，深入整顿纳税秩序，让依法纳税深入人心；社保非税征收高效务实。社保费征收涉及千家万户，需要逐门逐户落实到位，为保障每位群众的切身利益，税务干部职足迹遍布巴东12个乡镇322个村组，实现到村到户全覆盖。在征收方式上，以最大程度便捷广大群众为出发点，大力推行无纸化办公，积极运用手机APP、电子税务局等系统，实现随时随地信息化缴费。

【纳税服务】 严格落实“便民办税春风行动”13项64条便民办税服务措施，全面推行“一窗通办”“一网通办”，172个涉税事项实现“最多跑一次”，82个涉税事项“全程网上办”；按照“免办、即办、简办”注销情形对纳税人实施分类注销管理，全年累计受理注销登记655户，办理时间缩短近一半。构建多元化办税体系，全县投入4台自助办税终端和10余台办税设备，提供24小时不打烊办税服务；自然人税收管理系统扣缴客户端与个人所得税APP同步上线，车购税实现在线支付，完税证明无纸化开具。不断创新服务举措，设立党员先锋示范岗，认真执行领导值班、延时服务等制度，组建专业团队进驻大厅答疑解惑，聘请专业会计公司在大厅全天候提供免费辅导，纳税人缴费人办税时间大幅减少、办税效率大幅提高。税收营商环境不断优化。积极开展信用等级评价和运用，完成全县2117户纳税人信用等级评价，对27家诚信纳税A级纳税人提供专项订制服务。深入推进“税邮合作”，全年委托邮政各营业网点累计代开发票59040份，尽最大力度满足纳税人、缴费人发票需求。税收宣传广泛好评。4篇稿件被《中国税务报》《湖北日报》《恩施日报》等主流媒体采用，接受恩施广播电台部门之声栏目在线访谈2次，接受县电视台采访2次，与县纪委监委建立长效联络机制，联合在《湖北日报》就减税降费、银税互动等内容发表新闻报道，效果良好。

【脱贫攻坚】 巴东县税务局站在讲政治讲大局的高度，把握扶贫工作的重要性、紧迫性，增强扶贫工作的责任感和使命感，加大人力物力财力投入，发挥税收在脱贫攻坚领域的职能作用，送政策，送产业，送服务，在“精”和“准”上出实招，做到分类施策，精准帮扶。2019年，巴东县税务局选派20名干部职工，组成4个“尖刀班”常驻扶贫村，181名干部职工与25个村941户贫困户结成“穷亲”，还从行政经费中挤出10万余元，用于发展特色产业，完善基础设施，改善人居环境。通过不懈努力，对口帮扶村基本实现脱贫出列，招凤台村和松林湾村两个驻村尖刀班还获得“驻村帮扶榜样”。

（孔祥银）

公共资源交易

【概　况】 2019年，在县委、县政府的正确领导和州中心的具体指导下，巴东县公共资源交易中心坚持为全县中心工作服务、为市场主体服务的理念，克服人员少任务重的困难，认真履职尽责，担当作为，切实抓好交易平台服务及集中采购代理服务，为全县经济社会发展作出应有的贡献。全年完成各类交易项目465个，成交金额165907.10万元，节约增值3640.94万元，其中建设工程项目195个，成交金额120977.23万元，节约资金2468.24万元，节约率2%；政府采购项目261个，成交金额43448.57万元，节约资金1172.69万元，节约率2.63%；其他公共资源交易项目9个，成交金额1481.3万元。

【完成机构改革目标】 2019年3月15日巴东县公共资源交易中心正式挂牌，4月17日成立中共巴东县公共资源交易中心党组。县公共资源交易中心是县政府直属事业单位，为正科级，加挂县政府采购中心牌子。县公共资源交易中心设4个内设机构：办公室、交易受理股、政府采购股、信息技术股。核定事业编制11名，设主任1名，副主任2名，内设机构正职4名。现实有编制人员13名，聘用人员2名，其中驻扶贫村“尖刀班”4名。

【简化规范服务流程】 根据公共资源交易州县一体化建设要求，对照《恩施州公共资源交易项目运行规程》，对各类交易流程和服务标准进行再梳理，精简交易环节、简化交易流程，做到交易进场“零门槛”、交易过程“零拖延”、交易环节“零障碍”、交易服务“零距离”。

【深化“放管服”改革】 从提高效率、降低成本、方便群众、信息共享等方面入手，推进公共资源交易领域“放管服”改革，切实做好各级各类进场项目交易服务。完善“绿色通道”和“容缺受理”制度，对重大项目、精准扶贫项目、为民办实事项目、季节性时效性较强的农林业项目开辟“绿色通道”，经行业监管部门审批备案后，按照“能快则快、能简则简、能优则优”的原则，采取更加便捷、高效的服务措施，提高工作效率，帮助企业排忧解难，持续营造良好的营商环境，促进项目尽快落地。全力做好政务服务“一张网”工作。全力配合“一门一网一次”改革工作，实现“一网通办”、企业群众办事“最多跑一次”，提升服务意识，优化营商环境。

【平台信息化建设】 全面贯彻落实国务院、省政府关于整合公共资源交易平台的决策部署，按照“制度＋科技”的思路和全省统一的“一网三平台”布局要求和《湖北省关于印发“互联网＋”招标采购行动方案（2017—2019年）的通知》，加快推进中心电子化交易和信息化建设力度。已完成电子化评标室改造升级。积极推进招标采购全程电子化、无纸化交易，实现公共资源交易全流程网上运行模式，包括网上报名、网上投标、在线开标、在线评标、远程联合评标、网上监督、在线支付、电子档案存档等功能，达到公共资源交易的标准化和电子化要求。建好远程异地评标软硬件设施设备，逐步实现远程异地评标。按照《国务院办公厅转发国家发展改革委关于深化公共资源交易平台整合共享指导意见的通知》，积极对接县人民政府协调解决中心交易场地不足的问题，优化场地布局，合理划分功能区域，完善配套设施，提升服务功能。加强与州中心的业务对接，积极解决平台运行中存在的困难，及时纠正交易过程中出现的问题，确保各类交易依法、有序、阳光运行。

【规范中介机构场内代理行为】 配合行业主管部门对中介机构的管理，严格执行《湖北省公共资源招标投标违法违规行为记录量化管理办法》，会同行业主管部门，对中介机构场内代理行为实行违法违规行为记录，为年终综合考评提供依据，着力规范中介服务行为，不断提高招标代理业务的能力和水平。配合做好全州公共资源交易综合评标（评审）专家库和省政府采购网专家库评审培训工作。对接州中心、县财政局做好中心专家抽取终端建立和完善，实现全州范围内专家资源互联共享。加强和规范评标专家抽取服务工作，指导招标人、采购人依法组建评标委员会。

【诚信体系建设】 坚持把诚信体系建设作为规范公共资源交易行为的治本之策，认真落实《湖北省公共资源招标投标违法违规行为记录量化管理办法》，加强诚信建设，加强与相关部门的协同配合，对规避招标、出借资质投标、围标串标等违法违规和严重失信行为，会同行业监管部门进行公开披露，对严重违法失信主体实行市场禁入，让“一处失信，外处受限”的信用联合惩戒机制作用得到有效发挥。

严格执行工程建设领域的投标保证金缴纳比例由原项目估算价的2%降为1%；缴纳金额由最高不超过80万元人民币降为最高不超过50万元；对政府采购项目取消投标保证金，简化投标文件编制，切实降低企业投标成本，减少投标企业资金压力。及时退还投标保证金，执行在书面合同签订后2日内向中标人和未中标的投标人退还投标保证金及银行同期存款利息。

【推进平台服务】 坚持“平台”的服务功能定位，积极主动做好服务工作。坚持“法无授权不可为、法定职权必须为、法定职权依法为”的依法服务理念，根据州政规〔2017〕1号文件精神，及时梳理变更交易中心权责清单，简政放权，取消中心工作人员进行工程建设项目招标文件审核和评分登记汇总复核的职责。对易地扶贫搬迁等重点工程开辟“绿色通道”，实行容缺管理，做到优先进场登记、优先发布招标公告、优先组织开评标，中心工作人员多次在法定节假日加班加点为易地扶贫搬迁项目组织开评标，确保了重点项目顺利完成交易。

热情解答各交易主体的咨询，对进场交易项目设定时限，要求相关股室在限定工作日内办结，制定《公共资源交易流程一次性告知书》，将项目前期资料准备、进场登记、进场交易流程、保证金收退等事项一次性告知招标采购业主，方便各交易主体。

以全县机构改革为契机，成立巴东县政府采购中心，加强政府采购政策法规宣传，严格依法规范操作，强化采购人的主体责任，在委托协议授权范围内做好组织工作，重点把好政策法规关和程序关、过程监督关、结果核对关。改进采购运行模式，对比较复杂的采购项目，事先公开发布采购需求，广泛征求潜在供应商的意见，避免参数设定的唯一指向性，提高采购效率，严格执行政府采购负面清单，不断完善采购评审标准，科学设置评分分值权重，细化评审要求，确保采购货物和服务物有所值。

按月分行业、分交易方式进行交易项目统计，在交易中心网站公开，与财政、税务、人社部门建立信息共享机制，促进税收征管、工伤保险费缴纳和农民工工资准备金账户的开设。

与建设银行合作，建立投标保证金子账号管理系统，一项目一个账号，实现保证金及时规范收退；对2010年中心建立以来的保证金收退凭证进行全面清理，建立规范的财务核算账目，确保有据可查。

5月，组织班子成员、股室负责人到建始县公共资源交易中心和州公共资源交易中心考察学习，积极向县人民政府汇报并争取资金140多万元，建立综合监控室、电子化评标室三间，软硬件设施配套齐全，为全流程电子化评标提供保证。

【脱贫攻坚】 全体干部职工积极参与结对帮扶工作。单位参与3个村的结对帮扶工作。每个干部职工都有结对帮扶任务，每年入户不低于6次。单位主要领导实行“3+2”工作模式，全力聚焦脱贫攻坚，单位选派1名党员到野三关镇凉伞坡村任第一书记、“尖刀班”班长，增派2名工作队员常年驻扶贫村，还派1名副主任到任茶店子镇非重点贫困村洞坪村任第一书记、“尖刀班”班长。

（徐小坤）

市场监督管理

【概　况】 2019年3月18日由原县工商局、县质监局、县食药监局组合而成的巴东县市场监督管理局正式挂牌成立，对外加挂巴东县知识产权局牌子，将县工商行政管理局的职责，县质量技术监督局的职责，县食品药品监督管理局（县食品药品安全委员会办公室、县酒类流通管理局）的职责，以及县发展和改革局（县物价局）的价格监督检查与反垄断执法职责，县教育局（县知识产权局）的知识产权保护职责，县商务局的经营者集中反垄断执法等职责整合，组建县市场监督管理局，作为县政府工作部门。自机构改革以来，县市场监督管理局以习近平新时代中国特色社会主义思想为指引，紧紧围绕县域经济社会发展大局，以机构改革为契机，以保障民生为主线，以市场监管为抓手，着力优化营商环境，不断提升服务水平，大力推动经济高质量发展。2019年，市场监督管理局分别被野三关镇、金果坪乡党委政府表彰为驻村帮扶榜样。

【脱贫攻坚】 县局成立后及时选优配强驻村扶贫工作队员，全系统共派出驻村扶贫干部51人，其中，局机关派出6个驻村扶贫工作队17名工作队员，平均年龄46.8岁。打硬仗。驻村“尖刀班”紧紧围绕基础设施、主导产业、村集体经济、公共服务等重点狠抓工作落实。2019年，局机关结对帮扶的6个扶贫村新建水池19个，铺设管网169.5千米；电力农网改造22处，新增变压器18台；硬化村组公路22.05千米，整修砂石路43.8千米；危改202户，厕改257户，易地搬迁安置76户；培育市场主体12家，带动719户贫困人口稳定增收；光伏发电收入80.47万元，村集体经营公司收入7.8万元，企业股权分红村集体受益6.9万元。沿渡河镇罗溪坝村、野三关镇竹园淌村、金果坪乡五龙溪村三个重点贫困村的脱贫攻坚工作均位列所在乡镇前列，沿渡河镇长梁村、龙洞河村、溪丘湾乡张家坡村三个非重点贫困村整体工作水平较高，均能按期脱贫摘帽，驻村“尖刀班”的工作得到群众及所在乡镇党委政府的认可。2019年分别被野三关镇、金果坪乡党委政府表彰为驻村帮扶榜样。

【污染防治】 2019年县城区内有大型餐饮服务单位14家，机关单位食堂34家，已安装油烟净化设施38家，总安装率79%，达到油烟污染治理要求；明厨亮灶建设提档升级。联合县教育局对全县143所学校食堂进行量化分级等级评定。全县学校食堂建明厨亮灶135家，明厨亮灶达94.4%，达到明厨亮灶建设要求；燃煤锅炉治理综合施策。对特种设备目录内完成环保整治的30台燃煤锅炉开展回头看，对新建锅炉企业进行督促指导，协调州特检院对1台新建生物质锅炉进行安装监督检验，协调环保部门对1台新建油气两用锅炉开展环保影响评价。

【防范化解风险】 对涉金融或类金融领域企业进行清理比对并督促整改。对涉金融、房地产广告进行监测，对信用风险企业开展实地核查，并积极完成司法协助工作，全年协助查询企业信息51家，实施股权冻结12件，协助司法执行4次；扎实创建“无传销城市”。出台《巴东县打击传销和整治违法直销专项行动方案》《关于开展防范和打击传销专项行动的通知》（巴打传组办发〔2019〕1号）等文件，探索建立由乡镇人民政府负总责，相关部门协调配合的工作机制。全年排查市场主体390人，约谈无限级、安利等5家直销企业2次，印发宣传资料1.7万份、发布警示提示365条；扎实开展扫黑除恶工作。制定《巴东县市场监督管理局进一步深化集贸市场扫黑除恶专项斗争的通知》（巴市监发〔2019〕36号）《关于对黄赌毒听之任之失职失责甚至包庇纵容、充当“保护伞”问题开展专项整治的行动方案》等文件，建立日常排查工作机制，排查集贸市场13家，走访集贸市场内经营户168家，发放问卷调查表170份。完成县扫黑办交办线索的核查。

【平安巴东建设】 强化食药安全体系建设。印发《巴东县食品药品安全委员会成员单位工作职责》（巴食药安委发〔2019〕1号）《巴东县食品药品安全委员会关于开展全县校园及周边食品安全综合整治工作的通知》（巴食药安委发〔2019〕2号）等文件，召开县食药安委会议2次，食药安全监管工作机制不断深化；全力抓好专项整治。会同教育、安监等部门对全县所有学校食堂安全进行地毯式排查，约谈负责人6人次，取缔无证托餐点2户次，培训从业人员138人次，发放宣传资料137份，抽检校园及周边食品79批次。出动执法人员3433人次开展农村假冒伪劣食品专项整治，检查生产企业101家，食品经营单位1418家，批发农贸市场28个。出动执法人员905人次开展保健食品专项检查，行政约谈30次。检查网络供餐平台2家及入网餐饮服务提供者302家；打好非洲猪瘟攻坚战。行政约谈3家主要猪肉批发商，培训95家猪肉生产经营单位，发放《非洲猪瘟防控责任告知书》200余份。联合县重大疫情防控办公室抽检猪肉212批次，向农业农村部门移交案件2起，配合省局对辖区内7家猪肉生产企业开展专项检查，没收猪肉1000公斤，立案1起。

检查药品使用单位635家次，立案查处2家；检查药品零售药店432家次，立案查处1家；检查医疗器械使用单位412家，约谈18家，下达责令改正通知书1份；检查化妆品经营单位179家次，下达责令改正通知书1份。联合卫健部门开展“无菌剂”、中药饮片、执业药师挂证行为、医用氧、无菌及植入性医疗器械、冷链药品等专项检查。检查县级医疗机构3家，乡镇卫生院12家，村卫生室342家，个体诊所73家，医疗器械零售企业8家，药品零售药店188家，约谈三级药店53家63人，下达责令整改通知书89份，立案2起。

主动对接绿葱坡高山滑雪场、郑万高铁等重大项目，从特种设备采购、安装、检验等事项进行指导服务。采取提醒函、责任清单等形式督促企业落实主体责任；开展四大行动。约谈特种设备使用单位26家，发放《中华人民共和国特种设备安全法》100余本、《电梯、自动扶梯和自动人行道运行服务规范》120份，督办整治完成安全隐患115个，督促县内23家特种设备使用单位开展特种设备安全知识宣传教育活动，配合州市场监管局暗访特种设备使用单位15家；严格现场监察。共出动特种设备安全监察人员397人次，对151家特种设备使用单位408台特种设备开展现场安全检查，下达特种设备安全监察指令54份，强制叫停问题设备50台，立案查处5起。

扎实开展儿童及学生用品、成品油、安全帽、一次性塑料制品等专项检查，立案1起。加强技术监督。2019年抽检建筑用钢材、蜂窝煤、成品油、一次性塑料制品、劳动防护用品等产品65批次。

【经济发展】 “多证合一”“先照后证”“全县通办”等改革事项不断推进。2018年全县新增市场主体3555户。大力推进“3550”改革。积极协调公安、税务、人社等部门，确保新开办企业设立登记、公章刻制、发票申领、社保登记和银行备案5个环节在3个工作日内办结。指导市场主体办理动产抵押13件，助企业融资43090万元；办理股权出质登记34件，助企业融资123995万元。

全县企业年报率达87.1%，圆满完成省局和州局下达的85%的目标任务。强化事中事后监管。共依法移出经营异常名录信息758条，吊销“僵尸企业”营业执照239户。

2019年商标申请515件，注册681件；新申请专利75件、授权27件。实施品牌培育。组织巴东郡贡茶参加地理标志大赛并荣膺银奖；组织正山堂巴东红茶参加2019世界红茶产品质量推选活动，小神农架野茶获金奖，骏眉中国巴东红获银奖。

全年立案94件，结案87件，罚款238万元。坚持依法行政，不断提高办案质量。全年审核案件95起，受理案件咨询156件（次），组织案件听证会1场，处理行政复议案件5件。

2019年全县共受理投诉举报335件，为消费者挽回经济损失21.55万元。消费者通过全国互联网平台自行投诉举报73件，为消费者挽回经济损失1.08万元。

持续开展全县加油站、出租车、医疗卫生机构、集贸市场等民生领域计量器具的周期检定工作。去年检定计量器具1762台件，减免费用48万元。同时积极为郑万高铁、水布垭清江大桥等重点项目建设开展计量服务，助推地方经济发展。

（邓海军）

审　计

【概　况】 全年完成审计项目21个，其中审计17个、专项审计调查4个；审计查出主要问题金额45871万元，审计发现非金额计量问题56个，审计期间整改金额286万元，促进整改落实有关问题资金190万元，移交案件线索9条；出具审计报告和审计调查报告21篇，提交审计专报10篇、审计要情况3篇，提出审计建议47条，报送信息国家级媒体采用7篇、省部级媒体采用38篇。东壤口镇卫生院住院综合楼项目执行情况审计被评为省优秀审计项目，法制建设获全省“七五”普法中期先进集体，文明创建获“湖北省卫生先进单位”称号，全州审计系统“平安杯”运动会，获团体两项一等奖、一项三等奖。

【审计业务】 聚焦改革发展，实施重大政策措施落实跟踪审计。全年完成重大政策措施落实跟踪审计10项，针对污水处理全覆盖项目、地方债务风险防范、三峡移民水库基金、东西部协作扶贫审计发现的问题，提交审计专报和要情5份，县委、县政府主要领导及时作出批示，督促整改落实，促进落实减税降费437万元，清退违规发放移民补助资金309万元。

【脱贫攻坚】积极协调配合省厅完成对巴东扶贫审计；抽调9人组建审计组完成长阳县扶贫政策落实和民生资金管理使用情况审计，挽回财政资金损失463.88万元，整体打包移交案件线索6起，得到省厅充分肯定；采取“一拖二”方式，统筹调配12人组建审计组完成县本级扶贫资金和48个易地扶贫搬迁安置点项目审计，揭示项目管理、资金使用、产业绩效、易迁扶贫搬迁等突出问题，推动扶贫政策落实，不断提高资金使用效率。坚持把脱贫攻坚作为最大政治任务，坚定扛起牵头帮扶责任。紧盯脱贫目标，坚持“两不愁三保障”标准，深化“八个到村到户”措施，实现“六个全覆盖六个清零”目标。选优派强7名干部组建耳乡湾村、下庄坡扶贫工作队，开展驻村帮扶，机关23名干部与耳乡湾村172户606人结对帮扶。累计为耳乡湾村争取投入资金962万元,2019年硬化公路6千米，实施危房改造70户；为下庄坡村争取资金158万元，完善基础设施建设。培育壮大特色产业，耳乡湾村木瓜产业达到233.33余公顷；下庄坡村发展甜柚5.33公顷、柑橘66.67公顷。县审计局被县委、县政府表彰为驻村帮扶榜样。

【重点项目】认真贯彻落实《审计署关于进一步完善和规范投资审计工作的意见》，突出重点，量力而行，稳步推进政府投资审计转型发展。3月，在全省投资审计工作会议上就投资审计转型发展经验进行交流发言。坚持将投资审计与财政预算执行、经济责任、专项资金等审计项目有机结合，重点关注投资项目建设程序、招投标、施工过程、工程结算等重点环节，有力推动项目建设规范化管理。全年完成易地扶贫搬迁、东瀼口镇计生服务中心、绿葱坡镇枣子坪村委会等4个项目投资审计。

【特定审计事项】围绕全县中心工作，完成县委、县政府交办的原规划局财政收支管理、绿葱坡镇枣子坪村委会基建项目审计调查等6项。抽调人员参与县委巡查、扶贫督查和主题教育指导，充分运用审计工作优势保障服务大局。3月5日，根据省审计厅统筹安排，局党组成员、副局长唐洪权等9人独立组建审计组，赴长阳县开展为期50天的扶贫资金及民生专项审计，工作成果得到省审计厅高度肯定。

【荣　誉】1月24日，审计局获2018年度全省考核排名进步单位，局独立成组实施的兴山县扶贫审计项目被省厅表彰为2018年度优秀审计项目一等奖。5月8日，局被省委宣传部、省司法厅、省普法工作办公室联合发文（鄂司发〔2019〕23号）表彰为全省“七五”普法中期先进单位。

【成立审计委员会】5月9日，经县委决定，中共巴东县委审计委员会成立。县委书记单艳平任组长，县委副书记、县长郭玲，县委纪委书记谭若峰任副主任，邓秀朝、张秀林、徐兆纯、谭联才、邓高俊、谭文教、张辉、陈开锐为成员，张辉兼县委审计委员会办公室主任，办公室设县审计局。

6月5日，中共巴东县委书记、县委审计委员会主任单艳平主持召开县委审计委员会第一次会议。会议审议通过《中共巴东县委审计委员会工作规则》和《中共巴东审计委员会办公室细则》，研究部署2019年审计工作，明确年度审计项目计划19项。

9月12日，县委审计委员会第二次会议召开。会议听取审议2018年度本级财政预算执行和其他财政收支、县恒信担保有限公司2015年7月至2019年6月资产负债损益情况、田卫东任原县移民局期间履行经济责任情况及原县城乡规划管理局2017—2018年度财政预算执行及其他财政收支审计情况，研究部署审计查出问题整改及相关审计工作。

12月26日，县委审计委员会第三次工作会议召开。会议听取审议全县2019年度审计工作及

2018年度扶贫审计、2017年度易地扶贫搬迁项目审计、东瀼口镇党委政府和县供销社党政领导干部经济责任审计等情况汇报；审议通过2020年度党政领导干部经济责任审计及自然资源资产审计和政府投资审计项目计划；研究解决审计机关人员编制、政府购买服务聘请专业技术人员参与审计工作等有关事项。

（田其银）

自然资源管理和规划

【概 况】 2019年，在县委、县政府和州局党组的正确领导下，全县自然资源和规划系统深入践行党的十九大、十九届四中全会精神和习近平总书记关于自然资源管理的重要指示，肩负起生态文明建设、高质量发展保障、自然资源综合管理三大职责。

2019年3月30日，巴东县自然资源和规划局挂牌成立

【资源年度统计数据】 2018年末全县土地总面积为335162.19公顷。农用地310249.83公顷，占土地总面积的92.57%，耕地60621.25公顷，占土地总面积的18.09%；园地4319.21公顷，占土地总面积的1.29%；林地235890.54公顷，占土地总面积的70.38%；草地19.82公顷，占土地总面积的0.01%；交通用地2322.34公顷，占土地总面积的0.69%；水域及水利设施用地1140.01公顷，占土地总面积的0.34%；其他土地5936.66公顷、占土地总面积的1.77%。建设用地12560.61公顷，占土地总面积的3.75%。其中城镇村及工矿用地11416.68公顷，占土地总面积的3.41%；交通运输用地1038.94公顷，占土地总面积的0.31%；水域及水利设施用地104.99公顷，占土地总面积的0.03%。未利用地12351.75公顷，占土地总面积的3.69%，其中水域及水利设施用地7764.04公顷，占土地总面积的2.32%；草地3496.2公顷，占土地总面积1.04%；其他土地1091.51公顷，占土地总面积0.33%。

【规划工作】 全县第三轮矿产资源总体规划调整方案上报省厅审查并批复实施，完成2019年度全县土地利用总体规划调整，启动生态保护红线评估调整和15个美丽乡村规划编制工作。完成12个乡镇总规、11个乡镇控规和6个村庄规划的审查，完成县城主城区控制性详细规划动态维护；出具土地出让条件48宗，办理“建设项目选址意见书”37件，“建设用地规划许可证”83件，收取基础设施建设配套费1519.35万元。

【耕地保护】 巩固划定成果，完善保护政策，完善考核制度，落实保护责任。根据州政府下达全县耕地保有量（4.49万公顷）和基本农田保护面积指标（3.67万公顷），将全县的耕地保有量和基本农田保护面积分解下达到各乡镇，确保质量不降、数量不减；开展耕地后备资源调查，申报立项6个占补平衡项目，破解耕地占补难题。

【土地收购储备】 全年围绕重点区域储备土地100余公顷，出让土地83宗，实现挂牌收益4.8034亿元；协议出让供地365宗，收取出让金6572.2万元；全年实现土地出让收益5.4606亿元。

【矿产管理】 完成溪丘湾乡乌龟包等2个建筑石料用灰岩矿新立登记，挂牌出让郑万高铁专供料场采矿权，收取采矿权价款375万元；完成溪丘湾狮子垭矿泉水采矿权挂牌出让，实现收益2893万元；全年实现矿产出让收益3268万元。

【不动产登记地籍地价】聚焦不动产登记窗口作风整治，优化业务办理流程，细化操作要点，全面实现“一窗受理、并联服务”，不动产登记提速。优化业务办理流程，实现“一窗受理、并联服务”，加快不动产登记遗留问题化解，颁发登记证书4081本，登记证明1368份，收取登记费38.2万元。第三次全县国土调查9月下旬正式上报省厅，已通过部级核查。完成全县土地补偿标准调整、公示地价体系建设，基本完成硒资源外业调查，为全县项目用地和产业化建设打下坚实基础。

【国土资源执法监察】全年受理信访件42件，办结37件；立案查处违法用地用矿68件，办结58件，收缴罚没款180余万元；完成“大棚房”和违建别墅清查整治工作，拆除违建“大棚房”1处和违建别墅1处；组织专班开展“打非治违”专项整治，取缔26处非法开采点。

【地质灾害监测防治】第二届“巴东国际地质灾害学术论坛”于8月22—25日成功举办，来自美国、德国等12个国家和地区的320余名专家参会。深化“四位一体”网格管理，全年发生地质灾害6起，连续15年实现“零伤亡”目标。

【征地利用】征收征用土地180余公顷，组卷报批农地转用18个批次117.7160公顷，项目用地应保尽保；启动全县征地补偿标准调整，深入开展批而未供和闲置土地清理处置，提高服务发展的能力。

【重点项目建设】焦家湾库岸治理等4个项目基本竣工，五号沟等3个项目全面开工。完成33个关停矿山复垦复绿工作。

【土地拍卖】6月21日，巴东碧桂园房地产开发有限公司以9588万元的价格拍下巴东县官渡口镇五里堆社区BG2019015地块，地面价约100万元/亩。

8月21日，巴东在湖北省2019年度第一批次城乡建设用地增减挂钩节余指标交易中，交易土地1500亩，成交总价4.88亿余元。

（赵光孝）

统　计

【概　况】2019年，巴东县统计局在县委、县政府领导下，以“统计能力升华年”为主题，以《巴东县统计局2019年工作要点》为主线，深入学习贯彻党的十九大精神，坚持以习近平新时代中国特色社会主义思想为指导，深入开展“不忘初心、牢记使命”主题教育，不断强化党的政治建设和党的纪律建设，围绕“统计改革创新、统计法治建设、统计数据质量、统计监测预警、统计服务水平”五项任务精准发力，为县域经济发展做出积极贡献，圆满完成全年既定工作任务。

【统计改革】提升统计服务能力。以“统计能力升华年”活动为抓手，开展定期辅导讲座和专题调研分析活动，以提升统计人员综合素质，提高统计业务水平，增强统计服务能力。抓实数据质量。坚持抓好《关于深化统计管理体制改革提高统计数据真实性的意见》《统计违纪违法责任人处分处理建议办法》《防范和惩治统计造假、弄虚作假督察工作规定》落实，确保党在各级组织和各项工作中发挥领导作用，完善防范和惩治统计造假、弄虚作假的责任体系。抓好统计服务。坚持紧紧围绕推动经济高质量发展要求，加强统计分析和数据解读，为县委政府科学决策提供统计服务。强化统计监督，持续发挥创新和深化改革的强大助力。严格执行各项统计管理体制、方法制度，加大对部门统计业务指导，确保各项统计调查严密规范，确保统计监测及时有力、评价客观公正。认真贯彻执行地区生产总值核算改革、固定资产投资、绿色发展等领域统计改革，更好地履行统计监督职能。

【统计调查】县经普领导小组精心组织、统筹协调、全面推进，完成26718户个体户，7008家普查单位的清查和普查登记工作，多次作为全州经普先进样板推介。县经普办印制清查告知书近30000份，悬挂横幅60条，高速路口制作大字标语和户外牌，印发《经普简报》19篇，开展经济普查专题培训7次，开展督查6次，下发督查通报2期。有针对性地引导具备一定规模的450余户个体工商户转型升级为企业；扎实开展企业一套表单位质量核查工作。有序开展一套表调查单位核查工作。核查组深入“四上”企业实地入户核查，夯实一套表调查单位的基础，搞准统计源头数据，提升统计数据质量；开展居民收支调查。全县住户类调查工作共涉及9个乡镇15个调查网点，150户记账户，配备15名辅调员，所有辅调员都长期在村（居）委会开展工作。全年全县电子记账率达到95.33%。开展秋冬播粮食面积调查。调查覆盖全县15个样本村、45个样本大地块、2416个样本小地块，全面调查各样本村各大小样本地块农作物的种植种类、种植面积、种植情况等内容；开展畜禽监测调查，对全县10个乡镇，20个村，400户生猪监测点实际调查生猪养殖的存出栏数、能繁母猪数、仔猪数、待育肥猪数。开展1‰人口抽样调查工作。组织专班，多次赴溪丘湾乡白湾村清查人口数量、区域分布、出生、死亡、迁移、受教育程度等基本情况，完成数据采集、数据审核和数据上报等全部调查任务，为国民经济和社会发展计划、掌握人口增长情况提供可靠的巴东样本。开展“走出去”调研工作，掌握基层实情，认真听取企业意见建议。3月，召开服务业企业工作会议，听取企业代表对减税降费、统计服务和营商环境的意见建议。全年对投资、服务业、中草药、库区监测、绿色发展等专业分别开展专题调研，并形成高质量调研报告。开展统计执法检查36次，及时清退因自身管理不善、市场需求紧缩等因素达不到保规企业20家。其中，“退规”工业企业7家，“退库”商贸企业13家（批发企业2家，零售企业8家，住宿企业1家，餐饮企业2家）。

【统计服务】 对2019年度省、州对县综合考核情况进行全面深入剖析并积极配合县考核办对各乡镇和相关县直部门做好年度目标管理综合考评工作；开展统计监测。对全县主要统计指标进行监测，扎实做好生猪、粮食、库区和贫困等统计监测工作，为县委县政府了解掌握经济运行态势、推进工作提供依据。县委常会听取统计工作汇报2次，政务常务会听取统计工作汇报3次，召开统计部门联席会议1次；开展统计分析。全年共撰写统计宣传信息334篇，其中，恩施州统计内网发布统计信息111篇、统计分析91篇、湖北省统计内网发布统计分析60篇。《乡村振兴巴东如何破题》在乡村振兴与高质量发展暨恩施州党校系统第30届理论研讨会上，获一等奖;《陵山片区巴东县脱贫攻坚成效专题调研报告》被多位县领导签批;《砥砺奋进七十载，不忘初心再出发》被县委政研室《调研与参阅》全文刊载，并在国庆期间被县融媒体中心《巴东发布》公众号分9期发布。推进服务型统计建设。在政府门户网站统计子站按月发布全县相关统计数据，提供咨询服务。全年共计编印《巴东县国民经济统计月报》11期，并按月发放至县委县政府、相关县直部门及全县12个乡镇；10月编印完成《巴东县2018年统计年鉴》，满足社会对统计数据的要求。

【民意调查】 2019年，县社情民意调查中心受县纪委委托完成“发生在群众身边的腐败和不正之风”社情民意调查；受县委政法委委托完成“一感一度一率一评价”调查工作；受县纪委党风室的委托完成全县党风廉政建设调查；受县考评办委托完成全县目标责任制考核民意调查。为委托单位提供详实的调查报告，社情民意得到如实反映。

【脱贫攻坚】 县统计局认真开展精准扶贫各项工作，驻村帮扶工作取得积极成效。由县统计局驻村帮扶的石板坪村登上大型文献纪录片《我们走在大路上》。县统计局呈报的《脱贫攻坚成效显著，摘帽出列仍需努力》调研报告获得多位县领导签批并转有关部门学习并制定措施。帮扶村阵地建设展现新面貌，为石板坪村、界河村和火炮山村解决阵地建设费各2万元，为溪口村解决阵地建设费1万元。各类巡视巡察整改工作立行立改，针对中央第二巡视组精准扶贫专项巡视反馈意见，认真开展自查，直面问题不回避，坚持举一反三，建立整改台账，落实销号制度，确保整改时效。

（徐　洪）

公共检验检测

【概　况】 2019年，县公共检验检测中心在县委、县政府的正确领导下，坚持以习近平新时代中国特色社会主义思想为指导，全面贯彻党的十九大和十九届二中、三中、四中全会精神，牢牢坚持“两个维护”，牢固树立“四个意识”，坚定“四个自信”，统一思想，明确方向，改革创新，以切实发挥中心职能职责为目标，不断强化中心建设，较好地完成各项工作任务。

【脱贫攻坚】 根据县“两会”精神及《巴东县2019年脱贫攻坚作战方案》要求，中心坚持以习近平新时代中国特色社会主义思想为指导，认真贯彻落实党中央系列重大决策部署和习近平总书记关于脱贫攻坚的重要指示批示精神，把脱贫攻坚作为中心重要政治任务，举全力狠抓各项工作落实。按照县委、县政府的部署安排，明确脱贫任务，紧扣脱贫标准，贯彻落实“六个精准”“五个一批”等重大决策，持续深入推进“八个到村到户”举措。10月24日，县脱贫攻坚验收组赴溪丘湾乡（镇）石羊山村开展贫困村脱贫验收，经对照《恩施州贫困村精准脱贫评估验收表》逐项评估及入户走访，石羊山村综合贫困发生率为0.34%，脱贫人口错退率为0%，贫困人口漏评率为0%，群众认可度为99%，同意确定中心对口帮扶的石羊山村为本年度脱贫村。

（陈　辉）

金融

银行保险监督管理

【严防银行保险系统风险】 加强对银行业金融机构风险进行防范化解，整治金融乱象，重点加强信贷、案防、流动性等重点环节监管，把不良贷款降下来，把案件控制住，降低贷款集中度，把握贷款投向，确保不发生系统性、区域性风险。截至12月末，全县金融机构人民币各项存款余额159.90亿元，较年初增加10.21亿元，增长6.82%，各项贷款余额81.06亿元，较年初增加6.57亿元，增长8.82%，余额存贷比50.7%，较年初增长0.93个百分点，不良贷款余额25069万元，比年初增加3693万元，不良贷款率3.09%，比年初上升0.22%。全县银行机构实现拨备后利润19471万元，同比下降1141万元。法人机构巴东农商行资本充足率10.8%，一级资本充足率9.71%，拨备覆盖率155.98%，符合监管标准。全县银行机构存贷款较快增长，存贷比同比提高，重点领域和薄弱环节持续得到信贷投入，为实体经济和脱贫攻坚提供有力支撑。巴东县银行机构不良贷款不断反弹，信用风险凸显，银行增长乏力，后劲不足，虽然都实现盈利，但增幅下降，主要是不良贷款上升，拨备增加。

【监管保险机构】 监管组发挥监管前哨作用，参与分局组织的现场检查，投诉调查，信访核查，市场准入等工作，促进全县保险机构逐步规范经营。全县持证保险机构15家，其中寿险公司5家，财险公司10家。

【防范和打击非法集资】 认真履行全县打击和处置非法集资办公室职责，建立健全打击非法集资监测预警机制，各成员单位建立风险排查台账，坚持每天收集，每周上报，重要节点坚持每天两次上报，对非法集资实行全天候、全领域监测预警，持续开展非法集资事件监控排查，确保维护社会稳定。出台《巴东县打击非法集资举报奖励办法》，向社会各界公布举报电话，鼓励社会公众参与打击非法集资。在《长江巴东网》公告《致全县人民的一封信》；在电视台滚动播出打非宣传字幕和打非公益广告；在全县各银行、证券、保险金融机构网点及宾馆、商场、广场等场所通过电子显示屏开展打非宣传。充分利用电视台、报纸、网站、微信等宣传防范化解金融风险知识，唤醒广大民众，自觉远离非法金融并参与到整治非法金融活动中来，在全县形成整治非法金融活动的整体氛围。

【优化金融生态环境】 加大信贷投入，防范风险，加大对扶贫、环保、国家战略性新型产业、四大产业集群领域的信贷投入，提高银行存贷比，引导银行资金脱虚向实，减少资金上存比例，解决企业融资难、融资贵的问题；加强信用环境建设，政府主导，部门参与，百姓监督，惩治逃废债，完善诚信体系，营造诚信文化，建立全县经济金融良性互动的金融生态环境。

【脱贫攻坚】 认真做好驻村扶贫和对口帮扶工作。监管组对口帮扶村（楼子坪村）为县委书记联系点，工作任务重，要求高，压力大。监管组克服困难完成扶贫工作任务。一把手坚持“四加一”和“三加二”模式，常驻村工作。聘请专人代表监管组驻村。为对口村捐资3万元帮助其建食堂，开展党建工作。监管组充分发挥部门职能作用，积极开展金融扶贫。针对重点扶贫区域金融扶贫实际，多方协调银行机构落实精准扶贫举措，建立金融精准扶贫攻坚名单，落实涵盖重点扶贫村的扶贫信贷项目。12月末，全县小额扶贫贷款余额26824.83万元，其中建档立卡贫困户贷款20164.25万元，新型农业经营主体贷款6660.58万元。全县累放贷款88450.66万元，其中累放档立卡贫困户贷款61364.16万元，新型农业经营主体贷款27086.5万元。

【综治维稳】 认真履行综治成员单位职责，对全县银行业机构综治工作进行管理，以组织领导推动目标责任落实，年初将县委县政府各项综治任务，层层分解到辖内银行的各个部门及其支行，组织银行员工层层签订综治目标管理责任书，做到人人参与综治建设，提高银行整体综治水平；在综治联系点茶店子镇楼子坪村，就小额扶贫信贷、平安村建设、扫黑除恶等重点工作召开村支两委、党员、群众代表大会进行全面部署。细化金融扶贫工作，指导楼子坪村做好平安村建设，帮扶其发展产业以及环境整治等工作，提升人民群众的满意度和获得感。

【扫黑除恶】 2019年，做好金融领域里的扫黑除恶工作。根据县扫黑办的工作部署，每周向各银行机构搜集黑恶线索汇总后上报给县扫黑办。完成两起涉黑涉恶线索调查工作。

（巴东银保监组）

人民银行巴东县支行

【概　况】 2019年，全县人民币存款余额165.33亿元，比年初增加11.69亿元，增长7.61%；人民币贷款余额81.06亿元，比年初增加6.57亿元，同比增长8.82%。

【货币政策运用】 及时宣传货币政策。通过召开金融工作会、金融联席会等，及时传达稳健货币政策精神，引导金融机构结合县域经济合理需求，加大对实体经济的有效投入。组织开展对接活动。2月27日至3月8日联合县金融办、农业局等单位，开展“金融早春行”之服务特色产业对接活动，调研53家产业经营主体，摸清融资需求5705万元，确定主办银行，量身定制金融服务产品。4月17日，召开全县金融工作会议，辖内8家银行机构与16家小微企业现场签约2.52亿元。积极运用政策工具，确保信贷总量平稳适度增长。按照《中国人民银行关于下调服务县域的农村商业银行人民币存款准备金率的通知》（银发〔2019〕127号）要求，分三次对巴东农商行实行定向降准，共释放流动性1.68亿元，全部用于支持民营及小微企业发展。向地方法人金融机构发放扶贫再贷款1.4亿元，累计发放4.8亿元，助力脱贫攻坚。加大金融创新，全力支持民营、小微企业发展。贯彻落实省政府“百万千亿金惠工程”开展“百名行长进民企”活动，考察产业基地18个，召开对接会7场。指导银行机构累计开办新型信贷产品20余种，“政银集合贷”（工行）、“助保贷”（邮储）、“善融贷”（建行）、“循环贷、惠农贷”（农行、村行）等创新业务均达到一定规模。引导供应链核心企业、商业银行与应收账款融资服务平台进行系统对接，优化业务流程，帮助更多小微企业获得应收账款融资。完善信用信息共享机制，将小微企业纳税信用、税收贡献与贷款融资挂钩，逐步缓解县域企业融资难题。加强对企业生产经营规模、周期特点、资金需求分析，在风险可控前提下，提前开展续贷调查和评审，扎实开展“无还本续贷”，实现正常经营企业融资周转“无缝衔接”。

【金融扶贫】 修改完善《巴东县扶贫小额信贷实施方案》《巴东县扶贫小额信贷贴息办法》，促进产业扶贫、乡村振兴、普惠金融深入融合，用好“新型农业经营主体+建档立卡贫困户”信贷扶贫模式，加大对农村基础设施建设、易地扶贫搬迁等项目的信贷支持力度。截至12月末，全县9家商业银行全部参与金融扶贫工作，金融精准扶贫贷款余额16.49亿元，其中扶贫小额信贷余额2.68亿元，新型农业经营主体0.66亿元。推进“两站”建设，丰富完善“两站”内涵，切实修补农村居民金融服务短板，有效提升农村居民金融服务获得感。履行社会职责，全力做好驻村扶贫工作。严格按照县委政府要求，抽调3人全脱产组建“尖刀班”驻村工作。明确21名职工189户对口帮扶任务，利用工作之余进村走访，全年累计入户超过200人次。筹措资金2万元，完善扶贫村金融惠农工作站建设，协调农商行布放助农自助终端1台，有效打通扶贫村金融服务“最后一公里”。全年帮助扶贫村实施项目近10个，投资总额超过100万元，解决当地饮水、出行、产业发展等难题，惠及贫困人口3000多人。

【金融服务】 按时完成取消企业银行账户行政许可工作，通过优化服务，企业开户便利程度和风险防控力度不减，账户管理进一步加强。截至11月30日，全县备案企业基本账户和临时账户751户，其中开立624户，变更89户，撤销223户。持续深化支付便民服务工程。2019年，指导农商行在偏远农村布放新型助农取款终端4台，累计布放数达到8台。推动银联二维码移动支付产品在公交领域里的使用，9月县城公交车实现“云闪付”购票。全县乡镇以下手机银行用户达到6万户，农商行的“福卡e支付”、村镇银行的“马上付”等二维码支付用户达到8000户。密切配合“扫黑除恶”工作。协助做好涉黑、涉恶账户的查询、冻结工作，配合专案组协查涉黑、涉恶账户7个，查询涉及单位账户近100个。认真做好货币金银管理。按规定开展2019年度倒库式查库，进行二代货金反假系统测试，完成全县金融机构库存假币的收存入账，上缴2010年以来收存假币150756元。按上级要求组织中行进行建国70周年纪念币和“泰山”纪念币的发行兑换，如期发行第五套2019版4种纸币和3种硬币。派员参加分行货币金银业务竞赛，取得团体二等奖。不断提升国库服务效率。配合财政部门偿还地方政府债务，拨付一般债务预算支出3.27亿元。落实国务院小微性企业普惠性减税降费政策，完成政策性退库工作739笔，金额36万元。全年共完成税收收入7.84亿元，非税收入16.34亿元，社保基金6.47亿元，工会经费收入241万元；转移支付地市级补助收入46.31亿元，地方政府转贷收入7.26亿元。预算收入退税0.3亿元，更正调库3.08亿元，预算支出78.45亿元。切实提高征信服务水平。加大宣传发动，引导供应链核心企业对接应收账款融资平台，带动上下游民营企业更好利用应收账款质押融资，着力解决小微企业融资担保抵质押不足难题。截至12月末，巴东县完成应收账款融资服务平台注册登记企业10户，累计成交11笔，金额22.15亿元。

【金融管理】 加大地方法人机构风险监测预警，持续开展不良资产真实性现场、非现场核查，进行压力测试。开展辖内互联网金融、违法金融宣传等风险点分类梳理和摸底排查，向有关部门提示风险，配合地方政府集中整治。加大风险企业、扶贫小额信贷、地方政府债务等监测分析，形成专题报告供地方党政领导参阅。组织参与银行不良资产清收工作，协助法院加大金融胜诉案件执结力度，对拖欠银行债务的典型案例实行公开曝光，实施联合惩戒。贯彻落实存款保险制度。开展地方法人金融机构央行评级及存款保险风险评价，夯实巴东农商行保费核定、缴纳工作基础。开展存款保险风险状况专项核查，摸清和掌握地方法人金融机构公司治理、信贷资产、风险状况，进行约见谈话提出整改要求，有效发挥存款保险制度早期纠正功能。加强反洗钱监管。完善工作机制，督促金融机构认真履行反洗钱工作职责，督导义务机构加强规范化管理，严格开展各项基础性工作，促进工作水平整体提高。加强与公检法的沟通协作，做好反洗钱案件的收集跟踪。2019 年，对法院宣判的 2 起掩饰、隐瞒犯罪所得的案件进行关注，收集上报判决书。开展防范电信诈骗工作，打击非法买卖银行卡行为，督促、引导银行机构做好银行开户、持续客户身份识别管理，把好电信诈骗账户关。持续推动金融知识宣传与普及。3—6 月，组建志愿宣传队、制作宣传展板等方式开展“金融消费者权益日”“信用记录关爱日”“金融知识宣传月”等多场大型活动，发放宣传资料 1 万余份，一对一讲解 300 余人次，收到良好社会反响。加大金融信用县市创建力度。开展“四大信用工程”建设，着力巩固金融信用县市创建成果，完成 2018 年的申报工作，保持“湖北省金融信用县”的荣誉称号。

【金融监测】 修订完善金融突发事件应急预案，规范金融应急事件的协调、处置工作流程，确保辖区金融安全、高效、稳健运行。密切关注金融改革进程。认真开展农行三农事业部改革和农村信用社改革试点专项央行票据兑付后续监测、评估与检查。贯彻落实利率市场化政策，对地方法人金融机构利率定价能力进行测评。继续关注村镇银行、小贷公司营运情况，收集分析数据，预防金融风险。加强监测与评估，防范金融风险。定期监测民间融资情况，防范民间融资金融风险。按季选取农资、养殖、食品加工等行业进行专项监测分析，掌握企业资金链情况。扎实开展调查研究。针对重大政策实施效应，辖区热点、难点现象和问题，认真分析原因，提出改进意见，总结经验做法，扎实做好调研信息工作，全年共完成重要调研信息 20 余篇，分别被《女职工之窗》（总行刊物）《湖北省金融生态工作简报》《恩施金融信息参考》《恩施日报》《农林经济管理学报》等内外部刊物采用。组织辖区金融机构开展成金融支持深度贫困地区及乡村振兴战略与对策征文、金融服务改革开放侧记征文活动，圆满完成任务。

（县人行）

工商银行巴东支行

【概　况】 2019 年 8 月中旬以来，储蓄、机构、商户、ETC、私银、银校通等重点业务重点突破，快速扭转被动局面，各项指标按照分行全年目标和工作部署，有序安排，稳步得到实施。完成分行下达的工作目标。2019 年支行总存款年末余额 76926 万元，比年初增加 720 万元，储蓄完成分行下达的年末目标，机构增存在系统县市排名靠前。总贷款余额 40186 万元，比年初下降 1275 万元。中间业务收入累计实现账面中间业务收入 106 万元。利润实现营业利润 477 万元，因信贷成本增加导致净利润大幅减少。累计新开 173 户，累计净增 94 户。资产质量控制分行计划内，公司不良贷款 3 笔，不良贷款余额 1035.54 万元，个人不良贷款 91 万元，不良率 2.8%。

【新兴业务】 新业务发展有所提升，规模效益正在显现。积极推动大个金创新产品，彰显竞争优势，积极推出“薪金溢”、大额存单、互联网等产品。截至 12 月末，个人客户数 52729 户，比年初增加 4644 户。日均 5 万元至 20 万元客户 1223 户，比年初下降 16 户；日均 20 万元至 100 万元客户 459 户，比年初增加 62 户；日均 100 万元至 800 万元客户 45 户，比年初增加 13 户；日均 800 万元以上客户 3 户，比年初增加 1 户。

“银校通”产品实现零突破。9月与县京信友谊中学签约银校通业务，成功实现银校通业务上线运营，新增客户1500余人，校方及家长体验良好。同时带动支行个人手机银行、第三方绑卡业务的快速增长。TC营销阶段性增长同业靠前。8月上旬，城镇ETC目标客户数萎缩日趋明显，同业竞争日趋激烈的态势，支行班子及时召开专题会议，了解市场、分析市场，主要突出乡镇市场，将营销重点转移至县城周边茶店子、绿葱坡、溪丘湾等乡镇，制定日均目标10台的计划，按周组织人员进乡镇营销，迅速扭转被动局面，8月中旬共办理ETC 526台，阶段性同业增量排名靠前。积极营销农民工工资账户，截至12月末，累计营销农民工工资准备金账户8户，累计代发人数700余人。

（县工行）

建设银行巴东支行

【概　况】 2019年，在上级行党委的坚强领导和统一部署下，在县委、县政府的关怀指导下，支行深入学习党的十九大和十九届四中全会精神。围绕湖北省分行党委“四轮驱动拼三一”的主题，打造业务指标、风险防控、业务素质、思想作风、管理质量的“五好团队”的工作目标。各科室结合实际，争创亮点，促进支行业务的全面发展，个人存款、普惠金融、精准扶贫等方面表现突出，不良资产处置工作快速推进，网点“服务明星”继续涌现，服务理念深入人心。

【主要业务指标】 截至12月末，支行全口径存款105078万元，比年初新增1059万元，其中对公存款余额32395万元，比年初下降7273万元，个人存款余额72683万元，比年初新增8322万元；贷款总规模达到39447万元，当年净下降2075万元，其中对公贷款余额28606万元，个人贷款余额10891万元，扶贫贷款余额230万元；全年实现中间业务收入359万元。

【普惠金融业务】 积极拓展“普惠金融”信贷业务，大力支持县域经济发展。支行推出大数据信贷产品（包括税易贷、POS贷、创业贷、信用贷、账户云贷和结算透）和全线上信贷产品（包括惠懂你APP贷款、龙商贷、云税贷）等无抵押、无担保、纯信用的小微快贷产品，以及抵押快贷等新型信贷产品，全线上、可循环的信贷产品，降低企业的融资成本，解决小微企业融资难、融资贵的问题。全年发放税易贷（含云税贷）4笔金额638万元，抵押快贷9笔金额1720万元，通过手机“建行惠懂你APP”企业自主发放小微快贷8笔金额264万元，传统信贷小企业新增39家，贷款金额2.43亿元。全行共支持小微企业65家，实现普惠金融贷款27667万元，并荣获得湖北省分行“普惠金融先进单位”荣誉称号。

【精准扶贫】 按照精准扶贫的要求，坚持“真扶贫、扶真贫，精准扶、扶精准，重点扶、扶重点，整体扶、扶整体，长远扶、扶长远”的工作方针，围绕脱贫目标，创新扶贫机制，转变扶贫方式，突出精准发力，推进精准扶贫、精准脱贫。对巴东县官渡口镇大坪村、巫峡口村、凉水井村以及溪丘湾宋家垭村的196户632人帮扶对象落实结对帮扶责任人，扎实做好建档立卡，建立帮扶制度，建立帮扶台账。2019年10月筹措资金25万元为大坪村修建430平方米的文化活动广场1座，成立柑橘专业合作社2个，养殖大户2个（养殖山羊350只、鸡200只）。4月在全州建行系统发放首笔扶贫贷款，支行推行的“银行+企业+贫困户（合作社）+保险”养牛模式在全州进行推广。今年共发放个人扶贫贷款44笔，金额275万余，新型农村经济主体3户金额230万元。

【落实“属地管理”】 严格强化“责任担当”意识，履行地方责任、确保实效。为大支坪、绿葱坡、茶店子和官渡口四个乡镇和城区部分居民共发放社保卡和社保过渡卡共计10万张，布设助农取款点120个。为实现农村普惠金融，为农民办事不出村设立村口银行，至2019年12月31日，在全县设立裕龙点322个，发放裕龙卡近5000多张。同时湖北省分行为与供销社合作的个人农户量身定制“供销支农贷”和与供销社有合作关系的小微企业提供“裕农易贷”，实现融资向县域以下农村市场的有效延伸，金融服务扎根村组。做好“六城同创”工作。按照巴东县统一部署，支行积极开展“六城同创”工作，加快创建中国优秀旅游城市、国家园林城市创建成果，国家森林城市、国家卫生城市、国家环保模范城市、全国文明城市，打造亮化工程，进行文明劝导，“打造长江边最干净城市”的美丽巴东。

【优质服务】 把特色优质服务当作支行生存的生命线。按照首问负责制的原则，要求服务在标准规范的同时，达到业务素质高、服务质量高、工作效率高的“三高”标准。继续以“三高”特色，形成服务比较优势，打造地方同业金融服务标杆。网点“服务明星”持续涌现，服务水平、服务质量得到大客户的赞许，赢得良好的社会声誉。

（县建行）

农业银行巴东支行

【概　况】 2019年，全行上下以总行党委治行兴行“六维方略”为引领，深化“重党建、活机制、促发展、控风险”总体思路，围绕“同业增份额、系统进位次、全行保平安”奋斗目标，立足巴东实情，真抓实干，担当作为。围绕经营抓党建、抓好党建促发展，全行上下共同努力，全行党建和业务经营进步明显，各项工作平稳推进、主体指标基本达成预期，荣获州分行班子考核第三名。

【主体业务】 全行各项存款达到228172万元，时点存量份额46.38%，比年初提升1.11%，时点增量9546亿元，增量份额65.31%，在全县四家金融机构中，存款总量与增量的市场份额均居四大行第一。各项贷款余额85795万元，年度净增10845万元，增速14.47%，总量和增速均居同业第一位。实现中间业务收入1050万元，完成州分行计划的110%。存款、贷款、中收较好完成州分行计划，市场份额得到全面提升。

【客户建设】 2019年新增个人贵宾客户492户，新增私行客户1户，新增信用卡有效客户1432户，新增有效商户587户，新增掌握活跃客户2620户，新增对公基本账户142户，新增对公结算账户184户，新增代发工资客户8户，新增法人优质贷款客户3户，法人有贷客户存贷比提升14.47%。

【经营效益】 全年实现营业收入5507万元，完成计划5600万元的98%；实现净利润1996万元，完成年度计划2700万元74%，完成收官计划1980万元的101%。

【精准扶贫】 2019年，按照县委政府和上级行金融扶贫工作部署，压实扶贫责任，突出重点区域领域，积极探索金融扶贫模式，持续加大扶贫信贷投放，金融扶贫和驻村扶贫工作取得一定成效。2019年12月末，扶贫贷款总额22291.5万元，占总贷款26%。其中项目扶贫贷款12700万元，占扶贫贷款的57%，产业扶贫贷款8100万元，占比36%，建档立卡贫困户贷款1491.5万元，占比7%。总的带动贫困人口3447人。在驻点扶贫上认真践行扶贫职责，抽调4名干部成立驻村“尖刀班”，独立帮扶绿葱坡镇三尖观村。全村共有231户706人，其中建档立卡贫困户135户417人，已脱贫134户415人，还有1户2人未脱贫。支行班子成员和野三关分理处职工还结对帮扶71户贫困户。按照脱贫“两不愁三保障”总的目标，对照“六个清零、六个全覆盖”的工作要求扎实开展工作，基本上完成各项工作目标任务。在驻村帮扶工作中，巴东农行被绿葱坡政府表彰为“驻村帮扶先进单位”，“尖刀班”班长薛昌澎获得州分行金融扶贫专项奖励。

【风险管控】 围绕“强合规、严管理”这个主题，开展综合治理。在合规教育上下功夫，强化员工管理；在问题整改上下功夫，促进作风转变；在信贷风险上不良贷款总额238万元，不良率0.28%，不良实现双降；在安全保卫上，在省公安厅组织专家组评估验收中打分98.5分，在全县金融机构中得分第一，得到高度肯定；在平安农行创建上，2019年，全行未发生案件和重大风险事件，实现平安运营。

（县农行）

中国银行巴东支行

【概　况】 2019年，中国银行巴东支行致力于巴东经济社会发展，围绕县委政府的战略部署，结合上级行管理要求，认真贯彻党中央、国务院关于民营企业发展的战略部署，把服务好民营企业作为落实“稳就业、稳金融、稳投资”的重要抓手，积极履行社会责任，持续全面加大对民营企业、中小微企业、普惠金融等重点领域的支持保障力度，切实服务好广大客户，为巴东经济建设再添活力。

【存贷业务】 截至2019年末，支行存款余额8.18亿元，其中公司存款2.99亿元，个人存款5.19亿元；支行贷款余额3.85亿元，其中个人贷款0.65亿元，其中公司贷款3.20亿元。

【授信产品】 发放烟草商户贷225万元；推行“中银票E贴”业务，贴现金额达3000万元，缓解中小企业流动资金周转困难，节约融资成本，激活生产动力。

（县中行）

农发行巴东支行

【概　况】 至2019年年末，贷款余额156170.68万元，全年累计投放37502.75万元；年末各项存款余额52596.73万元，比年初下降15763.59万元；全年实现各项收入2709.58万元，支出为440.64万元，实现账面利润2268.94万元；全年清收不良贷款本金110.83万元。顺利完成各项工作任务。2019年，坚持以习近平新时代中国特色社会主义思想为指导，坚持稳中求进工作总基调，进一步推进扶贫支农。全面服务乡村振兴。抓党建，提升站位强素质；抓营销，谋求发展储项目；抓管理，夯实基础稳增长。

【信贷投放】 聚焦全县脱贫攻坚、乡村振兴、粮食安全等重大战略和民生工程，加大信贷投放力度。加强扶贫项目的营销支持力度，全力服务脱贫攻坚。及时将上级行会议精神向县委、县政府相关领导进行汇报，积极同财政、发改、住建、国土、水利等地方行政单位负责人适时沟通，关注县委县政府围绕乡村振兴、产业脱贫、长江经济带发展谋划的重点项目，紧抓地方政府着实要打好“长江大保护十大标志性战役”的机遇，寻求战略合作。2019年度成功营销扶贫项目4个，金额合计174000万元，分别为：与巴东县工商银行合作公路PPP银团项目1个，获批金额6亿元；流通体系项目1个，金额2.4亿元，已获批投放0.7亿元；污水PPP项目1个，金额7.3亿元；旅游扶贫项目1个，金额1.7亿元。2019年度成功营销小微企业2户，其中包含粮棉油小微企业1户发放涉农小企业流动资金贷款70万元，粮食调销贷款100万元。加快清收不良贷款。2019年，针对乾峰公司900万元不良贷款，积极联系企业各股东、法人代表，协调沟通政府有关部门及领导，多次核查担保物，审查和完善前期信贷工作记录，经过一系列工作，收回不良贷款本金110.83万元。虽仍然未能清收完毕所有不良贷款，但为清收不良贷款积累了经验开创了局面。另外全额收回全年利息57.3万元（含罚息），其中逾期贷款利息39.7万元一分不漏。还完成诉讼前的各项准备工作，为2019年全面现金清收打下良好的基础。

（秦 遐）

邮储银行巴东支行

【概 况】 2019年7月，巴东县支行支部委员会荣获首次荣获邮储银行湖北省分行“先进基层党组织”。2019年10月，巴东县营沱支行超额完成湖北省分行下达的汽车消费贷计划，被评为全省“车贷特色支行”。

【经营指标】 2019年，以20.66%的收入增幅继续排全州系统内第1位。实现全省系统内排位大幅提升，全年进4位到43位。实现效益大幅提升，全年完成年预算111.11%，排全州系统内第2，向巴东县政府缴纳增值税及附加税收110万元，向上级缴纳企业所得税400万元。实现绩效考评大幅提升，支行以绩效总分930分位列全州邮储银行第1位，实现支行年初“保二争一”的预期目标。

【经营措施】 2019年，支行转型发展取得“四大成效”。中间业务成效明显，全年累计实现非息差收入621万元，排全州县市支行第3位。“四张卡”发展成效明显，社保卡激活率达到47%，均排全州第一；服务实体成效明显，全年净增小企业贷款1246万元，达到4046万元，完成进度178%，全州排名第一；特色经营成效明显，深耕以优享贷为主的消费贷款市场，消费贷款全年净增3324万元，完成进度133%，全州排名第一。其中营沱车贷特色支行建设超额完成省行计划，放款量全省排名第二。

【扶贫攻坚】 2019年，继续将扶贫攻坚工作作为一把手工程来落实。继续履行金融扶贫职责。分别在两个挂点扶贫村开展联合主题党日，为扶贫村村民提供金融咨询、扶贫贷款现场受理、调查及发放，全年共发放扶贫贷款96笔536万元。积极参加地方扶贫战略，支行原两名中层管理人员全年进驻扶贫村进行专职扶贫工作，全行共结对帮扶贫困村4个，扶贫户41户，向扶贫村投入扶贫资金2万余元，用于改善扶贫村办公生活环境及支持贫困户脱贫项目投入。

（刘平昌）

巴东农村商业银行

【概 况】 湖北巴东农村商业银行股份有限公司（简称巴东农村商业银行）驻巴东县信陵镇巫峡路29号。巴东农村商业银行由原巴东县农村信用合作联社进行股份改制而成，于2013年3月29日正式开业。

【存贷业务】 2019年末，各项存款余额53.33亿元，增幅5.38%；各项贷款余额31.18亿元，增幅6.26%。存贷市场份额位居全县金融机构首位。

【经营效益】 2019年累计实现总收入3.04亿元，较同期2.99亿元增加515.38万元，实现利润3704万元。缴纳各类税收3762万元。

【监管指标】 不良贷款占比4.16%；资本充足率10.8%，拨备覆盖率155.98%，核心指标持续达标。

【服务与创新】 2019年，坚持“支农支小支实”方向，以“服务乡村振兴”为抓手，加大涉农贷款、小微贷款投放力度，全力服务县域经济。2019年末，涉农贷款余额24.02亿元，占贷款总量的77.03%；500万元以下贷款余额18.91亿元，占比60.64%，较年初上升1.59亿元，占贷款净增额的86.7%。小微贷款实现两增两控目标。

【扶贫攻坚】 提高政治站位，严格执行精准扶贫政策，做实金融精准扶贫主办行，全力投放扶贫贷款。严格执行党中央、国务院和省委、省政府精准扶贫政策，创新扶贫贷款方式、严格执行扶贫贷款利率政策，严格执行“三个100%”目标。截至2019年末，累计发放扶贫贷款3828笔金额2.06亿元，现有扶贫贷款余额4136笔2.41亿元

（其中扶贫小额信用贷款余额3877笔1.86亿元，龙头企业及新型农业经营主体带动建档立卡贫困户贷款余额259笔金额0.55亿元）。

【风险防范】 不断加大合规银行建设，把风险化解作为各项工作之首来抓，大力实施“风险防控年”活动，坚决守住不发生系统性金融风险底线。灵活运用现金清收、收息化解、核销处置、展期续贷等方式加大清收盘活力度，确保全年贷款风险可控。2019年末，全行不良贷款较年初下降597万元，不良贷款占比4.16%，较年初下降0.46个百分点。

（农商行）

人保财险

【概　况】 中国人民财产保险股份有限公司（以下简称人保财险）驻巴东县信陵镇沿江路195号，下辖1个营业部（野三关），4个营销服务部（绿葱坡、溪丘湾、金果坪、沿渡河）和6个乡镇保险服务站，共有从业人员200人（其中在岗员工40人、代理人160人）。

【经营业绩】 实现签单保费3973万元、同比增加1070万元、同比增长20.83%、直接赔款4310万元，缴纳税收960万元，市场份额45%。其中政策性农险承保保费，承担责任，实际赔付。市场份额稳中有进、对标市场上升，实现持续盈利。将公司打造成经营良性、市场持续、队伍精干、员工幸福、业务一流的公司，为“十三五”期间建成人民满意、员工幸福的中国人民保险公司打下坚实的基础。

【经营亮点】 释放农网产能，巩固农村市场。2019年充实农网网点队伍，基本实现一个负责人，一个内勤，一个外勤的多名营销员的“3+N”模式，优先配备补充电脑打印机终端等设备，为业务发展提供有力的信息技术支撑。联合乡镇政府推广治安家财和人身意外险，实现扫村行动；联系当地派出所对摩托车市场进行整治并送安全头盔等系列活动取得良好的实效，提高人保财险的知名度和声誉。截至12月30日，农网保费已收4500万元，野三关营业部签到保费过3000万元大关，完成任务进度的103.62%

2019年巴东支公司继续发挥手机意外险APP的简单、快捷、方便的作用，公司营销员实现安装率98%，手机销售平台更进一步向农网延伸。巴东支公司意健险已经完成900万元，其中手机销售350万元，超额完成州公司意健险事业部下达的任务目标。

2019年巴东支公司在车险发展坚决执行州公司的决策部署，在市场对标、提高市场份额上攻坚克难；强化车险团队建设，车商团队和呼出团队人员稳定，实现车商团队专营新保，稳定保费增长；呼出团队维护公司已有续保业务，抢挖其他主体的转保，形成“最好的防御就是进攻”的发展战略。省公司车险团队“5122工程”正式落地，巴东支公司建设崭新的职场，配备电脑、电话，充实人员，进一步挖掘市场数据形成有效的产能。2019年车险经过第二次、第三次费改，报行合一之后，车险保费稳中有升突破4800万元大关。

巴东支公司通过商非“6+N”团队建设，从各个部门抽调正式工担任产品线专员，培养业务骨干，学习各个产品线的条款、费率及产品卖点，为广大业务员和客户进行承保理赔服务。通过近半年的实践，商非“6+N”团队建设初见成效，随着县域经济的回暖，对口的专业人才对行政事业企业进行市场营销，先后跟踪追单安全生产责任险、财产险和建工意外等险种，商非团队人员素质明显提升；在养老机构、医疗责任险、安全生产责任险、“尖刀班”人员意外等领域取得明显的效果。几次竞标，公司以绝对优势中标，得到政府及相关单位、广大客户的认可，非车险四条产品线2000万元产能。

（谭超颖）

人寿保险

【概　况】 2019年，实现保费总量9382.3万元，较上年度增长5%；其中，长险首年期交1747.9万元，与上年增长320万元；团险一年期短险1134.3万元，同比增加401万元。短险涉及“三农”保费529.3万元（学生平安险243.9万元、农村小额保险9.8万元、计生保险275.6万元）；银行保险业务923.3万元，较上年负406万元；续收保费5705.6万元，同比202.6万元。公司的业务是稳中求进、稳中向好的态势。个险业务提前完成上级公司下达的计划目标；团险业务和银保业务于年底完成保底任务，系统内综合考核位列全州中等偏上水平。

全年办理各类赔（给）案件2761余件，支付各类赔款2817.1万元，其中短险376万元，长险赔（给）付款2441.1万元。单位和个人全年累计纳税约40万元，公司实现利润近20万元。

【工作措施】 充分利用机构健全、网络齐全的行业优势，加强保险业务宣传，不断普及社会保险知识，筑牢风险防范体系。县公司在县城区举办报告会、农网小产说会、客户座谈等宣传活动近50场次，利用电视、网络等媒体广泛宣传保险知识；各农村处站坚持服务为第一要务，乡镇全年入村宣传覆盖面在80%以上。

提升赔案实效，24小时接受报案，案件所需材料一口清；手续齐全的三日内结案；启用小案件在线网上办理功能；坚持收付费银行转账，让客户少跑路，杜绝内部道德风险发生；充实服务队伍，改善服务环境，对全县乡镇服务部服务大厅进行规范化装修，改善服务条件，提升公司品牌形象。

把发展现代保险服务业放在经济社会发展的整体布局中统筹安排，把保险作为一个重要基础制度来考虑。省政府与中国人寿签署战略合作协议，全面支持中国人寿在湖北的发展。县政府办印发《关于进一步推广农村小额人身保险工作的通知》，计生协会积极推动全县计生保险的需求。各级政府支持保险业发展的政策逐步强化，已成为各级党委政府日常工作的重要内容之一。积极取得镇村干部的支持和配合。进村入户搞宣传，把服务送入千家万户，逐步获得人民群众的认可，承担风险保证近30亿元。

【精准扶贫】 保持工作有专班，保证全程参与，不走过场，不简单应付，坚决保质保量完成各阶段工作任务。公司参加帮扶的精准扶贫、精准脱贫工作，能够保持正常进展。筹建资金，为茶店子镇茶庵寺村、店子坪村“一对一帮扶”贫困贫户捐送人均30万元的意外保障。

（谭振明）

经济开发

开发区建设

【概　况】2019年，巴东经济开发区在县委县政府的坚强领导下，在县直各部门大力支持下，围绕打造“三园三都”总体目标，全力推进项目建设、促进企业服务和技改、保障招商企业落地、推进园区配套建设和维护社会稳定，取得一定的成绩。截至2019年底，园区“四上”企业20家，一般工业企业20家，一般商贸企业34家。规模以上工业企业19家（野三关9家、信陵镇8家、溪丘湾2家），当年实现规模以上工业产值9.4613亿元（野三关5.2064亿元、信陵镇3.7364亿元、溪丘湾0.5185亿元），占全县规模工业总产值21.3725亿元的44.3%（野三关固投占全县规模工业总产值24.4%）；完成固定资产投资31.6828亿元（野三关镇完成19.2586亿元）。

野三关集镇全貌　　　方汶峰　摄

【项目建设】省级重点项目野三关铁厂荒高山硒养度假区建设项目，改造升级的森林花海于6月8日正式恢复运营，全年接待游客约15万人。旅游地产项目第一期5.53公顷土地获省级批准，源梦公司通过招拍挂方式取得土地并启动建设。第二期29.73公顷土地已经全面完成实物指标调查；全面完成博德康复医院、明德外国语学校项目建设并运营；火车站连接线项目完成货币化工程量8216万元，完成除大桥外工程量的80%，站前广场完成改造升级；金象坪棚户区改造工程完成投资1.3亿元，5、7、9、10、11号楼完成整体工程量建设的40%；全力推进标准化厂房建设，投入2500万元的青龙桥1万平方米钢构厂房主体全面完成，配套设施建设完成70%工程量。投入3000万元新建的青龙桥扶贫产业园标准化厂房完成主体工程；两溪坪硒食品产业园项目投入2500万元完成三峡现代农业的收购工作，并对其进行改造。

【企业技改】引导鄂龙工贸公司继续加强技改，新添置4套自动化收料机和1台热切机，生产能力大大提升，全年完成产值3620.1万元，实际缴纳税收12.1万元。博宇工贸公司在巩固传统加工业的基础上，在县主要领导协调和招商下，与许记电器公司达成合作，添置国网专用充电桩生产线一条，增加实验和检测设备，充电桩生产水平大大提高，完成产值4587万元，缴纳税收30

万元，其他企业也稳步向前发展。时珍堂药业继续加大中药饮片加工，完成产值18047.1万元，缴纳税收331.94万元；华溢建材公司完成产值5599.89万元，缴纳税收163.67万元。

【企业服务】 为解决水布垭酒业困境，县厚德公司真心服务，出资为该企业提供原材料保证开工复工，帮助企业完成迁址生产许可变更以及环保评审等工作，新投入瓶装生产线2条，实现产值4935万元，销售收入2200万元，缴税72.36万元。协助长马科技公司顺利融资100多万元，保证生产的基本需求，完成产值2565万元。采取资产回收实现茅源酒业渡难关推新品，效果明显，完成产值2050.81万元。

【招商引资】 新招商落地凯华服饰、建川五金和卓沃电子3家企业。洽谈重大项目招商投资合同3个，即浩创置业野三关清凉小镇项目、湖北日报楚天地产高方岭开发项目、美好集团开发柳家山—高阳寨片区项目，总投资约70亿元。力桑电子在原有生产线基础上，新投入生产线运行良好。汽车检测线项目完成场平平整工作。

【园区配套】 调区扩区明方向，将谭家村、柳家山片区调出园区，将青龙桥片区定为电子电器产业园、金象坪定为生物医药产业园、两溪坪定为硒食品加工产业园；加强统一评价工作，对环境影响、矿产压覆、地质灾害危险性等八个方面进行统一评价工作；加强征地拆迁，成立青龙桥、金象坪、铁厂荒、集镇、火车站、汽车城等8个工作专班负责征地拆迁、项目建设工作，全年完成土地征收86.67余公顷，拆迁房屋35栋，基本满足相关项目和企业建设的需要。

【社会稳定】 完成州级双交办的案件化解工作，丽佳公司协调水厂签订管网建设合同、供电达成协议计划近期进场施工，消防住宿区域主管网已经安装，相关施工待县住建局将监管账户中的资金直接支付后可化解矛盾；乾峰19楼农民工工资支付完毕，尾期工程基本结束，与名锟公司合同纠纷，省高院在审理过程中，待审判结果出来后，由县住建局组织竣工验收，办理相关手续；乾峰20号楼农民工工资问题全部解决，工程验收由乾峰总公司出面完成。加强玉麟公司取得土地插花地征收工作，提请解决玉麟大道未批先建问题，完成质量安全评估。杨叉坝棚改和巴野路安置项目已和中石化达成初步一致意见，畜牧交易中心评估初步结果形成，计划通过有关部门审定后报政府常务会决策后征收，这两个事项解决后能化解长达8年的巴野路23户安置问题，同时促进扬叉坝棚户区改造项目落地，改变进入集镇形象。认真做好实体经济解困工作，在自规局的支持下，为时珍堂、劝农生态、土家人、土苗风情园等企业办理不动产登记，化解证件不齐问题；将银杏生态、野之源和金桥汽修等闲置的工业用地依法进行处理，化解企业资金难题。耐心细致的做好拆迁遗留安置对象的稳控工作，确保大局稳定。

（万英平）

老区建设促进

【概　况】 2019年，巴东县老区建设促进会自4月换届以来，在县委、县政府的正确领导和大力支持下，在国家、省、州老促会和县扶贫办的直接指导和帮助下，认真组织开展宣传、调研、联谊、促进等各项活动，助力精准扶贫，履职尽责，努力作为。

【革命老区建设】 2019年，与县扶贫办一起，协助中央彩票公益金1000万元支持革命老区安全饮水项目全面建设完工投入使用，全覆盖的解决金果坪乡鄢家墩、长冲村2个贫困村的安全饮水问题，直接受益2244人，为该乡集镇拓展区4421人安全饮水补充水源；与县文旅局、县退役军人事务局等部门牵线搭桥，在金果坪乡江家村以“穿红军衣、走红军路、吃红军饭、听红军故事”

为活动形式打造一条“金果红路”，成为当前州、县“不忘初心、牢记使命”主题教育首选地。自2019年9月27日开园以来，已承接学员30多批5000多名，社会人士20000多人次。一组红色旅游的体验图片刷爆微信朋友圈，一个体验“金果红路”的视频在央视新闻网点击量过30万，让一个“脚踏四县”的偏远小镇迅速火爆起来，成为远近闻名的主题教育基地。通过红色旅游，实现村集体经济月增收3万余元，带动周边农户60余户（其中贫困户20户）增收30万元；争取资金8万元，帮扶革命老区金果坪乡长冲村完成道路亮化工程，项目实施惠及224户，737人，带动脱贫384户，1347人。

【调查研究】 2019年4月下旬，县老促会全员出动，配合中国老区建设促进会副会长曾广超带领的调研组深入到县调研，到东壤口、官渡口、大支坪等乡镇的5个深度贫困村，全面调研、总结。10月，中国老区建设促进会编辑出版《瞄准短板弱项，攻克深度贫困——2019年革命老区深度贫困县调研典型案例》，以《绿水青山保护、脱贫攻坚见成效——湖北省巴东县在产业扶贫中保护生态的基本做法》《聚焦易地搬迁，建好美丽家园——湖北省巴东县易地搬迁的基本做法》《用双脚书写无悔人生——湖北省巴东县许家湾村残疾人陈兹方的先进事迹》，向全国推荐巴东县扶贫攻坚工作的先进事迹。

2019年7月下旬，中国老区建设促进会与国务院扶贫办信息中心联合在吉林省延边自治州召开全国18个省105个革命老区信息采集培训，（湖北省只有9个县市区参加，恩施州巴东县参加），老促会派员参加培训，按照巴东县“革命历史情况”“脱贫攻坚进展情况”“建设发展现状”等信息采集工作，为助推老区建设发展，传承红色基因，提供信息支撑和决策服务，2019年8月31日前按时完成任务，上报给中国老促会和国务院扶贫办信息中心。

【弘扬老区精神】 认真组织编写出版《守望历史，砥砺前行》由中国商务出版发行，免费发放到全县322个村，151所学校和县直各单位、各乡镇及省、州有关部门。组织编写《巴东革命故事》50篇，送省、州老区建设促进会，被选录并出版发行。进行革命传统教育，聘请县老促会原副会长赵世华分别给县直20多个单位、《巴东传媒》、《你好巴东》、《阳光教育》宣讲巴东红色文化，讲述革命故事，在《巴东传媒》开辟《听父辈讲革命故事》专栏。按照中国老促会关于编纂全国1599个革命老区县发展史的安排意见，《全国革命老区县发展史丛书·巴东卷》的编写工作，进展顺利。积极做好《中国老区建设》杂志的订阅工作，全县每年发行量180份以上。2018年4月11日省州老促会领导调研金果坪乡的扶贫工作，其文字和图片分别在《中国老区建设》和微信平台上刊登。

（县老区建设促进会）

扶贫开发

【概　况】 2019年，县扶贫办深入贯彻落实习近平总书记关于扶贫工作的重要论述和两次视察湖北的重要讲话精神，把脱贫攻坚作为检验“四个意识”、践行“两个维护”的重要标尺，坚决贯彻落实党中央、国务院、省州脱贫攻坚决策部

国家电网公司投资建设的装机3000千瓦溪丘湾谭家湾集中式光伏电站

署，坚持精准扶贫、精准脱贫基本方略，充分发挥贫困群众的主体作用，以决战深度贫困和解决“两不愁三保障”突出问题为核心，着力七个“聚焦”，深入推进“八个到村到户”，实现31个贫困村出列、15546户44807人脱贫，全县综合贫困发生率降至0.34%。

【脱贫攻坚】 县委、县政府深入学习贯彻习近平关于扶贫开发的重要论述、七次座谈会精神、两次视察湖北的讲话精神，落实《中共中央国务院关于打赢脱贫攻坚战的决定》《中共中央 国务院关于打赢脱贫攻坚战三年行动的指导意见》《中共湖北省委 湖北省人民政府关于全力推进精准扶贫精准脱贫的决定》等各项决策部署。

落实“县市抓落实”要求，建立“横向到边、纵向到底”脱贫攻坚体系，成立县委书记任政委、县长任指挥长、分管县领导为副指挥长、相关县直部门为成员单位的县脱贫攻坚指挥部，统筹调度全县脱贫攻坚工作。由联系乡镇最高职务的县领导为乡镇前线指挥长，联系乡镇的其他县领导为副指挥长，实行快速决策机制，高位推动乡镇脱贫攻坚工作。按照“因村派人”要求，派驻由省、州、县、乡镇、村五级干部2630人组建322个驻村工作队，实现驻村第一书记全覆盖；派驻单位给驻村工作提供后勤保障、购买人身意外伤害保险，县财政给予驻村工作队经费保障，驻村工作队实行“吃住在村、岗位在村、工作在

绿葱坡野花谷易地扶贫搬迁点　　张厚渊　摄

村”。落实“结对帮扶”要求，县、乡两级机关事业单位结对帮扶行政村全覆盖，全县1.2万名干部职工结对帮扶贫困户全覆盖。

建立县领导包乡镇、乡镇领导包片、县直单位包行业包村、驻村工作队包组包户、结对帮扶人包户的责任机制。落实遍访贫困的要求，县委书记、县长遍访贫困村，乡镇党委书记、乡镇长遍访辖区内的贫困户，村支部书记遍访村内贫困户。落实“包保”责任，联系乡镇的县领导、县直单位“一把手”下沉一线、靠前指挥，县直单位包系统包行业包村，驻村工作队包组包户，结对帮扶干部每年入户结对帮扶不低于6次。

县委十五届四次全会通过加强村（社区）党支部建设“十条意见”，基层党建与脱贫攻坚深度融合，持续开展软弱涣散党组织整顿和农村基层党建“补短板”工作，整顿提升村级党组织132个，全面提升农村基层党建水平；2018年村（社区）换届，新任村（社区）党组织书记174人，调整比例达到54%，并储备村级后备干部671名。持续增加基层党建经费投入，2019年度达到6988.23万元，较2015年增加126%。2018年换届后村主职干部待遇由3.8万元调至4.2万元，副职干部由1.1万元调至2.5万元。

【聚焦贫困对象】 组建县扶贫数据信息管理中心，配备33名乡镇信息员、354名村信息员，专职从事扶贫对象动态管理、精准扶贫数据信息及档案工作。出台《巴东县扶贫数据信息管理办法》《巴东县扶贫数据信息管理问责办法（试行）》等文件，扎实开展“两摸底、一核准”工作，切实做到“信息三相符”；做实精准识别。驻村工作队成员逐户核查“两不愁三保障”、种植养殖和劳动就业情况，扎实开展扶贫对象年度动态调整工作，确保无一漏进、无一错退、无一返贫未进。对贫困户、非贫困户实行一户一档，做到“村村清、户户明”；解决“两不愁三保障”突出问题。县“四大家”领导组织开展出列

村“解剖麻雀”大调研，扎实开展“回头看”工作，因村因户破解难题。县纪委监委，紧扣脱贫攻坚“两不愁三保障”目标任务，探索实施“祛痛点破难点解焦点村村行”活动，针对群众反映的衣食住行、水电路网等民生扶贫问题，督促乡镇党委组建专班在群众家门口现场“解剖麻雀”。全县共组织116个村8600余人次参加“村村行”活动。深入开展“村十看”“户十看”行动，全面排查村出列、户脱贫的突出问题，排查村问题942个，户问题7555个，联系乡镇的县领导、乡镇包片领导逐村召开现场办会，乡镇包片领导、村包组包户干部对排查和整改的结果实行双签字，逐一清零销号。在上级专项资金基础上，县委、县政府统筹1000万元“解难”资金，全面解决“两不愁三保障”个案问题。

【农村用电】 2016—2019年，投资9.13亿元，新建及改造10千伏线路1738.33千米，新建及改造变压器2290台、容量236.495兆伏安，新建及改造低压线路2652.568千米，供电卡口问题基本得到解决。农村公路。筹集12.85亿元，实施通畅工程3000千米，整修砂石路面2600千米，改造危桥26座，完成农村公路安防设施建设930千米，322个行政村均已通沥青（水泥）路，全部实现“村村通客车”，2018年被省交通运输厅表彰为“四好农村路示范县”。农村网络。2018—2019年，新建和改建4G基站760个，累计建成4G基站1844个，实现4G网络全覆盖。开通3629个自然村光纤宽带，自然村通光率达96%。全县累计开通宽带用户10.83万户，固定宽带人口普及率为25.24%。农村公共服务。新建和改建村级卫生室184个、党员群众服务中心230个，投入2500万元建设文体活动广场，投入2410万元实施电视“户户通”工程，投入698万元建设广播“村村响”工程，投入550万元购置村级文化活动室文化器材，村级文化阵地建设基本满足人民群众需求。

【危房改造】 村“尖刀班”和村支两委逐户逐房入户核查，危房认定全覆盖。危房改造以自荐为主，确实无力自建的农户，由政府、农户、建设方签订三方协议后组织施工。督促子女尽义务帮扶父母解决安全住房，统筹“解难”资金解决突出个案问题。自2015年以来，累计实施危房改造34395户，其中“四类对象”实施危房改造23186户，“非四类对象”实施危房改造5682户，县级统筹资金解决5527户的安全隐患，全力实现“危房不住人，人不住危房”的目标。

【发展特色产业】 依据资源禀赋，集中发展柑橘、茶叶、药材、蔬菜等特色产业，累计发展茶叶1.02万公顷、柑橘0.9万公顷、中药材1.67万公顷、核桃0.32万公顷、小水果0.4万公顷、蔬菜2万公顷。2018年、2019年巴东县连续两年跻身中国茶业百强县，2019年5月巴东县被农业农村部认定为国家区域性茶叶良种繁育基地，“巴东郡贡茶”成功入选湖北省101张地标名片，“巴东玄参”被省人民政府纳入“一县一品”建设项目。2019年，全县特色产业带动53958户贫困户，带贫比率达94.9%。采取“市场主体＋贫困户＋基地”方式，建立利益联结机制。全县共有18家州级以上龙头企业、2501家专业合作社、547个家庭农场，实现专业合作社行政村全覆盖，全县专业合作社带动4.85万户贫困户，带贫比例达85.2%。巴东产业发展带贫模式被新华社专题报道、被省委《政策》推介。依托“壮美三峡·秘境巴东”旅游品牌，深入推进全域旅游创建，累计建成国家A级旅游景区6家、旅游扶贫试点村13个，带动1.15万贫困人口脱贫。2018年，成功举办全国首场体育扶贫赛事——野三关半程国际马拉松赛。

【就业扶贫】 全县开发扶贫专岗3000余个、公益性岗位190个；支持贫困人口创业就业，向贫困户发放创业担保贷款49笔592万元；开展各类精准扶贫就业培训245期2.8万人次、开展致富带头人培训713人次；依托村“尖刀班”，积极开展贫困劳动力就业信息统计调查工作，数据实时更新，全县已就业贫困劳动力6.11万人，其中外出务工贫困劳动力3.52万人。

【电商扶贫】 全县发展电子商务主体1485家，从事农村电商及物流和供应链达5000人。电子商务交易额持续增长，2019年，全县电子商务交易额累计达8.27亿元，同比增长29.5%。消费扶贫成效明显，2019年，全县销往东部农产品累计销售额4101.83万元，带动贫困人口数4648人。巴东县在全省率先探索推行“电商平台+村级服务站（农产品加工企业）+建档立卡贫困户”的电商助力精准扶贫特色模式。

【易地扶贫搬迁】 建成集中安置点337个，集中安置31001人；分散安置11401人，易迁对象全面实现搬迁入住。2019年投资8336.22万元实施易地扶贫搬迁配套项目359个。探索出“易迁+特色产业”“易迁+旅游”“易迁+老年公寓”“易迁+厂房”等巴东样板，得到中央和省、州主流媒体推介。

【健康扶贫】 贫困人口在县域内17家定点医疗机构住院，全部实行“先诊疗、后付费、一站式一票制结算”。贫困人口都有基本医疗制度保障，参保率达100%，全面落实参保个人缴费部分财政补贴政策。按照“以收定支，收支平衡、兜底保障、结余留用”的原则，财政预算4400万元健康扶贫补充医疗兜底保障资金；1—11月，全县2.45万贫困人口住院3.7万人次，发生医疗费用22142.3万元，政策范围内医疗费用20147.2万元，基本医保、大病保险、医疗救助及健康扶贫报销18520.99万元，政策范围内报销比例达到91.93%；贫困人口门诊重症医疗费用1070.26万元，基本医保、大病保险、医疗救助及健康扶贫报销995.22万元，个人实际报销比例达92.98%。贫困人口年度县域内、政策范围内个人自负费用控制在5000以内，县域外、政策范围内个人自负费用控制在8000元以内。全县1.12万人享受门诊特殊慢性病年度定额补偿政策，其中农村贫困人口5597人，占比50.13%，1—11月贫困人口报销门诊医疗费用570.28万元。

【教育扶贫】 全县适龄儿童全部入学；从2016年秋季以来共资助学生20.82万人次1.56亿元；办理大学生生源地助学贷款8256人6337万元；定向招录定向委培农村小学全科教师及农村公办幼儿园教师291人；2014年以来，“雨露计划”职业教育累计资助2.14万人次4669.35万元。

【综合性保障】 2019年，全县农村低保有14194户24238人，其中贫困户12417户22106人，占比贫困人口户数和人数分别为21.84%、12.19%；全县特困供养人员2819人，其中贫困户2732户2732人；发放农村低保金4926.09万元、农村特困人员救助供养金2025.42万元、孤儿养育费190.6万元、临时救助1103.32万元、残疾人“两补”1162.3万元；代缴未脱贫人口养老保险24962人次，代缴率100%；全县60周岁及以上贫困人口养老保险待遇享受率100%，农村养老保险覆盖率达100%。

【生态扶贫】 发放贫困户生态补偿资金1.66亿元，惠及全县3.78万户12.69万贫困人口，全县70%贫困人口享受到生态补偿脱贫政策红利，户均享受生态补偿资金4396元。

【小额信贷】 投入扶贫小额信贷风险补偿金6100万元，2019年发放扶贫小额信贷1.758亿元，其中建档立卡贫困户贷款3672户1.64亿元，“新型农业经营主体+建档立卡贫困户”贷65笔0.118亿元，累计发放扶贫小额信贷8.46亿元。

【财政投入】 2019年，全县共筹集安排各级各类扶贫资金19.5884亿元，其中上级财政安排12.8102亿元、县本级财政安排5.1173亿元、地方政府债券安排0.246亿元、对口支援安排0.771亿元、杭州东西部扶贫协作安排0.555亿元、电力定点扶贫0.089亿元。东西部扶贫协作。杭州市下城区帮扶资金5500万元实施51个项目，累计帮扶资金9900万元实施84个项目，带动1.66万人脱贫，项目惠及全县322个村；北京对口支援。北京市援助资金9190万元（北京市计划内援助资金4490万元、计划外援助资金4100万元，房山区援助资金600万元），援建项目15个，项目开工率100%；定点帮扶。国网供电公司投资900万元实施18个定点扶贫项目，累计捐资5450万元实施145个项目；省“616”工程对口支援基础设施项目47个、扶贫类项目17个、社会民生类项目18个、生态环保类项目13个，其他项目5个，已到位资金227132.5万元；省内三峡库区对口支援790万元，实施项目16个；省直十三部门定点帮扶巴东援助1180.5万元，援建项目42个；荆门市对口支援信陵镇福利院项目资金427万元。社会组织助力脱贫攻坚。2019年6月，全省性社会组织助力巴东脱贫攻坚现场会在巴东召开，与巴东对接签订47份合作意向书、捐赠资金285万元、捐赠物资价值150万元、产业扶贫资金50万元。全县30余家社会组织积极参与脱贫攻坚，实施扶贫项目42项，累计投入帮扶资金近1000万元，惠及贫困人口53153人。

【文明乡风建设】 县委出台《关于进一步推进扶贫扶志工作的实施意见》，多措并举，激发内生动力，发挥贫困群众的主体作用。召开屋场院子会宣传脱贫攻坚政策，开展送戏下乡演出55场次、“百姓宣讲团”35场次，连续两年表扬“百佳脱贫示范户”“百佳帮扶干部”“三十佳支部书记”，积极开展“最美”系列评选活动。《人民日报》大篇幅专题报道巴东脱贫典型陈兹方的先进事迹。提升人居环境。启动乡集镇垃圾和污水处理全覆盖工程，清运主干线沿线及人群密集区生活垃圾；新改建农户无害化厕所3.38万座、农村公共厕所134个、开放共享厕所310座；以13个示范村为重点推进美丽乡村建设，构建生态宜居环境。

【重点问题整改】 压实责任。成立以县委书记任组长、县长任第一副组长的县中央专项巡视整改领导小组，成立县脱贫攻坚督查考评组，进一步压实县、乡、村三级整改责任体系。全县共召开县委常委会5次，县政府常务会5次，脱贫攻坚调度会13次，整改工作领导小组专题会议13次，研究中央脱贫攻坚专项巡视自查问题整改工作。全面排查整改。中央脱贫攻坚专项巡视反馈意见对标自查的46个具体问题2115个个性问题已整改完成2114个，还有1个“易地扶贫搬迁老屋拆旧进度慢，导致复垦进度缓慢”的个性问题在加速整改中。2018年度国家对省脱贫攻坚成效考核反馈巴东4个问题、省对市县党委和政府开发工作成效考核反馈的18个问题全部整改销号。建立长效机制。坚持“当下改”与“长久立”相结合，建章立制，堵塞制度漏洞，建立长效机制。

【执纪监督】 县纪委监委、巡察办、县精准扶贫督导组切实履职尽责，以求真务实作风坚决把扶贫领域监督执纪问责落到实处。围绕“两个责任”抓监督。强化对县委脱贫攻坚政治责任的同级监督，督促组织召开县委（扩大）会议、党建暨经济工作会议、纪委全会、脱贫攻坚推进会调度会、作风整训大会，安排部署阶段性目标任务，压实全县各级党组织脱贫攻坚责任链条。围绕干部作风抓监督，紧盯“尖刀班”、驻村干部作风不严不实，扶贫项目推进缓慢，产业发展停滞不前，扶贫资金监管不力等突出问题，让严守纪律、狠抓落实成为扶贫干部的行动自觉。力戒形式主义官僚主义。严肃查处空泛表态、应景造势、敷衍塞责、出工不出力等问题。

（陈云洪）

区域合作

【概　况】 2019年，在县委、县政府的坚强领导下，县区域合作中心坚持以习近平新时代中国特色社会主义思想为指导，紧紧围绕全县中心工作，拟定并实施全县对口支援和区域合作中长期规划和年度计划，统筹协调北京对口支援、北京房山区对口支援、杭州市东西部扶贫协作、省内对口支援三峡库区、定点帮扶、省“616”对口支援工程、荆门对口支援、国网定点帮扶等受援工作，负责全县与周边县市的区域联络、经济协作和友好交往工作，组织和参与区域合作交流活动。紧扣全县经济工作会议责任分工事项和脱贫攻坚目标任务，认真落实全县区域合作工作部署，各项重点工作稳步推进。

2019年7月，省委常委、宣传部部长王艳玲（前排中）调研巴东“616”工作

【脱贫攻坚】 2019年，中心被官渡口人民政府授予“驻村帮扶榜样”荣誉称号。已促成北京市房山区四镇、杭州下城区三街道与巴东县乡镇的亲密帮扶关系，累计接受援助资金240万元、签订黑猪购买协议1000头；签订8对校校联合帮扶协议，接受在教育教学、教师培训、学校管理、文化建设、课程开发等多个方面的经验传授、105万元资金、设备援助，同时为巴东学子开启多个升学绿色通道；以企业帮扶形式促成下城区组织开展村企“结亲、访亲、探亲”“5+1”帮扶和贫困村帮扶项目认领活动，接受帮扶资金1200万余元、女性保险836万元，企业帮扶消费扶贫金额达4100万元，带动贫困人口3836人。中心积极组织参加2019年全国对口支援座谈会暨招商项目签约活动；做实“北京市消费扶贫双创中心”巴东馆和杭州市巴东馆的建设，打通巴东农特产品进京和进杭渠道，组织巴东旅游赴京推介，巴东郡贡茶在马连道和杭州的销售等各类经济协作、招商活动。已与杭州卓沃集团、北京中石化展开招商洽谈。成功引入浙江箱包加工和中药种植加工企业在巴东投资落户，新建扶贫车间，带动就近就业。

【项目建设】 截至2019年末，中心共争取援助资金27.9亿元，总项目260个。北京市对口支援资金9190万元，实施项目15个；杭州市下城区东西部协作2019年援助资金5550万元，实施项目51个；省内三峡库区2019年落实对口支援资金760万元，援建项目16个。省直十三个部门2019年支援资金1180.5万元，支援项目42个。国家电网2019年落实定点扶贫资金900万元，实施项目18个。荆门市属2019年落实资金427万元，援建项目1个。“616”工程帮扶巴东项目117个，到位资金26.1亿元，超额完成年度计划任务，同比2018年增加近6亿元。中心从项目资金管理、建设管理、审计监督等方面进一步聚焦对口支援项目建设、加强项目规范管理力度。优化资金拨付流程，规范程序管理。严格落实各项管理要求，确保项目在申报审批、建设管理、资金拨付、绩效管理等各个方面规范有序。坚持项目月调度、季督查、年考核工作制度，完成2017年度对口支援项目审计、整改、报送工作，启动2018年项目审计工作，对京援、杭援项目开展常态化审计，完善项目闭合管理。

【智力帮扶】 2019年，全县通过对口支援和扶贫协作等渠道，在北京市、杭州市、武汉市等地培训扶贫干部、合作社人员、组工干部、中小学教师、党政领导干部、妇女干部、团干和少先队辅导员、执法人员、创业人员、残疾人等各类干部人才共计1542人次，为全县脱贫攻坚提供强有力的智力支撑。

【携手奔小康扶贫协议】 房山区长阳镇、青龙湖镇、西潞街道、城关街道与巴东县信陵镇、金果坪乡、野三关镇、官渡口镇，下城区朝晖街道、潮鸣街道、长庆街道与巴东县东瀼口镇、绿葱坡镇、溪丘湾乡按照双方签订的《“一对一”携手奔小康扶贫协作框架协议》，积极开展互动交流和帮扶活动。双方部门、行业、团体、学校、医院、企业之间逐步建立全方位多层次的结对帮扶关系。

【援建项目建成使用】 县群众活动中心移民小区综合帮扶项目（老年大学）、神农中小学校建设项目、江南三镇易地扶贫搬迁茶店子供水基础设施项目、红花岭村京援创业扶贫园孵化基地、巴山路移民活动中心、东瀼口阳光小学、清太坪镇卫生院综合楼、平阳坝卫生院综合楼、全县柑橘茶叶以建待补项目等一批民生和基础设施类援建项目建成投入使用，扶贫效益得到逐步显现。在省“616”对口支援工程的支持下，农村安全饮水、三峡后续项目、巴张高速前期工作、长江干流库岸综合整治、城乡建设用地增减挂钩和耕地占补平衡等一大批事关巴东长远发展的项目纷纷开花结果，成为全县经济社会发展的新引擎。

【宣传工作】 2019年，各级媒体聚焦援巴工作，宣传报道300多篇。其中，《中国扶贫》杂志以“情暖峡江万年长——北京市对口支援巴东纪实”为题对27年来北京援巴东工作情况作专题报道。北京市委组织部与北京电视台合办的“新时代新担当新作为”电视访谈节目组到巴东，对北京援巴东干部进行实地采访，在北京卫视作专题报道。《湖北日报》以《北京对口帮扶巴东县27载——“首都印记”映峡江》为题，对北京对口支援巴东的工作成效进行宣传报道。人民网以《东西部扶贫协作助力湖北巴东脱贫摘帽》《杭恩牵手结缘45名“名誉村长”出征贫困村》介绍巴东县东西部扶贫协作工作。

【县区域合作中心成立】 2月28日，中共巴东县委、巴东县人民政府印发《关于巴东县机构改革实施意见》（巴发〔2019〕4号），设立县区域合作中心，为县政府直属正科级事业单位。3月18日，巴东县区域合作中心正式挂牌。

【恩施州协调北京市对口支援工作领导小组成立】 10月21日，州八届人民政府第48次常务会议召开，听取北京市对口支援巴东县工作情况，会议决定成立恩施州协调北京市对口支援工作领导小组，进一步推动全县对口支援工作向纵深发展。

【巴东经验在第十二届“支洽会”上分享】 11月21—23日，第十二届全国对口支援三峡库区经贸洽谈会在重庆万州召开，县委副书记、县长郭玲作为湖北省唯一受援地区代表作题为《心系三峡，情暖巴东》的交流发言。

【巴东获2019年度中国“民生示范工程”奖】 12月28日，第七届中国民生发展论坛在京举行。本届中国民生发展论坛主题定为“城乡社区发展治理”，旨在深入贯彻落实党的十九届四中全会精神，推进国家治理体系和治理能力现代化。巴东县人民政府“北京对口支援　助力巴东奔小康”项目荣获“2019民生示范工程”奖。

（张培林）

教育　科技

教　育

【概　况】全县现有各级各类中小学 76 所（不含教学点），其中高中 5 所、初中 20 所、小学 50 所、特校 1 所、教学点 74 个。在校中小学生 53537 人，其中普高生 9249 人、中职生 2014 人、初中生 14606 人、小学生 27615 人、特校生 53 人。幼儿园 75 所（公办 13 所、民办 62 所），在园幼儿 10366 人。共有在职教师 3811 人。6 月 26 日，巴东县茶店子镇中心小学教师龙慧在“第七届湖北省中小学实验教学说课活动”中荣获一等奖，这是恩施州义务教育阶段学校唯一一名获得省级一等奖的选手。

【教育扶贫】全年共教育资助 62325 人次，资助金额 4672.0745 万元。抓实行业扶贫，组建 12 个工作专班深入各乡镇、各村，指导教育行业扶贫工作。抢抓东西部协作机遇，下城区资助巴东县 670 万元，用于学校基础设施建设；积极开展交流活动达 269 人次。建立健全特殊教育管理工作制度，采取随班就读、特校就读和送教上门三种接受义务教育方式。对 106 名残疾儿童开展送教上门服务，开展对疑似失学儿童 85 名的核查工作和劝返 48 名儿童入学。

【语言文字工作】选派教师参加教育部组织的各类语言文字培训 11 人次；完成全县第三次县域居民普通话调查，共调查 4 个乡镇，402 人，完成情况良好；完成乡镇中小学及幼儿园共 125 所学校的语言文字工作规范化达标建设验收工作；完成第 22 届全国推广普通话宣传周活动。

【德育工作】致力于培养德智体美劳全面发展的社会主义建设者和接班人，培养有家国情怀、有崇高目标、有坚定理想的巴东学子；开展中华优秀传统、社会主义核心价值观等主题系列活动，厚植爱国主义情怀。5 月 9 日，在信陵镇民族实验小学成功举办巴东首届儿童戏剧文化节；9 月 26 日，在野三关镇民族中心小学举办“中华魂”演讲比赛活动；11 月 8 日，在溪丘湾乡中心小学举办青少年爱国主义教育诵读比赛活动；11 月 19—21 日，在神农中小学举办全县小学生足球比赛和全县中小学艺术节文艺展演等。

【师资队伍建设】高中学校引进免费师范毕业生 7 名，专项招聘本科及以上学历教师 41 名，招考农村义务教育教师 172 名。2019 年省级外出参训、省级送教下乡培训、对口支援培训等 1127 人次，县级培训 148 人。注重师风建设，10 名教师获全县最美教师、2 名获教育突出贡献个人奖励、128 名教师评为“四有好老师”等。

【项目建设】新建的九年一贯制神农中小学和明德外国语学校投入使用，有效化解野三关镇、信陵镇两地教育资源短缺的现状。实施全面改薄项目 30 个，总投资 3579 万元，完成新建校舍 13350 平方米，维修改造校舍 21768 平方米，改扩建运动场 7304 平方米。地方投资 473 万元实施

3个项目，完成改扩建运动场12400平方米。投资1882万元（县政府投资400万元）新建东瀼口、水布垭、官渡口、大支坪4所公办幼儿园，并在秋季学期开园招生。

【教育教学研究】 深入学校进行常规教学视导，通过随堂听课、检查备课和作业、送教下乡、送研进校、联片教研等方式，义务教育城乡一体化建设取得实效。开展“名师优课”活动，全县1453名教师参加2019年网上晒课，评选县优497节，获州优92节，省优9节，部优2节，获奖比例、奖次位居全州前列。参加“湖北好课堂”活动，全县推送73节录播课到上级教研部门参评，5节获省奖励。在省教育学会第32次年会论文评选活动中，巴东50件作品获奖，县教研室获“科研组织奖”，成为全州唯一获此荣誉的单位。组织参加第七届全国中小学实验教学说课竞赛，全县推送41名选手参加州赛，3名选手获得州一等奖，茶店子镇中心小学科学教师龙慧被推荐到省参赛获一等奖。

【安全管理】 全县中小学幼儿园新配备“八件套”224套，为142个学校安装一键式报警设备，安装视频监控探头3809个，新建门卫室59个，新修建实体围墙21171千米，为全县学校配备校园保安291人，所有学校都足额配齐配强保安和安防消防器材，视频监控系统、一键式报警装置设备实现与公安机关联网。推动县人民政府出台《巴东县学生校外托管机构管理暂行办法》，校外托管机构的监管取得实质性突破和进展。

【教育质量】 着力办好公平而有质量的巴东教育，打造教育强县。2019年高考，巴东一本上线803人，其中一中665人、二中71人、三中66人。

（吴春平）

巴东县第一高级中学

【概　况】 2019年，巴东一中共有45个教学班，在册学生2716人，教职工222人。特级教师5人，高级教师94人。学校围绕全面建成更高水平的示范高中目标，贯彻“1234”发展思路：即突出一大主题“全面提升教育质量”，实现两大转变“从规范化管理向精致化管理转变”“从形态建设向内涵发展转变”，实施三大工程“全国文明校园”“教育现代化创建工程”“队伍优化工程”，落实四大举措“抓改革提质量”“抓管理促质量”“抓师资强质量”“抓投入保质量”，为创建有特色有品质的示范高中奠定坚实的基础。

【德育工作】 举办心理健康专题讲座、女生生理健康专题讲座、学生心理咨询等活动；开展文明寝室评比活动、仪容仪表检查活动，加强养成教育；利用“学雷锋”纪念日、清明节开展系列教育活动，提高学生的实践活动能力和社会责任感。

【文明创建】 开展“三节两活动”及庆祝新中国成立70周年系列活动，开展文明寝室、文明职工、“最美巴东人”评选和“党员双访暖人心 凝心聚力促发展”家访等活动，大力弘扬社会主义核心价值观，培育师生共同的价值取向，引领学校文化前进方向。

【教学科研及“616”工程】 学校通过各种校内校外培训活动扩展教师视野，厚实教师学识，通过名师评选活动，打造一支动态、充满创造力的名师团队，形成学校与州内外学校竞争的中坚力量；开展湖北省“616”工程——荆州中学对口支援学校方面的工作；与浙江富阳完成两校互派人员学习交流、考察等工作；完成北京四中对口支援学校的一系列工作。

【高考成绩】 2019年高考，上一本线665人，上线率67%，其中文科上一本线317人，上线率64.5%，理科上一本线348人，上线率69.6%。本科上线率98.3%。张延安同学以659分的成绩荣获全州文科状元，雷梓励同学以686分的成绩荣获全州理科第3名，被清华大学录取，张延安、宋嘉、喻倩倩、胡昊哲四名同学被北京大学录取。

【“博雅教育示范中学”授牌仪式】 1月24日，北京大学“博雅教育示范中学”授牌仪式在巴东一中举行。学校成为北京大学首家“博雅教育示范中学”。

【对口帮扶】 1月25日，北京市扶贫支援办实地调研巴东一中。在对口支援扶贫工作座谈会上，北京四中与巴东一中达成结对帮扶协议。

【联谊交流】 3月15日，湖北省“616工程”荆州中学、宣恩一中、巴东一中三校共建活动在学校举行。3月20日，武汉市江夏区第一中学副校长黄洪山带领该校教师团队10余人到校，与学校教师开展“同课异构”教学研讨活动。3月22日，宜昌市夷陵中学副校长谭志鸿带领教师10余人到校，与学校领导和教师开展管理、教学、备考等方面的交流活动。6月14日，北京四中校长助理程国红老师一行8人到校参观交流。9月17日，2019年“健康中国荆楚行”校园巡讲团到校开展宣讲活动。9月18日，宜都市政协教育考察团一行到校考察交流。10月24—25日，巴东县委副书记、县长郭玲带领巴东一中15名教师赴北京四中学习交流。11月5日，杭州市区各级团干部和县部分高中共青团负责人共40多人到学校考察交流。12月5日，龙泉中学副校长王明敏带队一行15人到校开展校际交流活动。

（向亚琳）

巴东县第二高级中学

【概　况】 巴东县第二高级中学位于湖北省巴东县经济中心—野三关镇，学校创办于1956年，校园面积90000平方米，校舍面积40000平方米，共有37个教学班，在校学生2500人，教职工169人，专任教师145人，其中高级教师60人。学校打造“厚德博学，创新笃行”的校风、“博学善教，德才并重”的教风和“勤学睿思，知行合一”的学风，坚持“学会做人，学会求知，学会生存，学会创新”的培养目标，办学特色突出、办学效益显著。

【高考成绩】 学校坚持“立德树人为宗旨、教学质量为核心、全面发展为目标”的办学理念，倡导观念更新，着眼机制建立，实行量化管理，注重全面发展，办学效益日益提高。2019年高考上国家一批71人，本科672人。

【校园建设】 2019年6月，由湖北省“616”工程对口援建单位大冶有色金属公司投资45万元建高二年级现代化教学设备项目12间教室。2019年12月底，党委政府完成校门征地的勘验，大部分农户履行签字手续。

【教学教研】 2019学生学科竞赛有5多人次获省、州级奖励。学校长期坚持“教学擂台赛”活动，让教师有充分展示自己能力的平台，极大地促进教育教学工作。认真开展实验教学，培养学生的动手能力和创新精神。学校教研刊物《笔耕录》持续刊发。

【考点建设】 2019年，是巴东二中考点成功举办高考的第十三年。在省考试院及省州县各级领导、人大代表、政协委员的关怀支持下，巴东二中作为全省唯一的乡镇考点，巩固成果，受到表扬，校园监控提档升级。

（屈定喜）

巴东县第三高级中学

【概　况】 巴东县第三高级中学2019年共有32个教学班，在册学生1974人，教职工140人。高级教师68人。学校围绕“成全每一个教师，发展每一个学生”的办学理念，争取把学校办成全州普通示范高中，全面贯彻党的教育方针，开齐课程，开足课时，为创建有特色有品质的普通示范高中奠定坚实的基础。

【师德师风建设】 根据州、县2019年师德师风建设实施方案，认真开展师德师风建设活动，人人签订“师德承诺书”，开展师德考核，完善师德档案。把师德师风建设纳入“支部主题党日”，深入学习领会习近平新时代中国特色社会主义思想，增强“四个意识”，坚定“四个自信”，做到“两个维护”，提高政治站位，坚定职业信仰。全校无师德师风“一票否决”的情况。制定教师培训规划及年度培训计划，狠抓继续教育，突出校本培训，继教学时登记规范，校本培训资料完善；全面完成“国培、省培”及各级教育行政部门安排的业务培训任务。

【德育工作】 学校积极拓宽德育途径，创新德育模式，全面提高学生的思想道德和身体心理素质。举办心理健康专题讲座、女生生理健康专题讲座、学生心理咨询等活动；开展文明寝室评比活动、仪容仪表检查活动，加强养成教育；利用“学雷锋”纪念日、清明节开展系列教育活动，提高学生的实践活动能力和社会责任感。

【文明创建】 强化校园文化建设，全面推动文明创建工作。利用有限的校园资源，开展丰富多彩的比赛及庆祝新中国成立70周年系列活动，开展文明寝室、文明职工、“最美三中人”评选和“党员双访暖人心 凝心聚力促发展”家访等活动，大力弘扬社会主义核心价值观，培育师生共同的价值取向，引领学校文化前进方向。

【团委工作】 学校团委积极组织开展志愿服务活动和社会公益活动。参加学雷锋实践活动、扶贫帮困献爱心、青山绿水环保等活动，开展道德讲堂活动、主题团日活动，围绕“学习主席讲话·做合格团员”等主题开展特色活动，加强青年团员思想道德建设，弘扬健康积极的主流思想。学校团委组织师生参加团县委组织的演讲比赛，并取得优异成绩。

【教学科研】 学校通过各种校内校外培训活动扩展教师视野，厚实教师学识，通过名师评选、同课异构活动，打造一支动态、充满创造力的名师团队，形成学校与州内外学校竞争的中坚力量；开展湖北省对口扶贫工程——松滋中学对口支援学校方面的工作；与浙江富阳场口高中完成两校互派人员学习交流、考察等工作。

【高考成绩】 在各级领导的正确指导，在全校师生共同努力下，2019年高考，学校上一本线70人，本科上线超500人，上线率超历史，在全州普通高中继续保持前三名水平，深受领导及社会好评。

【精准扶贫】 校及全体教职员工按上级要求，认真做好精准扶贫工作。认真做好贫困生的资助工作，精准摸排，准确发放一补生活费；狠抓教育教学质量，为学生成人成才打下坚实基础，为阻断贫困代级传递助力；按上级要求选派2名教师为尖刀班成员驻村，一名老师还担任“尖刀班”班长；落实全校所有教师为帮扶责任人，每年进村入户6次宣讲政策，力所能及为贫困户办实事。

（巴三中）

巴东县民族职业高级中学

【概　况】 巴东县民族职业高级中学（以下简称职高）驻信陵镇北京大道52号，是全县唯一的公办中等职业学校。职高现有校园总面积40933.58平方米，其中老校区7318平方米，新校区10427.8平方米，校园东扩占地23187.78平方米；校园总建筑面积24328.61平方米，实习基地2183.15平方米，绿化面积850平方米，资产总值4611.96万元。学校有通用电器实训室、汽车驾驶仿真实训室、数控车床实训室、电子产品设计与装调技能综合实训室、PLC可编程控制器实训室、电工维修技术实训室、现代制冷与空调系统技能实训室、企业网络搭建实训室、单片机应用考核实训室、园林基础实训室、会计电算化实训室、旅游实训室、钢琴实训室、美术实训室、形体舞蹈实训室19个技能教学实训场所，其中电子电工类实训室为国家级实训基地，实验实训仪器设备总值824.43万元。

9月3日，巴东县委书记单艳平（右二）到学校检查安全管理工作

职高现有在岗教职工142人，其中在编财政供养人员126名，挂职教师1人，自聘人员15人。在编人员中，研究生学历6人，本科以上学历123人，专任教师123人，其中有专业课教师66人，含双师型教师38人，具有高级职称教师37人，其中正高级职称教师2人。

2019年末，职高在籍中职学生1990人，当年毕业540人；有电大学员420人，当年毕业150人。学校开设有计算机应用、计算机网络、园林绿化、电子技术应用、会计电算化、民族音乐与舞蹈、旅游服务与管理等六类专业，其中计算机应用专业、电子技术应用为省级品牌专业，园林绿化专业为省级重点专业。

职高是国家级重点中等职业学校和湖北省示范中等职业学校，获“全国五四红旗团委”“湖北省民族团结进步模范集体”和州级平安校园等荣誉。1月26日，向田州同学荣获全国“最美中职生”称号。

【教育教学】 2019年职高有229人参加高考，33人上本科线，精准扶贫对象13人上恩施职院学前教育委培订单班，上专科196人，升学率100%。

【教育科研】 2019年中职学生技能大赛中，职高有43人参赛，获州赛7个一等奖、9个二等奖、13个三等奖，获省赛1个一等奖、1个二等奖、3个三等奖，田芳莉同学在省赛上夺得“现代农艺”项目全省第四名。全国中职机电一体化“南戈特杯”大赛学校派出电子专业2名选手参赛，获国家二等奖。2019年春季学期职高教师参加州信息化教学比赛，唐超、易长艳、宋秀照三位获三等奖，秋季学期谭旭、吴汇玲代表恩施州参加省级比赛获二等奖。全年班主任和专任教师共16人参加省级、国家级培训。职高成功承办恩施州中职学校首届班主任基本功大赛。

【德育工作】 职高创新德育管理模式，实施中层干部联系班级和党员辅导员制度，实行班主任按期轮训制度；继续强化“三坚持一交流”：即“坚持每周班主任例会制”、坚持“班级量化考核制”、坚持“班主任学年评优制”。

【安全管理】 强化特殊时段预警制度；建立公安、消防、城管部门联系机制，强化校园警校共建；定期开展校园及周边安全隐患排查制度形成常态。特殊时段分班级组织召开以饮食安全、交通安全、防溺水教育、禁毒教育等为主题的主题班会教育活动。开展专项斗争，校园欺凌综合整治活动实施有效。

【中职招生及开放办学】 全年职高中职招生800人，超额完成700人的计划任务。电大招生完成140人招生任务。电大学员课程完成率100%，毕业率96%，居全州之首。

【职业教育与技能培训】 2019年，培训办继续开展就业技能培训，指导农村实用技术培训与服务，先后在沿渡河、溪丘湾、东瀼口、官渡口、信陵镇等乡镇开展核桃、茶叶等项目的职业技术指导。

（李良炜）

巴东县神农中小学

【概　况】 学校位于风景秀丽的长江三峡巫峡口北岸，巴东县城未来发展中心铜鼓包信陵镇神女路8号，东邻209国道、双神线，西接高铁巴东北站快速通道，交通便利，地理位置优越。学校背靠纱帽山，前有神农溪环绕，远眺长江。

神农中小学校园全景

学校概算总投资 1.75 亿元，规划用地 7.67 公顷，建筑总面积 36000 平方米。学校整体布局科学，分学习区，运动区，生活区。教学楼设计借鉴土家四合院结构，与综合楼隔而未隔，界而未界，方便使用。室内运动场、400 米环形跑道、足球场、室内教学用游泳池等运动场地约 16000 平方米，为学生体育运动提供保障；报告厅、阶梯教室为组织大型教育教学活动提供条件；多功能演播厅、校园电视台、创客教室、书法教室、历史教室、地理教室等 20 多个专用教室，为学生全面发展提供个性化服务；78 套教师公租房，103 个地上地下车位，196 间学生宿舍为师生生活提供便利。

学校规划 45 个教学班，计划招生 2000 人，其中小学部 30 个教学班，班额 45 人；初中部 15 个教学班，班额 50 人。

2019 年 8 月 26 日小学部招生开学，现有 16 个教学班，学生 743 名，教师 45 人。

【领导考察交流】 5 月 30 日，北京房山区政府教育督导室王华明、房山区教委扶贫协作办公室副主任郭建同志，到校检查对接帮扶工作。7 月 17 日，省委常委、宣传部部长王艳玲到校检查学校建设情况。8 月 16 日，北京市委组织部干部处副处长李连华、北京市财政局人事处副处长余璐芳一行四人到校检查北京对口支援项目建设情况。9 月 18 日，宜都市政协副主席谭国银一行到巴东县考察教育高质量发展。12 月 17 日，北京市房山区副区长王永年、房山区委办副主任许明宇等一行十三人到神农中小学调研对口支援工作。

（王小林）

科学技术协会

【概　况】 2019 年，在县委县政府的领导下，县科协以习近平新时代中国特色社会主义思想为指导，牢固树立“四个意识”，坚定“四个自信”，做到“两个维护”，积极履行服务科技工作者、服务创新驱动发展战略、服务全民科学素质提高、服务党委政府科学决策的新职能，突出主体责任，坚持创新工作，服务服从县委政府中心工作，为巴东县推进绿色发展，打赢“六大攻坚战”、建设“五个巴东”贡献科协力量。

3 月 14 日，县科协在清太坪镇黄土溪村正式启动全县“科技服务促春耕 · 助推精准扶贫”活动

徐三英　摄

【科协业务】 深入推进基层组织建设，加强科普队伍建设，全面推行“三长制”建设，完善县、乡两级科协组织信息系统。成立巴东县科技志愿服务队，全年实名注册 47 人，位居全州前列。在 2019 年湖北省“全国科普日”活动中，县科协被省科协、省委宣传部、省教育厅、省科学技术

厅、省农业农村厅、省卫生健康委、中科院武汉分院表彰为“优秀活动单位”，县科协普及部部长徐三英被评为“优秀个人”。

3月22日，巴东县2019年科普进校园暨世界气象日科普宣传活动走进巴东县光明小学　　杜万雄　摄

【科技普及】 完善科普资源建设，夯实基层科普阵地，更换、新建科普展牌50余块，县级科技馆建设取得明显进展。中共巴东县委机构编制委员会下发《关于县科协所属事业单位使用事业编制的批复》，同意县科技馆使用事业编制2名。并通过考试选调1名科技馆工作人员，通过县委常委会会议研究，在老年大学新建综合楼规划设立建筑面积约600平方米的县科技馆展厅。加强科普教育基地建设，县科协开展经常性实地指导、调研，成功推荐巴东县富硒中药材科普基地申报并获批2019年省级特色产业示范基地项目，获项目补助资金50万元。推荐官渡口镇中心小学并获批湖北省科普教育学校项目，获项目补助10万元。

10月17日，恩施州科协副主席张亚平、普及部长李宜恩、县科协主席吴以才等调研野三关镇湖北省特色产业科普示范基地及其加工厂房　　段冉丽　摄

开展科协品牌科普活动，认真组织开展科技服务促春耕、科技活动周、“全国科普日—恩施科普月”“大手拉小手——科普报告荆楚行”和科技下乡、科普中国惠荆行等品牌科普活动。牵头组织评审第十四届巴东县青少年科技创新大赛作品307个，推荐部分优秀作品参加州赛，获州赛一等奖12个，二等奖23个，三等奖48个，优秀科技教师4个，优秀科技工作者1个，优秀组织单位3个，其中7项作品代表恩施州入围参加省赛。

深化院士专家工作站和企业科协规范化、标准化建设，组织开展院士专家工作站及企业科协认证工作；指导恩施硒海棠生物科技有限公司成立恩施硒海棠院士专家工作站并获省批复。

切实为科技工作者和科技协会服务。积极推动易达农业技术协会申报2019年湖北省科技助

9月19日，巴东县2019年“全国科普日·恩施科普月”暨全民科学素质网络竞赛活动启动仪式　　谭　黎　摄

11月27日，巴东县举办第十四届青少年科技创新大赛作品评审会　　段冉丽　摄

力精准扶贫“先进团队”，获全州唯一一个全省“先进团队”，推荐该协会参加湖北省农村专业技术协会第五届理事会员大会，易美军当选为湖北省农村专业技术协会第五届理事会理事，激发农技协科普惠农的积极性、主动性，也激发基层科技工作者的归属感、获得感。

【脱贫攻坚】 6月26日在野三关镇青龙桥工业园区企业服务中心挂牌成立湖北省农村致富技术函授大学巴东分校，举办蔬菜种植管理实用技术培训班、药材种植管理实用技术培训班，全县118个重点贫困村部分建档立卡贫困户、蔬菜种植大户及药材种植大户240余人次参加培训。

科协下属的基层组织全年组织农业、林业、畜牧等方面的专家，围绕全县的产业建设，组织动员科技专家120余人次，参与科技助力精准扶贫和精准扶贫就业创业培训，大力开展科技实用技术培训等，走村入户送技术，产业扶贫脱贫根，带动贫困户近万户。

切实履行帮扶单位职责，巩固提升科协定点帮扶的全省深度贫困村——清太坪镇黄土溪村的2018年整村出列脱贫攻坚成果。扶贫项目建设顺利推进，全村水电路网房和公共服务设施不断优化，集体经济持续增长，产业就业稳中向好，在管护好千余亩银杏和贝母产业规模的基础上，新发展白茶15.6公顷，组织开展茶叶技术培训3次，冬桃种植技术培训1次和生猪养殖技术培训1次。

【全民科学素质提升】 县科协认真履行纲要办职责，机构改革后及时召开2次县全民科学素质工作领导小组联席会议，调整补充领导小组成员单位，印发《巴东县全民科学素质工作领导小组成员单位工作职责》等文件，探讨共建共享机制，组织开展针对青少年、农民、城镇劳动者、领导干部和公务员“四类重点人群”的系列科普活动，全年共组织科普知识进校园、进社区、进农村、进企业活动20余场次，发放各类科普宣传资料5000余份，包括各类农作物栽培技术、畜牧管护繁殖技术、气象科普知识手册、生物多样性手册等。

6月26日，湖北省农村致富技术函授大学巴东分校成立　　李　兵　摄

【湖北省农村致富技术函授大学巴东分校成立】 6月26日，湖北省农村致富技术函授大学巴东分校成立。随后由巴东县易达聚农杂粮蔬菜专业技术协会、易达职校举办的省农函大巴东分校易达教学点现场举办两期实用技术培训。

【“科技兴农，科普惠民”】 9月20日，由县科协等单位承办，巴东县武陵中药材种植技术协会、巴东县上阳坡木瓜专业合作社协办的2019年“科技兴农，科普惠民”湖北省特色产业巴东富硒中药材科普示范基地系列活动在耳乡湾村启动。

（县科学技术协会）

水　文

【概　况】 2019年，长江委水文三峡局黄陵庙分局在三峡局党委的正确领导下，在局属各部门指导帮助下，全体职工齐心协力、履职尽责，圆满完成全年各项工作。

【基本任务】 完成2个水文站、1个蒸发实验站、23个水位站、5个雨量站全年水文测报工作。完成水文资料在站整编。完成汛前准备、测验设施设备及测验车船运行维护。

2019 年黄陵庙（徙）站基本任务工作量情况表

表 1

水位（站月）	降水（站月）	蒸发（站月）	流量（次）		大断面（次）	单次（次）	输沙率（次）		颗粒级配（次）		床沙（次）	沙质推质（次）
			流速仪	ADCP			全混	垂线混合	全混	分层		
12	12	12	8	26	3	100	27	6	25	6	22	13

2019 年庙河站基本任务工作量情况表

表 2

水位（站月）	降水（站月）	蒸发（站月）	流量（次）		大断面（次）	单次（次）	输沙率（次）		颗粒级配（次）		床沙（次）	沙质推质（次）
			流速仪	ADCP			全混	选点	全混	选点		
12	0	0	0	31	4	59	33	2	28	2	29	0

2019 年巴东蒸发站基本任务工作量情况表

表 3

蒸发（站月）	气象项目（站月）	测站维护（站月）	HADCP 站房维护及数据处理（站月）
24	24	12	12

2019 年分局所属水位站基本任务工作量情况表

表 4

水位（站月）	降水（站月）	水准点校测及维护	水尺零点校测及维护
12*23	12*5	全年	全年

【专项任务】 完成计划和合同专项 20 项：2018 年长江三峡工程库区能见度观测总成、2018 年长江三峡工程库区水位观测总成、2018 年度长江三峡工程坝区专用水文测验总成、2018 年度长江三峡工程库区（宜昌—奉节关刀峡河段）水资源利用实时调度专题观测总成、巴东站建站前期基础工作资料收集、巴东站 HADCP 流量推算方案研究、三峡库区水面蒸发观测年度报告、2018 年度香溪河支库库中水温监测、含沙量实时信息采集及报汛（巴东站水流泥沙观测）、坝前流速场观测、三峡电站过机泥沙、巴东水流泥沙观测、巴东漂浮蒸发观测、三峡库区淤积砂综合利用试点项目水文测验、长江流域微塑料调查、三峡库区清港河口及水井沟水下淤泥采集、三峡—葛洲坝两坝间莲沱段航道整治工程水位站工程地形测量、平邑口货运码头工程洪水影响评价水文测验、巫山县船舶废弃物接收处置工程水文测验、宜昌三峡国际游轮中心码头工程防洪评价。

2019 年 3 月，观测长江水位高程

三峡库区宜昌市兴山平邑口货运码头工程洪水影响评价报告编制、三峡库区巴东县神农溪支流平阳坝消落区生态环境综合整治工程洪水影响评价及可研、初设阶段水文气象章节内容编制、三峡—葛洲坝两坝间莲沱段航道整治工程水位站工程水准点高程测量、十宜高速河道地形测量项目完成待检验；分局派员参与尼泊尔水文测验、西藏高原湖泊测验、大藤峡截流水文测验、长江口测潮、大湾区珠江三角洲及河口同步水文测验、船舶污水处理达标检测取样，外派支援工作总计 438 人天（不含用船及大湾区）。

【国控项目】 完成巴东水量监测站 12 次流量巡

测、HADCP运行并进行资料整理，对水量监测仪器设备进行运行维护。

【科研分析】 完成《巴东水文站断面选址查勘分析报告》《巴东站HADCP流量推算方案研究》《三峡库区水面蒸发观测年度报告》。《三峡水库巴东站水面蒸发变化规律探究》《ADCP在断面流向偏角测量中的应用》参加青年论坛。《庙河、黄陵庙受工程影响评估分析》未完成。

【质量目标完成情况】 2019年质量目标为：水文基本设施完好率96%、水文测验满足任务率98%、报汛合格率96%、各项整编资料质量达到良等及以上、无安全责任事故发生。以上质量目标全面完成。

（孙　林）

2019年4月，工作人员观测雨量

2019年7月，长江流沙观测

2019年7月，观测分析长江流沙

气　象

【概　况】 巴东县气象局属国家基本气象站，坐落于信陵镇狮子包山上，观测场海拔337.5米。全县建有2个国家站，49个区域自动站，1个旅游气象站，有固定防雹作业点9个，移动防雹作业点1个，9门双管三七高炮和10具火箭发射架。

【气候评价】 2019年气候特点：降水严重偏少，降水均值居历史第二位；日照明显偏少，冬季严重偏少，创历史极小值；气温偏高，盛夏到初秋出现持续晴热高温天气，极端高温接近历史极大值。年内灾害天气相对偏少，汛期大范围强降雨少，盛夏到初秋高温少雨叠加，局部旱情严重。

4月24日，气象局组织开展人影作业培训，作业人员在进行高炮组装　　向　智　摄

【主要灾害事件及影响】 冬季阶段性强冷空气活动明显，共出现3次冷空气过程，分别是2018年12月28日至2019年1月2日、2月9—11日、17—19日，特别是12月底到1月初的强冷空气影响，全县出现大范围大雪和地面积雪，高海拔

7月2日，省委常委、宜昌市委书记周霁（右三）到恩施清江流域调研指导防汛抗旱工作　　李先红　摄

地区道路结冰严重，对交通、电力、农业及人们的正常生产生活都带来较严重影响。

入冬以来至2019年2月，日照时数为84.5小时，与历史同期对比均严重偏少，建站60余年来排名倒数第一位，创历史极低值。持续低温寡照天气，导致越冬作物长势弱，生长发育偏迟。

3月21—23日强冷空气活动引起倒春寒，3月21日巴东出现暴雨，局地伴随雷雨、大风、冰雹等强对流天气。因影响时间短，范围小，未造成灾害。

汛期5—9月降水量308.3毫米，与历年同期比较减少58%，高温日共37天，较历史偏多9.4天，酷热日较历史偏多12.1天，汛期降水偏少，高温时数偏多强度偏强，致全县中北部出现中到重度干旱。

【气象服务】 2019年夏季长时间高温干旱极端事件影响大，局地强对流引发的冰雹灾害损失重。县局及时启动高温、冰雹等气象灾害应急响应，有效应对气象灾害。通过突发事件预警信息发布平台向各级政府决策人员发送预警信息107期，预警短信117684人次。启动重大气象灾害应急响应5次，编制《巴东县重大天气气候事件分析报告》（盛夏高温干旱），对7—8月高温干旱成因、影响及后期趋势进行分析，组织人影作业人员抓住一切有利时机开展增雨作业。

为郑万高铁项目建设、《巴东县“十三五”分散式风电开发建设规划方案》编制工作提供气象数据；完成“2019秘境巴东高山森林国际半程马拉松赛”“畅游神农溪·横渡大三峡”冬泳赛等重大赛事气象服务保障工作。在马拉松赛道中安装气象监测仪器，赛前进行多次分析、调试，比赛当天可提供实时温湿度数据，提升气象保障能力的长效机制。

贯彻落实《湖北省气候资源保护和利用条例》，协助湖北省气象服务中心完成野三关工业园区可行性气候论证工作。组织专班对神农溪景区、巴人河景区、野三关等地开展负氧离子检测，推动野三关森林花海获得“湖北避暑旅游目的地”称号、巴东县国有巴山林场获得“中国森林氧吧”称号。

2019年共开展人工防雹增雨作业85次，其中防雹作业54次，增雨作业31次，共消耗炮弹1611发，火箭弹27枚。

【荣　誉】 3月25—28日，恩施州气象局举办恩施州气象行业职业技能竞赛，刘雅洁荣获“个人全能一等奖，历史个例天气预报第一名、强对流天气临近预报第二名”。

【考察交流】 7月2日，湖北省委常委、宜昌市委书记周霁赴清江流域检查防汛抗旱工作，在巴东水布垭库区召开座谈会。省气象局长柯怡明在会上通报清江流域及全省前期气候特征、入汛以来灾害性天气过程气象预报预警服务情况以及汛期气候趋势预测意见。

【“森林花海”获“湖北避暑旅游目的地”称号】 7月30日，由中国天气网、湖北气象网联合主办的“寻找湖北省避暑旅游目的地”活动中，“巴东缘梦·绿野仙踪（森林花海）”旅游度假区荣获“湖北避暑旅游目的地”称号。

（气象局）

文化　体育　旅游

综　述

【概　况】 2019年，全县文化旅游系统贯彻落实党和国家机构改革决策部署，积极搭建文化体育旅游活动平台，充分发挥文化旅游产业的辐射带动作用，加速文、旅、体融合发展，扎实推进公共文化服务体系建设，加快“全省公共文化服务体系建设示范区”“国家全域旅游示范县”创建步伐，各项工作快速有效推进。

3月18日，巴东县文化和旅游局正式揭牌

【精准扶贫】 2019年，投入2500万元建设文体活动广场，投入670万元购置600多套农民体育健身器材，投入330万元购置村级文化活动室文化器材，投入220万元建设村级图书阅览室，投入680多万元建设广播“村村响”，投入2410万元实施电视“户户通”工程建设，村级文化阵地建设基本满足广大人民群众需求。生态文化旅游促进脱贫攻坚属州对县年度目标考核项目，主要实现文旅融合、景区开发、乡村旅游、旅游消费、特色民宿和养生度假带动扶贫，旅游业稳定带动全县8872户贫困户、27618名贫困人口脱贫。全县已发展民宿户95户，增加床位1638张，从业人员309人，2019年接待游客71000人。沿渡河镇石板坪村、罗坪村、信陵镇大面山村、茶店子镇朱砂土村、野三关镇花栎树村水布垭镇围龙坝村6个乡村旅游扶贫试点，旅游业成为带动飞跃发展的主导产业，为贫困户脱贫致富提供有力保障。省“616”工程对口帮扶成效十分明显。省文旅厅、省体育局、省长江出版传媒公司全力支持县“四馆三场”项目、旅游公共服务设施、体育公共服务设施及赛事活动，支持各项资金4500万元以上，助推巴东县文旅事业发展。东西部扶贫协作达到预期目的。坚持“走出去，引进来”的整体思路，出台针对杭州旅游市场专属优惠政策，积极赴下城区开展旅游推介活动，开展两地文化交流活动，推进旅游产业发展，提高巴东旅游知名度。驻村帮扶取得明显成效。局机关驻官渡口镇巫峡口村、张家湾村，溪丘湾乡白虎坡村、小龙村，茶店子镇向家湾村共5个村“尖刀班”，派驻成员13人。严格落实“岗位在村、吃住在村、工作在村”，切实解决贫困户“两不愁、三保障”，确保贫困村顺利出列。结对帮扶用心用情落实。局机关干部职工结对帮扶官渡口镇巫峡口村、凉水井村，溪丘湾乡小龙村、甘家坪村，溪丘湾乡宋家垭村共5个村229户。干部职工与贫困户拉家常、做农活、搞卫生、解难题、做实事，切实履行帮扶责任，扎实开展结对帮扶活动。

7月4—7日，中国文联国家一级作曲家兼演奏家卞留念（右一）一行到巴东采风

【文体活动】 举办元宵灯谜有奖竞猜、传统花灯舞蹈展演，丰富群众文化精神生活，传承传统民俗民间文化；举办第四届牛洞坪油菜花节、年猪文化节，推动乡村生态文化旅游示范建设。成功举办第七届长江三峡（巴东）纤夫文化旅游节暨中国土家族打击乐音乐会，弘扬纤夫文化，打造节庆品牌，推介秘境巴东，促进全域旅游。成功举办第二届“小康之约”2019秘境巴东高山森林国际半程马拉松赛，获中国田径协会铜牌赛事奖、中国田径协会特色赛事“自然生态”奖、湖北省“特色赛事组织奖”。成功举办2019年“7 · 16”全民游泳健身主题系列活动（巴东重点会场）暨“畅游神农溪 · 横渡大三峡”冬泳邀请赛，巴东冬泳赛正式成为国家级体育赛事。成功举办2019湖北省高山滑雪锦标赛暨2020巴东绿葱冰雪季，弥补全州冬季旅游空白，改变和优化全州旅游格局，成为全州旅游转型发展的加速器。组队参加恩施州第二十八届老年人运动会，获1金2银4铜的成绩；组队参加恩施州青少年运动会，获3金4银8铜的成绩。通过举办系列文体活动，加快巴东文化、体育、旅游基础设施建设步伐，推动交通运输、餐饮住宿等相关产业持续发展，“秘境巴东”的知名度和影响力不断提升。

5月8日，巴东县举办职工运动会（趣味运动）

4月24日，巴东皮影戏表演队喜获团队表演二等奖和优秀组织奖

【公益惠民活动】 充分发挥基层文化阵地作用和特色文化资源优势，广泛开展各种公益性文艺辅导培训展览和送书、送戏、送电影活动。全年“戏曲进校园”活动71场次、“戏曲进乡村”演出活动56场次、“精准扶贫 · 文化惠民”送戏下乡演出80场次，“三馆一中心”免费开放累计接待群众21万人次。实施全民阅读提升工程，为22个馆外流通服务点配送图书4000余册、流通图书1万余册，启动“盲人数字阅读推广工程”。“村

7月24日，巴东县文化和旅游局在绿葱坡开展行业安全培

8月8日，巴东县文化和旅游局对逍遥谷进行安全检查

村响”“户户通”工程经州级验收投入使用，“村村响”建成一个县级播控中心、12个乡镇级播控平台、301个村级广播室，安装终端喇叭2054个、音柱883个，发放“户户通”设备89920套。地面无线数字覆盖工程一期7个发射基站建成投入使用，二期工程基本完工；应急广播工程完成设计方案编制，建设方案审核通过。文艺精品力作推陈出新。“文化巴东”建设系列丛书《书画巴东》《巴东文脉》《巴东非物质文化概览》《土家族撒叶儿嗬普通教程》《巴东堂戏剧目大全》《巴东皮影戏剧目精选》正式出版。以巴东精准扶贫易地搬迁工作为创作背景的原创歌曲《太阳照在屋顶上》荣获湖北省第十届精神文明建设“五个一工程”奖歌曲作品优秀奖，由我国著名作曲家卞留念、著名词作家化方为巴东创作的新歌《有一个地方和你去过的世界不一样》创作完成并在北京发布，编排和创作地方特色舞蹈《巴咚咚》。金果坪乡江家村、沿渡河镇石板坪村成功创建为第二批湖北省“特色文化村”，野三关镇穿心岩村入选第五批中国传统村落。文化遗产保护不断加强。全县现有43个非遗项目入选国家、省、州、县四级非遗保护名录，其中：国家级2项、省级12项、州级17项，现有国家级传承人1人、省级7人、州级17人、县级86人、州级民间艺术大师5人。全年累计培训非遗工作人员、文化志愿者、传承人、民间艺人、文化传媒机构等相关人员680多名，培训巴东特色广场舞爱好者100余名，申报第六批州级非遗代表性传承人10名。巴东皮影戏表演队在“灯影春秋”湖北省皮影戏展演中团队表演二等奖和组织奖。在2019“文化和自然遗产日”活动周期间，近万名市民参加活动。全县现登记有文保单位302处，其中，省保单位8处，州保单位11处，县保单位111处。全县馆藏可移动文物10268件（套），其中，国家一级文物1件（套），国家二级文物73件（套），国家三级文物298件（套）。完成狮子包古建筑群、清太坪绝壁天河、金果坪红三军团革命旧址（贺龙旧居、枪炮局、段德昌烈士墓）国家级文保单位申报工作。狮子包古建筑群陈列布展全面完成并正式对外开放，县文物库房完成安防设备建设。示范区创建扎实推进。巴东为全省第三批公共文化服务体系示范区创建单位，为省文旅厅开展“改善和丰富贫困地区青少年儿童精神文化生活试点工作”的唯一试点县。开展示范区创建制度设计和课题研究，启动改善丰富青少年儿童精神文化生活试点工作，出台农村少儿文艺之家建设标准，完成少儿文艺之家文化器材采购配送工作。全力实施巴东县公共文化服务云平台和巴东县数字图书馆、数字文化馆、数字博物馆、数字非遗馆建设工作。

【依法行政】 组织导游大赛评选，开展旅游行业服务能力提升，旅游民宿培训3期、510人次，文化旅游安全培训5期，386人次。抓专项整治。切实开展互联网上网服务营业场所及娱乐场所专项整治，严厉打击经营活动的违法行为。切实开展演出市场专项整治，对演艺团队严格验证，实时监督。切实开展“扫黄打非”、新闻出版、广播电视行业专项整治，对印刷厂、图书零售点、流动书摊等重点市场主体进行高频次检查，严厉打击文化市场黄赌毒行为，对广播电视播出机构、网络视听节目服务机构督促立健全节目监听监看制度，整治不良广告。切实开展旅行社经营行为、在线旅游产品及信息、游住宿业、A级景区、旅游公厕、星级农家乐、高危体育项目和漂流项目专项整治，排查安全隐患，规范经营行为。全年共出动执法人员1520余人次，检查经营单位500多家，吊销网络文化经营许可证1家。开展8次旅游综合执法检查，督促企业整改安全隐患62处，责令停工整改3家，约谈企业负责人6人。抓审批服务。审批程序、服务质量不断优化，提升行政审批效率，缩短办理时限，全年共受理总数13件，办结总数13件，满意度为100%。

【文旅产业】 绿葱坡滑雪场及高山运动度假小镇完成蓄水池筑坝工程和雪场停止区、初级雪道、中高级雪道、高速拖挂缆车、雪具大厅建设，游客接待中心内部装饰工程正在加紧实施之中。野三关高山硒养旅游度假区项目建成游步道、视频监控系统、旅游公厕、酒店主体工程项目，巫峡口景区完成游步道、次游客中心建设，轿子岩观景平台主体完工。巴东影视文化中心项目外部装饰工程可望2020年4月完工。巴东体育中心项目完成立项、规划许可、土地预审、可研批复。寇准文化公园项目成初步设计方案，与世纪投资控股集团（深圳）有限公司签订合作框架协议。推动招商引资落地。通过走出去推介、请进来考察，对寇准文化公园、神农溪及小神农架等景区投资建设与投资商达成框架协议，为深度合作奠定基础。推动文旅产业发展。突出资源优势，加快发展“文化+旅游”“旅游+体育”“旅游+农业”“旅游+康养”等新型业态，做好融合发展文章，新兴文化旅游产业快速发展。全年新增文化旅游市场经营主体10家，规模以上企业7家。全县有1590家个体户、674家企业从事文化产业相关经营活动，从业人员5200多人，规模以上企业完成产值5542.2万元，整个文化产业GDP占比4.3%。全县A级景区6家,11家高星级农家乐，8家旅行社，15家星级酒店；全县体育协会达15家、体育指导员达1200人，成功创建2个国家级和1个省级、2个县级青少年俱乐部、7所阳光体育后备人才基地，全县39个体彩销售网点实现标准化建设，2019年1—11月体育彩票销售量3600万元。神农溪景区旅游发展有限公司、三峡酒业有限公司被命名为第一批全州文化产业示范基地；巴人河生态旅游有限公司、兴田有限公司被命名为第一批全州体育产业示范单位。初步形成由娱乐业、演出业、网络文化业、文化旅游业、文化传媒、健身休闲等构成的文化产业体系。

【机构改革】 按照县委深化机构改革的工作部署，县文化和旅游局于3月18日正式挂牌成立。根据《巴东县机构改革方案》，将巴东县文化体育新闻出版广电局的职责、巴东县旅游委员会的行政职能整合，组建巴东县文化和旅游局，作为县政府工作部门。巴东县文化和旅游局对外加挂巴东县广播电视局、巴东县体育局、巴东县文物局牌子。按步骤圆满完成办公地点布置、人员整合等事项，顺利实现综合办公，科学拟定机关工作职责与人员分配，稳步推进财务、资产清理、交接等工作。有效打破文化、旅游、体育、广电、文物行业壁垒，大力推进机构融合、思想融合、机制融合、产业融合、业务融合，做到改革平稳推进、机构平稳合并、职能平稳整合、人员平稳过渡、工作平稳运行，

巴东县推广盲人数字阅读

实现“思想不乱、工作不断、队伍不散、干劲不减”的目标。

【荣 誉】 4月24日，巴东皮影戏表演队在“灯影春秋”湖北省皮影戏展演活动中获得团队表演二等奖和优秀组织奖，巴东皮影戏省级代表性传承人田楚龙获得优秀个人表演奖。

【原创歌曲创作采风交流】 7月4—7日，由中国文联和湖北省文联共同组织的“文艺扶贫”原创歌曲创作采风团到巴东县开展采风交流活动。著名作曲家卞留念、著名词作家化方一行先后到野三关镇石桥坪社区、县文化馆、巫峡口景区、神农溪景区、金果庄园等地进行采风活动，欣赏颇具土家特色的歌舞表演，体验纤夫拉纤抢滩，感受土家文化的独特魅力。

10月17日，由化方作词、卞留念作曲，围绕巴东文化旅游、特色产业发展以及巴东决战决胜脱贫攻坚战的良好精神面貌进行主体创作的歌曲《有一个地方和你去过的世界不一样》在北京市西城区二七剧场举办的“文艺扶贫奔小康”歌曲创作成果汇报音乐会上公开唱响。

【“春雨工程”活动】 11月9—12日，由北京市文化和旅游局、中共巴东县委、县人民政府主办的“春雨工程”北京文化志愿者边疆行系列活动走进巴东县，开展非遗技艺展演、系列文化交流活动。进一步扎实做好新时代文化帮扶工作，传承弘扬民族文化，促进民族文化繁荣发展，展示共创美好未来的时代精神风貌。

融媒体中心

【整合传播平台】 县融媒体中心挂牌后，整合新媒体采编力量，将原来各自运营的两个微信公众号整合为“巴东传媒”，和“巴东发布”差异化发展，在推文选择、传播时效和采编发管思路上有别于传统主流媒体，达到了“1+1 > 2”的效果。两个微信公众号的粉丝量大幅度增加，“巴东传媒”达到4.5万人、“巴东发布”接近6万人。对掌上移动App“云上巴东”板块内容和发布流程进行优化，总安装量达到2.4万余人。2019年1—9月，电视和新闻网站发稿较2018年同期分别增长37.5%和9.8%。微信公众号有16次点击量过万，较2018年大幅度提升。

【坚持移动优先发展】 记者将新闻素材采访拍摄后根据分发媒体的不同特点进行编辑加工和推送，在云上巴东和两个微信公众号上进行推送，重点新闻在云上巴东实时推送。这种新型转播方式通过纤夫节、“野马”等几场大型活动的检验，已经显现出极大的优势，整体提升主流媒体的传播质效。

【入驻云上恩施融媒体云平台】 根据省委宣传部要求和州委宣传部下发的《恩施州县级融媒体建设实施方案》（恩州宣通〔2019〕12号）要求，融媒体云平台实行省、州、县三级共建共享。2019年初，县融媒体中心在全州率先入驻州级融媒体云平台，将长江巴东网、巴东网络电视、云上巴东整合进云上恩施融媒体平台，实行统一后台操作，技术支持和安全管理。入驻后利于资源共享，避免自建时一次性数百万元的财政资金投入。

【实现记者编辑转型发展】 三家新闻单位人员整合后，由于传播方式和传播平台发生变化，原有记者、编辑相应转变为全媒体记者和编辑，转型包含采访和报道方式转变、考核指标体系变化等多个方面。融媒体中心每月都安排3名记者编辑到恩施电视台、恩施日报进行跟班学习，以适应新的传播节奏和传播流程，掌握新媒体传播规律。人员整合以后，建立全新的考核评价体系和薪酬分配制度，建立特殊专业人才的激励机制。

【整合资源节约建设资金】 县融媒体中心多方争取资金，2018年底对电视高清播出设备和机房进行改造，达到验收标准，建起指挥大屏、小型媒体资源库和后期编辑设备等，节约财政投入，保障建设进度。

【冬泳赛事活动宣传】 采取省级“电视直播+4G网络直播+新媒体+武汉核心商圈”大屏直播以及整合国内有影响力和传播力的优质媒体资源，围绕2019年“7·16”全民游泳健身主题系列活动（巴东重点会场）暨“畅游神农溪·横渡大三峡”冬泳邀请赛的赛事主题，从赛前、赛中、赛后三个维度进行全方位、多角度、立体深度的宣传推广，打造具有民族和地域特色的开、闭幕式现场，营造浓厚的赛事氛围，将赛事活动与三峡美景相结合、专业运动员风采与全民参与热情相结合，塑造巴东“畅游神农溪·横渡大三峡”冬泳邀请赛的赛事品牌，助推巴东“体育+文化+旅游”产业发展。

（融媒体中心）

档　案

【概　况】 2019年，巴东县档案馆在县委、县政府的重视和关心下，在上级档案、史志部门的指导下，以习近平新时代中国特色社会主义思想为指导，紧紧围绕县委、县政府中心工作，以县级机构改革为契机，顺势而为，围绕脱贫攻坚、档案管理、史志编纂等中心工作，稳步推进各项档案史志业务工作。

【便民服务】 2019年，服务查阅档案2039人次4827卷，提供查阅复印件2627页。组织专业队伍对4个库房消防系统进行年检，投资2.6万元对库房1954卷移民档案进行熏蒸、杀虫处理；加强信息化建设。全面核查及报送档案管理系统内文书档案（含新中国成立前）文件级开发目录数据，加强档案信息资源开发利用，省域内档案信息资源共享，对接湖北省政务服务事项管理系统、湖北省行政职权和服务事项管理系统、湖北省政务服务事项管理系统3.0平台、国家“互联网+监管”平台以及巴东县“12345”民情热线数据采集等，适应“互联网+政务服务”的需要。夯实机构改革单位档案接收进馆工作。接收10年以上档案3个单位70525卷。按照省州《关于做好机构改革中档案处置工作的方案》，指导9家涉改单位档案整理，接收档案21282卷。现馆藏档案总量达324791卷，累计完成35463卷档案数字化，数字化完成率31.85%。

【档案法治宣传及教育】 利用“6·9”国际档案日、“12·4”宪法日等活动节点，组织学习《中华人民共和国档案法》《档案法实施办法》《湖北省档案管理条例》等法律法规。对档案法律、法规进行广泛宣传，提高群众对档案的认识。完成对14家县直企、事业单位的档案登记审核备案。

【档案业务指导】 指导涉及改革部门的档案整理和管理工作，移交档案。制定接收档案的标准和程序，与此次机构改革中涉改的行政机构联系对接、督促指导工作，严格按照要求接收档案，确保档案安全、完整，档案数据规范。切实加强档案业务培训。参加省、州上级业务主管部门举办的业务培训，与其他县市进行交流学习；7月，组织召开档案目标管理考评启动会，全县机关、企事业单位办公室及档案管理人员123人，以提高档案工作者的服务水平和素质，促进档案规范化管理。规范全县档案目标管理。成立全县档案目标管理工作领导小组及办公室，加强档案达标规范化管理。本年度考评单位116个，其中：达标升级18个（一级8个，二级10个）；复查98

个（特级 10 个，一级 21 个，二级 67 个）。

【史志工作成果】 完成《巴东年鉴（2019）》资料收集、整理、编纂，送省州业务部门审查完毕，成功申报中国地方志指导小组“民族地区与贫困地区年鉴资助工程”，并报送中国方志出版社审核出版。完成《湖北年鉴·巴东稿》（2019 年卷）《恩施州年鉴·巴东稿》（2019 年卷）资料征集、编撰、审核、上报。在全省率先实现《巴东县要览》公开出版发行，成为宣传推介巴东、服务经济社会重要工具书；开展乡镇、村（社区）志业务指导和培训。发挥存史、资政、育人功能，做好党史宣传和方志成果转化，提供巴东革命老区系列资料，宣传革命先烈光辉事迹，加快推进老区发展，为各级领导干部资政服务，为社会各界人士提供史志资料咨询、查阅，为巴东经济社会发展提供服务。

【安全生产】 按照“八防”要求，定期对档案库房进行安全检查，节假日严格执行封库制度，及时关闭电源开关，防备电源漏电，确保库房安全；定期对库房温湿度进行调控，始终保持室温度控制在 14℃—24℃，湿度控制在 45℃—60℃。

【脱贫攻坚】 根据脱贫攻坚指挥部办公室的要求，选派 1 名副馆长到溪丘湾乡甘家坪村担任扶贫“尖刀班”班长、第一书记、扶贫工作队队长，另派 1 名干部驻村协助工作；选派 2 名干部到东瀼口镇羊乳山村担任扶贫“尖刀班”成员，常年驻村扶贫；同时馆长实行“4+1”“3+2”模式常驻甘家坪村扶贫，全面落实“六个清零、六个全覆盖”，脱贫攻坚工作取得明显成效。选派 1 名干部到县脱贫攻坚指挥部办公室工作，具体负责指导全县扶贫档案建设。23 名干部结对帮扶东瀼口镇羊乳山、金甲山，溪丘湾乡甘家坪、堰塘坪 4 个村的 173 户、531 人，组织干部进村入户共 20 多次，用于扶贫工专项支出近 30 万元。

（向　博）

体　育

【科学谋划体育事业发展】 县委、县政府的高度重视全县体育事业发展，把“发展体育事业、增强人民体质”作为体育工作的根本任务，科学制定《巴东县体育发展“十三五”规划》，明确全县体育事业发展的原则、目标任务措和施，提出建设“体育运动城”和“全省体育强县”的奋斗目标。县委常委会和县政府常务会每年都要学习传达贯彻省州体育工作会议精神，研究部署当年体育事业发展重点工作，将体育工作纳入全县经济社会发展目标任务考评体系，其考评结果作为评价各乡镇各部门发展水平、发展质量和干部工作实绩的重要依据。

【基础设施建设】 抢抓“616”工程、北京对口支援机遇，加大国家体育彩票公益金项目和各级公共文化体育服务体系项目、财政性资金项目争取力度，在乡镇和村（社区）兴建灵活多样、亲民便民的体育场地设施，农民体育健身器材在全县 12 个乡镇和 322 个行政村实现全覆盖，在县城启动集全民健身中心和室内游泳馆、体育商业街于一体的“巴东县体育中心”体育健身综合体项目建设，建成“中心城区—县城副中心—重点镇—特色镇—行政村（社区）”五级立体式公共体育场地供给体系，全县人均体育场地面积达到 1.8 平方米，满足群众多元健身场地需求。

【群众体育活动】 2017 年以来连续三年成功举办巴东县“全民律动”职工运动会、巴东县篮球联赛、三峡库区及周边县市区老年人门球赛暨巴东县老年人体育运动会和“畅游神农溪·横渡大三峡”冬泳邀请赛；连续两年成功举办“小康之约”秘境巴东高山森林国际半程马拉松；成功举办 2019 年湖北省高山滑雪锦标赛。为全县干部职工提供了锻炼、交流的平台，吸引国内外马拉松、冬泳、滑雪爱好者的热情参与。其中：巴东高山森林国际半程马拉松获 2018 中国田径协会铜牌赛事奖、2018中国田径协会特色赛事“自然生态”奖、2018年湖北省“崇尚人人体育 共创美好生活”马拉松系列赛事“特色赛事组织奖”，冬泳邀请赛被国家体育总局纳入2019年“7·16全民游泳健身主题系列活动”全国重点会场。每年各乡镇、县直各单位及部分社区也都会开展篮球、乒乓球、羽毛球、拔河、广场舞等丰富多彩的群众体育活动。

【体育社团组织】 推进素质教育和学校体育工作，建立以县业余体校为主、体育协会、体育俱乐部和中小学校为辅的青少年业余训练体系，全县体育协会达到9家，社会体育指导员达到1200余人，成功创建2个国家级、1个省级和2个县级青少年俱乐部，7所阳光体育后备人才基地，形成乒乓球、羽毛球、篮球、跆拳道、田径等一批优势项目，培养一批优秀青少年体育运动员，在各级各类体育竞赛取得优异成绩。

【文化体育产业】 巴东县神农溪景区旅游发展有限公司、湖北三峡酒业有限公司命名为第一批全州文化产业示范基地，巴东县巴人河生态旅游有限公司、巴东县兴田有限公司命名为第一批全州体育产业示范单位。截至2019年底，全县共发展文化旅游、影视传媒、图书印刷、体育休闲、网络通信、广告会展等文体市场经营主体400余家，从业人员达5000多人，产值近8亿元。体彩发行额再创历史新高，2019年体育彩票销售3750万元。巴东县兴田有限公司投资500多万元，建成集室内篮球馆、羽毛球乒乓球馆、儿童电玩城、康体健身培训于一体的文化体育产业园；恩施星州健身公司在投资400多万元，建成巴东首家室内游泳馆、康体健身综合馆，总投资100多万元的新华健身中心，开业以来吸纳会员500多人；中诚信集团投资2亿元建设的绿葱坡滑雪场已投入运营，引爆恩施州冬季体育旅游消费。新型文化体育市场主体的不断涌现，丰富城市功能，提升文体服务水平。

【体育项目建设】 省体育局领导多次到巴东调研体育设施建设情况，落实“616”工程对口支援政策项目资金，累计支持巴东项目资金3000多万元，先后支持巴东县体育场、巴东体育中心、江北全民健身中心以及新全民健身示范工程、农民体育健身工程、水布垭足球场及登山步道建设。2018年，省体育局“616”工程对口支援巴东县启动巴东体育中心项目建设，巴东体育中心已完成可行性研究报告编制、地质详勘和工程设计等前期工作；江北全民健身中心项目建设已进入最后的收尾阶段；2019年省体育局支持的水布垭足球场建设项目和1个乡镇级2个村级新全民健身示范工程项目已全部完成建设；农村体育健身工程有序推进，体育行业扶贫继续开展，2019年采购农村室外体育健身器材50套，其中篮球架、乒乓球桌20套，路径健身器材30套，全部配至各重点贫困村。2018年巴东县投资163余万元，为绿葱坡镇雷达站援建1座室内篮球馆；投资6000余万元的巴东县老年体育大学体育健身综合体已完成建设投入使用。

（县文化和旅游局）

旅 游

【全域旅游】 按照国家全域旅游示范区验收评分标准，集中人力物力财力，重点攻关突破，做到对标补短板，争创国家全域旅游示范区。巴东全域旅游规划编制完成、评审通过，突出巴东地域文化资源特色和山水、气候资源特征，推进“旅游+”、多业态融合发展，做到聚力调结构，丰富巴东旅游新业态。通过旅游节庆、赛事活动的举办，做到聚焦抓创建，增强巴东生态文化旅游品牌的影响力。加强旅游服务设施建设，用景观廊道串联各景区及各乡镇，形成全域共建、全民共享的全域旅游发展新格局，做到合力强基础，创优生态文化旅游业发展环境。旅游景区建设如火如荼。全县旅游项目建设完成投资5.4亿元，不断强化核心景区建设，景区品质、服务质量、安全保障工作得到显著增强。建成大面山旅游公路，巴王水寨开门迎客，谭家坪源梦度假酒店完成改扩建。神农溪、巴人河、森林花海、无源洞全面提质。重点打造县城、野三关、水布垭、巫峡口、谭家坪游客接待中心，高品质建设双神线、巴野线生态旅游廊道，推进水布垭、大支坪、绿葱坡星级酒店建设进程。逍遥谷康养休闲旅游区、清太坪花天河等景区开发建设完成序时进度。旅游产品日益丰富，景区接待能力明显增强，景区品质明显提升，旅游景区已覆盖全县10个乡镇，80多个行政村。文旅产品营销精准落地。多形式、多渠道全方位开展旅游宣传营销工作，组队参加西安新丝绸之路、北京旅游、重庆“中国西部”等旅游博览会及深圳《靓丽中国行》等文博会。先后在武汉、杭州、北京等主要客源城市及友好城市开展巴东旅游快闪推介活动，“秘境巴东”知名度进一步提高。组织开展宜昌巴东旅游直通车、新世纪游轮“靓丽中国行”、长江海外游轮“探秘新三峡·双神线”启动仪式和“清凉欢乐季带您船游三峡·夜宿巴东”等旅游宣传促销活动。实施精准营销，积极参与“世界军运·湖北深行”游客倍增计划发布活动，巴东美景屏霸武汉、宜昌、恩施，开展“在武汉遇见巴东”“冰雪秘境，巴东做东”等线上话题推广，大力拓展主要客源地市场。协调指导开展巴人河网红节、野三关森林花海开园，巴王水寨开业等活动。文旅宣传营销实现从“资源联动”到“品牌联动”转换。旅游接待总人数达到1043万人次，旅游综合收入80亿元，同比分别增长20.2%、20.12%。

【纤夫文化旅游节】 4月29日，第七届长江三峡（巴东）纤夫文化旅游节暨中国土家族打击乐音乐会在巴东县隆重开幕。主题为“交响春夏”，由开幕式暨中国土家族打击音乐会、神农溪纤夫文化走廊拉纤漂流体验、“炫彩山城”巴东夜游活动、“新文旅 新巴东”巴东旅游勘景踩线四个子活动构成，并配套开展罗坪茶艺展演、茶店牛肉宴、东圣土特旅游产品展销商务经贸活动。

【秘境巴东高山森林国际半程马拉松】 8月11日，2019秘境巴东高山森林国际半程马拉松与各地跑友如期相约“华中凉都”——巴东县野三关镇，21公里半程马拉松、11公里健康跑和6公里欢乐跑的赛事安排，来自肯尼亚、埃塞俄比亚、尼泊尔等国家的11名外籍选手，湖北、湖南、重庆28个省市、自治区约5000人参加比赛。其中半程马拉松1000人、健康跑1000人、欢乐跑3000人。

【“畅游神农溪·横渡大三峡”冬泳邀请赛】 11月16日至17日，由国家体育总局游泳运动管理中心、中国游泳协会、中国救生协会、湖北省体育局、湖北省体育总会、恩施州人民政府主办的2019年“7·16全民游泳健身主题系列活动”（巴东重点会场）暨“畅游神农溪·横渡大三峡”冬泳邀请赛在巴东长江南岸亲水广场盛大举行,11个省市（区）的62支队伍参赛，1180余名游泳爱好者参加。比赛设置横渡大三峡、水中趣味赛、500米个人竞技、6×500米男女混合接力竞技4个项目。赛事期间，举办特色文艺表演和特色美食、特色农产品展销活动。

【景区更名】 5月13日，省文旅厅以鄂文旅函〔2019〕93号批准将“恩施州巴东县链子溪景区”（国家AAAA级旅游景区）更名为“恩施州巴东县巫峡口旅游景区（国家AAAA级旅游景区）。

（县文化和旅游局）

卫 生

卫生健康

【概 况】 2019年3月18日，巴东县卫生健康局正式挂牌成立。将县卫生和计划生育局的职责，以及县民政局的老龄工作职责，县安全生产监督管理局的职业安全健康监督管理职责整合，组建县卫生健康局，作为县政府工作部门。不再保留县卫生和计划生育局。全县共有各类卫生机构445家。其中县级公立医疗机构3家，疾病预防控制机构1家，妇幼保健计生服务机构1家，卫生计生综合监督执法机构1家，其他二级事业单位3家，乡镇卫生院11家、村卫生室346家。有民营医疗机构3家，个体诊所76家。县乡医疗机构共有各类在岗人员1966人，其中在职在编1245人、聘用721人。每千人口执业医师数1.91个，注册护士1.67人。县乡医疗机构开设病床2284张，每千人口床位数5.11个。出生人口性别比为107.5（女为100）。

【医药卫生体制改革】 建立以县人民医院为龙头、县内17家医疗机构为枢纽、346个村卫生室基础的紧密型县域医共体。出台《巴东县全面推开医共体建设工作实施方案》《巴东县医共体城乡居民基本医疗保险基金总额预算控制方案》《巴东县分级诊疗工作实施方案（试行）》《巴东县县域医共体“对口帮扶”工作实施方案》等5个配套方案，县域医共体建设在全县全面推开。建立适应乡镇首诊、双向转诊的分级诊疗制度及上下医疗机构间的转诊绿色通道。抓好对口帮扶、专家下沉，乡镇卫生院借助对口帮扶县级医院的管理、技术优势和品牌影响力，通过出诊带教、业务指导、进修培训和参与管理等方式，带动乡镇卫生院提高管理水平、医疗技术水平。

【疾病预防控制】 全面开展14类55项基本公共卫生服务，实现城乡全覆盖。居民健康档案建档率达到89.11%，高血压患者规范管理率为94.61%，糖尿病患者规范管理率为94.15%。全县无甲类传染病报告，国家免疫规划疫苗接种率96%。稳妥开展食源性疾病监测，规范化管理HIV感染者及肺结核、严重精神障碍者。

【卫生应急】 对全县疾病预防控制业务系统进行信息安全升级改造，采购安装VPN专用设备，使所有VPN用户安全性得到加强。全年共发生5起突发公共卫生事件，均达到Ⅳ级突发公共卫生事件。处理5起流感暴发疫情，未达到突发公共卫生事件标准。处理聚集性疫情50起，其中手足口病40起，水痘10起。报告巴东县全省首例人感染猪链球菌疫情，及时开展调查与处理，无次生事件发生。对全县应急物资储备中心的卫生应急物资进行清理，并根据需要下拨两批应急物资。组织全县各医疗卫生单位开展诸如病毒、感染性腹泻案例的桌面推演和卫生应急个人防护演练活动。

【农村和社区卫生】 医疗基础设施逐步完备，

县人民医院住院综合楼等在建项目建设稳步推进；博德医院、184个村卫生室建设全面建成投入使用。投资1500余万元对全县各乡镇卫生院和346个村卫生室配备6000余台件必备医疗设备，全县村卫生室建设全部达到公有化、标准化、规范化。

【妇幼保健】 全县无孕产妇死亡和新生儿破伤风发生，婴儿死亡率控制在4.31‰，孕产妇系统管理率92%，高危孕产妇管理率100%，儿童系统管理率89%，叶酸服用率94.22%，营养包发放率87%，艾滋病、梅毒和乙肝机构检测率100%，出生医学证明首次签发率达到96.76%，规范完成城乡贫困妇女“两癌”免费筛查、免费耳聋基因筛查、孕前优生健康检查和婚前医学健康检查任务。

【医政药政管理】 全面贯彻落实国家基本药物制度，坚持基本药物占主导地位，全县基本药物采购率60%、配送率85%以上；开展合理用药专项培训一期，强化药品器械质量安全监管；州、县卫健、市场监管部门联合开展2次药品、器械质量安全检查，共抽查乡镇卫生院、村卫生室、个体诊所共138家，检查发现问题全部整改落实。继续实施改善医疗服务行动计划（2018—2020年），以落实改善医疗服务行动计划为重点，全面提升医疗服务能力。加强县级医疗质量、护理、院感、检验、儿科质控中心建设，提升全县质量管理同质化水平；以省新形势下护士能力与患者安全研讨班、州基层感控“五个一”工程建设、武陵山地区重症医学新进展培训班等大型学术交流活动为载体，加强全县临床业务学术培训及交流；加强临床重点专科建设和培育（州级重点专科20个、省级重点专科4个）；成立巴东县胸痛中心联盟；继续开展医疗卫生领域专项整治行动，确保合理诊断、合理检查、合理用药、合理治疗、合理收费；加强医疗行风建设，开展纪念“5·12”国际护士节和第二届“中国医师节”系列活动；继续实施“建设名院、打造名科、培养名医”的“三名”战略，提升中医药服务能力，开展“三室一堂”的提档升级工作，1人荣获“恩施州中医大师”称号、2人荣获“恩施州中医名师”称号。

【卫生执法监督】 强化卫生健康综合智能监管，认真开展抗（抑）菌制剂专项整治和整治“保健”市场乱象百日行动，全年查处医疗方面违法违规案件14起，公共场所5起；加大污染防治攻坚战工作力度，进一步规范医疗废物、废水处置；务实开展优化营商服务环境各项工作，努力提升窗口办事效率。

【健康巴东】 国家卫生县城顺利通过复核，溪丘湾乡、清太坪镇被评为湖北省卫生乡镇，野三关镇被重新确认为湖北省卫生乡镇。51个村（社区）被省爱卫委会命名为湖北省卫生村（社区），10个单位被命名为湖北省卫生先进单位。

【健康扶贫】 完善农村贫困人口医疗保障政策，建立基本医保、大病保险、医疗救助、补充医疗“四位一体”保障机制，最大限度防止群众因病致贫、因病返贫。2019年，全县贫困人口住院2.62万人4.03万人次，政策范围内报销22775.07万元，基本医保、大病保险、医疗救助及健康扶贫报销201914.09万元，政策范围内报销比例达到91.83%；贫困人口门诊重症医疗费用1426.33万元，基本医保、大病保险、医疗救助及健康扶贫报销1341.82万元，个人实际报销比例达94.08%。贫困人口大病救治、慢病签约服务、重病兜底保障“三个一批”有序推进。全面落实贫困人口县域内住院“先诊疗、后付费”和“一站式、一票制”结算。落实贫困人口参保补贴政策。全县18.27万贫困人口全部参加城乡居民医保，落实财政部分或全额资助参保政策，参保资助率达到100%，将贫困人口全部纳入基本医保、大病保险、医疗救助和健康扶贫兜底保障范围。加强贫困人口签约服务和年度健康体检。成立家庭医生签约团队97个，做到应签尽签、应检尽检，贫困对象家庭医生签约服务达95%。积极组织开展健康扶贫义诊活动。共组织各医疗机构开展健康扶贫“百千万”义诊活动43场次，发放宣传资料1.5万余份，免费发放药品价值11.3万元。对慢病实施分类管理，推进重病兜底保障，确保重病患者得到医疗兜底保障，切实降低贫困人口就医负担。

【家庭发展】 出生人口性别比控制在107.5（女为100），计生奖扶政策落实和资金发放到位率100%，共兑现奖扶10308人989.57万元，特扶659人444.48万元，计生手术并发症特扶194人46.68万元，计生特殊家庭一次性抚慰金22户34人21.5万元，企业退休职工及城镇无业居民独生子女父母一次性奖励277人96.95万元，独生子女家庭退休一次性奖励手续45例。

【东西部扶贫协作】 杭州市下城区卫健系统先后派驻15名医学专家分别进驻到县、乡医疗机构开展对口帮带工作；桐庐县人民医院、中医医院选派10名医学专家分别到巴东县对口开展为期1个月的对口帮带工作，县人民医院、中医医院派出6名业务骨干到桐庐县第一人民医院、中医院进修学习。全县卫健系统共选派121名基层医疗机构管理人员和业务骨干赴北京和杭州下城区开展短期培训学习，提升基层卫生人才服务能力。

（吴克强）

人民医院

【概　况】 2019年，编制床位795张，实际开放病床627张。2019年，门、急诊217347人次，出院23050人次，手术11387台次，床位使用率98.38%。

【医疗业务建设】 围绕专科发展方向开展临床及基础科研工作，提高专科科研及临床医疗水平。巩固和发展已有的重点专科优势，进一步提高科研能力和水平，重点扶持和培养一批特色学科达

2019年5月5日，巴东县人民医院开展世界手卫生日洗手操展示暨承诺签名活动　　严　军　摄

8月14日，巴东县人民医院举行庆祝医师节暨表彰大会　　严　军　摄

到州级重点专科水平。2019年，医院19个学科达到或具备州级临床重点专科水平，顺利通过复审。医院启动胸痛中心和心电网络诊断中心的建设工作。

2019年，脑外科动脉瘤夹闭术、三叉神经痛微血管减压、脑肿瘤切除手术、立体定向脑血肿清除术、显微镜下脑血肿清除术；妇产科宫腔镜下子宫切口憩室电切术；泌尿外科前列腺穿刺组织活检术、显微镜下精索静脉曲张低位结扎术、经电子输尿管软镜钬激光碎石术；检验科呼吸道病原学检测、B群链球菌筛查；心内科急性ST段抬高心梗快速溶栓；普外科肝脏右叶切除术、快速康复外科在结直肠肿瘤手术中的应用、腹腔镜下右半结肠癌根治术；超声科产科三维彩超、妇科三维彩超、新生儿颅脑彩超；骨科胸腰椎骨折伤椎置钉微创手术、改良髋关节置换手术、股骨近端骨折pfna内固定术、交锁钉及钢板联合使用治疗骨不连、加长柄股骨头置换治疗老年股骨近

端骨折。胸外专业单孔胸腔镜尘肺肺大疱切除+胸膜摩擦术；重症医学科枸橼酸抗凝血液透析滤过串联血液灌流技术等新业务、新技术顺利开展。

在门诊部1楼和2楼分别设置自助挂号和缴费服务平台。开展心肺复苏等业务培训，提升服务能力；规范急救药械管理，提高患者满意率。2019年完成深静脉置管护理257人次，CT增强注射室完成留置针穿刺3378人次。2019年全年急诊1.8万人次。

2019年，医院体检中心共接受160余个单位、10000余人次的职工健康体检，完成3000余人次的学生高考体检和县人民政府组织的夏季征兵体检工作。

【基础设施建设】 医院内科大楼及附属工程用地面积2634平方米，建筑占地面积1554.46平方米，总建筑面积18045.94平方米，截至2019年12月底，进行门窗安装等装饰工程的收尾施工，电梯及空调等分包工程施工完毕。住院综合楼建设项目（边坡支护及场平）：2019年12月底完成全部土石方开挖及边坡治理工程。神农小区门诊部装饰装修工程：该工程位于巴东县神农小区北京园九栋，改造一、二层，改造面积2186.66平方米，建设内容主要包括室内装修、室内电气、室内给排水、室内消防设施改造等，总造价为315万元，工程已竣工验收。

【人才培养】 注重人才培养，做好培训和实习带教。2019年，医务科共计派出短期培训、技术交流、进修人员100余人次，放射科全体医技人员到宜昌中心医院轮训学习。对新进入医院工作的医务人员进行岗前培训，经考试合格后上岗。完成巴东县人民医院及乡镇卫生院医师人员2017—2018年度的医师考核工作。护理部先后培养静脉治疗（2名）、血液透析、新生儿、麻醉、造口等专业的6名省级或州级专科护士；安排72人次到北京、武汉同济、杭州桐庐、恩施、宜昌等地参观学习。对全院护士进行心肺复苏、手卫生培训1650人次。接纳医疗、护理及药学专业培训、进修人员122余人，实习生24人，见习生5人，通过严格管理，进修实习人员如期完成学习计划和既定目标。

2019年，医院成功举办“湖北民族大学附属民大医院国家级继续教育项目”“湖北省《护士能力与患者安全》护理继续教育培训项目”“恩施州重症医学会及恩施州护理学会重症监护护理专业委员会年会”“中华医学会泌尿外科分会前列‘县’下基层（2019年巴东站）”等系列活动，拓展广大医务人员视野、提升业务水平。

【对口支援】 2019年医院利用“616”工程、东西部对口扶贫协作、江汉油田等对口支援机遇，不断提升医院综合实力。2019年江汉油田支援医院120万元用于内科大楼建设；武汉同济医院在重症医学科、妇科、泌尿外科、胸外科专业；杭州桐庐县人民医院在心血管专业、皮肤科专业、护理专业；宜昌市中心人民医院在神经外科专业，分别派出专家对口支援县人民医院。恩施州中心医院派驻刘杲任巴东县人民医院副院长对口支援医院普外科。通过与上级医院的医疗技术合作，提升医院和科室的管理水平及诊疗技术能力。

【县域医共体建设】 2019年7月8日，县政府召开第34次政府常务会议后，县委编办、县人社局、县卫健局、县医保局、县财政局等部门联合出台县域医共体实施方案及配套文件，先后成立巴东县县域医共体管理委员会及其办公室、县域医共体理事会及其办公室、县域医共体监事会及其办公室。2019年11月2日召开巴东县县域医共体启动大会暨揭牌仪式。牵头医院县人民医院于2019年11月26日召开对口帮扶（专家下派）座谈会，11月27日，县人民医院下派专家入驻各帮扶单位，进入实质性工作阶段。

【健康扶贫】 2019年，医院抽调4人组成“尖刀班”，由一名院领导带队常驻绿葱坡思阳桥村，按照县扶贫指挥部要求积极开展工作。认真贯彻落实健康扶贫相关精神，优化住院流程，实施精准扶贫对象住院先诊疗后付费政策。2019年，医院先后到绿葱坡镇思阳桥村、沿渡河镇陈湾村、清太坪镇拓木水村、官渡口镇干沟村等地开展义诊活动，义诊患者1500余人次，免费发放药品3万余元，发放宣传手册2000余份。慰问扶贫村级医院特殊家庭妇女及儿童6名，关爱并帮扶困境大学生4人。

【综合能力建设】 2019年，完善以电子病历为核心的医院信息化建设工程，优化系统功能，维护网络运行，积极开发满足医务、质控等工作需要的特殊功能，为临床诊疗、分析、管理等提供便利。医院与巴东农村商业银行合作开发的快速就诊服务系统“银医通”项目基本完成，总投资300余万元，包含16台自助服务设备。就诊者通过“银医通”自助服务设备，可一站式完成挂号取号、清单查询、物价查询、报告打印以及住院费预存、住院明细、清单查询等服务，系统支持微信、支付宝、银行卡等多种支付结算方式，提高就诊效率。

医院加强医疗设备采购和医用耗材管理，全力服务临床一线。逐步实施湖北省高值耗材省市联动平台网上阳光采购。2019年，采购入库医用耗材2886.17万元，出库2923.91万元。通过湖北省高值耗材采购平台阳光采购高值耗材8556件，总金额283.45万元。从2019年11月30日开始，医院全面落实“医用耗材零差价销售”政策。2019年，医学装备科申请州、县质量检测部门共检测特种设备、计量设备、心电图机、各临床科室及手术室多参数心电监护仪、呼吸机、麻醉机、CT、磁共振成像、放射科X线机、彩超等设备的维护保养，确保临床使用安全。

2019年11月7日，巴东县人民医院举办护理“7S”项目改善案例竞赛活动，全面提升护士职业素养

严 军 摄

（周 玮）

第二人民医院

【概 况】 2019年，医院以习近平新时代中国特色社会主义思想为指导，认真学习贯彻党的十九大精神和卫生健康工作方针政策，狠抓基础管理，提高医疗质量，规范医疗行为，完善服务措施，使医院各项工作再上新台阶，力争达到社会和经济效益双丰收。通过内部管理，深化机制改革，提高竞争力，加强党建、党风廉政与信息化建设，加强医院基础设施建设，加强科室建设，加强人才培养。2019年全年，已完成精准扶贫户4835人费用报销，报销金额约1940万元，建档立卡贫困户住院合规费用报销90%以上，人均年住院总费用未超过5000元。

【医疗业务】 2019年医院业务收入6478万元，出院病人数11069例，门急诊人数161673人次。手术台次1907台。

【基本公共卫生服务】 2019年度获巴东县“基本公共卫生服务”考核第一。野三关镇常住人口59377人，原77个行政村合并成33个行政村；新规划后48个村级卫生室（16个中心卫生室、32个一般村卫生室）；公共卫生科16人，村卫生室医生63人。全镇共建立健康档案54378份，建档率89%；建立电子健康档案54378份，电子档案建档率100%。全镇共计签约30246人（全镇常住人口59377人），签约率50.9%；其中0—6岁儿童签约5849人、老年人签约4200

人、孕产妇签约 320 人、高血压患者签约 5203 人、2 型糖尿病签约 525 人、肺结核患者签约 35 人、严重精神障碍患者签约 255 人、残疾人签约 102 人（全镇残疾人总数 102 人）、计生特扶签约 56 人（全镇计生特扶 56 人）、贫困人群签约 21620 人（全镇贫困人口 26177 人，长期不在家 4557 人），贫困人口签约率 100%。 65 岁及以上老年人健康管理：辖区内 65 岁及以上老年人总数 6990 人，全年接受健康管理人数 5130 人，健康管理率 73%，建立健康档案的老年人 6670 人，老年人建档率 95.4%。全年接受中医药健康服务 5545 人，中医药健康管理率 79%。辖区内管理的高血压患者人数 5551 人，按规范要求进行管理 4403 人，规范管理率 76%；血压达标人数 3682 人，管理人群血压控制率 63%。全年完成随访 29500 人次，高血压患者体检 5550 人。2 型糖尿病患者健康管理：辖区内应管理 2 型糖尿病患者总数 837 人，已管理的 2 型糖尿病患者人数 837 人，按规范要求进行管理 618 人，规范管理率 72%；随访空腹血糖达标人数 453 人，管理人群血糖控制率55.17%。全年完成随访4427次，开展体检 821 人。

开展“健康扶贫”工作，认真落实先住院后付费、一站式结算、绿色通道等相关政策，安排专人负责健康扶贫动态管理系统的填报工作，已建档立卡户 8172 户，核实因病返贫致贫 1334 户，3477 人，建立 25 种大病台账 759 人，23 种慢病台账 1871 人，6 种门诊重症台账 152 人。

【基础设施建设】 医院公共卫生楼项目于 2019 年 6 月正式开工，截至 12 月底，已完成立体工程施工，医技内科综合楼建设项目在申报中，计划投入资金 6500 万元，建筑面积 18000 平方米，新增床位 300 张。2018 年新建的 18 个村卫生室全部竣工并投入使用。全镇 48 个村卫生室全部配置基本医疗设施设备。

（谭健强）

中医医院

【概　况】 2019 年，完成门诊诊疗 10.5 万人次，出院病人 8681 人次，开展手术 1815 例，医疗业务收入 5537 万元（比 2018 年增长 14.2%）。

【对口支援工作】 继续加强与对口支援单位湖北中医药大学、北京中医药大学房山医院的技术交流与合作。北京中医药大学房山医院选派 2 名医疗专家到巴东县中医医院进行医疗业务指导。2019 年 11 月，北京中医药大学房山医院院长裴晓华（正处级）到巴东县中医医院调研对口支援工作，并为其捐赠监护型救护车一辆及车载急救设备，价值 40 万元，为巴东县中医医院的急诊急救工作提供有力保障。湖北中医药大学组织专家团巴东县中医医院开展大型义诊和授课活动，捐赠帮扶资金 30 万元，用于医院的基础设施建设，努力改善患者就医环境。

11 月 4 日，北京中医药大学房山医院院长裴晓华一行人员到中医院调研对口支援活工作　　宋兴诗　摄

【精准扶贫】 根据县委、县政府关于精准扶贫工作部署，县中医医院继续加大扶贫工作力度，抽调 8 名精兵强将组建两个“尖刀班”专职扶贫队伍，分别进驻茶店子镇下坪村和沿渡河镇舒家槽村开展扶贫工作。安排结对扶贫干部 27 人，结对帮扶贫困户 85 户，全部按规定完成入户帮扶任务。“尖刀班”驻村后，认真履行职责，深入开展大走访、大调研，全面掌握驻点

村的基本情况，制定帮扶计划，谋划实施产业项目，统筹安排整合扶贫项目资金，进村入户精准实施；积极完成村级卫生室的建设，切实落实村民在本村就医有保障；加强政策及法律宣传工作，引导村民逐步形成按政策办事、按法律办事的意识；完成8千米村级公路护栏安装工程，确保村民出行安全；加快集中、分散供水的建设速度，饮水问题得到妥善解决，真正实现一管清水进农家、家家户户不断水；完成危房改造项目，坚持“危房不住人、人不住危房”的原则，确保村民安全住房有保障。“尖刀班”的驻村期间克服各种工作困难，和村民“以心交心”，秉公办事，工作成效显著，得到百姓的充分肯定。

深入贯彻落实中央和省、州、县有关健康扶贫工作的部署和要求，建立健全我院健康扶贫工作机制，制定《巴东县中医医院健康扶贫实施方案》，大力宣传健康扶贫政策，优化工作措施，开辟健康扶贫绿色通道，建立“分类救治”“先诊疗、后付费”“四位一体”一站式一票式结算的工作机制，让健康扶贫对象及时享受到国家的惠民政策为其带来的方便、快捷、优质、低价服务。2019年共收治健康扶贫对象3299人，全面执行国家健康扶贫和基本医疗政策，报销费用1452.2万元，健康扶贫对象住院费用医疗报销比例均达到90%，群众反响良好。

【医疗业务建设】 注重特色诊疗技术的发展，投资108万元，购置骨科手术专用设备——关节镜，具有术中对于关节损伤小，术后恢复快的特点。特别是对膝关内节半月损伤、滑膜增生、交叉韧带断裂的手术治疗，有独特疗效。设备投入使用后，彻底改变以前关节病必须开放手术才能治疗的局面，临床治愈率高，疗效显著，患者满意度高。

【县域医共体建设】 落实《湖北省推进分级诊疗制度建设实施方案（鄂政办发〔2016〕7号）》《巴东县全面推开县域医共体建设工作实施方案（巴政办发〔2019〕22号）》等文件精神，县中医医院成立以院党总支书记、院长为组长的医共体建设领导小组，明确各部门职责和分工，制定《巴东县中医医院医共体对口帮扶工作实施方案》，根据《巴东县分级诊疗工作实施方案》制定《巴东县中医医院医共体双向转诊制度及服务流程》，实现分级诊疗。与沿渡河镇卫生院、信陵镇卫生院、大支坪镇卫生建立医共体友好合作关系，组织妇产科、针灸推拿科、功能科专家团队下沉到医共体乡镇卫生院进行坐诊、查房、带教及技能培训，提升乡镇卫生院服务能力，控制县外转诊率，减少住院病人外流，有效节约医保基金的支出。

【“恩施州中医大师”】 2019年7月，县中医医院主任医师朱英杰在恩施州卫健委组织的恩施州中医大师评选活动中，经过筛选评审，被恩施州卫健委评为“恩施州中医大师”。

（宋兴诗）

社会生活

民 政

【社会兜底保障】 2019年，在县委、县政府的领导下，根据《州人民政府办公室关于调整2019年全州社会救助标准的通知》要求，根据家庭收入状况核定农村低保五个享受档次。农村标准达4380元，高于国家扶贫标准，并与州人民政府公布标准一政。加强组织领导，2019年县民政局成立四个督导组，实行包片负责制，指导各乡镇把完全丧失劳动能力和部分丧失劳动能力且无法依靠产业扶持和就业帮助脱贫的贫困人口，实施政策性保障兜底，全县建档立卡贫困人口15010户26051人被纳入兜底保障范围。落实对特殊困难群体参加新型养老保险予以财政补贴制度。2019年为全县符合条件的特困供养对象146人和一类低保对象705人按照参保基数100元/人的标准代缴养老保险8.51万元。增发特殊困难群众特别救助金。根据《湖北省民政厅关于开展低保特困人员重点救助工作的实施意见》（鄂民政发〔2015〕3号）文件精神，贯彻落实城乡低保特困人员重点工作，2019年4月经请示县人民政府同意对全县城乡低保家庭中的重残、重病对象27210人次按照城乡月低保标准的30%—50%增发救助金417.41万元。贯彻落实孤儿政策。全县在籍在册孤儿对象114人，其中集中供养8人。累计发放孤儿养育金218万元。简化优化临时救助审批程序，实现“应救尽救”。2019年针对急难型救助对象出台《巴东县急难型临时救助实施方案》（巴民政发〔2019〕24号），实现两个工作日内先行和快速救助。根据省、州关于进一步加强和改进临时救助工作实施意见，进一步明确急难型最高救助标准7200元，支出型贫困家庭最高救助标准8000元，支出型低保、低收入、建档立卡贫困户家庭最高救助标准15000元。2019年救助困难群众9155人次，救助金额1708.2万元，与2018年相比增幅为45.6%。救助对象中建档立卡贫困人口有5729人，发放资金848万元。全县2019年返贫人口3户11人，其中纳入救助对象2户。精准认定特困人员，实现“应养尽养”。2019年5月启动特困供养对象年度核查和认定工作，通过核查和认定现有农村集中供养524人，农村分散供养2308人，共计特困供养对象2832人，其中属于建档立卡贫困人口的2743人。并按分散供养660元/月的标准发放供养金，集中供养按照全护理、半护理、自理三种护理类型分别以1871.34元/月、760元/月、660元/月标准发放供养金。全年累计发放特困供养金3053.6万元。落实残疾补贴政策，确保“应补尽补”。2019年困难残疾对象享受生活补贴对象8423人，发放生活补贴358.5万元；享受重度残疾护理补贴对象9651人，发放护理补贴1072.2万元，累计发放残疾“两补”1430.7万元。

【殡葬管理】 落实政策法规，推行节地生态安葬，倡导文明节俭办丧和厚养薄葬。集中整治乱象，加强人文关怀，建立困难群众丧葬补贴制度。加快公益性公墓建设，对老君坡公墓进行资产回购；县城殡仪服务中心建设已完成立项、可研报告和初设等项目前期工作。沿渡河镇罗溪坝社区太阳山殡仪服务站建成投入使用。

【社会福利和社会事务】 完成养老服务中心建设，2019 年城乡居家养老服务设施建设项目坚持“条件成熟，人口集中，服务需求强的社区（村）优先”的原则，确保“建一个、成一个”。建成社区居家养老服务中心 30 个，农村老年人互助照料活动中心 26 个。开展“三留守”帮扶关爱工作。制定出台文件。先后出台《关于全县留守儿童、留守妇女、留守老人关爱行动的实施方案》（巴办文〔2017〕30 号）、《巴东县脱贫攻坚指挥部办公室 巴东县民政局 巴东县残疾人联合会关于深入开展农村“三留守”人员和残疾人关爱服务工作的通知》（巴扶指办发〔2018〕50 号）、《巴东县民政局关于设立儿童福利督导员和儿童福利主任的函》（巴民政函〔2018〕40 号）、《关于进一步加强农村“三留守”关爱服务体系建设的通知》（巴扶指办发〔2019〕29 号）等文件。加强组织领导。调整全县农村“三留守”人员关爱服务工作领导小组，由县委副书记、政法委书记任组长、分管副县长任副组长，县委办、县委组织部等单位为成员的领导小组，统一领导和组织协调全县的“三留守”关爱服务工作。健全农村“三留守”人员关爱服务体系。各村、（社区）组建“三留守”人员关爱志愿服务队，由尖刀班班长兼任关爱志愿服务队长，组织志愿服务队成员开展结对帮扶活动，针对不同的帮扶对象，分别落实帮扶措施。建立“三留守”人员的定期探访、生活帮扶、“希望”等公益项目，制定关爱服务协议，加强日常关爱服务。加强“三留守”人员动态管理。对“三留守”人员信息坚持每季度更新一次，全县现有留守老人 5385 人、留守妇女 2332 人、留守儿童 3910 人，困境儿童 991 人。积极开展“三留守”关爱服务专项行动，引入恩施市众益社会工作服务中心开展农村困难“三留守”人员关爱服务和承接野三关镇石桥坪社区居家养老服务中心的营运服务。组织开展“关爱留守儿童 · 助力精准扶贫”行动“双结双促”工作，实现志愿者队伍和重点贫困村、志愿者和贫困留守儿童的结对帮扶，组织开展“四个一”活动 4892 人次（其中通话关爱实现 2021 人次，完成微心愿 1037 人次，为 781 名贫困留守儿童募捐资金中 78100 元直接用于购买贫困留守儿童大礼包，物资帮扶 914 人次，走访慰问 920 人次；春节期间，累计慰问贫困留守儿童等各类困境青少年约 908 人次，慰问物资折合超过 10.4 万元）。开展农村留守妇女“两癌”筛查，实施“加油木兰”精准扶贫公益项目，组织开展“爱心妈妈”巾帼志愿服务活动，动员 491 名爱心人士做“爱心妈妈”与农村留守儿童和困境儿童结对。开展“爱儿呵护”“亲子关爱”行动，共同营造关爱妇儿氛围。2019 年投资 72 万元，分两个标段，实施“爱满荆楚”项目。积极推进社区居家养老服务和农村老年人互助照料活动中心设施建设。2019 年投资 141 万元建成沿渡河饮马水等 30 个居家养老服务中心和农村老年人互助照料中心。十户联防制度建立健全，送法进村（社区）活动广泛开展，公安机关保护有力，留守老人生命财产安全有保障。

【重点问题整治】 修订完善村规民约和居民公约。根据县社会体制改革专项小组关于印发《巴东县城乡社区治理试点建设责任清单》的通知精神要求，结合“214”村（社区）民主管理工作，同步做好村规民约和居民公约制定、修订完善工作，尤其是针对滥办酒席、薄养厚葬、不赡养老人、“等靠要”、涉黑涉恶等突出问题，提出有针对性的抵制和约束内容。按照试点推开的办法，充分发挥驻村工作队统筹谋划的作用，在每个乡镇确定2—3个村修订完善管用、接地气的村规民约和居民公约，至2019年7月，322个村（社区）已全面推开。推行“214”村（社区）民主管理工作法。民政部门发挥业务主管理部门应有的责任，明确专人负责此项工作的推动和落实，开展线上、线下两个党务村务公开平台网上公示业务指导，扎实开展“214”村（社区）民主管理工作。积极推广城乡社区工作法。总结提炼罗溪坝社区居民自治、社区协商、社区服务、社区治理、产业发展、易地扶贫搬迁等方面的特色和亮点。开展地名清理整治工作。出台《巴东县进一步清理整治不规范地名实施方案》对不规范地名的进行排查，对居民区、大型建筑物和道路、街巷等地名中存在的“大、洋、怪、重”等不规范地名进行标准化处理。培育发展各类社会组织并开展服务。引导社会力量和各类市场主体参与社区治理，推进社区、社会组织、社工“三社联动”。大力培育发展社区社会组织，参与社区治理、推动社区发展；两家社会工作服务中心运用社工专业知识和方法帮助受助群体“助人自助”，为其提供医疗保健、紧急援助、生活照料、精神慰藉、文化娱乐、法律维权等服务，促进全县“三留守”、困境老人、困境儿童、一二级重度残疾人、精神病人、农村分散供养特困人员等对象的社会工作服务水平的提升，有效解决社会问题，促进社会和谐发展。完成巴东与神农架林区平安边界创建。根据2019年平安边界联检任务安排，4月制定联检工作《实施方案》，4—8月完成外业实地踏勘任务，9月完成联检查资料汇总，在神农架林区召开联席工作会议，完成神农架林区和恩施土家族苗族自治州巴东县行政区域界线联合检查任务。毗邻双方人民政府签订《平安边界建设睦邻友好协议》，毗邻县市民政局签订《共建平安边界协议书》。

【慈善活动】 开展“慈善一日捐”活动，募集资金265万元，2019年共计救助644人，救助金额101万元；实施“幸福家园”村社互助、“童享阳光”困境儿童助养计划等项目85个，拨付救助资金500多万元；启动“慈善医疗”众筹项目，争取到省慈善总会100万元的配捐指标；大力开展农工党中央“杏林春雨”行动，组织144人到北京军海医院治疗，获农工党中央基金会医疗救助资金165万元；开展“精准扶贫慈善送阳光”活动，义务筛查199场次，参加义诊群众28000人次，1064人到恩施慧益眼科治疗，获得救助金额133.07万元。

【民间组织管理】 开展“不忘初心、牢记使命”主题教育，指导社会组织开展党建工作。广泛引导和动员社会组织参与脱贫攻坚。全省性社会组织助力巴东脱贫攻坚现场会在巴东召开，共签订47份合作意向书，捐赠资金物资价值485万元。全县30余家社会组织参与脱贫攻坚，实施扶贫项目42项，投入资金近1000万元，惠及53153人；捐赠物品价值27万元，直接受益贫困人口1984人。全力参与东西部扶贫协作。杭州下城区14个社会组织为巴东县捐款捐物25万元，覆盖教育、文化、产业等多个领域。

【行政审批】 推进“放管服”改革。健全完善权责清单，优化事项服务指南，深化“互联网+政务服务”，推进民政政务服务改革工作。推进婚姻登记规范化建设，推行免费颁证服务和婚姻家庭辅导服务。推进电子档案建设，全面完成婚姻登记历史档案数据补录工作。优化营商环境。现场办结的政务服务事项全部进驻政务服务中心办理，37大项46小项民政服务事项联通到湖北政务服务网，网上可办率达到85%，实际网办率50%以上。落实专人处理“12345”政务服务工单，确保线上有效运行。按照相关要求，认真做好财政预决算公开和民政资金使用公开。

【精准扶贫】 县民政局牵头帮扶辽叶坪村，围绕“两不愁三保障”（不愁吃、不愁穿，义务教育有保障、基本医疗有保障、住房安全有保障）和“五个一批”（发展生产脱贫一批、易地搬迁脱贫一批、生态补偿脱贫一批、发展教育脱贫一批、社会保障兜底一批）的工作要求，落实八个“到村到户”和“六个清零、六个全覆盖”（安全饮水问题清零、危房改造任务清零、涉贫信访问题清零、补短板项目建设清零、集体经济空壳村清零、各类问题整改清零；产业就业全覆盖、惠民政策全覆盖、走访贫困全覆盖、人居环境整治全覆盖、乡风文明引领全覆盖、基层党建提升全覆盖）的安排部署，开展精准扶贫工作。加强产业发展。2015—2019年，全村累计发展樱桃14.27公顷、牡丹1.8公顷、生姜2.13公顷、贝母3公顷；2019年度饲养母猪50头，存栏、育肥生猪870头，有生猪养殖大户2户，种植白茶34.47公顷。全村现有集体经济合作社1家，农民专业合作社5家。其中巴东县民顺油牡丹种植专业合作社带动贫困户3户16人种植油牡丹0.187公顷，巴东县丰稔种植专业合作社带动贫困户24户90人种植油牡丹1.09公顷。2019年与巴东炎祖茶叶有限公司签订白茶收购协议，惠及农户175户，其中建档立卡贫困对象76户292人。加强基础设施建设。饮水方面，2019年立项从白果园村于家引水，全村98%农户全部实现集中供水，安全饮水有保障。电力保障方面，全村均已使用安全稳定供电。道路建设方面，2019年完成硬化公路约10千米，全村实现组组通硬化公路、沙石公路全覆盖。加强公共服务。2019年投资5万元对村办公室进行规范化阵地建设，卫生室人员、药品、设施齐备，村委会办公区布局合理、功能完备。

【“六城同创”】 积极参与创建工作，确保“六城同创”工作有条不紊推进，形成“一把手负总责、分管领导具体抓、各股室负责人分块抓、全体干部职工共同参与”的“六城同创”工作格局，始终保持“六城同创”的良好态势。认真开展以公共场所卫生为主要内容的专项整治，全力“除四害”，加大环境卫生治理力度，抓卫生管理，清除卫生死角，开展经常性的环境卫生检查，抓好门前五包、机关院内达标工作。做到各类标示牌整齐美观，夜景亮化。自觉开展文明劝导，倡导全体干部职工做文明人、做文明交通参与者。

（朱　俊　范海艳）

人力资源和社会保障

【概　况】 2019年，巴东县人社局在县委、县政府和州人社局的坚强领导下，以习近平新时代中国特色社会主义思想为指导，围绕民生为本、人才优先的工作主线，聚力脱贫攻坚工作，聚焦人社业务工作，完成各项工作。增强全县百姓的幸福感、获得感。

【脱贫攻坚】 全县人社系统共计28人进驻村“尖刀班”，严格按照“岗位在村、工作在村、吃住在村”推进工作，178名人社干部人均结对帮扶9户贫困户，发挥部门特色，扎实推进结对帮扶。

全年局党组专题研究精准扶贫工作7次，组织专班下基层指导督办工作4次，确保脱贫攻坚硬账硬结。积极动员组织782名建档立卡贫困家庭“两后生”就读、就业、培训，针对有培训意愿的“两后生”多方式培训，培训率100%。就业扶贫上以农村建档立卡贫困人员为主要培训对象，共开展192期培训，培训贫困人口20881人；完善贫困劳动力信息库，实名登记已就业贫困劳动力6.11万人；开发扶贫专岗2338个，全部用于安置建档立卡贫困人员就业；发放各类补贴101.64万元，鼓励407名贫困人口自主就业创业；为贫困人口推送提供就业岗位2万余个。组织74名建档立卡贫困户学生就读杭州职业学校；累计组织开展东西部劳务协作就业培训21期，开展东西部劳务协作专项招聘会7场，实现巴东籍建档立卡贫困人员到浙江省就业1995人，到其他地区就业830人。基本养老保险扶贫上，为建档立卡未标注脱贫25092人实施基本养老保险代缴250.92万元，代缴率100%；建档立卡贫困人口60岁以上待遇应享受人数41129人，实际享受人数41129人，实际享受率和按时发放率100%。

【群众利益】 城镇新增就业5116人，城镇失业人员再就业1454人，就业困难人员再就业509人，城镇登记失业率1.05%，大学生实习实训2344人，城乡劳动者就业创业培训21158人，发放创业担保贷款1670万元。2019年全县实现养老保险新增扩面突破1.2万，城乡居民养老保险参保率达99%；全县累计发放社保卡48万张，电子社保卡7万张。全年招录、引进各类人才353人；向恩施州人力资源和社会保障局推荐2名在扶贫一线工作的专业技术人员事迹材料；推荐享受湖北省津贴专家2名；推荐湖北省奉献岗位人才4人。完成事业单位专业技术人员职称申报439人，其中正高级18人，高级168人，中级88人，初级165人。

【和谐关系】 全县共338家建筑企业参加工伤保险，全年工伤保险征缴收入1489万元，工伤待遇支付率达100%。依法受理工伤204件，全力组织工伤调查、定期召开工伤认定，结案率100%。2019年全县共有172个工程项目开设农民工工资准备金专户，缴存工资准备金2.34亿元；共为447位劳动者追讨工资998.59万元。2019年度全县全年调解劳动人事仲裁案件133件，为近百名劳动者挽回经济损失323.2万元。

【深化改革】 2019年机构改革，城乡居民基本医疗保险制度完成职能划转。积极推动巴东县人社领域的行政审批改革，按省、州统一要求，积极完成湖北政务服务事项管理系统3.0版的录入、修改和完善工作。配合县审改部门将部分人社服务事项业务向乡镇延伸。推动“一网覆盖、一次办好”改革，将县人社局所有业务经办窗口迁至县政务服务中心，方便群众一次性办理业务。

（李双艳）

医疗保障

【落实医保政策】 严格按照“全盘接收、不漏一人”的要求，主动与相关部门沟通，建立顺畅的工作协调机制和数据共享机制，确保农村贫困人口享受医疗保障政策不漏一户、不掉一人。

2019年3月18日，县医疗保障局正式挂牌成立

【健康扶贫】 及时落实各级巡查整改工作、针对涉及的问题，全面剖析、举一反三、全面整改到位。加大对贫困人口无序就医、过度就医等不良行为的惩戒力度，与卫健、民政、扶贫等部门联合，建立健康扶贫“黑名单”制度。落实贫困人口县域内先诊疗后付费、一站式办理、一票制结

2019年4月，在全县范围内开展“打击欺诈骗保、维护基金安全”集中宣传月活动

算。兜底保障政策落实。“四位一体”办公室在局机关集中办公室。

【**支付方式改革**】 全面落实医疗保障政策和各种医疗保险专项整治活动，取得较好的效果，最大限度的维护参保人的利益，使全县的医保工作取得阶段性成效。

【**基金征收**】 截至2019年12月，城镇职工医保缴费人数21400人，参保率100%，医疗缴费总额10362.5万元。城乡居民医保缴费人数425694人，其中本地参保420106人，外地缴费5588人，参保率98%；缴费总额9188.6万元（其中缴费收入6772.8万元，财政全额资助代缴678.4万元，差额资助代缴1737.4万元）。全县18.2746万农村贫困人口全部参加城乡居民医保，纳入基本医疗制度保障范围。落实财政部分或全额资助参保政策（其中全额资助参保21501人、50%资助参保151910人、新生儿776人、全额缴费参保后进贫3593人、大学生交710元参保2人、县外参加职工医保2448人、县外参加居民医保2288人、服兵役166人、服刑51人、死亡11人），贫困人口参保及资助参保率达到100%。截至2019年11月，实际缴费159.6万元，实际缴费6552人，2019年全年生育保险待遇享受人数93人，基金支出88.8万元。

【**落实参保人员待遇**】 截至2019年11月，住院5449人，住院率为15.92%，共发生住院费用4992.39万元，统筹支付3102.98万元，补充医疗支付208.62万元，大病保险报销2.69万元，报销比例达67.06%。职工门诊慢病享受1293人，总费用530.49万元，统筹支付458.74万元。6月开展城镇职工医疗保险大额医疗费用补偿工作。根据恩施州的统一政策，继续落实巴东县2018年符合城镇职工医疗保险大额医疗费用补偿范畴的城镇职工进行公示补偿。全县有461人，基金支出329.6万元。全面落实城乡居民医疗费用一票制、一站式结算。截至2019年11月，住院72678人次，发生总费用48464.72万元，基本医疗报销24510.6万元，大病医疗保险报销3107.12万元，补偿率57%（含县外异地就医转诊备案人员）。严格按照省、州关于健康扶贫兜底保障政策文件，结合全县实际，8月1日以前按原政策执行，8月1日后按新政策执行。全县有24410名贫困人口住院，医疗总费用22142.3万元，政策范围内费用20147.2万元，基本医保、大病保险、医疗救助及健康扶贫兜底累计报销18268.8万元（含医院分担费用），政策范围内报销比例达91.93%，贫困人口县域内、政策范围内年度个人自负费用控制在5000以内，县域外、政策范围内年度个人自负费用控制在8000元以内；门诊重症811人次，医疗总费用1041.99万元，政策范围内费用1022.79万元，基本医疗保险报销715.95万元，大病医疗保险报销125.88万元，民政医疗救助104.07万元，健康扶贫兜底报销25.03万元，医疗机构分担0.57万元，政策范围内费用报销比例达94%。全县城乡居民有11164人享受门诊特殊慢性病年度定额补偿政策，其中农村贫困人口有5597人，占比50.13%，报销门诊医疗费用549.04万元。继续与中华儿慈会合作，2019年由中国太平洋保险公司恩施分公司承办，为全县0—16岁以下儿童70976人购买大病保险，并按照保险条款给与享受儿童大病保险报销。截至

2019年7月，与县卫健局联合召开全县健康扶贫“百日攻坚”推进会

2019年11月，有348名患儿享受298.07万元大病医保报销。发生的医保待遇落实比100%。

【落实贫困人口异地就医转诊制度】 巴东县人民医院为跨省异地就医定点医疗机构。医院按照人社部、省人社厅关于HIS接口改造的要求进行系统改造，正式接入国家异地就医平台。积极为异地就医患者办理异地就医转诊。建立异地结算准备金制度。及时补充拨付基金到州级财政专户，由州级规定统一拨付给各定点医疗机构。2019年1月上解异地就医准备金费用500万元，异地就医占住院总人数比为16%，转诊备案10572人，异地就医结算10572人，100%落实现场结算。

【规范医疗服务行为】 按照省州县文件规定及政策要求，制定巴东县2019年医药机构服务协议，与178家医药机构签订服务协议，其中医院23家、诊所28家、药店127家。严格履行协议内容，双方共同按照协议内容执行，医药机构要严格约束医疗服务行为，严格执行诊疗常规，做到“四合理”。严禁小病大养，杜绝冒名顶替、过度医疗等欺诈骗保行为发生，确保医疗保险基金安全。加强协议医药机构监管。在日常审核中严格按照协议内容对发生的医药费用进行审核，截至10月共抽审各级定点医疗机构住院病历20000余份，审核各级定点医疗机构各类报账资料15000余份，通过网上审核县外转诊5000余人次，办理职工居民异地就医登记备案3000余人次。一旦发现违规费用就在当月的结算费用中予以扣减，截至10月，扣款53.81万元。

【维护基金安全】 加强协议管理。按照省州县文件规定及政策要求，制定巴东县2019年医药机构服务协议，明确双方的权利与义务，经双方达成共识，与医药机构签订服务协议。严厉打击欺诈骗保行为，逐步规范两定机构服务行为。对34家定点医院、34家定点诊所、145家定点药店进行拉网式检查，针对不同的问题要求各定点医药机构开展自查，交叉检查发现的问题分别接受相应的处罚，处罚金额全额进入基金专户101.79万元。

【支持县域医共体建设】 根据《县人民政府办公室关于印发巴东县全面推开县域医共体建设实施方案》的通知要求，与县卫健局多次洽谈医共体健康发展的措施，全面推开医供体建设，形成以县级医院为龙头，乡镇卫生院为枢纽，村级卫生室为基础的县域医共体管理模式。在管理好医保基金的同时，促进卫生事业健康发展，确保2035年健康中国的目标共同努力。

【政策宣传】 加大政策宣传力度，通过多场合讲座、开设宣传专栏、入户宣讲、制作明白卡、发放折页、微信短信、微信公众号等形式，通过新闻网络、各级医疗机构制作宣传专栏、电子显示屏滚动字幕播放、微信公众号，恩施日报等形式，全方位、多角度宣传健康扶贫医疗保障政策，确保家家都有健康扶贫医疗保障政策明白人。根据省、州对健康扶贫医疗保障相关政策，认真落实健康扶贫“新985”医疗保障政策。编印《恩施州城乡基本医疗保险政策宣传手册》3000本、《巴东县城乡基本医疗保险政策宣传》20000份、贫困人口的医疗保障最新政策宣传单80000份，发放到各级干部和城乡居民手中。各定点医疗机构组织医务人员政策培训及医保政策知识测试、医保住院查房监管、医保基金专项督查和打击欺诈骗取医疗保障基金专项等面对面进行宣传。组织专班给县四大家领导、乡镇干部、各驻村“尖刀班”、村支两委等县直部门负责人进行医保政策、健康扶贫医疗保障政策培训和现场答疑，使医保政策知晓率达100%。

（谭明松）

住房公积金管理

【概　况】 恩施州住房公积金中心巴东县办事处，驻巴东县信陵镇北京大道120号，为恩施州住房公积金中心的分支机构，作为恩施州政府直属参公管理的事业单位，贯彻执行国务院《住房公积金管理条例》和《湖北省住房公积金管理实施办法》等国家、省、州有关住房公积金管理的法律法规、方针政策；负责住房公积金制度的推广；督促单位和个人按时足额缴纳住房公积金；负责记载职工个人住房公积金的缴存、提取、使用、转移、缓缴、减缴、封存等情况以及与单位、个人对账；负责全县住房公积金个人贷款的审核、发放、核算、管理、收回，负责逾期住房公积金个人贷款的清收；承办上级交办的其他事项。机关定编人数4人。

【主要业务】 2019年新增归集2.82亿元。缴存覆盖面扩宽，全县累计缴存单位317个，新增缴交单位15个，新增人数755人。行政事业单位职工住房公积金参缴率达到100%，缴交比例达到月工资总额（含津补贴）的12%。严格执行提取政策，支持储户按政策提取使用。2019年累计提取1.15亿元。提取结构合理。购租房屋提取占30%，其中：购房支取3364万元、偿还购房贷款本息4511万元、房屋租赁提取70.4万元；离退休提取2951万元；与单位终止劳动关系提取183万元；外部转出提取36.8万元；其他支取448.5万元。从严贷款风险防控，发挥公积金住房保障效益。2019年新增贷款7996.04万元；累计发放贷232户，历史累计发放额7.18亿元。

【公积金运行】 公积金缴纳政策落实较好，国家机关事业单位，缴交基础严格按照政策得以落实，缴交比例都达到12%。国家公职人员工资改革调整幅度持续上升。公积金缴存面扩大，累计缴存单位数317个，共计缴存人数11638人。全年新增缴存单位15个，约755人。

深入落实走中心下发的公积金贷款和提取政策，业务范围涉及建房、购房、租房等可以贷款或提取，储户利息调整到按一年定期支付，维护广大储户的利益。

【惠民保障功能】 围绕去库存和保证营商环境高质量发展的总体要求，努力做好公积金质押、公积金质押加房产抵押等综合贷款业务，积极拓展公积金按揭贷款业务，支持先提取后贷款，更大范围的为公积金缴存户解决住房难问题，满足城镇居民住上房、住好房的愿望；加大解决年轻职工租房公积金支付房租、装修房屋等业务，更大地满足各类人员的需求。重点围绕当地开发商现有住房存量，加大公积金按揭贷款的工作力度；围绕乡镇干部、农村教师、城乡医生等群体，积极引导，强化服务，让公积金政策的福利惠及这些对住房需求强烈的群体。

【宣传工作】 增强公积金功能的知名度。利用现有公积金服务信息平台，宣传公积金的政策和业务拓展信息，增强公众知名度；建立全县的微信公众号、手机APP查询服务系统，定期发布公积金的政策和服务指南，引导大众利用公积金的住房消费观念；与电视、新闻中心等当地媒体沟通，进行全面、系统的政策和业务宣传；发挥合作开发商促销的作用，利用开发商强势的宣传促销团队，针对公积金按揭贷款的专项宣传活动。

【风险防控】 建立健全经费管理、提取使用管理、个贷管理、档案管理等制度，制定完善岗位责任制度，严格责任追究，促进管理规范化。

自觉接受行政监管机构的监管以及社会监督，推行政务公开，开通网站信箱、投诉电话、设立意见箱、开通服务热线等，畅通多种渠道，多方位、多层次接受社会监督。

严格贷审程序、严格规范贷款抵押及保证金管理，健全贷款管理内控机制，积极构建住房公积金贷款风险防范管理系统。

按照财政及州中心对经费管理的有关要求和财经纪律，做到支出合理，使用合规。

（公积金中心）

退役军人事务

【概　况】 2019年，县退役军人事务局认真落实习近平总书记关于退役军人工作重要论述和指示批示精神、上级党委政府的工作要求，着力“夯基础，促规范，强服务”，实现各项工作有序推进，各项政策有效落实。落实“五级书记抓退役军人工作”责任体系，按要求成立县委退役军人事务工作领导小组，加强退役军人工作的组织领导和统筹协调，建立健全制度机制，召开会议研究部署工作，构建“党委领导，政府主导，部门负责，社会参与”工作格局。5月底，县退役军人服务中心、12个乡（镇）退役军人服务站和322个村（社区）退役军人服务站实现机构设置、挂牌组建到位。9月底，县、乡、村三级退役军人服务中心（站）基本实现有机构、有编制、有人员、有经费、有保障的“五有”建设要求，建成纵深到底、职责明确、有效运行的退役军人服务体系。

【尊军崇军】 采集退役军人和其他优抚对象信息11000余名，加强信息数据更新管理。为退役军人和烈军属家庭悬挂光荣牌10610块，建立动态管理机制；落实现役军人立功送喜报制度。认真执行《恩施州获誉立功现役军人喜报送达和奖励办法》，为54名立功受奖现役军人家庭登门送达喜报，颁发奖金1.23万元；春节、八一期间，精心组织走访慰问活动，投入慰问经费70多万元；大力弘扬革命烈士精神。加强烈士纪念设施保护管理，启动县烈士陵园陈列馆布展建设。组织开展“缅怀革命先烈，传承红色基因”清明节祭扫、烈士纪念日公祭活动；探索建立社会关爱机制。开展“慈善一起捐”活动，筹集县退役军人关爱基金60多万元。

【优抚安置】 全县3200余名重点优抚对象的政策性抚恤补助待遇足额到位，全年发放定期抚恤补助1822.42万元，发放4—12月优抚对象临时价格补贴232.31万元。发放义务兵家属优待金216人324.02万元。企业军转干部、自主择业军转干部、军队退休人员的两个待遇全面落实；持续推进“解三难”工作。相关部门利用现行政策，投入资金103.42万元，解决退役军人及其他优抚对象在医疗、住房、生活方面的特殊困难741人次；扎实做好部分退役士兵社保接续工作。截至12月底，受理申请600人，审核通过500人，完成养老保险缴费392人，医保到龄完成单位配缴36人64.99万元；高质量完成退役士兵安置就业工作。完成19名符合政府安排工作条件退役士官的安置工作，集中组织岗前培训。大力开展就业创业促进工作，兑现2018年143名退役士兵自主就业一次性经济补助191.295万元，组织99名2018年退役士兵开展职业技能培训，发放培训补助42.5万元，联合人社等部门开展“春风行动”暨退役军人现场招聘会，高职扩招137人报考。

【思想政治引领】 协助基层党组织开展党员找组织、组织找党员“双找活动”，让退役军人党员回归“组织之家”；开展学习英雄张富清活动。县乡村各级组织召集退役军人广泛开展学习张富清活动，观看先进事迹片，交流学习感言；在媒体开设“老兵风采”专栏，寻找身边的最美退役军人，挖掘战斗英雄龙茂豪、何湘平，敬业模范王祖华、谭必顺、谭永富，创业模范赵光明、谭邓斌、田海波等一批先进典型，王祖华获评“全省模范退役军人”称号。抽调5名退役军人参与全县“迎大庆、保军运”治安巡查工作，197名退役军人进入村（社区）两委中任职，其中村党支部书记56人，发挥退役军人参与城乡社区治理的重要作用。

【悬挂光荣牌】 3月1日，巴东县举行为烈属、军属和退役军人家庭悬挂光荣牌工作启动仪式。县委书记单艳平指出，必须坚持党的全面领导，把握“两个服务”方向，以退役军人为中心，坚持“应挂尽挂、不落一户”原则，及时规范完成光荣牌入户悬挂工作。启动仪式上，与会县领导为到会的烈属、军属和退役军人代表们颁发了光荣牌。仪式结束后，单艳平、王国玮分别带队到退役军人代表谭荣、赵世强家，为其入户悬挂光荣牌。截至年底，为退役军人和烈军属家庭悬挂光荣牌共10610块，并建立光荣牌悬挂管理制度和动态管理机制。

（郭　凯）

残疾人事业

【概　况】 巴东县残疾人联合会成立于1990年12月，内设办公室、康复部2个股室，下设1个二级事业单位（巴东县残疾人劳动就业服务管理所）。巴东县残联属中共巴东县委、县人民政府领导的人民团体机关，属中国残疾人联合会的地方组织。在县委、县政府领导下，依据《中华人民共和国残疾人保障法》《中国残疾人联合会章程》赋予的职责，履行对残疾人的“代表，服务，管理”职能，负责落实党和政府的各项惠残政策，围绕残疾人康复、教育、就业、扶贫、维权等方面开展工作。

【落实保障政策】 2019年，发放残疾人“两项补贴”1162.295万元，总人次144059人次。对14名残疾大学生共资助3万元。在城区范围内实施“阳光家园”省残联项目，为40名重度残疾人提供居家照料服务，补贴标准为2250元/人。开展无障碍设施改造80户。代缴社会养老保险132.36万元、13236人次（100元/人·年）。完成无障碍设施改造户数80户。

【实施康复项目】 0—10岁残疾儿童专项康复项目。其中，0—6岁儿童康复期满10个月救助标准为1.6万元，不足月数的按每月不超过1600元进行救助，完成32人；7—10岁儿童康复期满6个月救助标准为1万元，不足月数的按每月1700元进行救助，完成9人。为115名精神病人每人救助500元药费。有序推进家庭医生签约服务工作，签约人数达5866人。为全县符合政策的830名残疾人发放轮椅、拐杖、坐便器等各种辅具。组织全县有假肢安装需求的持证肢体残疾人进行假肢免费安装，溪丘湾试点工作已完成。

【上门评残便民服务】 针对全县行动不便、无法出门的疑似残疾人持续开展开展下乡评残“暖心”便民行动。2019年下乡上门开展残疾等级评定服务926人次、鉴定864例。其中，5月县残联借助县卫健局开展严重精神病患者的筛查与复查，协调州优抚医院开展精神类残疾等级鉴定上门服务65例；为各部门暗访、巡查发现的有需求的潜在残疾人上门评残服务17例；6月开展下乡上门评残服务518例；8月开展上门评残“回头看”工作，主要为不能出门、行动不便的对象开展上门评残264例；协调州优抚医院专家于11下乡开展疑似智力、精神类残疾等级鉴定。

【就业培训】 逐步推进残疾人电子商务与农村实用技术培训正，提高残疾人就业能力与就业层次。2019年完成150人次残疾人培训工作。对接杭州市残联举行的视力残疾人按摩保健培训，巴东四名视力残疾人参加，已分别就业。帮助就业困难残疾人实现多渠道灵活就业。9月对接的东西部残疾人电商培训，本地培训34人，杭州提升培训21人。与县人社部门联合，组织企业用工大型招聘会2次，在5家企业为9名残疾人争取到就业岗位；主动协调企事业单位落实分散按比例就业政策，实现分散按比例安置残疾人就业6人。

【自强创业】 根据《关于实施2019度湖北省残疾人阳光创业扶持“双百工程”项目的通知》《关于申报2019年度州级残疾人自强创业扶持项目的通知》文件精神，全县2019年实施“双百工程”扶持项目14户，州级残疾人自强创业扶持项目5户，技术能手10名。并按照文件要求，给予“双百工程”项目每户5000元的补贴，给予州级自强创业项目每户20000元的补贴，给予残疾人技术能手每户2000元的补贴。

【精准扶贫】 扎实开展金果坪乡十字路村的驻村工作，全村安全饮水工程全部落实落地，全村共建成200立方米及以上小型集中供水水池21口，铺设管网7万多米，覆盖全村10个村民小组363户1397人。坚持安全用电，更换损坏、腐烂电线杆35根；补齐乡村道路短板，完成1.5千米新修砂石路指标和2.2千米砂石路整修指标。发展产业，2019年上半年全村共发展土豆种植84.47公顷；9月开展产业技术培训，通过培训在乡农业服务中心争取新品种土豆种植66.67公顷，全村种植银杏18.4公顷，收入在5万元左右；发展贝母18.06公顷，收入约30万元；发展烟叶18.67公顷，收入约100万元；发展木瓜22.64公顷。改善人居环境，聘请环卫保洁员一名；制作人居环境整治、惠民政策宣传牌11块；印发村规民约400份；设垃圾集中投放点一个，放置垃圾桶23对；完成卫生厕所改造68户，新建村级公厕一所。强化基层治理，借助榜样力量引导一批，开展扫黑除恶行动震慑一批，入户交心谈心感化一批。

（邓彩琼　李大满）

乡 镇

东瀼口镇

【概　况】 东瀼口镇位于巴东县长江北岸，长江与东瀼溪交汇处。地处北纬 31° 01′—31° 07′，东经 110° 18′—110° 30′，东靠秭归县洩滩乡，南滨长江，西接巴东县官渡口镇，北邻巴东县溪丘湾乡。镇政府驻地为雷家坪，归雷家坪居委会管辖，距县城 8 千米。据《湖北通志》云："夔人谓山涧之流通江者曰瀼，居人分其左右，谓之瀼东瀼西"。因地处店子河通往长江之入口，且居南宋县城（旧县）之东而得名。

全镇面积 109.06 平方千米，耕地面积 23.18 平方千米，水域面积 76.8 平方千米，林地面积 57.73 平方千米，森林覆盖率 53.7%。矿产资源主要有煤矿，其中鹿子岩煤矿、宝塔河煤矿主要分布在陈家岭、黄腊石一带，地质储量 4500 万吨。主要植物有马尾松、柏木、杉木、栓皮栎等。主要动物有野猪、兔子、山羊等。主要自然灾害有地震、山体滑坡、泥石流、山洪、虫灾等。

东瀼口镇地势东北稍高，西南略低，山脉参差起伏，不成明显走向，属巫山余脉延踞。东部地形陡峻，有龙会观山峰突起，海拔 1700.7 米，为全镇制高点，西部地势较为平缓，境内最低点红庙岭江边，海拔 66.8 米，亦为全县最低点。气候属亚热带季风性气候，年平均气温 18.6℃。年均降雨量 1100 毫米。境内河流 5 条。

2001 年被评为全省优质水果示范园，2002 年被评为湖北省卫生镇，2004 年被评为全省支援三峡工程建设先进集体，2005 年被评为湖北省科普示范乡镇，2018 年被评为"省级生态乡镇"。

【村镇建设】 东瀼口镇有中心集镇 1 处，为雷家坪集镇。雷家坪集镇是东瀼口镇政府所在地，集镇面积 3 平方千米，总人口 7000 余人，其中非农人口 2000 余人，常住人口 4500 人，流动人口 2500 多人，城镇化率 28%；集镇有 5 条街道，分别为和谐大道、学苑路、兴盛路、三峡路和码头路。

集镇道路长度 12 千米，其中沥青硬化路面 5.4 千米。人行道 2.5 万米，总面积 5 万平方米；下水道 1.6 万米；绿化带 1.8 万平方米；铺设自来水管道 1.2 万米，日供水 1 千吨，供水 2000 户，供水普及率 100%（水务）；开挖下水道 18 千米；园林绿化 2 处，面积达 5000 平方米；安装街道照明路灯 200 盏；配置垃圾桶 50 个，垃圾处理场 1 个。

镇内建有客运站 1 个，为雷家坪客运站；无过境铁路及站点；陆路国道 8 千米，县道 35.94 千米，乡道 58.4 千米，通村公路 680 千米，可通所有自然村，村组公路硬化里程 280 千米，硬化率达 41%。桥梁 18 座，分别为宝塔河桥、聋子沟桥、新桥沟桥、纸场沟桥、大坝沟桥、吴家大沟桥、柚子树大桥、郭家湾桥、陈家岭桥、马鞍沟桥、徐家沟桥、宋家梁子一桥、宋家梁子二桥、两河口桥、王家河大桥、小沟桥、蹬子石桥、火田沟桥。

【经济发展】 2019年，全镇财政总收入660万元。全域以柑橘和茶叶种植为主，兼而种植油菜、水稻、水果等。主要农特产品有柑橘、茶叶、稻米、粮油等；2019年，全域粮食播种面积2740公顷，总产10861万吨，每公顷单产264千克；油料播种面积930公顷，总产2167吨；生猪出栏35023头；其他经济作物面积960公顷，总产14394吨。

域内工业以制造业和农副产品加工业为主。2019年，全镇有工业企业10家，其中个体工商户571户，从业人员1051人，主要工业门类有农副产品加工、电子制造业等。

域内已建成水库1座，总库容为108立方米；开挖水库干、支渠3条，总长11.8千米，埋设管道60米；农田有效灌溉面积230公顷，有效灌溉率达100%。

域内金融网点有2个，2019年末邮政存款余额6600万元；函件业务40000件。截至2019年底，开通程控电话500多部，宽带用户1700多户，有线电视接入500多户，电视综合覆盖率达100%。

商业网点40个，营业面积1.2万平方米，商业零售额2000万元。鼓励村民发展农家超市、小卖部、便民店，实现城镇资源和农村资源的链接互动。

东瀼口镇目前有大小餐馆55家、旅馆3家、理发店10家、超市3家、日用品零售店151家、药店8家。

积极引进茶叶企业、旅游公司、休闲娱乐等商家进驻东瀼口镇，2019年招商引资0.6亿元。

【社会事业】 全镇现有初中1所，小学3所，幼儿园3所，在职教师97人，在校学生1248人，其中初中405人，小学662人，在园幼儿181人，适龄儿童入学率100%，小升初比例100%。初中适龄人口入学率达100%，初中升学率达98%，9年义务教育覆盖率达100%。

传统艺术形式有采莲船、鼓儿车、五音、花鼓子、花担、莲响、峡江号子等；艺术团体有东瀼口桔园广场舞文艺表演队、羊乳山花灯乐队、东瀼口乡音乐队、艳杰婚庆文化传媒、雷家坪社区文化表演队等。文化活动场所有东瀼口综合文化服务中心活动室、桔园广场、各村文化活动室等；农家书屋有17个。

传统体育项目有陀螺、跳绳、撞膝膝、划旱船等；主要活动场所有桔园广场、各村文体活动广场。

域内有卫生院1个、卫生院职工45人（包括借调在外的5人），能开展医疗、常见病多发病护理，恢复期病人康复治疗与护理、预防保健、卫生技术人员培训、初级卫生保健规划实施、医保组织与管理、卫生监督与卫生信息管理业务等，下设17个卫生室，从业乡村医生19人。全年参加城镇居民医保24343人，无户统计数据，参保率100%，计划生育率达100%，人口出生率控制在7.8‰，出生性别比103（女为100）。开展“515”碘缺乏病防治宣传、燃煤型地方性氟中毒入户调查、8—12周岁儿童氟斑牙和尿氟检查、地方病健康教育活动、目标人群地方病防治知识问卷调查。

2019年，域内落实农村低保976户,1678人，发放低保金312.6125万元。五保老人165人，其中集中供养的23人，分散供养142人，年人均补助生活费8253元。

16个村（社区）建有农村饮水工程28处，受益村民2.6万人；沼气池4496个；太阳能5000户；农村公厕17座。

【名特产品】 雷家坪椪柑是东瀼口镇雷家坪村的特产。巴东雷家坪椪柑皮薄易剥，色泽鲜美，果肉橙红色，汁多、组织紧密、浓甜脆嫩，化渣爽口、籽少，且有药用功效。东瀼口镇羊乳山村盛产茶叶，清代乾隆年间，羊乳山茶曾经千里北上，进宫成为皇帝御用贡茶，羊乳山茶叶种植面积已发展到213.33公顷。

（韦　熳）

溪丘湾乡

【概　况】 溪丘湾乡位于北纬31°15′29″—31°15′37″，东经110°19′03″—110°29′05″。地处巴东长江北岸，东与宜昌市兴山县、秭归县交界，南与东瀼口镇相连，西与官渡口镇接壤，北与巴东县沿渡河镇为邻。东西长约22千米，南北宽约20千米，总面积264.59平方千米，其中陆地面积254.09平方千米，占96.03%；水域面积10.50平方千米，占3.97%。乡人民政府驻巴东县溪丘湾乡溪丘湾村永安路107号，距宜昌市145千米、巴东县城28千米、兴山县8千米，有“恩施北大门”之美誉。

【政区划分】 2019年末，全乡辖33个行政村，284个村民小组，17340户，总人口45246人，人口出生率8.16‰，人口死亡率2.69‰，人口自然增长率5.47‰。人口密度为每平方千米171人。

【乡镇荣誉】 2019年2月，溪丘湾乡中心学校被评为县级先进单位；溪丘湾乡中心小学、溪丘湾乡黄大鹏小学被评为县级教育教学质量先进单位。2020年4月，溪丘湾乡被评为2017—2018年度州级文明乡镇，溪丘湾乡甘家坪村、白湾村被评为2017—2018年度州级文明村；巴东县溪丘湾乡人民政府机关被评为2017—2018年度州级文明单位；溪丘湾乡财政所、巴东县第三高级中学被评为2017—2018年度州级最佳文明单位；2019年6月，溪丘湾乡党委被评为全县宣传思想文化工作优秀单位；溪丘湾乡党委宣传统战委员、副乡长张学渊被评为全县宣传思想文化工作优秀个人；溪丘湾乡宣传办副主任、特约记者陈开平被评为全县新闻宣传优秀工作者。2019年8月，巴东县司法局溪丘湾司法所副所长谭黎丽被评为全州“七五”普法中期先进个人。2019年9月，溪丘湾乡综合文化服务中心原主任谭绍康被评为全州风范长者；溪丘湾乡初级中学杨清、溪丘湾乡平阳坝初级中学宋文敏、溪丘湾乡中心小学向莉、溪丘湾乡甘家坪小学朱鹏、溪丘湾乡天池岭小学郭帅、溪丘湾乡后坪小学胡友梅、溪丘湾乡中心幼儿园卢兰英被评为县级“四有”好老师。2019年10月，溪丘湾乡火炮山村、甘家坪村被评为全县乡风文明榜样；溪丘湾乡黄家包村6组周祖华、曾家岭村3组冯永坤、高家坡村7组雷帮艳、宋家垭村11组谭绍军被评为全县脱贫致富榜样；溪丘湾乡扶贫办工作人员刘春玲被评为全县帮扶干部榜样；巴东县远训茶叶有限公司被评为全县社会帮扶榜样。2019年11月，溪丘湾乡综合文化服务中心主任谭健魁被评为优秀县政协委员。2019年，溪丘湾乡甘家坪村被评为省级生态村，溪丘湾乡天池岭村、白湾村被选为美丽乡村建设试点村，溪丘湾供电所被评为2019年优化营商环境系列活动先进集体，溪丘湾供电所被评为电网先锋党支部。

【经济发展】 全年财政预算收入1600万元，完成目标任务的114%；公共预算收入1420万元，完成目标任务的88.9%；固定资产投资32589万元，完成目标任务的93.11%；招商引资到位资金2.52亿元，完成目标任务的126.34%；规模以上工业产值5185.58万元，新增市场主体232家，其中私营企业51家、个体户169户、合作社12个；18家农村电商服务站点挂牌运营。

【重点项目】 全年新开工投资500万元以上重点项目14个，其中投资1000万元以上重点项目9个。站前广场房屋实物指标基本锁定；G348快速通道月明垭、麦峰湾段的资金全面兑付；郑万铁路到发线全面启动，平阳隧道全线贯通；平阳坝水厂至黑砂沟农村公路改移工程完成通车；高铁新区环湖景观带、狮子垭35千伏变电站启动建设。园区建设。园区安置点建成入住；椿萱农庄、火炮山村气调库施工结束；郡贡茶标准化厂房、京援扶贫园房建主体工程竣工；泰鑫混凝土搅拌站正在进行混凝土生产线安装；石羊山百万吨级石材加工项目公路加宽基本完成；溪丘河流域治理工程完成总工程量的85%；狮子垭矿泉水项目完成报批工作；巴东茶文化公园、集镇综合体开发项目——集镇主干道（九龙大道）、小龙村茶叶标准化厂房正在进行前期工作、狮子垭村文化广场项目基本建成。民生项目。启动黄家包村移民安置区精准帮扶项目；全民健身中心完成工程总进度的90%；2016—2017年度增减挂项目基本清零，2018年度非易迁增减挂迁项目启动；牛肉岭滑坡治理项目基本完成；火炮山村党员群众服务中心维修项目、徐家湾村阵地建设及配套设施和公路修建项目竣工验收；宋家垭、火炮山、五宝山村等村土地整治项目开工建设；魏家、白湾、龙船河3个居家养老服务中心投入使用。

【产业发展】 坚持建管并重的原则，全年新建茶叶基地176.13公顷、管护茶叶基地0.26万公顷，新增柑橘种植面积318.33公顷、管护柑橘0.12万公顷，并在白羊坪村成功打造13.33公顷水肥一体化标准化柑橘园。小水果、中药材、大棚蔬菜等产业逐具规模，特别是以草莓、葡萄、桃子、李子为主的小水果产业如雨后春笋一般在全乡快速发展。

畜牧业产值占全乡农业总产值40%以上。共有养殖企业2家、养殖大户及专业合作社115个，全年生猪饲养量超过9万头，生猪出栏超过6万头；山羊存栏10600只，出栏8600只；牛存栏4123头，出栏950头；家禽存笼9.67万羽，出笼6.55万羽。

张家坡、火炮山、月明垭等村举办的农家采摘活动，吸引大量自驾游客人。金果茶叶旗下产品“小橘红”获得国际包装设计大奖（pentawards），该项奖被誉为包装设计界的奥斯卡；金果茶业代表巴东茶叶公共品牌“巴东郡贡茶”参加首届湖北地理标志大会暨品牌培育大赛，成功入选湖北101张地标名片，并荣获品牌创新培育大赛银奖；金茗茶叶今年在恩施硒茶斗茶大赛中斩获4项大奖，之后成功拍租土地40公顷，为进一步做大做强打下基础。

【社会事业】 全乡现有初中2所，小学6所，公办幼儿园1所，民办幼儿园7所，在职教师205人，在校学生3870人，其中初中1059人，小学2009人，在园幼儿802人，适龄儿童入学率100%，小升初比例100%。初中适龄人口入学率达100%，初中升学率达100%，9年义务教育覆盖率达100%。

溪丘湾乡有堂戏、皮影戏等传统艺术形式有，有60多支艺术团体，全乡33个村文化广场、文化活动室、农家书屋全覆盖。

域内有中心卫生院1个、卫生院职工64人，医务人员61人，设有外科、妇产科、内儿科、中医科等临床科室，开放病床80张；固定资产1300余万元，现有500MAX光机、B超机、全自动生化分析仪等先进医疗设备，能成功开展中上腹部手术、四肢骨折内固定术等外科手术，具备对疑难、急、危重病人的抢救治疗能力；下设34个卫生室，从业乡村医生44人。全年参加新型农村合作医疗保险38859人，参保率100%。

2019年，域内落实农村低保1847户3143人，发放低保金956450万元。五保老人401人，其中集中供养的86人，分散供养315人，月人均补助生活费660元。

大力实施饮水安全巩固提升工程，夹板溪蜂子岩水源供水项目建成使用，兴山县至溪丘湾应急引水工程全部结束，石碾、营盘、大土坪等村供水工程完工验收；2019年饮水补短板项目进入验收阶段，可解决2389户7206人的饮水问题。完成农村危房改造626户，硬化农村公路102千米，完成安防工程近31千米整修砂石路49千米，完成381千米道路养护工作。新改建通讯铁塔17个，4G基站25个，网络通信实现全覆盖。新改建农村电网10千伏网络12.32千米，400伏、220伏线路14.87千米，台区52个。全乡农村供电户均容量由2018年的1.35千伏安提升至现在的1.81千伏安，消除存量低电压问题，客户电力获得感和满意度大幅提升。

火炮山村、营盘村脱贫出列，4981户15833人告别绝对贫困，综合贫困发生率降至0.22%，全乡如期脱贫出列。实施金融扶贫政策，发放扶贫小额贷款2625.8万元，惠及贫困户506户。实施生态补偿政策，发放退耕还林补助金403.36万元，惠及6533户。实施学费减免、生活补助等帮扶政策，发放学生资助资金171.325万元、雨露计划补助资金86.25万元（含补发），1903名学生受益。实施健康扶贫政策，截至8月底落实医疗补偿资金2297.45万元，惠及5731人次。实施低保、五保政策，发放低保金、五保金715.67万元，涉及2018户3193人。完成21个集中安置点建设工作，搬迁贫困户760户2478人。统筹州县乡21个单位254名骨干人员建强33支“尖刀班”，扶贫合力进一步增强。运用“扶贫领域政策落实监察系统”开展监督检查工作，发现疑点线索501条，其中查实28条，查否473条，追缴违规资金10050元。开展“最美系列”和“脱贫攻坚榜样”评选活动，涌现出邓建华、刘春玲等一批“帮扶干部榜样”。

【首届桃子采摘（开园）节】 9月11日，溪丘湾乡火炮山村举办首届桃子采摘（开园）节，来自全县各地的游客、群众共400余人参加本次活动。该村已种植富桃、金秋红桃93.33多公顷，基本建成村有支柱，组有成片，户户参与的小水果产业基地。

【隧道贯通】 10月8日，郑万高铁巴东段平阳隧道胜利贯通。郑万高铁巴东段于2016年11月23日开工建设，起点位于宜昌市兴山县，经过溪丘湾、沿渡河两个乡镇，最后经香树湾隧道进入重庆境内，项目全长33.449千米，总投资49亿元。

（向　喆）

沿渡河镇

【概　况】 沿渡河镇位于巴东县最北端。位于长江以北，神农架南麓，地处神农溪国际旅游风景区中轴线交汇点。北与神农架林区下谷坪乡接壤，东北与宜昌市兴山县高桥乡接壤，东与巴东县溪丘湾乡毗邻，南与巴东县官渡口镇毗邻，西与重庆市巫山县骡坪镇接壤。素有“川鄂咽喉”“神农明珠”“小武汉”之称。全镇主干公路5条，通村油路4条，与209国道、318国道、G42沪蓉高速相连，神农溪水路直通长江，东距巴东县城60千米，西离重庆市巫山县城65千米。

全镇区域面积485.8平方千米，耕地面积0.43万公顷，辖39个村451个村民小组，现有人口约5.1万人。境内有沿渡河、红砂河、万家河、罗溪河、三岔河、小溪河、孟家河、文家河八大水系，建有两河口、潭口、三龙洞、虎牙河、杨家坝、白磷岩、万家河、教场坝、文家河、蔡家河10座水电站。境内已探明的有铜、铁、锌等40余种矿藏资源，其中五彩玉储量丰富，开采价值巨大。森林覆盖率占65.8%，有0.33万公顷的珙桐，800余只金丝猴、2000尾以上的大鲵，还栖有金钱豹、黑熊、斑羚、灵猫等国家一、二、三级保护珍禽异兽40余种。名贵中药材有麝香、熊胆、天麻、杜仲、当归、党参等数百种。

全国文明乡镇、全国卫生乡镇、全国“民间文化艺术之乡”、省旅游明星乡镇、省环境优美乡镇、省级生态乡镇、省级森林城镇、恩施州美丽乡镇等。

【村镇建设】 沿渡河镇发展环境优越而又充满生机。北靠神农架、面对大三峡，处于神农架、神农溪、大三峡3个国家AAAAA级旅游景区的连接点上，是一个省级边贸口子镇。巴巫省道、双神公路、宜巴高速穿境而过，神农溪水路航运直通长江，是西通重庆、东联武汉，贯通南北的重要交通枢纽。

现有中心集镇6处，分别为沿渡河集镇、罗溪坝集镇、两河口集镇、堆子场集镇、童家坪集镇、南家垭集镇。沿渡河镇政府驻地为沿渡河集镇神农大道60号，归孔堡居委会（社区）管辖。

2019年，完成通畅工程118千米，砂石路62千米，安防26065米。养护县道12.5千米、乡道70.06千米、村道267.24千米。红砂河大桥项目已开工建设。

【经济发展】 沿渡河镇始终坚持以“第一力度”抓“第一要务”，履行经济社会发展之责。2019年，全镇完成公共预算收入1870.13万元，完成固定资产投资2.63亿元，谋划500万元以上项目5个，完成工业总产值1.1亿元，完成招商引资1.02亿元。

沿渡河镇围绕全县产业布局和本地实际，积极思考，探索出“市场主体流转土地建基地、农民务工挣收入”的产业发展模式。引进22家市场主体流转土地0.17万公顷，规模化、标准化发展茶叶、柑橘、中药材等特色产业，发放土地租金及劳务工资1700万余元。通过近几年的发展，全镇现有茶叶0.2万公顷，柑橘0.09万公顷，小水果306.67公顷，药材53.33公顷。

沿渡河镇把旅游培育成富民强镇的支柱产业，突出旅游主导，打造全域全民新旅游。加强协调服务，推进神农溪延伸开发和神农温泉建设，打好“山水沿渡”牌。加大旅游与农业融合发展，大力发展茶叶等特色产业，茶旅融合、以茶促旅，开发特色旅游产品；推进旅游与文化的融合，把纤夫文化、乡土文化和旅游结合起来，努力实现旅游收入由“门票型”向“消费型”转变，推动“旅游+”融合发展。

多措并举增加就业，加快完善安置点配套产业，通过招商引进剑锋实业、溢锦纺织、瑞晨宠物制品、宏展眼镜落户罗溪坝集中安置点，累计招工380人，实现扶贫工厂开在村里头，贫困户就业在家门口。

【社会事业】 全镇现有初中2所、小学5所、教学点2处、幼儿园5所；在职教师208人，在校学生4867人，其中初中1173人、小学2604人、在园幼儿1090人；适龄儿童入学率100%，小升初比例100%。初中适龄人口入学率达100%，初中升学率达100%，九年义务教育覆盖率达100%。

沿渡河镇是全国“民间文化艺术之乡”，独具巴东堂戏、峡江纤夫号子、采莲船、皮影戏等历史悠久的地方特色民间音乐和戏曲。

全镇现有中心卫生院1个、职工86人，医疗点1个（罗溪门诊）、医务人员1人，医院能开展内儿科常见病、妇科常见病、普外科、骨外科业务等，下设39个卫生室，从业乡村医生48人。

沿渡河镇历来重视体育发展，倡导全民健身，提升健康素质。沿渡河镇体育馆位于野马洞村。2019年成功举办沿渡河镇庆祝中华人民共和国成立70周年“鑫泉杯”职工运动会，设立男子篮球、6×100米接力、拔河、羽毛球单打、单人跳绳、中国象棋等多个体育项目。

2019年，全镇落实城市低保23户29人，发放资金13.69元元；落实农村低保2413户3438人，发放资金878.9万元；落实分散供养五保471人、集中供养五保68人，发放资金451.22万元。殡葬领域突出问题整治工作有效落实，罗溪坝社区太阳山公墓建设有序推进。

打赢“六城同创”持久战。围绕“扫干净、摆整齐、保畅通、建美丽、广引导”目标，集中开展治脏、治乱、治差、治堵、治危和治违“六治”行动，深入开展“五治四化”专项整治行动，“六城同创”效果明显，成功创建“全国卫生乡镇”。

（吴 爽）

官渡口镇

【概　况】 官渡口镇位于长江巫峡两岸出口地段。东与巴东县东瀼口镇交界，南与巴东县茶店子镇相连，西与重庆市巫山县三溪乡、月池乡接壤，北与巴东县沿渡河镇毗邻。镇政府位于官渡口集镇，集镇驻地五里堆社区太矶头，隶属五里堆社区居委会管辖，是全镇政治经济文化中心，巴东县黄土坡滑坡避让搬迁江北新区建设所在地。巴东长江大桥将官渡口镇与县城连为一体，209国道横贯南北，系水陆码头集镇，素以“入川咽喉”而著称。

2019年11月25日，县政府第39次常务会议同意撤销官渡口镇火峰村、红花岭村村民委员会，分别设立官渡口镇火峰社区居委会、红花岭社区居委会；同意组建官渡口镇晴帆园社区居委会。全镇412个村（居）民小组，20977户，总人口58109人，城镇户口3836人，农村户口54315人，其中农村人口54315人，劳动力34529人。

全镇区域面积327.8平方千米，耕地面积4519.53公顷，辖区内有长江主干线26千米，支流通航里程24千米。林地23112.73公顷。珍稀植物有水杉、香樟、杜仲；用材林木有巴山松、杉木、柏木、马尾松、冷杉、华山松；经济林木有油桐、木梓、柑橘（10多个品种）、棕片、核桃、柿子、板栗、桃、李、杏；粮食作物以玉米（苞谷）、小麦、甘薯（红苕）、马铃薯（洋芋）、两豆（豌豆、胡豆）、水稻为主；经济作物以油菜、花生、芝麻、豌豆角、烤烟为主；畜禽主要饲养生猪、牛、山羊、鸡；水产养殖主要以鲢鱼、鲤鱼、中华鲟为主。域内主要矿产资源有煤炭、煤矸石、铜矿、石膏、方解石、石灰石。

官渡口镇地域辽阔，东西五里堆至边连坪最大横距24千米，南北石膏场至观音岩最大纵距27千米，成立体形分布，由长江黄金水道使官渡口镇自然分为江南、江北两部分。习以长江沿线一带海拔800米以下为低山，800—1200米为二高山，1200米以上为高山。低山占45%，二高山占36%，高山占19%。最高点庄屋顶村海拔1775米，最低点三峡库区蓄水水位156米。境内土壤种类多，多为紫色土、棕壤、黄红壤和石灰土，多种作物和林木生长有着优越的基础条件。气候属亚热带季风气候，四季分明，雨热同季，日照总时数为1200—1650小时，极端最低气温9.4℃，极端最高气温41.4℃，无霜期320天左右，降水量1100—1900毫米。主要自然灾害有干旱、暴雨、洪涝、滑坡、泥石流等。

2019年10月官渡口镇第三方联合调解委员会被湖南司法厅、江西司法厅、湖北省司法等部门联合发文通报表扬为“化解边界矛盾纠纷模范人民调解委员会”。2019年11月官渡口镇被湖北省绿化委员会、湖北林业局命名为“湖北省森林城镇”。

【村镇建设】 官渡口镇现有中心集镇9处，分别为火峰、蔡家、园淌子、水獭坪、庙坪、万流、肖家坪、南荒岭、楠木园；小型村级集镇30个。

五里堆社区是官渡口镇政府所在地，集镇面积1.4平方千米，共10个居民小组共2312户4479人，其中7个农业组564户1628人，3个非农业组1748户2851人（含镇直机关、企事业单位、老居委会），实际常住人口3161户11553人；集镇有8条街道，分别为滨江大道、神农路、峡江路、学苑路、乐乡大道、草堂路、东坡路、秋池路。

集镇道路长度24.7千米，其中水泥硬化行车道16.5千米。人行道24千米；1998年，建立了巴东县自来水厂，铺设自来水管道30千米，供水普及率达100%；建五里堆污水处理厂，建收集管网9300米；液化气站2个；园林绿化2处；安装街道照明路灯110盏；配置垃圾桶50个，3个垃圾池，垃圾处理场1个已关闭。

镇内原华新水泥、官渡口镇人民政府码头2个码头因库岸综合治理滨江走廊建设取缔。现有客运站1个：太矶头客运站；陆路国道6千米，省道2千米，县道59.2千米，乡道159千米，通村公路746千米，自然村公路100%全覆盖，村级公路硬化496千米，硬化率达66.5%。桥梁20座，分别为神龙溪大桥、小溪河桥等。

【经济发展】 2019年，全镇实现一般公共预算收入1510.54万元，同比增长1.699%，超计划任务25.87%。完成招商引资2亿元。完成固定资产投资2.8亿元。农村居民人均可支配收入11425元。限上企业商品销售额全年累计达2943.6万元，同比增长22.9个百分点，增速全县第一。规模以上工业总产值超过6000万元，新增小微工业企业两家；完成工业投资项目一个；新增规上商贸服务企业一家。

域内农业以种植业为主，主要有柑橘、茶叶、土豆等农特产。全年完成新建茶叶106.67公顷、新建柑橘707.17公顷；新建万亩高标准农田；烟叶创税570.63万元；2019年全域粮食播种面积7310公顷，总产2.30万吨，每公顷单产209公斤；油料播种面积1840公顷，总产3117吨；其他经济作物面积2080公顷，总产21942吨；出栏生猪8.76万头、羊1.64万只，家禽饲养11.02万只。主要农特产有柑橘、土豆、葡萄等。

截至2019年底，官渡口镇辖区内各类市场主体存量共计2658户。其中个体工商户共1794户（其中家庭农场156户；2019年1—12月新增个体10户）；企业556户（其中村集体经济合作社38户；2019年1—12月新增企业50户）；农民专业合作308户（2019年1—12月新增专业合作社21户）。服务行业类型以副食百货批发零售、餐饮、住宿、建材销售为主。主要工业产品有白酒、糕点、卷纸抽纸等纸品、无纺布等。

镇内已建成水库1座，为碾盘垭水库，总容量为20.23万立方米。

全镇共有金融网点2个，2018年末存款余额5.08亿元，贷款1.44亿元。已开通程控电话1450部，宽带用户3002户，有线电视接3000户，电视综合覆盖率达35%。

服务行业类型以餐饮、住宿为主。特色餐饮方面，“通江羊肉”“纪塘关羊肉”声名远播，畅销省内外，引众多食客前来品尝。农家乐中“宰相故里”装修考究，所处地理位置观巴东县城及巫峡口风景极佳，耀哥农家乐颇具地方特色，土家味道浓郁的四合院农家乐，余味无穷的神农渔莊，颇具规模的太矾大酒店，味道极佳的江湖农家乐，迷人的山野人家农家乐，难分难舍的青松农庄，醉美山里人东坡农家乐等等。住宿方面，集镇住宿条件好且规模较大的宾馆有鑫辰商务酒店、旭东商务酒店等。

招商项目为红花岭京援创业扶贫园。由政府统一搭建标准厂房并提供给企业使用，享受相关优惠政策。厂房、办公楼、食堂等场所一应俱全；结合当前精准扶贫政策，优质投资企业招收当地贫困户做工，每吸纳一名贫困户就业，可申请扶贫贴息贷款20万元。京援创业扶贫园紧邻209国道，距G42高速入口10余千米，距长江航运码头5千米，郑万高铁已经开工建设，距离平阳坝站10分钟车程，交通便利；创业园旁边就是扶贫易地搬迁安置点，贫困户有意愿进厂做工，只需企业提供一定的岗前培训就可入职，加之紧邻县城，周边区域及乡镇劳动力资源丰富，人工成本与沿海发达地区相比，相对低廉；京援创业园区距离县城仅2千米，公交直达，不仅生产生活便捷，更是能将县城作为产品市场，另外水电气网等条件便利。

2019年引进维洁纸业、金億塑料、硒海堂茶叶企业、铭金工贸、施梅酒业。

【社会事业】 全镇现有初中2所，小学6所，民办幼儿园6所，公办幼儿园1所，在职教师329人，在校学生5103人，其中初中1798人，小学2686人，在园幼儿619人，适龄儿童入学率100%，小升初比例100%。初中适龄人口入学率达100%，初中升学率达100%，九年义务教育覆盖率达100%。

官渡口镇传统艺术形式为“纤夫号子”；有“五里堆社区群众歌舞队”“秀丽舞蹈队”等15个艺术团体；获得过“纤夫号子传承基地”荣誉称号；主要文化活动场所有免费开放活动室、电子图书阅览室等；农家书屋40个。

全镇共有1家卫生院（官渡口镇卫生院），为2018年建设的医疗共同体，现有职工63人，门诊部1个，能开展常见病及多发病的诊断和治疗。同时承担着辖区内的基本公共服务及计划生育业务指导工作。下设39个村（社区）卫生室，从业乡村医生45人；实行家庭医生签约服务100%全覆盖。

精准执行年度城乡低保标准和特困人员救助供养标准，落实临时救助政策，保持动态管理下应保尽保、应救尽救。2019年度全镇城乡低保2356户3893人，发放资金865万余元；特困供养人员370人，发放保障资金317.69万元。医疗救助全面实施“一门受理、协同办理”，共惠及2985人，救助金额超188.7万元。临时救助623户，发放救助金额约67万元。发放冬春生活救助资金47.33万元，救助770人。发放重点优抚对象抚恤补助资金122.5万元，惠及325人。全镇共养育孤儿30人，发放资金约35.2万元。发放高龄津贴25.22万元，惠及1276人。残疾人“两补”、高龄津贴、困难失能老人护理补贴应补尽补、应发尽发。全年累计发放残疾人补贴资金910750元，惠及2090人。全年共计发放计生国家利益导向资金118万余元，县级利益导向资金23万余元。

全年完成农户无害化厕所建设9336户（含非常住农户）；农村公厕完成16座。沼气池5000个。太阳能2094户。

【名特产品】 官渡羊肉以通江羊肉及纪塘关羊肉、贾记羊为代表的官渡特色羊肉食品温胃健脾、不膻不腻，畅销省内外。西溪坝葡萄颗粒饱满，香甜可口。官渡柑橘，肉脆嫩多汁，含糖量高，畅销省内外。马家脆李，成熟后个大空心脆甜多汁。

【公益活动】 6月19日，“点亮乡村，光明万家”公益项目于在官渡口镇正式启动。“点亮乡村，光明万家”是北京感恩公益基金会发起的针对农村散居农户的公益行动，帮助散居农户安装太阳能路灯，方便群众出行，促进精准扶贫精准脱贫，激发乡村活力。项目在官渡口镇下马洞，庄屋顶等6个村投资130余万元，安装LED太阳能路灯1408盏。

【撤村设立居委会】 11月25日，在县政府2019年第39次常务会议上，同意撤销官渡口镇火烽村、红花岭村村民委员会，分别设立官渡口镇火峰社区居委会、红花岭社区居委会；同意组建官渡口镇晴帆园社区居委会。

（许相才）

茶店子镇

【概　况】 茶店子镇位于长江以南，巴东中部，县城南部，地处北纬30°51′16″—30°59′56″，东经110°8′32″—110°26′44″，距县城28千米，209国道和巴野公路横贯其中，东临归平河与秭归县梅家河乡隔河相望，南与绿葱坡镇毗邻，西接龙头河与重庆巫山县笃坪乡交界，北与信陵镇、官渡口镇接壤，整个地貌成“W”形。镇政府驻地为茶店子中心集镇，归店子坪村村民委员会管辖，因“古驿茶店”而得名。全镇区域面积266.26平方千米，耕地面积5116.08公顷，水域面积685.93公顷，林地面积18614.7公顷。森林覆盖率69.91%。矿产资源有煤、铁、铜、墨干石等矿藏。其中，煤矿主要分布在青岩一带，地质储量400万吨；铁矿主要分布在关口山一带，含铁量高达65.6%；朱家河的硫铁矿、三溪口的墨干石储量大。主要植物有巴东木莲、紫荆树、桂花树、紫薇树、瓶兰花、松树、柏树、杉树等；主要动物有野猪、山羊、麂子、野兔、野猫、猴等；主要中药材有天麻、木瓜、杜仲、厚朴、黄姜、当归、党参、白术、独活等。主要自然灾害有滑坡、岩崩等。茶店子镇属于亚热带山地季风性气候，域内群山起伏、沟壑纵横、河流交错，高山、二高山、低山垂直分布，最低海拔120米，最高海拔1740米，呈典型立体气候，四季分明，年平均气温13.3℃，年降雨量1293.5毫米，全年无霜期255天，雨量充沛，适合各种作物生产。主要农作物有小麦、玉米、水稻、大豆、油菜、薯类等；主要经济作物有烟叶、茶叶、核桃、小水果等，烟叶是全省30个优质烟叶生产基地之一，已建成西坪、朱砂土、楼子坪三个烟叶科技示范园，富硒绿茶"真香茗"远销海外，成功。引进"神农单丛"茶叶品种，富硒核桃以壳薄油丰名扬全国。境内有河流3条。蒿坪河、庙坪河横穿境内，水质好、流量和落差大，适宜建水电站和食品加工业；莲峡河坐落于朱砂土村，为国家AAAA级旅游景区"三峡女人谷"所在地，景区以风光旖旎、雄奇险秀而著称。

【重要事件】 5月30日，茶店子镇村两级退役军人服务站成立，退役军人权益得到有效保障。12月19日，茶店驿站招商引资项目正式签约，20亿项目正式落地茶店子镇。

【村镇建设】 茶店子镇有中心集镇1处，即茶店子集镇；小型村级集镇2个，分别为税家集镇、长腰岭集镇。

茶店子集镇是茶店子镇政府所在地，集镇面积58.33公顷，总人口约0.93万人，城镇化率24.2%；集镇有4条街道，分别为金店街（209国道）、梅园路、尹家坪公路、巴野公路。

集镇道路长度9.3千米，其中黑色化车行道3.8千米。人行道18.72千米，总面积40.08平方千米；下水道18.72公千米；绿化带25平方千米；安装街道照明路灯15盏。茶店子镇交通主干道3条107千米，村道260千米，自然村通畅100%，桥梁2座，即蒿坪河桥和庙坪河桥。

【经济发展】 完成地方财政总收入4035.01万元，其中公共财政预算收入2894.01万元。完成固定资产投资2.5亿元，完成招商引资2亿元，实现规模以上工业总产值2.5亿元。

2019年，全镇新增中小企业15家、个体工商户118家、专业合作社9户。传统农业稳中有进，粮食、蔬菜、油料、肉类等产量持续增高。特色农业转型升级，全镇稳定烟叶面积0.1万公顷，2019年度实现烟叶产值9216.88万元、烟叶税1013.8万元；全镇茶叶基地达833.33公顷，招商引进企业巴东乐叶儿生态农业有限公司拥有"金子山御贡"品牌，生产出绿茶"真雨香薇"、红茶"春山月夜"系列产品，累计加工茶叶鲜叶2.5万公斤，湖北九端茶业有限公司茶叶深加工厂房全面竣工投产，主要生产神农单枞乌龙茶和红茶，已制成单丛茶成品约250公斤，收购本地茶业夏茶鲜叶5.5万公斤制成红茶约1.1万公斤，产值累计达860万元；发展药材、小水果、柑橘、香椿等经济产业372公顷，加大666.67公顷核桃产业的管护力度。生态旅游业提质增效，巴人河景区2019年度接待游客74.93万人次，实现营业收入856.3万元；工业经济崭露头角，京援标准化厂房、兴华石料厂区三同时建设项目、天桥食品面点食品生产线技改升级项目全面竣工；全面完成前坡、苍坪、许家湾、燕子岭4个矿区调规、外业勘测及土地征收准备工作；扶持楠柏生态有序转产经营，引进巴东杭联实业有限公司、湖北雄辉家纺进出口有限公司进驻梅花山庄集中安置点，为易迁户提供就业保障。

引进巴东众友实业有限公司，进行茶店驿站项目的建设，总投资20亿元，分两期，用时五年建设完毕。引进湖北隆一矿业有限公司在茶店子镇燕子岭村投资5亿元新建石材产业园。

【社会事业】 全镇现有初中1所，小学4所，幼儿园1所，在职教师179人，在校学生3345人，其中初中1270人，小学1578人，在园幼儿497人，全镇适龄儿童入学率、巩固率均为100%；全镇适龄少年入学率、巩固率100%，九年义务教育覆盖率达100%。

传统艺术有鼓儿车、采莲船、薅草锣鼓、蚌壳、打家业、莲箫儿等；艺术团体有舞之丰、夕阳红、红双喜、巴楚风、楚韵等；获得过巴东县广场舞比赛第三名；文化活动场所有茶店子镇文化站和茶店子镇老年文化活动中心；农家书屋32个。

域内有中心卫生院1个、卫生院职工38人，医疗点2个，医务人员2人，能开展医疗救治、公卫、计生、康复理疗等业务，下设34个卫生室，从业乡村医生35人。全年参加新型农村合作医疗保险30610人，参保率98%。计划生育符合率达99.59%，人口出生率6.94‰。全面落实“先诊疗、后付费、一票式结算”惠民政策及“985”医保政策，共计报销基本医疗费用2092.38万元、健康扶贫专项医疗补助198.26万元、大病救助资金252.06万元。

全镇累计投入2.12亿元，进一步强化水、电、路、网、房等基础设施短板项目建设，全面落实落地“五个一批”政策。完成东西部协作项目2个115.2万元、州级帮扶项目4个140万元；落实易地扶贫搬迁1165户3824人，发放生态扶贫资金881万元、民政兜底资金1279.929万元、2019年度雨露计划及2017—2019年度雨露计划补报资金181.55万元、“零就业”家庭困难补助52.3万元、小额信贷资金874万元，完成信贷到期贴息126.24万元。

【名特产品】 茶店牛肉，经过几代人努力打造传承，巴东县“茶店牛肉”馆的已有84年历史，并于2018年9月28日成功注册全州首件集体商标“三峡茶店牛肉”。茶店牛肉以当地独特自然气候，长期放养在野外天然绿色无污染的环境地域，用未满1周岁的小黄牛肉做主菜，肉质鲜嫩，辅料以当地土家族泡菜萝卜，魔芋豆腐，巴东五香豆腐干切块添加葱姜蒜花椒等调味品，用土榨菜油干锅烧制而成，另配以16—18小碟独具土家特色的小菜，如凉拌鱼腥草、稀广椒、霉豆腐、野椒果子、豆食小炒腊肉、渣广椒炒腊肉、粉蒸肉、泡广椒、泡大蒜、泡姜片、煎豆腐、小炒土豆丝、懒豆腐汤等，桌上另加一个懒豆腐火锅或者一锅以鲜猪童子骨炖清淡白萝卜汤，其小黄牛肉片嫩而香，口味独特，加上数量众多的土家特色小碟菜，进餐以一位人数45元为计，实惠又可口。

（谭玉虎）

绿葱坡镇

【概　况】 绿葱坡镇位于县域中部，地跨北纬30°43′—30°52′，东经110°—110°21′，东与宜昌市秭归县交界，南与野三关镇相连，西与建始县相望，北与重庆巫山县毗邻。镇政府驻地为居委会4组，归居委会管辖，距县城48千米，因过去长有一种名叫绿葱的植物而得名。

全镇区域面积280.632平方千米，耕地面积5981.6公顷，林地面积19680.11公顷。森林覆盖率70%。矿产资源有煤、硅、硫铁矿等矿藏。其中煤主要分布在辛家一带，地质储量6000万吨；硅主要分布在刘家荒一带，地质储量5500万吨；水铁矿主要分布在野花坪一带，地质储量6000万吨。主要植物有华山松、水杉、柳松、落叶松等。主要动物有獐、麂、兔、鹿、狐、锦鸡等。主要药材资源有天麻、北山芪、灵芝菌、黄莲、玄参、黄柏、厚朴、杜仲、云母香、大力子、独活、缬草等。

绿葱坡镇以地势高峻、险要著称，地形复杂

多样，境内群峰挺拔，峡谷幽深，层峦叠嶂，溪流纵横，高山约占68%，二高山占31%。境内气候冬寒夏凉，雨量充沛，多雾寡照，低温高湿，年均气温8.5℃，年均降水量1860毫米，无霜期只有180天，年约三分之二的时间是雪雨纷飞，或细雨蒙蒙，或冰封雪冻，或云雾缭绕，有“半年不见天（多雾），半年不见地（多雪）”之说，独特的气候环境和地域条件蕴藏着极其丰富的资源。境内河流3条。

绿葱坡镇是革命老区乡镇之一，解放鄂西的攻坚战——著名的娃娃寨战役，就发生在绿葱坡镇北界村境内。王定烈将军亲笔书写的“娃娃寨烈士纪念碑”矗立在绿葱坡这方热土上。

【村镇建设】 绿葱坡镇有中心集镇2处，分别为集镇、枣子坪等；小型村级集镇4个，分别为野花坪、袁家荒、刘家荒、三尖观等。

绿葱坡集镇是绿葱坡镇政府所在地，集镇面积19.4公顷，户籍人口1690人，常住人口2483人，其中流动人口828人，集镇有一条街道（东大路）。

集镇道路长度2.5千米，其中水泥硬化车行道2.5千米。人行道1.8千米，总面积1800平方米；2000年，建立绿葱坡自来水厂，铺设自来水管道60万米，日供水500吨，供水1000户，供水普及率100%；开挖下水道11000米；液化气站1个；安装街道照明路灯60盏；配置垃圾处理场1个。

镇内陆路国道12千米，省道42千米，县道22.225千米，乡道127.777千米，通村公路217.612千米，可通100%的自然村，村组公路硬化里程217.612千米，硬化率达70%。

【经济发展】 全年完成财政总收入1900万元，其中地方公共财政收入1100万元，同比增长57.14%。完成固定资产投资4.8亿元，同比增长14.29%，谋划500万元以上项目5个，占全年总任务5个的100%。社会消费品零售总额增长11%。1000万元以上1亿元以下新开工产业项目1个，占全年总任务1个的100%；引进省外资金2.8亿元，占全年总任务2.5亿元的112%。全年全镇人均可支配收入达10682.16元，同比增长9.4%。居民消费价格指数涨幅控制在4%以内。

全域农业以烟叶、蔬菜为主，兼而茶业。主要农特产有烟叶种植面积633.33公顷，收购烤烟100万公斤，均价15.5元，烟农现金收入3100万元以上；发展茶叶133.33公顷，成活率77%，高于全县平均水平7个百分点，中村村建设“正山堂·巴东红”33.33公顷茶叶核心基地；发展药材1000公顷，其中神农香菊54.67公顷，亩产6000—10000元，带动220户老百姓致富就业；蔬菜1333.33公顷，其中辣椒733.33公顷，亩产值超过5000元，带动2896户老百姓致富就业；发展优势畜牧业，全镇生猪饲养量55877头，牛饲养量3563头，山羊饲养量63302只，家禽饲养量达239530羽；生猪出栏29805头，牛出栏351头，羊出栏28104只，家禽出笼91310只，能繁母猪存栏1520头，全镇肉类总产量达3348.3吨，禽蛋产量628吨。

域内22个村建有农村饮水工程68处，受益村民23745人；域内已建成堰塘2座，总库容为16万立方米；埋设管道共计400千米。

域内金融网点有2个，2019年末存款余额3.17亿元，贷款额6120万元；邮政储蓄余额7700万元，函件业务46500件。截至2019年底，宽带用户6836户，有移动、联通手机21319部，有线电视接入6836户，电视综合覆盖率达80%。22个村（社区）有线网络通达村委会，部分有线网络到组，4G网络覆盖98%以上。

营业面积50平方米以上的综合商店或超市95个，商业零售额5000万元左右。

镇内饮食业餐馆48家，民宿40家，理发店7家，生活日用品销售213家，旅行社1家，满足正常生产生活需要。

确立发展定位，理清发展思路，围绕资源上

项目，依托项目兴产业，打造良好的营商环境，民间投资日趋活跃。总投资约40亿元的绿葱坡滑雪度假小镇项目落地，创造“当年签约、当年开工、当年试滑”的“巴东速度”，刷新全国雪场建设纪录，休闲避暑新业态正在聚集；修改完善“野花谷”生态康养度假区项目的总体规划并通过专家评审；格子河景区旅游开发项目一期工程（官渡口镇天子岩）已经启动，“野花谷—滑雪场—格子河”旅游经济带正在形成，成为加速绿葱坡未来发展的新引擎，为打造“高山滑雪度假小镇”创造良好条件。

镇内目前最大在建企业为恩施绿葱坡旅游开发有限公司，2019年全面完成滑雪场高、中、初级共10条滑道建设，完成1条高速缆车基础建设和安装调试，完成4条魔毯基础建设及安装，完成雪具大厅建设，完成350个车位停车场建设，于2019年12月19日正式运营，运营期间接待游客2.8万人次，退票1.5万人次。

【社会事业】 全镇现有初中1所，小学2所，幼儿园2所，在职教师105人，在校学生1370人，其中初中450人，小学700人，在园幼儿220人，适龄儿童入学率100%，小升初比例100%。初中适龄人口入学率达100%，初中升学率达98%，九年义务教育覆盖率达100%。

村级文体广场24个，其中2019年新建10个。原有农家书屋22个，面向村（社区）群众、避暑游客及外来务工人员等提供电子阅览室、图书室、文化活动室等多元化服务，免费接待活动人员3千余人次；对全镇22个村（社区）文艺爱好者进行广场舞培训，辅导300余人次；组建6支文艺小分队，开展“精准扶贫、文化惠民”和喜庆“节假日”等系列活动，全年开展各类文体活动、惠民展演68场次，参与人数达6000余人次。3月8日举办庆“三八”国际妇女节暨廉政知识竞赛活动，6月14日举办祝庆建党98周年“清正廉洁、党旗飘扬”活动。

域内有中心卫生院1个、卫生院职工37人，能开展内外科常见疾病、骨外普外常见手术、康复理疗、中医业务等，下设24个卫生室，从业乡村医生24人。全年参加新型农村合作医疗保险21188人，参保率97.6%。计划生育率达99%，人口出生率控制在98.92‰，出生性别比为104.4（女为100）。

2019年，域内落实农村低保975户1743人，城市低保8户12人，特困人员155人，托管5人。加大弱势群体帮扶救助力度，发放临时救助295人705320元。

【绿葱坡滑雪场正式营业】 12月25日恩施绿葱坡旅游度假区项目核心区约33.33公顷滑雪场正式营业，滑雪区总雪域面积超过20万平方米，雪道总长度超过5千米，落差150米，雪场设计有戏雪区、初级道、中级道、高级道等多级别雪道，配有一条高速缆车、四条魔毯，可以满足不同人群的滑雪体验。

（李希尧）

大支坪镇

【概　况】 大支坪镇地处长江三峡南岸，巴东西南边陲，东与野三关唇齿相依，西与建始高坪隔河相望，北与绿葱坡山水相连，南与清太坪一衣带水，宜万铁路、沪渝高速、318国道、231省道横贯东西，忠武管道、川气东输管道、西电东送线路穿境而过，北距县城77千米，西距州府110千米，东距省会502千米，被誉为鄂西咽喉之地、恩施的“窗口镇”和巴东的“西大门”。

2019年，全镇辖区内共15个行政村，223个村民小组，现有人口21394人，面积211.8平方千米，耕地面积2243.51公顷（其中常用耕地1740.03公顷，临时性耕地500.48公顷），水域161.06公顷，林地16367.28公顷。境内地势北高南低，最高海拔1763米，最低海拔401米，绝大部分地区属二高山，为亚热带季风性气候，常年温暖多雨，湿润多雾，四季分明。

大支坪镇2019年被评为“省级生态乡镇”；野三坝村和水谷坝村被评为“省级美丽乡村”和“省级生态村”；大支坪镇人民政府机关、大支坪镇中心小学、大支坪镇综合文化服务中心、巴东县国土资源局大支坪国土资源所、大支坪镇药会坦小学5个单位被评为“县级最佳文明单位”，大支坪镇水利水产管理站、大支坪镇交通城建环保服务中心、大支坪镇畜牧兽医服务中心、大支坪镇卫生院、大支坪镇耀英坪小学、巴东县林业局大支坪林业管理站、大支坪镇农业服务中心、大支坪镇财政所8个单位被评为“县级文明单位”，长岭岗、尚家、柏杨坪、堰塘坪、河罗子、分箱谱6个村被评为“县级文明村”。

【村镇建设】 大支坪现有中心集镇1处：大支坪集镇；小型村级集镇6个，分别为：野三坝、耀英坪、尚家、十二岭、药会淌、水洞坪等。

大支坪集镇是大支坪政府所在地，集镇面积1.3平方千米。全镇总人口21394人，流入人口23人，集镇有5条街道，分别为平安大道、民族路、民生路、工业路、民族风情一条街。

集镇道路长度4.8千米，其中水泥硬化车行道3000米。人行道3600米，总面积3万平方米；下水道5000米；绿化带5400平方米。

安全饮水投入2577.26万元、铺设饮水管网44.8万米，新建、整修水池容积共计21385立方米。日供水600吨，供水670户，供水普及率100%；园林绿化8处，面积达1600平方米；安装街道照明路灯51盏；配置垃圾处理厂1个。

镇内建有客运站1个即大支坪客运站；陆路国道17千米，省道15千米，镇道103千米，通村公路208千米，可通100%的行政村，完成67千米的农村通畅工程建设，对全镇311千米的乡村公路进行规范化、常态化养护。桥梁8座，分别为河罗子中桥、连心桥、京援桥，药会坦桥、袁家坝桥，二甲湾桥、弯弓坪桥、后河桥。

【经济发展】 全年实现固定资产投资3.2383亿元，完成任务129.5%，招商引资1.5亿元，完成任务100%。实现地方财政总收入525万元，完成任务116.7%，一般公共财政预算收入1548.3034万元。

全域农业以种植业为主，主要农产品有玉米、土豆、油菜、茶叶、烟叶、辣椒等；产业发展以“蔬菜、药材、茶叶”为主导，投入1397.68万元，发展辣椒、香椿等蔬菜种植800公顷，发展银杏、牛蒡、马蹄大黄、贝母等药材种植73.33公顷，发展绿茶、白茶种植198.67公顷，发展花椒种植80公顷；发展小水果种植90公顷；新建4个农产品加工厂。2019年，全域粮食播种面积54070公顷，总产11253.4吨；生猪出栏28600头；经济作物播种面积31753.8公顷。

投资1386.5万元，新增、改造配电台区152个，升级低电压线路421千米。

域内有金融网点2个，2019年末存款余额3亿元，贷款额1亿元。

新建、改造4G信号塔49座，开通宽带用户3731户。实现15个村4G信号全覆盖和宽带进村入户。

大支坪镇地处长江三峡南岸，被誉为鄂西咽喉之地和巴东的“西大门”。318国道和231省道沿线，宜万铁路，沪渝高速横穿而过，形成依附于交通干线的国道经济和服务业。饮食主要以土家美食为基础，博采众家之长，兼收并蓄，形成独特“舌尖上的大支”风味，土家腊肉、炕洋芋、鲊广椒、荞麦粑粑等土家特色菜，有品民轩、天然居、银昊乡村酒店、龙妈特色饭店等多家特色餐馆。

加大招商引资力度，加大政策支持力度，加强贴心服务力度，成功引进湖北吉笙实业有限公司、巴东炎祖茶业有限公司、湖北恩施亿帆农业发展有限公司等龙头企业，为全镇产业发展起到很好的示范、引领、带动作用。全镇共有100家农民专业合作社，43个家庭农场，15家村集体经营公司登记注册，共有100家农民专业合作社，43个家庭农场，15家村集体经营公司登记注册。

【社会事业】 全镇现有1所初中，3所完小，1所公办幼儿园,5所民办幼儿园和1所少儿托管中心。现有在编教师131人。有在校初中生596人，小学生1230人，在园幼儿385名。其中中心学校管理人员5人。大支初中在职教师48人，在读学生596人，11个教学班。大支镇小在职教师45人，在读学生967人，18个教学班。大支耀小在职教师15人，在读学生152人，6个教学班。大支药小在职教师16人，在读学生111人，6个教学班。大支坪镇中心幼儿园在职教师2人，在读幼儿55人，2个教学班。

传统艺术形式有萨尔荷、丝弦锣鼓等。艺术团队有百姓乐队、和声乐队、鹞鹰乐队等艺术团体。有15个文化广场；15个农家书屋。全面启动大支坪镇首届“仙养小镇、清爽大支”摄影活动，积极开展庆祝建党99周年文化惠民及表扬活动，加强清江丝弦和撒叶儿嗬文化传承基地建设。湖北省民族歌舞团、“红色文艺轻骑兵”下乡送戏8场次，惠及群众3000余人。挖掘先进典型200余人，“绝壁愚公”陈显兵获“中国好人”“最美巴东人”称号；野三坝村“铁杆支书”黄在兴获恩施州“最美家庭”（巴东县唯一）称号；河罗子村“创业致富能手”黄超家庭获巴东县“最美家庭”“蚕豆之星”称号，耀英坪村吕奎获巴东县“最美家庭”称号；年近七旬传承优秀文化遗产的张清河被评为“最美巴东人”。

域内有中心卫生院1个，卫生院职工42人，能开展内儿科、外科、骨伤科、妇产科的诊疗等，下设23个卫生室，从业乡村医生21人。2019年度城乡居民医疗保险征收19119人，完成下达任务19305的99%，其中精准扶贫人口6690人，参保率达到100%。

传统体育项目有旱船、押加等。主要活动场所有大支坪镇民族初级中学等。

2019年，共投入惠民资金4328.79万元，其中3822人次享受低保金共计911.23万元，564人次享受五保金共计332.9万元，1731人次享受残疾人两补共计200.24万元；1467人次享受临时救助资金共计225.97万元，投入862.3万元全面落实生态补偿各项政策，投入1796.15万元切实提高贫困学生的教育保障水平。建立全镇“三留守”人员登记台账，加强社会保障工作，有力促进社会公平。

投入5000万元，完成集镇人行道建设、绿化、亮化等工作，完成集镇污水管网铺设和棚户区改造等项目，翻修公厕3座。植树护河双管齐下，组织全镇干部职工义务植树。15个村成立垃圾清理办公室，设立75处垃圾回收点，发放500套垃圾桶，安装22座垃圾收集亭，创建5个垃圾分类示范村，农村环境进一步美化。

（谭　照）

野三关镇

【概　况】 野三关镇位于县域东南部，地处北纬30°32′—30°43′，东经110°10′—110°04′，东与宜昌长阳榔坪交界，南与长阳鱼峡口毗邻，西与本县大支坪接壤，北与绿葱坡相连。镇政府驻地为野三关镇谭家村社区，归谭家村社区管辖，距县城77千米。

2015年全镇77个村合并为33个村（社区），2019年辖26个行政村、6个社区居委会和1个城镇居民委员会，617个村民小组，65个居民小组，乡村户数18883户。常住户数26120户，常住及流动人口数超过10万人。

全镇区域面积552.2平方千米，耕地面积5974.13公顷，林地37857.5公顷，森林覆盖率71.99%。矿产资源有硒矿、煤矿、铁矿、锰矿与紫砂土等矿藏。

全镇平均海拔1200米，气候四季分明，平均气温11.7℃，年降雨量1270毫米。境内河流9条，其中县级河流3条，镇级河流6条。

全国第三批城镇发展改革试点镇，湖北省经济发达镇行政管理体制改革试点镇，湖北省农村产业融合发展试点示范乡镇和湖北省富硒农产品深加工知名示范区，楚天明星乡镇，湖北省小城镇建设“楚天杯”荣誉称号、湖北省森林城镇荣誉称号，被国家文化部授予中国民间文化艺术之乡，被州政府命名表彰为“文化生态保护镇”，2011年8月14日《光明日报》头版头条报道《野三关之路》，盛赞野三关是中国的“达沃斯”。

【村镇建设】 野三关镇现有中心集镇9处，分别为老集镇片区、谭家村片区、青龙桥片区、金象坪片区、张家村片区、两溪坪片区、火车站片区、铁厂荒片区、曾家湾片区；小型村级集镇6个，分别为麻沙坪集镇、招风台集镇、庙坪集镇、马眠塘集镇、耳乡湾集镇、瓦屋场集镇。

野三关集镇是野三关镇人民政府所在地，集镇面积80平方千米，核心区面积12平方千米，总人口约70391万人，常住人口44997人，城镇化率64.29%；集镇有13条街道，分别为将军路、名相路、白玉路、鱼泉路、创业路、丰业路、平安路、土家巷、青龙大道、玉麟大道、发展大道、沪蓉大道、千年老街等。

集镇道路长度76千米，其中水泥硬化车行道70千米。人行道11500米，总面积23000平方米；下水道12000米；绿化带30000平方米；2016年，建立巴东县第二自来水厂，铺设自来水管道70000米，日供水5500吨，供水5000户，供水普及率95%；液化气站1个；园林绿化20处，面积达30000平方米；安装街道照明路灯1200盏；配置垃圾桶300个，80个垃圾池，垃圾处理场1个。

镇内客运站有2个，分别为大众实业有限责任公司经济开发区高速客运站、巴东县万通客运有限公司；过境铁路25.685千米；陆路国道57千米，省道40千米，县道54.473千米，镇道49.089千米，通村公路651千米，可通100%的自然村，村组公路硬化里程137.482千米，硬化率达75%。桥梁39座，分别为观音大桥、丰业大桥、谭家村中桥、支井河桥、湾潭河大桥、漂水岩桥、黄家包桥、善家河大桥、青树垭大桥、李子沟大桥、岔二河大桥、枫香树大桥、马家淌中桥、谭家坪大桥、竹园坪大桥、纸场沟大桥、稻场岭大桥、青龙桥、胜利一桥、两河口桥、漕家坪桥、滚水坝桥、石桥沟桥、红胜一桥、红胜二桥、红胜三桥、红胜四桥、什岩沟桥、双拱桥、坳马阡河、张家河桥、故县桥、猴子岭中桥、泗渡河桥、纸坊溪桥、马桥河小桥、麻沙河桥、民心桥、胜利桥。

【经济发展】 2019年，全镇地区生产总值达到306720万元，财政收入8642.9863万元。

全域农业以种植为主，兼而养殖业，农业生产总值55800万元。主要农特产有西红柿、杭椒、线椒、芜湖椒、巴东白皮大蒜、安吉白茶、硒谷核桃、伦晚脐橙、夏橙、椪柑、樱桃、玄参、独活、木瓜、银杏、白芨、百部根、虎杖、杜仲、厚朴、贝母；2019年，全域粮食播种面积9900公顷，总产3.3511万吨，每公顷单产3384.95千克；油料播种面积2420公顷，总产3718吨；生猪出栏56245头；其他经济作物播种面积5880公顷，总产63903.94吨。农村经济总收入39060万元。

2019年，全镇工业总产值197947万元。工业企业29个，其中规模以上工业企业9个，个体工商户5445户，从业人员11891人。主要工业门类有酿酒工业、农副食品加工业、汽车配件制造工业等。主要工业产品有三峡酒、茅台酒、电动汽车充电桩等。

域内已建成水库5座，总库容为1185万立方米；开挖水库干、支渠4条，总长25千米，埋设管道30000米；共建成电灌站2处，装机容量50千瓦；农田有效灌溉面积350公顷，有效灌溉率达100%。

目前共有工业企业29家，其中规模以上工业企业9家；商贸企业41家，其中限上商贸企业9家；房地产企业3家。

2019年，规模以上工业总产值5.2064亿元，固定资产投资19.2586亿元，新增高新技术企业2家，新增入园工业企业3家，招商引资省外到位资金7.24亿元。新招商落地3家企业，分别为凯华服饰、建川五金和卓沃电子。从2018年开始，连续两届高山森林国际半程马拉松赛在野三关镇举行，极大地带动野三关镇的乡村旅游，市场主体大量增加，实力投资商纷至沓来，各方"候鸟"急剧增多，经济效益、生态效益、社会效益和文化效益逐步成为全镇经济社会发展的新动能，"华中凉都"地位进一步巩固和充分彰显。巴东经济开发区两溪坪片区企业孵化基地建设项目、巴东县莘洋机动车监测站建设项目、玉麟金街配套商业项目、年产50万立方米商混搅拌精深加工项目、森林花海提档升级项目等招商项目逐个落地。野三关镇正致力于利用国家电网区域经济协作暨定点扶贫的机遇，与国家电网合作，以充电设施、电动汽车推广应用为载体打造华中电动汽车示范镇；以三峡酒业、水布垭酒业及茅源酒业等三大酒企为支撑，以柳家山高阳寨主章岩为核心，以四渡河第一高桥为灵魂，依托野三关最具特色气候资源、教育资源，以谭家坪为中心、森林花海为引爆点，打造野三关富硒康养产业。

规模以上企业9家，分别是湖北三峡酒业有限公司、时珍堂巴东药业有限公司、湖北水布垭就业有限公司、湖北博宇科技有限公司、湖北茅源酒业有限公司、湖北鄂龙工贸有限公司、巴东县惠丰牧业有限公司、巴东华溢建材有限公司、湖北长马新材料科技有限公司。

【社会事业】 全镇现有初中2所，小学11所，教学点0处，幼儿园8所，在职教师559人，在校学生12694人，其中初中3611人，小学6787人，在园幼儿2296人，适龄儿童入学率100%，小升初比例100%。初中适龄人口入学率达100%，初中升学率达98%，九年义务教育覆盖率达100%。高中一所（巴东二中）、民办中小学一所（明德外国语学校）。

传统艺术形式有土家叶儿嗬等；艺术团体有土家撒叶儿嗬舞蹈队等；获得主要荣誉有2010年获第十四届CCTV青歌赛原生态组金奖、2015年获全国首届山歌王争霸赛一等奖、2017年获清江流域土家族撒叶儿嗬邀请赛金奖、2017年参加中国农民春节联欢晚会。2018年应邀参加"中原古韵（淮阳）"非物质文化遗产展演。2018年获第十三届中国民间文艺山花奖等；野三关镇2018年成功申报为"湖北省民间文化艺术之乡"。文化活动场所有：乾峰文化广场、土家撒叶儿嗬传承培训基地等；农家书屋33个。

有中心卫生院1个、卫生院职工295人，个体诊所16个，医务室1个，医务人员40人，能开展去骨瓣减压颅内血肿清除、脑膜瘤切除、颅骨修补、全髋半髋置换、钬激光体外碎石、前列腺电切等各种急危重症的救治业务等，下设48个卫生室，从业乡村医生63人。全年参加新型农村合作医疗保险61573人，参保率96.06%。人口出生率控制在97.56‰，出生性别比为105（女为100）。地方病的防治情况：本年度开展碘缺乏病宣传日活动，发放宣传折页，开展讲座。开展孕妇及小学8—10岁学生抽样监测食用盐碘含量及尿碘含量。

传统体育项目有踢毽子、打陀螺、踩高脚、划旱船等。

2019年，域内落实农村低保2034户3452人，发放低保金734.7895万元。五保老人294人，其中集中供养的39人，分散供养255人，年人均补助生活费5416元。

32个村建有农村饮水工程156处，受益村民70000人；沼气池9600个；太阳能10000多户；农村公厕26座。

【名特产品】 具有代表性的有上阳坡木瓜和白酒。上阳坡的木瓜闻名药材市场，不仅成为安徽亳州、河北安国等大型中药材市场的抢手货，而且还销售到东南亚各国，更是老百姓增收致富的朝阳产业。北宋寇准时期野三关镇便有了酿酒的传统，现有白酒生产企业3家，坊式酒厂64家。依托传统酿酒资源打造的“酿酒特色小镇”，现已验收考核完毕。

（汪妮娜）

清太坪镇

【概　况】 清太坪镇位于县域西南角，居长江以南。地处北纬30°13′—31°28′，东经110°04′—110°32′，东与水布垭镇交界，南临清江与金果坪乡隔河相望，西连建始县、大支坪镇，北与野三关镇毗邻。镇政府驻清太坪镇清坪街四组1号，距县城110千米，距“沪蓉”高速、“宜万”铁路25千米。全镇区域面积279平方千米，耕地面积0.35万公顷，河流2条，清江主干道水域长26.6千米，林地20666.7公顷，森林覆盖率74%。群山起伏，峡谷幽深，亚热带季风气候区，温暖多雨，湿润多雾，四季分明。

全镇有贫困村12个，其中2019年前脱贫9个，2019年度脱贫3个（白果园村、红岩村、木竹坪村）。全镇建档立卡贫困户4860户16342人，已脱贫4798户16240人，留存贫困人口62户102人，贫困发生率0.26%。

2019年1月，巴东“绝壁天河”入选“第七批湖北省文物保护单位”。1月13日,2018年“马云乡村教师奖”颁奖典礼在海南省三亚市举行，来自全国的101名乡村教师和20名乡村校长受到表彰，巴东县清太坪镇白沙坪小学支教教师袁辉在列。2019年4月，袁辉被省委宣传部表彰为2018“荆楚楷模”年度人物称号。2019年5月，袁辉荣获“中国青年五四奖章”称号。

【村镇建设】 清太坪镇现有中心集镇1处，规划范围南至阳寨岩北面，东至杉树冲，西至县道大清线，北面至万丈坡山脚。集镇区道路黑色化2900米，均宽6米，部分段建设有人行道，总长1800米，路灯116盏，公共厕所2座。集镇面积76.37公顷，常住人口5000人；集镇有4条街道，分别为银杏大道、发展大道、清江大道、太平大道。现有小型村级集镇4个，分别是白沙、兴隆、松林、太坪。

大清线（大路坡至清太坪集镇）、清金线（清太坪至桃符口至金果坪）纵贯南北，村组公路星罗棋布。全镇乡道8条134千米、村道32条281千米、组级公路491.5千米、桥梁4座，累计硬化村组道路632.3千米，镇内公路通达率98%，实现“村村通”客车全覆盖。“四好农村公路”示范乡镇创建通过省级外业核查。

完成户厕建改2200户，建设农村公厕22个。强化“六城同创”力度，落实门前“五包”责任制及周五“大扫除”活动，新增垃圾收纳车4辆，新建垃圾回收亭132个，配发垃圾桶1200个，清运存量垃圾3900立方米，建立“户分类、村收集、镇运转”城乡垃圾处理体系，积极开展10个村城乡垃圾清运示范建设，提升镇村精细化建设管理和人性化服务水平，扫干净、摆整齐、保通畅、细分类正逐步养成。紧扣生态文明创建，积极开展“省级卫生乡镇”创建，成功创建州县“文明单位”及梯子口村、松林湾村“省级生态村”，着力打造生态宜居环境。

【经济发展】 2019年，实现地区生产总值5亿元，同比增长5.5%；完成公共财政预算收入788.88万元；完成固定资产投资1.5亿元；农民人均可支配收入达到11400元。

域内工业以魔芋、银杏初加工为主。

完成20个村中药材“以奖代补”产业自查、申报工作，新实施产业补短板项目6个，新发展白茶349公顷、药材333.33公顷、木瓜83.33公顷，完成银杏管护2000公顷、白茶213.33公顷。实施东西部协作项目2个，红升魔芋加工厂年产值过千万元。累计注册村（社区）集体经济合作社32家、专业合作社167家、家庭农场22家。

出栏生猪6.6万头、山羊1.46万只，出笼家禽14.22万羽。

启动绝壁天河危岩治理项目，完成绝壁天河悬空木梯等配套设施建设；完成郑家园村、清坪街社区、木竹坪村美丽乡村项目建设；花天河景区有序建设；仙池峰民宿开门营业。

完成集镇综合体、镇卫生院业务综合楼项目建设，六郎、清坪街生态综合治理项目有序推进；完成君野线、清石线及73个供电台区改造建设，43个供电台区改造有序推进；启动梯子口村生态综合治理项目、八字岩村美丽乡村项目建设。2019年，开工亿元以上花天河旅游开发项目1个；入库统计引进省外资金0.49亿元；完成固定资产投资1.93亿元。

【社会事业】 全镇共有初中2所、小学3所、教学点2个、幼儿园6所，在校学生2357人（本镇就读的贫困学生1328人），教师147人，适龄儿童入学率100%，小升初比例100%。初中适龄人口入学率达100%，初中升学率达100%，九年义务教育覆盖率达100%。落实贫困地区乡村义务教育薄弱学校改造计划2个，中学学生宿舍完工。落实学生营养改善计划31.11万人次124.44万元；中考巴一中录取11人，巴二中录取50人，央视《机智过人》栏目到白沙小学拍摄。

南家大屋成功申报州级文物保护单位，巴东“绝壁天河”入选“第七批湖北省文物保护单位”。

艺术团体有清太坪镇综合文化服务中心、文化活动场所32个，组建24支民间文艺队，成功举办“党风廉政宣教，新时代文明建设实践”文艺汇演活动，“最美系列”评选有序开展。传统体育项目有乒乓球、括抵杆、扭扁担、扳手劲、挖子、成三棋、磨子棋等。

域内有卫生院1个，卫生院职工65人，医疗点33个（包括卫生院、中心卫生室及村卫生室），新建村卫生室22个；医务人员55人，诊疗科目（开展业务）有预防保健科、内科、外科、妇产科、儿科、耳鼻咽喉科、麻醉科、医学检验科、医学影像科、中医科等；下设9个中心卫生室、23个村卫生室，从业乡村医生40人。全年参加城乡居民医疗保险参保率98%，新农保参保率达98%。人口自然增长率2.07‰。

儿童预防接种信息平台管理建证建卡率98.74%；冷链运转12次，接种3511人次，接种率98.25%。建立老年人档案年3520份，现实际管理老年3050人，开展年度体检2711人，开展辅助检查2711人，开展中医药体质辨识和中医药保健指导人数2810人。建立高血压病人档案2925份，现实际管理2832人，其中规范管理2488人，随访15022人次。累计建立糖尿病人档案454份，现实际管理436人，其中规范管理380人，年共随访管理2238人次。老年人体检总人数2711人，其中建档立卡贫困人员1048人；管理高血压总人数有2832人，其中建档立卡贫困人员1443人；管理糖尿病总人数454人，其中建档立卡贫困人员199人；管理0—6岁儿童975人；“两癌”筛查762人；建档立卡贫困人员签约达100%。建立重型精神病人管理档案270份，年随访管理1321人次。0—6岁儿童2766人，全年进行保健管理1325人，新生儿家庭访视人数247人，0—3岁儿童中医药健康管理264人次。镇卫生院新出生儿童101人，发放出生医学证明101份，发放率100%。新生儿疾病筛查101人，筛查率100%。镇孕产妇247人，孕产妇系统管理247人，系统管理率100%，管理高危孕产妇97例，高危管理率和高危孕产妇住院分娩率为100%，30岁以上的高危孕妇转县级以上医疗机构住院分娩。艾滋病、乙肝、梅毒母婴阻断检测87人。聚焦“两不愁三保障”突出问题，按照

“户脱贫、村出列”的验收标准，严格落实“六个清零”“六个全覆盖”要求，集中精力补齐短板，确保精准脱贫，不落一人。实施集中供水项目71个、分散供水1305户。不断提升社会兜底保障水平，兑现农村低保2.1万人次627.54万元、城市低保200人次10.22万元、特困供养1869人次137.31万元、残疾两补1767人次13.57万元、高龄补贴3791人次35.964万元；兑现计生特扶65人44.93万元、奖扶811人77.86万元、手术并发症12人3万元；兑现义务教育（含学前教育）补贴3977人219.13万元、高中教育阶段学生资助641人次154.14万元、职业教育阶段学生资助183人次30.4万元、雨露计划628人170.5万元，实现建档立卡贫困学生全学段享受政策。完成危房改造1444户、棚户区改造100户。完成集镇综合体建设，实施易迁配套设施44个，确保易迁对象“搬得出、稳得住、能致富”。

（王康臣）

水布垭镇

【概　况】 水布垭镇位于八百里清江中游、巴东县城的南部，东与宜昌长阳县渔峡口镇交界，东南与长阳县枝柘坪相连，北同本县野三关镇相依，东西宽21千米，南北长66千米，境内水陆交通便利，离沪渝高速30千米，距宜万铁路38千米，巴鹤公路由北向南，穿越境内60千米；沿清江东下直达长阳、宜昌、枝城，沿清江西上可直达建始、恩施、利川。政府驻地位于清江北岸的水布垭镇三友坪社区武落钟离路118号，水布垭镇属水布垭库坝区，武陵山余脉最高海拔点在蛇口山村1999米，最低点在大岩村长滩河170米。水布垭镇下辖2个居委会、28个村委会，共410个村民小组，面积328.78平方千米，其中陆地面积296.2平方千米，占93.7%；水域面积20平方千米，占6.3%。承包耕地面积0.392万公顷，人均0.089公顷，人口密度每平方千米145.61人。

【社会经济】 2019年全年共完成公共财政预算收入1197万元；完成固定资产投资3.24亿元，同比增长29.6%，超额完成任务数0.74亿元；实现工业现价总产值1.15亿元，规模工业总产值6721万元，民营经济现价总产值9.87亿元。人均可支配收入达10200元，较2018年增长9.5%。

【脱贫攻坚】 水布垭镇坚持“全员上阵、全民参与”，紧盯“户脱贫、村出列”目标，紧扣“两不愁三保障”标准和“三率一度”要求，进一步完善脱贫攻坚工作机制，进一步加大脱贫攻坚工作力度，进一步加强脱贫攻坚工作队伍建设，举全镇之力，集全镇之智，强力推进“六个清零、六个全覆盖”，实现石家垭、南潭、景家坪三个重点贫困村出列，1568户4724人建档立卡贫困人口如期脱贫。川子架、大面山两个村已代表水布垭镇通过州级初验。截至2019年底，全镇贫困发生率由10%降至0.35%；完成16个易迁安置点建设，已入住633户2037人；完成三友坪集镇小高层的产业配套；完成南潭安置点茶厂配套建设；完成14个安置点配套菜园地及猪栏分配任务；发放小额信贷3755万元，完成“雨露计划”申报630人；全镇5531户建档立卡贫困户实现家庭医生签约率100%。

【基础设施】 全镇完成61处集中供水项目，受益8533人；统筹资金728万元，完成3016人分散供水工程；完成通畅工程106.5千米、砂石路整修35.7千米、公路养护338千米、生命安全防护工程22千米；统筹资金1014万元，完成65个电网工程建设和第三批10千伏及以下配电网升级工程。

【产业发展】 全镇巩固万亩茶叶、银杏、药材基地建设，新建柑橘基地221.13公顷、茶叶416.67公顷、药材1186.67公顷；柑橘防控率达100%；完成特色产业奖补540多公顷；开展产业致富带头人培训1800余人次；完成景家坪冷库建设、麻石坪木瓜种植等东西部协作项目；水布垭电厂、柳树坪电站、祖师观电站等清洁能源企业生产正常；金德矿业等企业有序生产；水布垭游客接待中心正式建成运营，全年接待旅游考察团27批次548人；投资近亿元的“巴王水寨”一期工程开门迎客近7万人；三处旅游公厕竣工验收。

【重点项目建设】 全镇总投资22.26亿元的5个重点招商引资项目安全落地。已签约的有福源新型节能有限公司，计划投资2000万元，廪君文化小镇，计划总投资15.8亿元；在建的重大项目快速推进，巴王水寨历时七个月开发出地生桥大瀑布、地心大瀑布、溶洞奇观、高空玻璃水滑道等，成“网红”景区；中交四局建设的三友坪至泗淌段巴鹤公路，提前30天竣工，“巴王宫”大酒店和巴王宫小区进入主体建设；三友坪集镇水厂复建工程建成后可供水；投资460万元的蛇口山村高标准农田整治完成。

【城乡风貌】 全镇对30个村（社区）17543户，进行户户摸排认定，摸排农村危房1415户；聘请第三方鉴定机构对全镇312户疑似危房进行鉴定，对全镇5531贫困户房屋进行认定；完成对全镇30个村的存量危房及摸排危房共计2123户的危改指导、督查、抽验；全镇围绕“清洁水源、清洁家园、清洁田园”的奋斗目标，完成20座农村公厕建设和2785户户厕改造任务；配备149名村保洁员，配备2台垃圾运输车辆、1台垃圾中转车；集镇污水处理厂和垃圾中转站建成运行；投资78.8万元的“清江1号”清漂船7月1日正式投入使用；全镇大力开展村庄环境综合整治，关闭2个污染严重的生猪养殖场，参与查出2起环保污染事件和协调解决3期环境污染纠纷；投资700余万元三友坪集镇连接道正式启动；三友坪、古树坪等12个村（社区）生活垃圾处理全达标工作及10个村（社区）垃圾亭建设安装已完成。

【社会生活】 全镇实行低保动态管理，全面落实低保政策1729户3318人，保障率达8.11%；落实临时救助1049人；落实高龄津贴3081人次；落实护理补贴80万元，落实残疾人生活补贴27万元；全镇中考上巴一中公费线107人，上普通高中300余人，在2019年春全县六年级调研中，全镇综合成绩排名全县前列，水布垭小学领跑全县；投资185万元对全镇7所中小学校、幼儿园实施校园安全“补短板”工程，保障在校学生校园安全。

【社会治安】 全镇全力推进“平安水布垭”建设，强化“一感一度一率一评”宣传工作，狠抓接访化解群访非访，共受理各类矛盾纠纷127件次，调处各类矛盾纠纷79件次；接待来访113人次、网访48件，办结31件次；查处交通违法2207起，行政拘留15人，治安拘留2人，强制报废车辆78辆；处警756起；化解7起陈年积案；7人已签信访息访罢诉协议书；“12345”政府服务热线全年累计处理投诉工单12件。

【人武工作】 镇人武部大力加强基层民兵整组工作，完成上级下达的民兵军事训练任务，圆满完成秋季征兵工作任务。

（水布垭镇）

金果坪乡

【概　况】 金果坪乡位于巴东县最南端，东与五峰县牛庄乡、南与鹤峰县邬阳乡、西与建始县官店镇接壤，自古有“一脚踏三县之称”，省道巴鹤公路横穿境内。乡政府驻地为金果坪村，距县城198千米，因该地盛产柑橘、白柚，形似金色的果子，故名金果坪村。2014年，全乡调整合并为14个行政村，180个村民小组，8183户24458人，其中乡村人口7039户22353人，劳动力资源15238人。

全乡区域面积182.9平方千米，耕地面积2348公顷，园地面积997公顷，水域面积320公顷，林地面积12692公顷。森林覆盖率为69.4%。矿产资源以铁矿为主，主要分布在大房坪、长冲村一带。主要植物有杉木、油桐、黄杨、马尾松等，主要动物有麂、獐、山鸡、刁子鱼等。主要自然灾害有地质滑坡、山洪、大风等。

地势四周高、中间低，地形以山地为主，气候温和，年平均气温10℃，年降水量为1126毫米。境内河流4条。

2015—2019年连续五年被评为全乡“信访三无”乡镇。

【村镇建设】 金果坪乡现有中心集镇2处，分别为金果坪集镇、泗井水集镇；中心村级集镇1个，十字路村集镇。

金果坪集镇是金果坪乡政府所在地，集镇面积3.6平方千米，总人口5500人，其中非农业人口1200人，常住人口4200人，流动人口1300人，城镇化率为23%；集镇有六条街道（三道三巷），分别为巴鹤大道、思源路、贺龙大道、毛家巷、马家巷和高家巷。

集镇道路总长度为8.5千米，其中硬化行车道7400米。人行道5000米，总面积5000平方米；下水道8100米；绿化带1500平方米；2009年，建立了金果坪自来水厂，铺设自来水管道5500米，日供水量88吨，供水827户，供水普及率为96%；开挖下水道1200米；园林绿化5处，面积达1200平方米；安装街道照明路灯100盏；配置垃圾桶48个，垃圾处理站1个。

乡镇内建有码头两个，分别为翟家河码头、桃符口码头。乡域内有省道26千米，县道38千米，乡道82.5千米，村主干道37.5千米，组级公路367千米，可通100%自然村，村组公路硬化里程280千米，硬化率达76%。桥梁4座，分别为金果坪大桥、楸木溪大桥、汪家河大桥、阴家河大桥。

【经济发展】 全年完成地方财政收入3137.08万元，其中公共预算收入933.12万元，同比增长22.8%；实现工业生产总值3.42亿元，其中规模工业企业总产值2.92亿元，固定资产投资1.6亿余元，居民人均纯收入10820元，实现795户2623人脱贫。

全域农业以种植业为主，农业生产总产值10064万元。主要农产品有玉米、土豆、油菜、茶叶、白肋烟、柑橘、白柚等；2019年全域新建标准化高效茶园213.33公顷，其中打造江家村、金坪村成块连片示范样板200公顷。改造重塑精品白柚园80公顷，柑橘管护218.9公顷，发展药材100公顷，引进浙江贝母10公顷，在十字路口等村培植恩施小土豆绿色食品基地266.67公顷。完成白肋烟收购39.8万公斤，烟农收入860余万元，实现税收170万元。

2019年，全乡工业总产值3.42亿元。工业企业22个，其中规模企业2个，个体工商户227户，从业人员750人，主要工业部门为绿茶加工。主要工业产品有金果茶、沙岭茶等。

域内有小二型水库2座，总容量为42万立方米；安全饮水投资1979.92万元，15972人受益；农田有效灌溉面积553公顷，有效灌溉率达23.6%。

域内有金融网点1个，2019年末存款余额26413万元，贷款额6917.31万元。年发放扶贫小额贴息贷款811万元。落实教育扶持资金64.88万元。落实生态公益林补偿34万元，落实退耕补偿232.78万元。聘用贫困户护林员年发放工资28万元。社会保障兜底发放政策扶持资金247.77万元，发放各类救助金371.15万元。

培育淘宝网点5个，组织电商培训200余人次，在巴东金山商贸城建立子金果坪特色馆，开辟农产品线上线下市场，拓宽农产品流通渠道。

乡域内有大小酒店、饭庄20家，增加家庭农场5个。

集镇贺龙大道片区开发、贺龙大道小高楼无纺布加工有序生产。

金果坪沙岭茶叶是金果坪乡茶叶生产加工的龙头企业。沙岭茶先后荣获第九届“中茶杯”一等奖、第九届茗茶金奖、湖北省著名商标等称号。五龙溪贝母种植专业合作社2017年度荣获州级“示范社”表彰、县级“十佳帮扶企业”表彰。龙王河白柚种植专业合作社2017年成功注册“龙王河”商标，获县级“十佳帮扶企业”表彰。

坚持产业发展定力，立足茶叶、药材、柑橘（白柚）三大特色产业基础，通过壮大基地、培育主体、优化服务等措施，力促全乡产业兴旺。不断壮大产业基地。在2019年秋冬季农业综合开发中，通过链结市场主体，新发展茶叶213.33公顷、白柚85.33公顷、木瓜140.2公顷；以高山贝母、独活、皱皮木瓜、大黄、何首乌为主的药材面积，全乡达到566.67公顷。不断培育市场主体。2019年全乡专业合作社达到119家，家庭农场达到5个，淘宝网店达到5个，规模企业2家，贫困户与专业合作社利益联结机制签订率达96.5%。其中沙岭茶叶公司与农户签订利益联结机制发展茶叶213.33公顷，760户贫困户2285人受益；龙王河白柚专业合作社与523户贫困户签订利益联结机制，1540人受益；红新药材、五龙溪贝母、谭氏药材专业合作社与12个村的1708个贫困户建立利益联结机制。强化政策支持。2019年全乡对104.28公顷药材、218.9公顷柑橘（白柚）进行管护，发放奖补资金34.12万元，受益贫困户3049户；发放畜牧产业奖补资金33.19万元，受益贫困户1189户；发放创业担保贴息贷款共6笔20万元，发放小额贴息贷款共185笔811万元。优化技术服务。2019年全乡共开展种养技术培训7场次，培训技术骨干300人次；集中组织技术服务队对全乡218.9公顷柑橘、133.33公顷玉米进行病虫害防治，对6273头家畜、4416羽家禽进行春季集中防疫。

【社会事业】 全乡现有中学1所，小学4所，教学点1处，幼儿园5所，在职教师130人，在校学生2346人，其中初中生623人，小学1270人，在园幼儿453人，全乡中小学、幼儿园入校（园）率达100%；2019年中考600分以上25人，610分以上19人。加强校园安全建设，投资396万元用于校园安全隐患整改。

传统艺术形式有萨尔荷、腰鼓等。艺术团队有金果坪乡腰鼓队和5个村级文化队。在江家村投资300万元修建游步道，修缮遗址，将红三军烈士陵园、贺龙旧居、段德昌烈士墓、红三军军部、红军战壕碉堡等一批革命遗址串联起来，完善相关配套设施，打造出集红色教育、休闲旅游于一体的“金果红路”，在央视移动网、学习强国等APP平台上进行专题报道；完成5个村综合文化服务中心建设、5个村青少年文艺之家建设；对接湖北省民族演艺团到我乡江家村开展文艺演出活动1次，组织金坪村、江家村群众近200人开展国家级非遗保护项目土家撒叶儿嗬传承培训活动，沙岭村成功举办村级春节联欢晚会，丰富群众的精神文化生活。

域内有中心卫生院1个，卫生院职工53人，在职在编31人，聘用人员22人。医疗点14个，医务人员20人，能开展基本医疗和疾病防控业务等，下设14个卫生室，从业乡村医生14人。全年参加新型农村合作医疗保险6420户22726人，参保率100%。计划生育率达99%，人口出生率控制在4‰以内，出生性别比为112（女为100）。

落实兜底保障政策，实现“应养尽养、应保尽保、应救尽救”。全年共发放低保资金247.77万元、特困供养资金30.73万元、临时救助资金54.02万元，惠及368户；自然灾害生活救助资金40.58万元，惠及883户；孤儿生活保障金7.2万元。认真落实优抚政策，及时发放带病回乡退伍军人、参战参核人员和60周岁农村籍退役士兵生活补助等优抚资金共计48.8万元。严格执行城乡医疗救助政策，建立建档立卡贫困户“四位一体”医疗体系。2019年共发放大病救助资金81.07万元，惠及701人次；“四位一体”救助65.81万元，涉及非贫困户34人、贫困户667人。

认真贯彻落实“残疾两补”政策，发放困难残疾人“生活补贴”9.11万元；发放重度残疾人“护理补贴”33.83万元，惠及797人。

2019年，金果坪乡始终坚持“绿水青山就是金山银山”的发展理念，积极推动乡、村绿色发展。认真落实“河长制”，注重水污染防治，常态化开展辖区内河流水质检查，全年巡河12次，确保绿水常清；认真落实“山长制”，注重山林保护，选聘生态护林员70名，稳定开展巡山护林活动，确保青山常在。积极实施生态工程，完成集镇污水管网项目投资1760万元，铺设污水管网8100米；投资1000万元建成污水处理厂；投资355.1万元建成垃圾中转站；全乡聘用村级环境卫生及村级公路养护保洁员24名，对所有村级硬化路定期进行清扫，清理存量垃圾2800余吨；积极推进“厕所革命”，完成厕改1692户。

（鲁文安）

信陵镇

【概　况】 信陵镇地处巴东县境中部，坐落在巫峡和西陵峡之间的三峡南岸，隶属巴东县，为巴东县人民政府驻地，是恩施自治州唯一的长江港口，北纬30°02′，东经110°24′，素有“川鄂咽喉”之称。向西185千米抵达恩施自治州首府，209国道横穿过境，长江黄金水道上至重庆，下至上海，距举世闻名的长江三峡仅63千米。

镇区范围，东与秭归一衣带水，南靠茶店镇阡山，西连官渡口楠木园，北临长江，是全县政治、经济、文化中心。目前已基本形成大坪小区、白土坡小区、营沱小区、西瀼坡小区、神农溪小区等多区串珠的城市发展格局。镇辖全境东西长20千米，南北宽16千米，总面积约89.97平方千米，耕地面积0.71千公顷，林地面积1.36千公顷。辖下7个居委会，居民小组52个；9个村委会，82个村民小组，总户数20247户，总人口6.2万人，其中农业户4405户，农业人口13726人。共有8个民族（汉族、土家族、满族、苗族、回族、藏族、高山族、壮族），汉族占总人口的大多数。党政州县机关和企事业单位106个，分散居住整个镇区。

镇区南高北低，东、南、西三面环山呈弧形，北缘系长江岸线约20千米，境内最高点为高阳的“寨子包”，海拔1635.6米，最低点是长江出境地黄岩海拔139米。气候四季分明，无霜期320天，平均气温18.6℃，属亚热带季风性气候特征。镇区农作物主要有玉米、小麦、土豆、红薯、油菜、花生、芝麻等，经济作物主要为柑橘、核桃、板栗、李子等，尤以三峡红橘、大面山核桃、亩田湾的李子远近闻名。矿产资源石灰石，水泥用黏土分布广、储量大。

2019年10月被巴东县表彰为“慈善一日捐组织工作先进单位”；信陵镇水聚坪村被授予“全州美丽村庄”称号；托幼中心获恩施州委宣传部“恩施州‘改革开放我知道’优秀组织奖”；2019年6月，托幼中心被评为“全国教师教学设计创意先进单位”。

【村镇建设】 信陵镇集镇处于巴东县政府所在地，城镇规划区面积12200公顷，建成区面积900公顷。城市化水平率76.9%，集镇有4条主要街道，分别为北京大道、朝阳路、楚天路、巫峡路。

城镇绿地总面积155.5公顷，绿地率32%；绿地覆盖面积173.5万平方米，公园绿地面积56.7万平方米，人均拥有公园绿地面积8.2平方米，城镇道路绿化普及率85%、生活垃圾无害化处理率100%，年生活垃圾清运量5000吨，城镇供水设施建设方面，城区供水系统由西瀼坡水厂、调节水池及输配水管网组成，供水管道长度31千米，用水人口6万余人，年生活用水量14.32万立方米，城区人均综合用水量约218升/人，液化气站3个，园林绿化50处，乡镇内建有码头6个，分别为神农溪旅游码头、客运码头，另有货运码头4个；客运站有2个，分别为聚宝盆客运站、港务局客运站。

【经济发展】 2019年，全镇各项经济指标超额度完成县定目标任务，全镇完成工业总产值3.8亿元，超任务额15%；固定资产投资目标任务4.6亿元，超任务额31.4%；招商引资完成2.3亿元，超任务额15%；财政收入全镇完成8012万元；新增个体557户、新增企业254家、新增农民专业合作社8家，拟申报进限企业5家，建成国家电子商务进农村综合示范服务站点8家。

全镇始终以农业产业发展为抓手，强化产业“造血”功能，打造信陵镇田园综合体品牌。加大农业产业发展力度。全镇累计已发展农业产业368公顷，其中李子、葡萄、猕猴桃等小水果218.67公顷，柑橘112公顷，伸手梨37.33公顷，2019年新发展小水果29.87公顷。投资309万元完成大面山村葡萄园产业配套、大面山李子树管护、荷花村海棠茶示范基地、土店子村核桃树改良、水聚坪村李子树管护、中元子村、营沱社区茶叶种植等项目建设；加大城郊畜禽养殖力度。2019年生猪存栏11900头，出栏21800头，山羊存栏9500只，出栏8200只，牛存栏1780头，出栏60头。家禽存笼105600只，出笼68200只。在土店子村发展黑猪养殖500头，在青岭村大力发展山羊养殖及肉牛养殖，在黄家湾村发展生态土鸡养殖18000只，经济效益可观。“信陵黑猪”“信陵土鸡”“信陵山羊”等地理品牌商标在申报注册中。

投资528.96万元新建卢家沟堰塘一口，投资877.6万元新建西流水堰塘一口，投资565.27万元完成2019年度农村安全饮水补短板项目，解决全镇4343人的饮水问题；强化交通出行保障。投资802.43万元完成27.6千米自然村通水泥路建设，完成砂石路建设28条73.85千米，农村公路养护76.87千米；强化公共服务设施保障。完成8个村（社区）综合文化服务中心文化广场建设，新建、改建党员群众服务中心2个，对辖区所有卫生室增添病床、药柜、档案柜等必备的设施设备；强化住房安全保障。2019年全镇完成农村危房改造750户，其中完成“四类危房”改造217户，完成非“四类危房”改造237户，完成其他类对象危房改造296户。全镇实现组组通生产动力电、户户生活用电无卡口的目标。完成金竹园村10公顷梯田、三朝观村23.33公顷梯田高标准农田整治。

食品生产企业12家，食品加工小作坊38家，食品流通单位574家，餐饮单位277家，小餐饮323家，网络订餐157余家，机关单位食堂32家，酒店旅馆200余家，镇内主要景点有镇江阁、秋风亭、无源仙洞、巴山森林公园、大面山景区、寇准民族文化公园等。土特产品有五香豆腐干、羊肉面等。

2019年，全镇招商引资完成2.3亿元，全年500万元以上重点建设项目11个，总投资达118526万元。大面山农村公路改扩建工程三期路面工程全面完工，配套设施建设在进行中。白土坡休闲广场和农贸市场及停车场项目、黄土坡社区农村移民精准帮扶项目完成建设。西陵路停车场和西陵路居民安置点道路在建设中。投资725万元完成162户城市棚户区及基础设施改造项目。招商引资的青岭村户外自然教育实践基地项目、荷花村“海棠小镇”建设项目在有序推进中。

巴东凯璇服饰有限公司2019年有4500余平方米厂房一栋，特种设备、专机等设备318台，现有职工180余人。尚品家具有限公司始建于2008年，是一家集产品研发、生产制造、市场销售为一体的专业沙发生产企业，年实现销售收入2600万元以上。

【社会事业】 信陵镇现有初中1所、完全小学3所、公办幼儿园1所、民办幼儿园7所、民办培训机构12所。全镇教职工363人。初中在校学生1938人，小学在校学生4072人，幼儿学生入学达到2550人。适龄儿童入学率100%，小升初比例100%，初中适龄入学率97%，初中升学率达80%，九年义务教育覆盖率达100%。

社区文化活跃，传统艺术形式有腰鼓、滚龙连厢、花灯、快板等，辖区有巫峡广场、寇公广场、营沱社区多功能活动中心等文化场所，供居民娱乐休闲。充分发挥信陵图书分馆职能作用，全年免费接待读者2000人次，镇文化中心活动大厅接待人员8000人次。全镇文艺宣传队累计下乡25场次，接待观众3万多人次，为16个村（社区）农家书屋配送图书1500册。强化文化传承培训，参加县文化馆非遗传承与保护专题培训、特色品牌《巴咚咚》舞蹈培训110人。

域内有卫生院1所，卫生院职工60人，医务人员56人，为辖区居民提供医疗、预防、保健、康复、健康教育、计划生育技术指导等工作，现有在职村医23人，服务全镇民众。建立“基本医保+大病保险+民政医疗救助+补充医疗保险”四位一体的医疗保障政策体系。全镇贫困人口5235人参保，实现贫困人口参保率100%。全镇总人口61663人，出生人口399人，其中男孩204人，女孩195人，一孩205人，二孩168人，多孩26人，出生政策符合率98.25%，全镇出生比104.62%，死亡83人，出生率6.48‰，死亡率1.35‰，人口自然增长率5.13‰；当年生育二孩及以上孕情检测到位率62.89%，免费孕前优生健康检查人数194人（任务数170人），免费婚前医学健康检查196人（任务数110人）。流动人口6334人，其中流出4904人，流入1430人，流动人口管理到位率100%。

2019年，全镇共有城市低保308户544人、农村低保544户891人。全镇发放农村低保1569990元、城市低保1883620元，发放临时救助915460元。全镇特困供养共72人，城市分散供养9人，供养金额129600元，农村分散供养44人，供养金额348480元。全镇共救助633人，救助金额915460元，对40余名精神病患者送至优抚医院治疗；对1440余名受到旱灾的群众发放旱灾救灾资金合计13万元。

深入开展库岸综合整治和城乡环境综合整治工作，全面开展农村存量垃圾“清零”行动，全面落实河长制，加强河、岸环境管理，建立信陵镇小微水体台账。强化畜禽养殖综合整治。全面完成中央、省环保督察组、省审计组反馈环保问题的整改任务。认真开展长江大保护植树造林工作，在信陵镇大面山村义务植树3.33公顷，完成金竹园至青岭村通道绿化16千米，完成长江巫峡口20公顷景区示范林建设工作，实施人工造林20公顷。持续推动“六城同创”工作向纵深发展，全镇坚持不懈开展“全民卫生日大扫除”活动，通过组织卫生检查评比活动、清除牛皮癣及小广告、文明劝导、发放宣传单和召开屋场会等方式宣传农村人居环境整治工作。

【名特产品】 巴东五香豆腐干起源于清代后期，距今已有100多年历史，以选料讲究，精工卤制，颜色深黄，质细坚韧，五味俱全，食之回味无穷而独具特色。

巴东羊肉大面，以肉嫩、汤辣、味鲜、不膻不腻，制作讲究而独具特色，历史上醉月楼面馆和黄开太的羊肉面，在四川、广西、湖南一带享有盛誉。

（谭智华）

附　录

巴东县主要机构及负责人名录

中共巴东县委

书记：单艳平

副书记：郭　玲（女）　王国玮

常委：谭若峰　田爱民

张亚平（　—2019.4）　牟来举

邓亚敏　钱才东

伍晓锋（2019.4—　）　贾继建

李庆峰　向　宁（　—2019.5）

韦　锋　黄金波（2019.2—2019.8）

县十八届人大常委会

主任：向　东

副主任：师　艺　潘世奎　王德曙　唐　耘

易开美　谭文胜

县人民政府

县长：郭　玲

常务副县长：钱才东

副县长：谢成校（　—2019.3）

黄艳妮（女）

易开美（　—2019.1）　雷玉龙

皮剑飞（2019.3—　）

肖谨诚（2019.4—　）

贺申富（2019.4—　）

何祖爱（　—2019.3）

向　宁（挂职 2017.5—2019.5）

韦　锋（挂职）　李斯君（挂职）

王爱忠（挂职）

政协巴东县委员会

主席：刘太可

副主席：向凤英　李　闯　刘传谊　向孔辉

向秀忠

县委办公室

主任：田爱民

常务副主任：邓秀朝

副主任：黄家宝　刘贤圣　张昌巧

万品贵（2019.3—　）　向　鹄

曾　伟（　—2019.4）

卢胜一（　—2019.4）

县委机要局（县密码管理局）局长：

万品贵（　—2019.3）

县委组织部

部长：牟来举

常务副部长：谭文胜（　—2019.4）

谭联才（2019.4—2019.9）

副部长：张正兴　黄在满（　—2019.4）

黄宗宣（2019.4—　）

县委宣传部

部长：张亚平（　—2019.3）

邓亚敏（2019.4—　）

常务副部长：黄本槐

副部长：张正勇（　—2019.3）

陈永久（2019.4— ）上官承钟

县委统战部

部长：贾继建

常务副部长：陈 坚

副部长：向 萌 舒云博

县台办副主任：龚午琴（2018.8— ）

县信访局

局长：向 �

副局长：邓彩媛（ —2019.3）杨 军

胡金华 袁堂森（2019.7— ）

县机关事务服务中心

主任：郑盈盈

副主任：宋俊哲 刘义林

县委政策研究室

主任：邓忠伟（2019.3— ）

副主任：卢胜一（2019.3— ）

县机构编制委员会

主任：单艳平

副主任：郭 玲 王国玮

委员：田爱民 牟来举 张秀林 谭文教

陈厚国

县机构编制委员会办公室

主任：陈厚国

副主任：李 杰 晏小红

县委党校、县行政干部学校

党校第一校长：单艳平

党校校长：牟来举

行政学校校长：钱才东

常务副校长：田从云

副校长：冯 涛 陈滋文 熊 莉

县人大常委会办公室

主任：覃国华

副主任：苏金伟 宋 燕

县政府办公室

主任：张秀林

副主任：袁泽桃（ —2019.4）谭明平

汪义周 詹朝珍 陈华东 赵德洲

刘 波

县民族宗教事务局

党组书记：舒云博

局长：李祖波

党组成员、副局长：

向晓辉 黄庭学（2019.8— ）

县政务服务和大数据管理局

党组书记、局长：张正勇（2019.3— ）

党组成员、副局长：刘 洋（2019.3— ）

唐 迪（2019.3— ）

谭志英（2019.3— ）

谭晓穗（2019.3— ）

廖正铎（2019.3— ）

县政协办公室

秘书长、办公室主任：谭学早

副秘书长、办公室副主任：张金香 宋发康

县纪委 县监察委

县纪委书记：谭若峰

副书记：徐兆纯 汪文高

县监察委主任：谭若峰（2019.1— ）

副主任：徐兆纯 汪文高

县总工会

主席：贾继建

常务副主席：胡才芳

副主席：孙政权

经费审查委员会主任：袁红卫（ —2019.4）

黎爱群（2019.4— ）

副主席（挂职）：赵德华

副主席（兼职）：陈延金 谢 刚

团县委

书记：刘 珊

专职副书记：吴 盼

少先队总辅导员： 冯 伟（ —2019.8）

雷坚文（2019.12— ）

县妇联

主席：田　佳

副主席：郑春艳（2019.7—）

兼职副主席：王习春　何　俊

妇女儿童工作委员会办公室主任：田　佳

副主任：朱晓丽

县工商联（总商会）

主席（会长）：向凤英

常务副主席：韩永东（　—2019.3）

向　萌（2019.3—　）

驻会副主席：黎　玲　邓　斌（　—2019.3）

谭朝晖（2019.3—　）

龚联合（2019.3—　）

县委政法委

书记：王国玮

常务副书记：李宗泉

副书记：陈　雷　饶光明

县公安局

局党委书记：何祖爱（　—2019.2）

皮剑飞（2019.2—　）

局长：何祖爱（　—2019.3）

皮剑飞（2019.3—　）

党委副书记、政委：宋　俊

党委委员、纪委书记：徐宗良（　—2019.8）

党委委员、副局长：

徐宗良（2019.08—　）刘玉成　向继明

李昌森

县公安局党委委员、副政委：田发敏

党委委员、政治处主任：廖正军

党委委员、副局长：

谭　慧（2019.9 公安厅挂职干部）

县人民检察院

党组书记、检察长：郎艳辉

党组副书记、副检察长：黄永才

党组成员、纪检组长：杨发东（　—2019.6）

党组成员、政治部主任：

杨发东（2019.7—　）

党组成员、副检察长：陈发平　周　波

检委会专职委员：李从祥　许雪梅（女）

杨玉莲（女）

县人民法院

院长：张　谊

副院长：杨绍南　谭国元　陈世敏

政治处主任：谭明宏

县司法局

党组书记、局长：卢　军

党组成员、副局长：

向家书　李江虎　李　辉

涂启念（2019.4—　）

县消防救援大队

教导员：胡凯峰

副大队长：覃　伟

县农业农村局

党组书记、局长：王　宜

党组成员、副书记：彭绪超（2019.3—　）

党组成员、副局长：

陈　悦　朱昌红　王本乾　龚　彪

朱　胜　方志成　谭绍孟（　—2019.8）

党组成员、总农艺师：徐　红

县农村经济管理局

局长：柯中焕（　—2019.8）

副局长：陈德彪　邓贵迁

县林业局

党组书记、局长：谭　昱

党组副书记、副局长：张昌巧（　—2019.3）

党组成员、副局长：税　锋（　—2019.3）

徐光平（2019.4—　）

刘　华（2019.4—　）

党组成员、森林公安局长：周志俊

总工程师：向秀球

湖北巴东金丝猴国家级自然保护区管理局

副局长：宋法明

总工程师：谭志雄

县水利局

党组书记、局长：郑　刚

党组成员、副局长：

吴玉林　黄晓军　邓清彪　邓中蛟

赵文星　黄廷学（　—2019.8）佘贤德

李厚平（2019.8—　）

李晓亮（北京挂职干部）（2018.4—　）

总工程师：毛　杰

县水土保持局

局长：田　维

副局长：谭　平　范　平

县科学技术和经济信息化局

党组书记、局长：冯国权

党组成员、副局长：

胡　健　向仕江　胡晓兰　谭益化

谭新英

县贸促会会长：贾鹏程

副会长：梁　斌　谭志军

县供电公司

总经理：李正刚

党委书记：汪晓东（　—2019.4）

程明亮（2019.4—2019.12）

副总经理：万付宝　舒荣林　董　波

徐贻东

县交通运输局

党组书记、局长：许良才

党组副书记、副局长：向会东

党组成员、副局长：

郑开顺　吴祖学（2019.3—　）

党组成员、县公路管理局局长：廖才伟

党组成员、局总工程师：魏　峰

县公路管理局

总支书记、局长：廖才伟

副书记、副局长：田申英

副局长：文泽斌　邹建军

总工程师：郑金萍

县道路运输管理所

所长：谭林安

副所长：税明红　马俊波　李琰明　李　勇

县港航管理所、县地方海事处

所长、主任：柳惠蓉

副所长、副主任：黄厚刚　杨必波

县邮政分公司

总支书记、总经理：谢永干

总支成员、主任科员、工会主席：吴　军

总支成员、副总经理：廖运生　潘　登

电信巴东分公司

支部书记、总经理：佘安念

副总经理：赵庆明　马轶才　田华平

移动巴东分公司

党支部书记、总经理：马向阳

党支部委员、副总经理：冯　伟

副总经理：何　文

联通巴东分公司

总经理兼城区营服总经理：喻极凯

县住房和城乡建设局

党组书记、局长：田　奇

党组成员、副局长：

张　洪　谭儒奎　吴申良（北京挂职干部）

邓　斌（2019.3—　）

邓学奎（2019.8—　）

李厚平（　—2019.8）向文萍

党组成员、总工程师：宋凌云

恩施州住房公积金管理中心巴东县办事处

主任：徐　鹏

副主任：刘　敏（2019.10—　）

主任科员：王龙国

县城乡管理执法局

局长：向宁平

副局长：张祖旺　黄本训　王　奔

党组成员、城管综合执法大队长：焦仕来

恩施州生态环境局巴东县分局
局长：高　飞（2019.4—　）
招商服务中心
主任：税明红（2019.4—　）
副主任：覃仕著　谭祖俊
总经济师：吴　波（2019.8—　）
县烟草专卖局
局长（经理）：许大宏（　—2019.4）
林智艺
副局长（副经理）：周和俊　向元金（挂职）
县烟叶分公司
经理：伍先学
党组成员、纪检组长：黄国洪
党组成员、副经理：谭金洲
副经理：税成耀　陈　勇（副主任科员）
邓平壤（挂职）
县供销合作社联合社
党组书记、理事会主任：谭明福
党组成员、理事会副主任：谭勇之　唐　彪
党组成员、监事会主任：谭　睿
中石化巴东石油分公司
总经理、支部书记：刘　强
县发展和改革局
党组书记、局长：李前兵（2019.3—　）
党组成员、副局长：
成劲松　谭光汉　马德铭　李丽娜　陈行杰
县财政局
党组书记、局长：谭文教
党组副书记、副局长：王崇远
党组成员、副局长：杨祖西　苏培荣　曹　章
总会计师：谭晓静
农村财政管理局局长：周　全
非税收入管理局局长：谭天魁
财政监督局局长：向贤魁
国库收付中心主任：黄　璞
县税务局
书记、局长：李　波
副书记、副局长：苏荆平　谭国俊
委员、副局长：谭　刚　谢　刚　谭祖权
谭　熠　周贤保　田植荣
委员、纪检组长：郑祖艳
县公共资源交易中心
主任（党组书记）：罗春爱
副主任（党组成员）：姚家林　肖　蓉
县市场监督管理局
党组书记、局长：田卫东
党组成员、副局长：
谭永松　周　军　葛三清　余建国
龚月卓　李志拥　马保东
县审计局
党组书记、局长：张　辉
党组成员、副局长：张世月　涂　红
唐洪权（2019.8—　）
谭文格（　—2019.11）
党组成员、总审计师：赵金蓉（2019.8—　）
县自然资源和规划局
党组书记、局长：武明刚
党组副书记、副局长：苏仕忠
党组成员、副局长：向仕伟　邓明早
党组成员、县自然资源和规划副督察：宋　涛
党组成员、总规划师：苏家灿
总工程师：杜建军
县地质灾害监测防治中心主任：向仕森
不动产登记中心主任：张祖炎
土地收购储备中心主任：吴登辉
县应急管理局
党组书记、局长：黄家舜
党组成员、副局长：王祖迁　崔　勇
党组成员、总工程师：王成兴
县统计局
党组书记、局长：薛维志

党组成员、副局长：秦　朗

党组成员、总统计师：陈正新（女）

局党组成员、巴东经济社会调查队常务副队长：谭绍志

县社情民意调查中心主任：陈泽新

县公共检验检测中心：

主任：张北平

副主任：陈丹丹　曾　平

余贤德（　—2019.3）

庄友军（2019.4—　）

总工程师：向文萍

中国人民银行巴东县支行

行长：马　辰

副行长：赵卫东　田苡菱

纪检组长：唐俊卿

中国工商银行股份有限公司巴东支行

书记、行长：许　直

委员、副行长：李　红　张容丽

中国建设银行股份有限公司巴东支行

行长：罗中校

副行长：赵宏楷　曾雪松

中国农业银行股份有限公司巴东支行

书记、副行长：吴克旺

委员、支行纪委书记：罗贤彬

委员、副行长：唐金华　赵志燕

中国农业发展银行巴东县支行

行长：王　雁

副行长：王　望　李春艳

中国银行股份有限公司巴东县支行

行长：覃　静

副行长：谭　华　侯旭东

中国邮政储蓄银行股份有限公司巴东县支行

行长：吴宗根

副行长：李玉全

湖北巴东农村商业银行股份有限公司

党委书记、董事长：敖　皓

党委委员、行长：杨革胜

纪委书记、监事长：黄国雄

党委委员、副行长：邓金炉　贾　维

中国人民财产保险股份有限公司巴东支公司

总经理：李西莲

副总经理：邓清海　郑　伟　税　杨

中国人寿保险股份有限公司巴东县支公司

经理：崔昌军

副经理：曾　星

销售协理：黄　平

巴东经济开发区管理委员会

党工委书记：伍晓锋

党工委副书记、主任：谭联才

党工委委员：田向东　邓小华　王　辉

谭文华　彭　峰　郑祖舜

李权章　宋　杰

副主任：谭文华　彭　峰

老区建设促进委员会

会长：谭显爱

副会长：向大甲　邓传铎　曾凡刚　王习虎

秘书长：邓传铎（兼）

副秘书长：胡建锋

县扶贫开发办公室

党组书记、主任：曾凡刚

党组成员、副主任：杨辉武　田恒书

王习虎

县区域合作中心

主任：张立军

副主任：陈世珊　向兰英

总经济师：易娇艳（2019.12—　）

县教育局

党组书记、局长：陈世友

党组成员、副局长：

龚年成　吴　进　刘玉国　谭明生

向　勇

县第一高级中学

书记、校长：谭世成

副校长：谭元富　杨　平　谭柱魁

县第二高级中学

书记、校长：谭宝明（　—2019.8）

陈益忠（2019.8—　）

副校长：谭世大　刘修龙　杜国龙

县第三高级中学

书记、校长：向大敏

副校长：张泽远　胡庆祝

县民族职业高级中学

党支部书记、校长：廖正贵

党支部副书记、副校长：郑开春

副校长：冯　忠

刘德龙（组织委派至明德学校支教）

神农中小学

党支部书记、校长：谭东升

副校长：李　娜

工会主席：王小林

县科学技术协会

主席：吴以才

副主席：佘远美（　—2019.3）

邢　亮（2019.3—　）黄　慧

谭明生（2017.12—不驻会）

陈　悦（2017.12—不驻会）

陈仕耀（2017.12—不驻会）

张　伟（2017.12—不驻会）

长江委水文三峡局黄陵庙分局

局长：刘天成

副局长：张存亮

县气象局

局长：李先红（2019.3—　）

副局长：苏　莉　郑都华

县文化和旅游局

党组书记、局长：

谭　勇（2019.3—　）（兼任巴东县文化旅游市场综合执法大队长）

党组成员、副局长：

张安双（2019.3—　）

王崇俊（2019.3—　）

廖祥文（2019.3—　）

张世举（2019.3—　）

谭松青（2019.3—　）

李家川（2019.3—　）

高华峰（2019.3—　）

石小玲（女）（2019.3—　）

县融传媒中心

主任（台长）：余建军

总编辑：李　芬

副主任：赵万军　邓　毅　邓明树　覃照耀

向东平

总工程师：周　波（2019.8—　）

县档案馆

党支部书记、馆长：郑远柱

副馆长：宋发军（2019.3—　）谭先凯

江文刚

县卫生健康局

党组书记、局长：王昌哲

党组成员、副局长：

谭元国　龚　华　胡朝良　涂启东

郝　镇（北京挂职）

县医疗保障局

党组书记、局长：王联平（2019.3—　）

组成员、副局长：邓秀刚（2019.3—　）

副局长：向朝晖

医疗保障服务中心主任：

胡宗念（2019.12—　）

县人民医院

书记：陈世华

院长：谭建国

副院长：

王习春　谭德虎　林祖兴

邓立刚（2019.12— ）
刘 杲（2019.8— 州中心医院派驻挂职）
邓秀刚（ —2019.4）
工会主席：王永华

县第二人民医院

院长：张 俊
副院长：吕东生 万红梅 谭德坤
谭建东 向圣兵

县中医医院

书记、院长：夏千明
副书记：薛 韬
副院长：邓中富 朱英杰 田冬云

县人力资源和社会保障局

书记、局长：卢进曼
副书记、副局长：陈延金
党组成员、县社会保险管理局局长：王正明
党组成员、副局长：石思梅 杨 斌 赵瑜磊
县公共就业和人才服务局局长：邓 奎
县会计师：高春龙

县民政局

局长：李前兵（ —2019.2）
谭德君（2019.2— ）
副局长：陈 勇 吴怀军
社会救助局局长：李前兵（ —2019.2）
谭德君（2019.2— ）
副局长：张宏平

县退役军人事务局

党组书记、局长：伍先华
党组成员、副局长：谭勇之（ —2019.7）
熊 飞（2019.7— ）
党组成员：程国卫

县残联

书记、理事长：张晓峰
副书记、副理事长：蔡立平

东瀼口镇

书记：王发堂
副书记、镇长：张绪刚
副书记：贺 彬 向黎明
人大主席：陈继兵
委员、纪委书记；王 宇
组织委员：李光烈
宣统委员、副镇长：赵卫东
委员、人武部部长：武明望
委员、副镇长：谭大鹏

溪丘湾乡

书记：舒显伟
人大主席：韦 星
乡长：李 初
副书记：赵 辉 冯永刚
纪委书记：覃 奎
组织委员：吴晓芳
人武部长：郭启鹏
宣统委员：张学渊
副乡长：张学渊 贾继炎 向荔春

沿渡河镇

书记：黄祖贵
副书记、镇长：贾旺刚
人大主席：谭再荣
副书记、政协联络组组长、工会主席：
周 平
副书记：田 径
委员、纪委书记、派出监察室主任：李 巍
宣传统战委员、副镇长、妇联主席：向光琼
委员、副镇长：徐龙国
组织委员：魏长晖
委员、人武部长：谭春晖

官渡口镇

书记：熊学红
副书记、镇长：肖 辉
副书记：谭运灿 税典俊
人大主席：袁龙波
委员、纪委书记：谭文刚

组织委员：李再军

宣统委员、副镇长：冯芙蓉（女）

委员、副镇长：黄宗铭　谭文刚

委员、人武部长：杨朝存

茶店子镇

书记：宋　良

副书记、镇长：郑爱华

人大主席：袁堂森（　—2019.8）

　　　　　徐　静（2019.8—　）

副书记：谭显满　徐　静（　—2019.8）

　　　　乐　琴（2019.8—　）

委员、纪委书记：贾绍勋

宣统委员、副镇长：段熙洋

组织委员：乐　琴（　—2019.8）

　　　　　李言国（2019.8—　）

委员、副镇长：李言国（　—2019.8）

委员、人武部长：邓明刚

绿葱坡镇

书记：田恒勇

副书记、镇长：谭先吾

副书记：黄在玉　邓正义

委员、纪委书记：张　钦

组织委员：王晴宝

宣统委员、副镇长：王　倩

委员、人武部长：谭　科

委员、副镇长：唐　毅

大支坪镇

书记：向　明

副书记、镇长：谭　红

人大主席：陈　胜

副书记：蔡　勇　向传兵

委员、纪委书记：郑开泰

组织委员：向宏平

宣统委员、副镇长：马自军

委员、副镇长：冯永洲

委员、人武部长：陈红平

副镇长：向　舒

野三关镇

书记：邓亚敏（　—2019.3）

　　　伍晓锋（2019.3—　）

副书记、镇长：王昌龙（　—2019.5）

　　　　　　　谭联才（2019.8—　）

副书记、副镇长：许安义（　—2019.8）

　　　　　　　　田向东（2019.8—　）

副书记：田　单（　—2019.3）

　　　　邓小华（2019.6—　）

委员、纪委书记：王　辉

委员：谭文华　彭　峰

人大主席：谭传勇

组织委员：郑祖舜

宣统委员：李权章

委员、副镇长：翁爱华

委员、人武部长：宋　杰（2019.6—　）

副镇长：谭艳艳

清太坪镇

书记：裴成龙

副书记、镇长：陈君琪

副书记：王厚松　张国官

人大主席：邓　垚

委员、纪委书记：张俊平

组织委员：王　勇

宣统委员、副镇长：邹红艳

委员、人武部长：谭培宏

委员、副镇长：谭显军

水布垭镇

书记：田祚立

副书记、镇长：贺齐政

人大主席：毛发勇

副书记：章进步　田君浩

委员、纪委书记：董小川

组织委员：洪　波

委员、人武部长：张剑波

委员、副镇长：杜宗武

宣统委员、副镇长：谭 娜

委员、副镇长（挂职）：郑都华

金果坪乡

党委书记：王 卿

党委副书记、乡长：卢宗旺

人大主席：鄢运干

党委副书记：雷永鹏 詹朝武

委员、纪委书记：牟 哲

组织委员：杨俊辉

宣统委员、副乡长：敖 峰

委员、副乡长：佘世君

委员、人武部长：李 超

信陵镇

党委书记：焦旭东

党委副书记、镇长：万运泰

人大主席：谭 鋆

党委副书记：谭新英 李 君 张祖军

委员、纪委书记：李建万

组织委员：胡其春

宣统委员、副镇长：姜方保

委员、副镇长：张志宪

副镇长：陈 晓

国民经济和社会发展概况

2019年，全县坚持稳中求进工作总基调，统筹推进“六大任务”，全力打好“六大硬仗”，加快建设“五个巴东”，全县经济社会发展保持稳中有进、动力增强、质效提升的发展态势，总体呈现出“增速稳定、质量提高、活力增强、民生改善”等主要特征。

一、综合

2019年，全县完成地区生产总值127.46亿元，较上年增长4.9%。其中：第一产业增加值22.65亿元，同比增长3.3%；第二产业增加值31.49亿元，同比下降1.3%，其中工业增加值21.57亿元，同比下降6.4%，建筑业增加值10.35亿元，同比增长14.6%；第三产业增加值73.32元，同比增长8.6%。

按常住人口计算，2019年全县人均GDP达到29511元，同比增加3258元，增长12.4%；人均公共财政预算收入1555元，同比减少1元；人均储蓄存款26625元，同比增加3570元，增长15.5%；全体常住居民人均消费支出13325元，增长11.64%，城镇常住居民人均消费支出22236元，增长10.98%；农村常住居民人均消费支出9753元，增长12.26%。

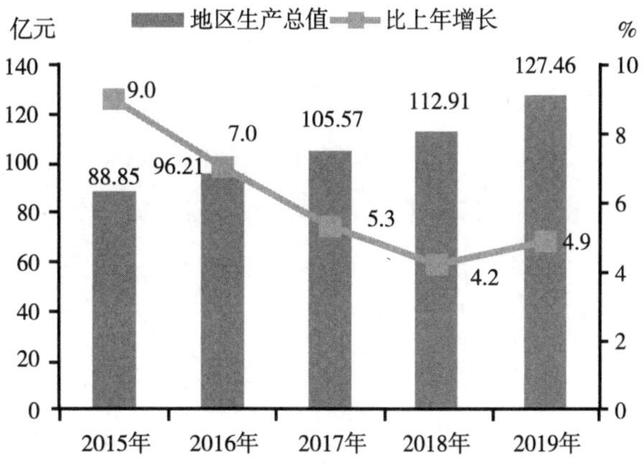

图1 2015—2019年巴东县GDP及增长速度示意图

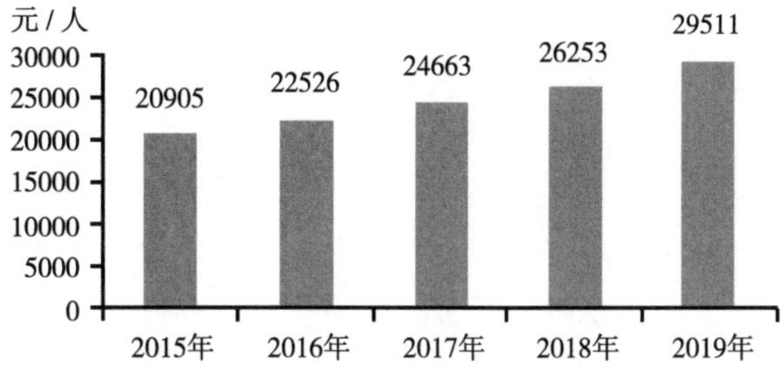

注：2017年、2018年人均GDP为省里返回县域经济考核数据

图2 2015—2019年巴东县人均生产总值示意图

产业结构进一步优化。三次产业构比为17.8∶24.7∶57.5，第一产业占比较上年增加1.2个百分点，第二产业占比较上年下降2.2个百分点，第三产业占比较上年提高1.0个百分点，成为拉动经济稳定较快增长的主要动力。

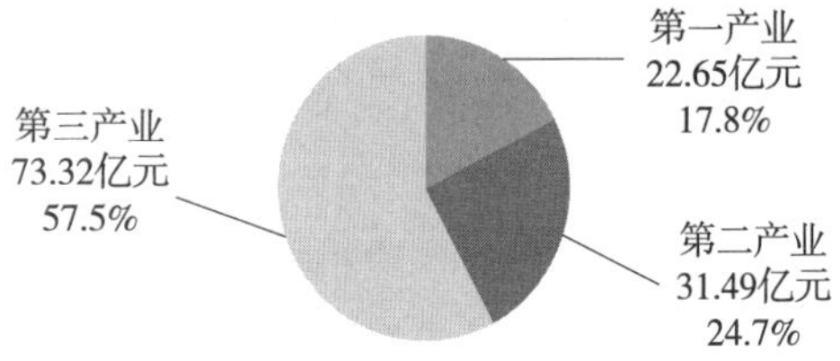

图3　2019年巴东县三次产业结构比示意图

居民消费价格总指数104.9%，同比上涨4.9个百分点。商品零售价格总指数上涨3.1%。八大类消费价格指数呈"六升二降"态势：食品烟酒价格上涨15.6%，衣着价格上涨0.9%，居住价格上涨0.1%，生活用品及服务价格上涨0.6%，教育文化和娱乐价格上涨3.8%，其他用品和服务价格上涨2.0%，交通和通信价格下降2.6%，医疗保健价格下降0.9%。

市场主体量质并举。全县现有市场主体注册户数32814户，同比增长5.92%；其中企业6178户，个体24208户，农民专业合作社2428户，总注册资本为271亿元。按产业结构来分析，第一产业占总数的14%；第二产业占10%；第三产业占76%。

2019年全县扶贫资金统筹投入129479万元，专项投入66592万元，当年减少农村贫困人口数44807人。贫困发生率0.34%，比上年下降10.16个百分点。31个贫困村实现全部脱贫出列。

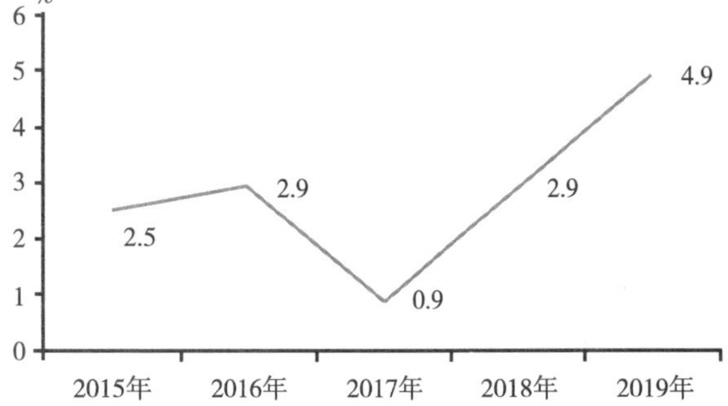

图4　2015—2019年巴东县CPI涨跌幅度示意图

二、农业

年末，常用耕地面积90.96万亩，有效灌溉面积4.81万亩，旱涝保收面积28.51万亩。全年农村用电量5068.11万千瓦时，农用化肥施用量（折纯）39384.16吨。

2019年完成农林牧渔业总产值416540万元，全年实现农林牧渔业增加值238582万元，同比增长3.7%。其中：种植业增加值141603万元，增长4.3%；林业增加值17952万元，增长3.3%；牧业增加值66462万元，增长2.2%；渔业增加值512万元，下降24.6%，农林牧渔服务业增加值12053万元，增长8.7%。

全年粮食播种面积89.5万亩，同比下降2.1%；粮食产量20.23万吨，较上年持平。蔬菜播种面积24.22万亩，同比增长3.7%；蔬菜产量32.55万吨，增长5.8%。中草药材播种面积（人工种植）17.71万亩，增长4.8%，采收面积7.35万亩，产量（干品）15791吨，亩产（干品）215公斤，价值达3.5亿元以上。烟叶播种面积4.44万亩，产量5085吨，油料种植面积23.66万亩，同比略降；油料产量2.64万吨，同比略降。茶叶面积15.3万亩，同比增长23.3%；茶叶采摘面积5.94万亩，增长3.7%，茶叶产量3405吨，增长8.5%。

全县农副产品加工业产值45950万元，同比

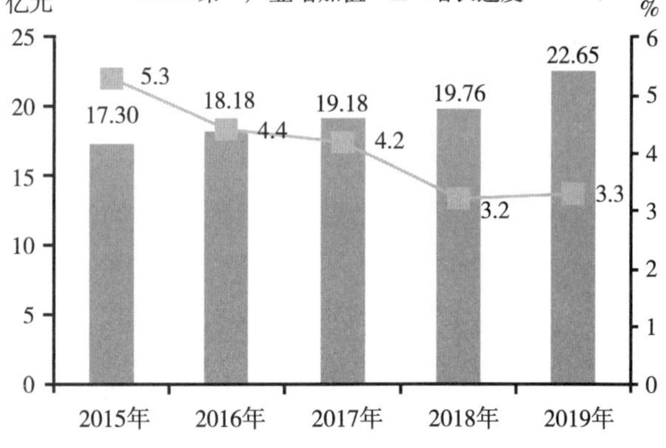

图5　2015—2019年巴东县第一产业增加值及增长速度示意图

下降 2.8%；农副产品加工业产值占农业总产值的 11.03%。

全年人工造林完成面积 2502 公顷，封山育林 1912 公顷，退化林修复 3200 公顷，森林抚育 5950 公顷。全年实现林业产值 33254 万元，按可比价格计算，比上年增长 3.4%。

受非洲猪瘟影响，全年生猪出栏 45.78 万头，同比下降 32.0%；生猪存栏 24.2 万头，同比下降 34.8%。牛出栏 3186 头，同比增长 11.9%，羊出栏 18.02 万头，同比增长 1.0%，家禽出笼 97.98 万只，同比增长 2.2%。肉类产量 3.97 万吨，同比下降 28.3%，禽蛋产量 0.74 万吨，同比下降 1.6%，水产品产量 156 吨，同比下降 18.3%。

2019 年末，全县乡村劳动力资源 26.53 万人，乡村从业人员 24.9 万人，乡村外出务工人员 8.9 万人。

三、工业和建筑业

2019 年末全县规模以上工业企业 36 家，较上年减少 13 家，完成规模工业总产值 213725 万元，同比下降 11.9%；实现规模工业增加值 91252 万元，扣除价格因素，同比下降 19.2%。在总产值中，轻工业完成产值 9.16 亿元、同比增长 13.6%，重工业完成产值 12.21 亿元，同比下降 24.2%。完成规模工业销售产值 21.18 亿元，同比下降 11.7%；工业产品产销率为 99.1%，同比增加 0.3 个百分点。

全县规模工业产值完成情况分行业涉及 14 个中类，其中酒、饮料和精制茶制造业完成 26140 万元，同比增长 13.1%；木质家具制造完成 5265 万元，同比增长 21.4%；中药饮片加工产值完成 18047 万元，同比增长 48.3%；电力生产完成 88325 万元，同比下降 35.1%。全县规模工业产品产量见表 5。

图6　2015—2019 年巴东县规模工业增加值及增长速度示意图

2019 年巴东县主要工业产品产量一览表

表 5

指标	单位	2019 年	2018 年	同比 ±%
建筑用天然石料	万立方米	101.9	38.4	165.4
大米	千吨	4.0	10.0	−60.0
鲜、冷藏肉	千吨	2.0	3.0	−33.3
饮料酒	万千升	3.8	3.4	11.8
饮料	千吨	1.0	8.0	−87.5
服装	万件	128.7	124.2	3.6
家具	万件	3.2	1.2	166.7
单色印刷品	万令	2.0	1.7	17.6
水泥	万吨	4.2	16.6	−74.7
商品混凝土	万立方米	39.5	20.5	92.7
水力发电量	万千瓦时	251882.9	396134.8	−36.4

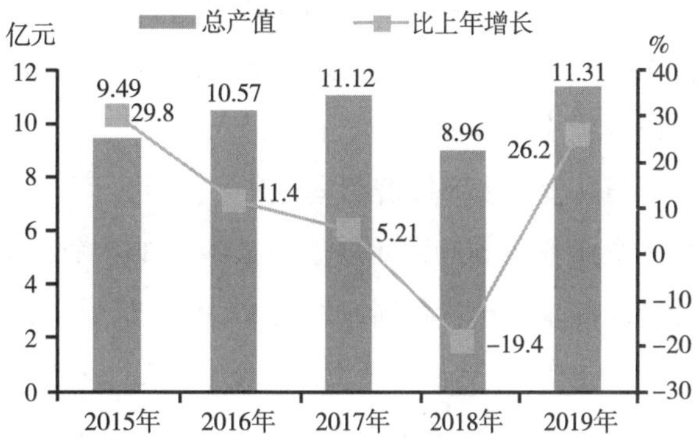

图7　2015—2019 年巴东县资质等级以上建筑企业总产值及增长速度示意图

全年，规模以上工业企业主营业务收入 205494.3 万元，同比下降 12.22%。

全县具有资质等级以上的建筑企业 18 家，房地产企业 14 家。全年完成资质建筑业总产值 113100 万元，同比增长 26.2%；实现全口径建筑业增加值 10.35 亿元，同比增长 14.6%。

四、服务业

全年批发和零售业增加值 10.10 亿元，比上年增长 4.9%；交通运输、仓储和邮政业增加值 6.79 亿元，增长 4.2%；住宿和餐饮业增加值 3.35 亿元，增长 11.5%；金融业增加值 7.84 亿元，增长 11.5%；房地产业增加值 11.98 亿元，增长 9.7%；其他服务业增加值 31.62 亿元，增长 9.4%。

全县通车总里程达到 8000.1 千米，其中等级公路 5960.1 千米，包含高速公路 70 千米，改扩建公路 374.8 千米。农村通公路行政村达 100%。

全年实现邮政业务营业收入 5767 万元，同比增长 4.14%；移动业务营业收入 13481 万元，下降 1.91%；联通业务营业收入 5178.99 万元，下降 1.34%；电信业务营业收入 6180 万元，下降 2.52%。年末固定电话用户 28970 户，同比下降 38.5%，移动电话用户 363612 户，增长 25.2%，年末互联网宽带接入用户发展到 430264 户，较去年增长 18.9%。

全年接待游客 1043 万人次，同比增长 20.0%。实现旅游综合收入 80.04 亿元，同比增长 20.1%。全县国家 AAA 级以上旅游景区景点 6 个，星级饭店 9 家，星级客房 798 间。

五、固定资产投资和房地产

全年投资 500 万元以上施工项目 112 个，累计完成固定资产投资同比增长 17.3%，其中：500 万元—4999 万元项目投资同比增长 27.8%；5000 万元及以上项目投资同比增长 12.1%；房地产开发投资同比增长 144.1%。分产业看，第一产业投资同比增长 46.9%；第二产业投资同比增长 17.1%；第三产业投资同比增长 14.9%。

全年商品房施工面积 17.62 万平方米，比上年下降 1.1%；竣工面积 1.71 万平方米，同比下降 75.9%；销售面积 8.73 万平方米，同比增长 102.9%；空置面积 4.90 万平方米，同比下降 43.1%。全年商品房销售额 31789 万元，同比增长 142.5%，其中：住宅销售额 31789 万元，增长 338.6%。

六、国内贸易、招商引资和对外经济

2019 年，实现社会消费品零售总额 77.63 亿元，同比增长 11.2%。按经营地统计，城镇消费品零售额 63.66 亿元，同比增长 11.0%；乡村消费品零售额 13.97 亿元，同比增长 12.2%。分行业看，批发业零售额 14.43 亿元，同比增长 10.4%；

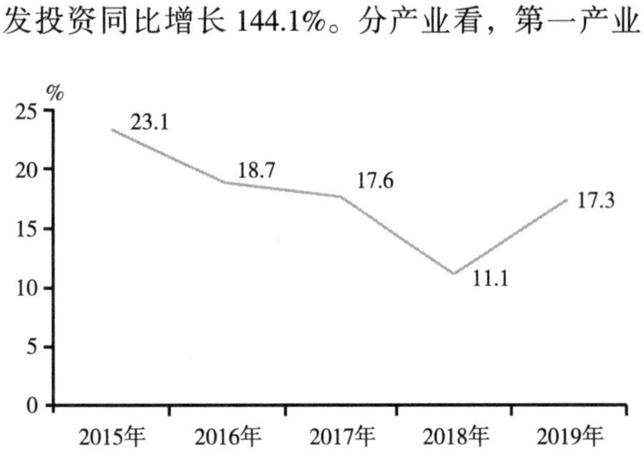

图 8　2015—2019 年巴东县固定资产投资增长速度示意图

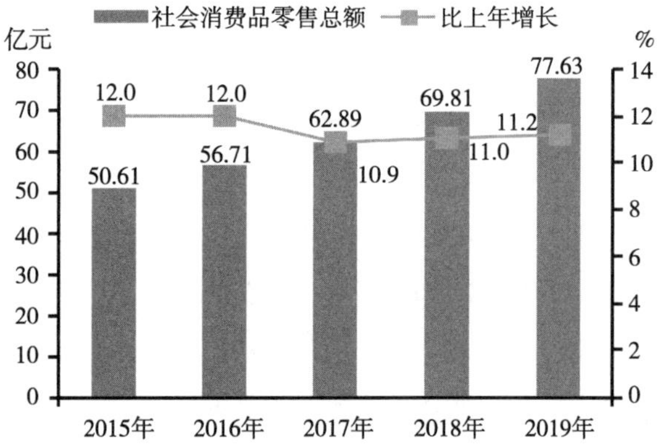

图 9　2015—2019 年巴东县社会消费品零售总额及增长速度示意图

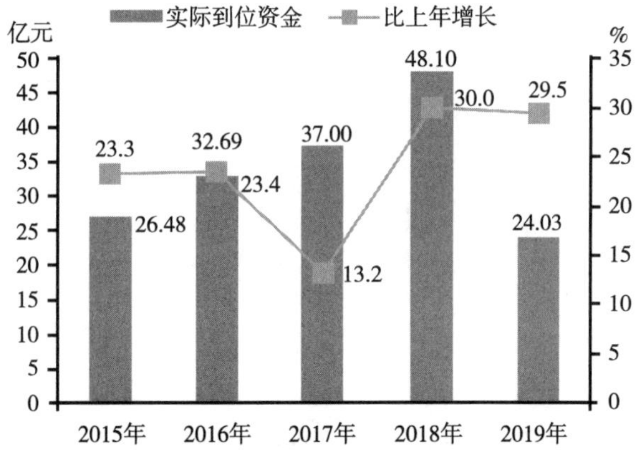

说明：2019 年前统计口径为县外资金，2019 年更改为省外资金

图 10　2015—2019 年巴东县招商引资到位资金及增长速度示意图

零售业零售额55.49亿元，同比增长11.3%；住宿业零售额1.79亿元，同比增长9.4%；餐饮业零售额5.92亿元，同比增长12.9%。分限额看，限额以上企业实现零售额4.81亿元，同比增长14.46%；限额以下企业实现零售额72.82亿元，同比增长11%。

全县引进省外资金24.03亿元，同比增长29.5%；实现进出口总额1217.9万美元，其中出口额1191.3万美元，同比增长150%。

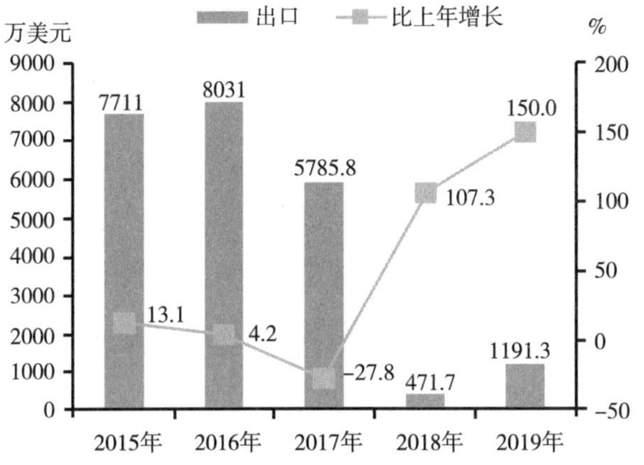

图11 2015—2019年巴东县外贸出口额及增长速度示意图

七、财政和金融

全年完成地方财政总收入103252万元，比上年增长0.72%，其中：公共财政预算收入67168万元，增长0.14%。公共财政预算收入中，税收收入47100万元，下降0.5%。全年公共财政预算

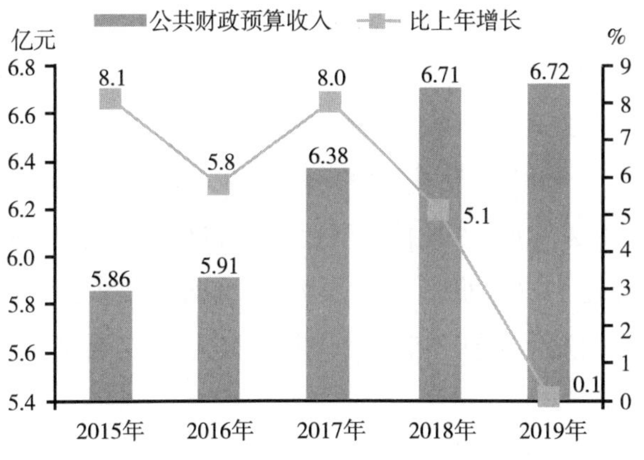

图12 2015—2019年巴东县公共财政预算收入及增长速度示意图

支出577600万元，同比增长20.24%，其中一般公共服务支出52583万元，同比增长4.6%；教育支出85406万元，同比增长6.8%；科学技术支出3160万元，同比增长2.2%；社会保障和就业支出97072万元，同比增长38.3%。

年末全县金融机构人民币存款余额1653306.42万元，增长7.61%，其中住户储蓄存款余额1149922.04万元，同比增长15.67%。金融机构人民币贷款余额810641.73万元，同比增长8.83%。其中农业及支农贷款余额125974.55，同比下降7.86%，金融机构网点数50个。（金融机构人民币存贷款余额见表6）。

2019年巴东县金融机构人民币存贷款余额一览表

表6　　单位：万元

指标	2019年末	比年初增减	
		增减额	±%
金融机构各项存款期末余额	1653306	116920	7.6
#：住户存款	1149922	155803	15.7
非金融企业存款	171104	−4969	−2.8
广义政府存款	332229	−33922	−9.3
金融机构各项贷款期末余额	810642	65738	8.8
#：住户贷款	335682	11073	3.4
非金融企业及机关团体贷款	474959	54665	13.0

八、教育和科学技术

全县拥有各类学校76所，其中普通中学24所，中等职业学校1所，小学50所，特殊教育学校1所。拥有专任教师3341人，在校学生53537人。幼儿园75所，在园幼儿10366人。全县学前三年毛入园率、小学学龄儿童净入学率、初中阶段毛入学率、高中阶段毛入学率分别达到85.3%、100%、99.9%、93.6%。

小学六年巩固率、初中三年巩固率达到100%、99.7%。九年义务教育巩固率达到98.7%。6岁及以上人均受教育年限9.8年。

全年有R & D活动的企业达到12个，其中有研发机构企业数8个，研发项目20项，有专利申请企业数2个，有新产品销售企业数2个，实

现新产品销售收入2300万元；R & D活动人员达到298人，期末有注册商标5件，研发项目经费支出1336.7万元，高新技术产业增加值1.27亿元，高新技术产业增加值占GDP的比重为1.0%，达到州定目标。

全县拥有各类专业技术人员4891人。其中：中级技术职称以上3325人，农业技术人员291人。

九、文化体育、广电和卫生事业

全县有公共图书馆2个，总藏书量8.8万余册；广播覆盖率99.8%，电视覆盖率99.8%。拥有剧场、影剧院3个，文物保护区116个。

医疗卫生服务体系逐步健全。全县各级医疗卫生机构444个，其中医院5个，卫生院12个，疾控预防控制中心（防疫站）1个，妇幼保健院1个，村卫生室346个，诊所79个。全县共有医疗卫生机构技术人员2610人，其中执业（助理）医师990人，注册护士878人。卫生资源总量持续增长，卫生机构床位数2497张，每千人口医疗卫生床位数达到5.79张，每千人口卫生技术人员6.05人。人民健康水平稳步提高。农村卫生厕所普及率达95%，新生儿死亡率1.42‰。城乡居民基本医疗保险参保人数42.01万人，同比下降2.18%。

十、人口、人民生活和社会保障

全县年末户籍总户数187644户，户籍总人口48.60万人。其中男性人口25.29万人，占比52.04%；女性人口23.31万人，占比47.96%。全县年末常住人口43.19万人，城镇化率40.3%。

全县全年出生人口4126人，人口出生率为7.55‰；全年死亡人口3966人，人口死亡率为7.07‰；人口自然增长率为0.48‰；出生人口性别比为113（女为100）。

全体居民人均可支配收入16826元，比上年增加1502元，增长9.80%。其中农村常住居民人均可支配收入11471元，比上年增加1085元，增长10.45%；城镇常住居民人均可支配收入30183元，比上年增加2543元，增长9.20%。

全县新增城镇就业人员5116人，全年实现下岗再就业1454人。城镇登记失业率控制在1.10%以内。

全县城镇职工基本养老保险参保人数42122人，比上年增加985人；城乡居民基本养老保险参保人数313494人，比上年增加10524人；失业保险参保人数14047人，比上年增加2687人；工伤保险参保人数17747人，比上年增加1986人；生育保险参保人数6552人。

全县提供住宿的社会工作机构15个，床位数1316张，社区服务机构总数303个，民政事业费支出达到1.89亿元。城乡居民最低生活保障人数30411人。

十一、住房保障和城市建设、环境保护及安全生产

2019年基本建成棚户区459套（户），公租房分配入住4846套（户），累计发放住房租赁补贴219户。

园林绿地面积272.46公顷，公共绿地面积272.46公顷，城市公园绿地面积140.1公顷，建成区绿化覆盖率40%。用水人口90800人，年供水总量572万立方米，其中居民家庭用水218.79万吨。城市道路长度92.16千米，道路面积101.7千平方米。城市排水管道长度78.88千米，城市污水处理率94%。

全年共发生刑事案件615件，同比增长1.32%，破案224件，同比下降17.95%。交通事故死亡17人，同比下降22.73%。全年各类安全生产事故发生4起，各类安全生产事故死亡人数4人。

2019年度巴东县市场主体发展分析报告

前情回顾：2012年2月，巴东率先推出促进市场主体发展的“五零”举措，即注册资本“零首付”、登记注册“零收费”、市场准入“零门槛”、办事时限“零等待”、服务发展“零距离”。2014年3月1日，注册资本实缴制改为认缴制，取消注册资本登记最低限额制。2014年9月1日，实行“先照后证”登记制，107项行政审批事项作为工商登记“先照后证”后置审批项目。2015年9月10日，全面推行“三证合一”“一照一码”登记模式，即将企业依次申请的工商营业执照、组织机构代码证和税务登记证三证合一。2016年10月1日，全面实施“五证合一”，即在原有“三证合一”基础上再次纳入社会保险登记证、统计登记证。实行个体工商户“两证整合”，并在全县推行“同城通办”“局所通办”。2017年3月1日，企业实行简易注销。即符合简易注销的企业可自行在《国家企业信用信息公式网》上公示，无需再登报公示。2017年7月，实行市场主体登记业务外网自行申报或银行代办。2017年8月1日，全面推行“多证合一”，实现企业“一照一码”，涉及商事改革13个单位的27项改为备案登记，并在协同监管平台实行信息共享。2017年11月，全县企业登记实行半程电子化。2018年6月，工商企业登记实行全程电子化及个体不核名全程电子化。2018年7月24日，县委县政府组织召开全县市场主体发展大会。2018年8月2日，出台《巴东县工商局加快推进特色产业高质量发展十条措施》。2018年10月9日，出台《巴东县工商局关于推行工商登记“全县通办”的实施方案》。2019年3月，原工商局、食药监局、质监局机构合并为巴东县市场监督管理局。2019年7月17日，巴东县市场监督管理局、县政务服务和大数据管理局、县税务局、县公安局、县人力资源和社会保障局、人民银行巴东支行六部门联合印发《巴东县进一步优化营商环境实行企业开办“一窗通办”工作实施方案》的通知。2019年10月底，“一窗通办、一事联办”县级层面实施运行，企业开办“设立登记、公章刻制、发票申领、社保登记、银行开户”五环节2个工作日内可全部办结。

经济社会发展的动力，源于市场主体的活力和社会创造力，这很大程度上取决于营商环境。营商环境是发展的体制性、制度性安排，其优劣直接影响市场主体的兴衰、生产要素的聚散、发展动力的强弱。近些年，深入贯彻新发展理念，大力度深化改革扩大开放，其中一个关键性举措就是持续推进“放管服”改革。通过深化“放管服”改革来优化营商环境，从根本上说就是解放和发展生产力，这实际上是一场刀刃向内的政府自我革命，旨在重塑政府和市场的关系，使市场在资源配置中起决定性作用，更好发挥政府作用。

几年来，我们不断放宽市场准入，大幅削减行政审批事项，彻底终结非行政许可审批，全面改革商事制度，优化政务服务，提升服务效率，在推动经济发展中，逐步把注意力更多放在推进“放管服”改革、优化营商环境上，更大激发市场主体的活力。目前，深化“放管服”改革、转变政府职能的成效仍是初步的，优化营商环境还要付出艰苦努力，需要就企业和群众反映突出的问题，加强部门地方之间政策配套、行动协同，改革举措落实，消除“中梗阻”，打通改革“最后一公里”，破解一批痛点难点，为完成全年经济社会发展主要目标任务打下更加坚实的基础。

一、全州市场主体发展现状

截至2019年12月31日，全州共有市场主体注册户数293449户，同比增长13.28%，其中企业56639户，同比增长9.32%，个体224147户，同比增长15.12%，农民专业合作社12663户，同比增长0.97%；本期新增市场主体注册户数54617户，同比增长19.14%，其中企业10588户，同比下降30.9%，个体42919户，同比增长33.46%，农民专业合作社1110户，同比下降44.63%；本期注吊销18737户，同比增加37.46%。全州共有市场主体注册资本金3147亿元，其中本期新增注册资本金464.04亿元，同比下降13.41%。

综合分析全州各县市市场主体发展情况，共有市场主体注册户排名前三的分别是恩施市（67738户）、利川市（53669户）、建始县（35385户）。

从产业结构来看，新增市场主体主要集中在第三产业，共有注册主体35043户，占比64.16%，第二产业与第一产业注册主体相差无几，分别是5539户和5261户，占比10.14%和9.63%。

2019年新增市场主体注册户数排名前五的行业依次是批发业和零售业（25787户）、住宿和餐饮业（7486户）、居民服务、修理和其他服务业（3833户）、农、林、牧、渔业（3728户）、制造业（2531户），这5个行业注册户35860户，占新增注册总量比84.03%。

全州不同所有制市场主体户数变动情况表

表7　　单位：户

年份	企业	个体	农专	总计
2018	51808	194701	12541	259050
2019	56639	224147	12663	293449

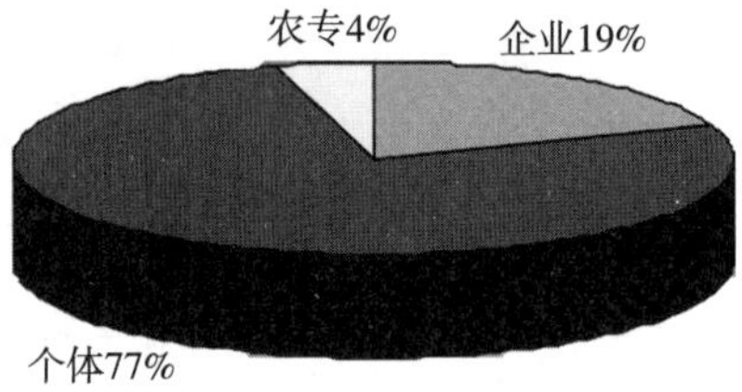

图13　全州不同市场主体占比示意图

全州不同所有制市场主体新增户数变动情况表

表8　　单位：户

年份	企业	个体	农专	总计
2018	15283	28559	2001	45843
2019	10588	42919	1110	54617

全州不同所有制市场主体新增户数变动情况表

表9　　单位：户

年份	恩施	利川	建始	巴东	宣恩	咸丰	来凤	鹤峰
2018	60635	47910	32019	30982	21628	23285	21976	16662
2019	67738	53669	35257	32814	23230	24694	34545	18071
增幅（%）	10.48	10.73	9.18	5.58	7.34	6.9	36.38	7.79

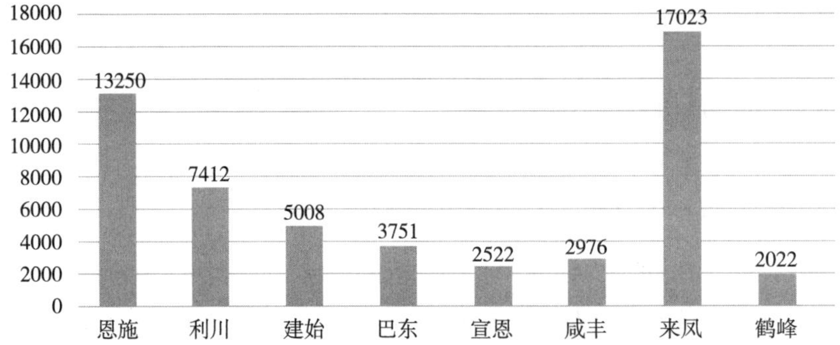

图14　2019年全州各县市新增市场主体注册数

2019 年全州新增市场主体分行业的注册信息一览表

表 10

行业	注册户数（个）	占比（%）
批发和零售业	25787	49.97
住宿和餐饮业	7486	14.5
农、林、牧、渔业	3728	7.22
居民服务、修理和其他服务业	3833	7.43
制造业	2531	4.9
建筑业	1611	3.125
租赁和商务服务业	2101	4.075
交通运输、仓储和邮政业	1464	2.84
信息传输、软件、信息技术服务业	770	1.49
科学研究和技术服务业	704	1.36
文化、体育和娱乐业	492	0.95
房地产业	370	0.72
电力、热力、燃气及水生产和供应业	30	0.06
卫生和社会工作	179	0.35
水利、环境和公共设施管理业	78	0.15
公共管理、社会保障和社会组织	26	0.05
教育	336	0.65
采矿业	22	0.04
金融业	44	0.09
其他	42	0.08
总计	51608	100

二、巴东县市场主体发展现状

基本情况：截至 12 月 31 日，全县共有市场主体注册户数 32814 户，同比增长 5.92%，其中企业 6178 户，同比增长 4.09%，个体 24208 户，同比增长 7.29%，农民专业合作社 2428 户，同比下降 2.17%；共有市场主体注册资本金 271 亿元，同比增长 10.16%。新增从业人员 9002 人，从业人员总计达到 106398 人。

（一）不同所有制市场主体注册户数变动情况

本期市场主体注册户数平稳增长，新增市场主体 3838 户，同比下降 26.33%，新增注册资本（金）31.57 亿元，同比下降 41.33%；其中企业 804 户，同比下降 53.31%，注册资本（金）23.74 亿元，同比下降 45.97%%；个体 2865 户，同比下降 10.49%，注册资本（金）4.96 亿元，同比下降 7.81%；农民专业合作社 169 户，同比下降 41.11%，注册资本（金）2.87 亿元，同比下降 35.94%。

2019 年巴东市场主体注册户数变动情况表

表 11

	期末实有注册户数（户）	同比增幅（%）	注册资本（金）（亿元）	同比增幅（%）	本期新增注册户数（户）	同比增幅（%）	注册资本（金）（亿元）	同比增幅（%）
企业	6178	4.09	211	10.47	804	–53.31	23.74	–45.94
个体	24208	7.29	30	11.11	2865	–10.49	4.96	–7.8
农民专业合作社	2428	–2.17	32	6.67	169	–41.11	2.87	–35.94
总计	32814	5.92	273	10.08	3838	–26.33	31.57	–41.33

新增市场主体注册户数总量中，个体工商户占比最高，达到 74.65%，民间经济在整个国民经济中仍占据重要的地位，农民专业合作社、企业的注册户数占比仅为 25.35%。各类市场主体中，由社会资本注资的私营企业仍是拉动我县民营经济增长的主力。与 2018 年相比，2019 年全县各类企业期末资本达 271 亿元，同比增长 9.27%，社会资本活跃度显著提升。

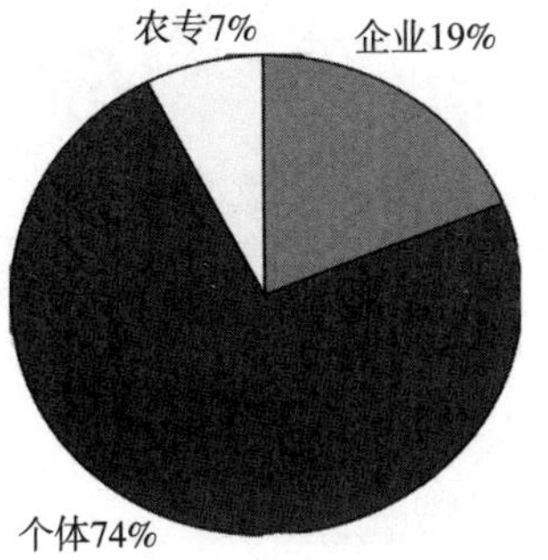

图 15　全县不同市场主体占比示意图

（二）全县各乡镇市场主体登记注册变动情况

综合分析全县期末实有注册存量及本期新增注册户数，全县 12 个乡镇市场主体注册户数前三的依次是信陵镇、野三关镇、官渡口镇，三乡镇占期末实有存量 56.17%，与巴东县行政区划的划分及经济发展的活跃度相符合。

2019 年全县各乡镇不同所有制注册户数变动情况表

表 12　　单位：户

		信陵镇	野三关镇	官渡口镇	水布垭镇	沿渡河镇	溪丘湾乡	茶店子镇	清太坪镇	金果坪乡	绿葱坡镇	东瀼口镇	大支坪镇	总计
个体	期末实有	6096	5470	2168	1777	1796	1665	1273	1000	958	713	662	630	24208
企业	期末实有	2114	1235	542	340	348	404	265	204	138	212	174	202	6178
农专	期末实有	90	418	300	354	197	192	171	154	130	145	176	101	2428
总计	期末实有	8300	7123	3010	2471	2341	2261	1709	1358	1226	1070	1012	933	32814

说明：统计截至 2019 年 12 月 31 日

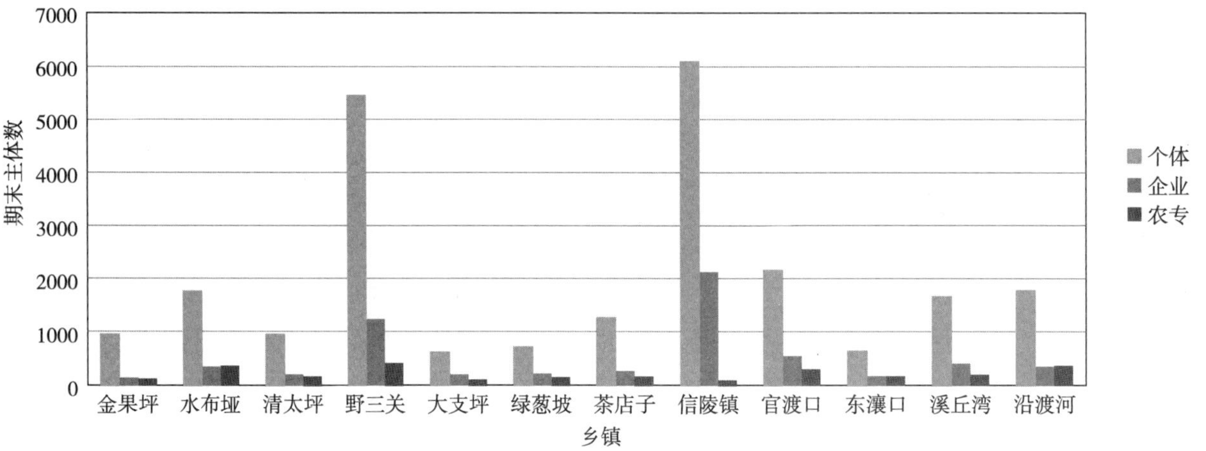

图 16　各乡镇市场主体分布图

期末实有不同所有制注册户存量中，企业注册户排名前三的乡镇依次是信陵镇（2114 户）、野三关镇（1235 户）、官渡口镇（542 户），占全县企业注册户存量 63%；个体工商户注册户排名前三的乡镇依次是信陵镇（6096 户）、野三关镇（5470 户）、官渡口镇（2168 户），占全县个体工商户注册户存量 56.73%；农民专业合作社注册户排名前三的乡镇依次是野三关镇（418 户）、水布垭镇（354 户）、官渡口镇（300 户），占全县农民专业合作社注册户存量 44.15%。

（三）全县市场主体分行业注册信息

从全县市场主体注册户数存量来看，注册户数排在前五位的行业依次是批发和零售业（14922 户）、住宿和餐饮业（4432 户）、居民服务、修理和其他服务业（2515 户）、制造业（2425 户）、农、林、牧、渔业（2196 户）、这 5 个行业注册户数占总量的 80.73%，主体行业发展趋势与全州乃至全省基本一致，上述 5 个行业之所以注册户数多，原因是这些行业市场竞争充分，个体工商户和私营企业居多。全县经济仍以第三产业为重，第一、二产业稍显薄弱。

从市场主体注册资本金存量来看，注册资本金排在前五位的行业依次是租赁和商务服务业（49.18 亿元）、农业（41.21 亿元）、零售业（22.21 亿元）、批发业（18.34 亿元）、建筑业（14.26 亿元）上述 5 个行业的注册资本金占总量的 53.38%，说明上述行业是巴东县国民经济的支柱产业。

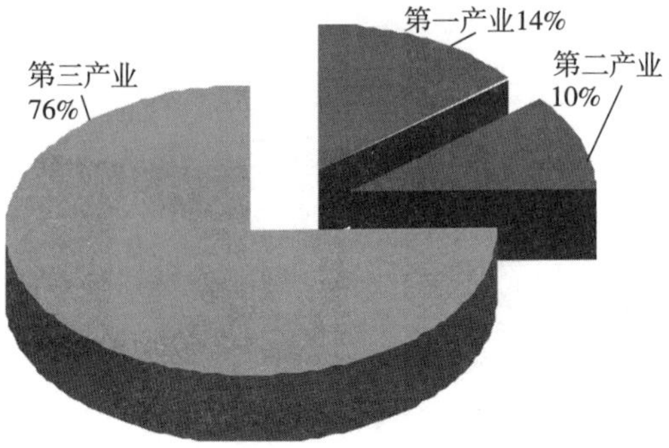

图 17　全县各产业产比示意图

全县市场主体各乡镇分行业的注册信息情况表

表 13　　　　　　　　　　　　　　　　单位：户

序号	行业门类＼企业性质＼乡镇	金果坪		水布垭		清太坪		野三关		大支坪		绿葱坡		茶店子		信陵镇		官渡口		东瀼口		溪丘湾		沿渡河		合计
		企业	个体	企业	个体	企业	个体	企业	个体	企业	个体	企业	个体	企业	个体	企业	个体	企业	个体	企业	个体	企业	个体	企业	个体	
1	农、林、牧、渔及副业	22	75	50	215	28	78	113	132	26	70	44	113	36	150	108	44	78	253	37	76	64	188	97	99	2196
2	采矿业	1	1	6	0	1	1	7	2	2	0	12	1	7	0	10	3	8	0	2	0	7	2	3	0	76
3	制造业	8	77	34	159	19	140	105	515	18	83	12	57	19	130	66	250	52	200	9	65	33	170	36	172	2429
4	电力、热力、燃气及水生产和供应业	7	0	14	0	14	0	26	0	9	0	12	0	18	0	26	0	19	0	7	0	11	1	19	0	183
5	建筑业	38	8	32	16	9	2	77	4	11	4	5	10	8	22	222	17	55	5	21	5	55	10	15	12	663
6	批发和零售业	27	606	100	995	44	520	419	2828	68	301	54	344	87	602	757	3512	181	1108	53	362	102	815	85	952	14922
7	交通运输、仓储和邮政业	8	6	21	18	7	14	46	78	7	7	9	10	11	20	93	117	20	28	11	17	21	43	13	35	660
8	住宿和餐饮业	4	113	7	230	7	137	37	1064	7	93	10	106	12	207	67	1172	15	317	2	95	14	253	13	342	4324
9	信息传输、软件和信息技术服务业	6	15	7	22	5	15	35	60	5	6	3	16	7	29	88	48	13	10	3	3	3	25	4	15	443
10	金融业	3	0	4	0	2	0	8	0	2	0	3	0	2	0	36	0	2	0	2	0	4	1	4	0	73
11	房地产业	0	0	0	0	1	0	34	0	1	0	0	0	1	0	57	2	7	0	0	0	1	0	1	0	105
12	租赁和商务服务业	8	2	26	13	53	10	253	64	19	3	25	1	17	8	402	95	51	8	12	0	46	16	34	15	1181
13	科学研究和技术服务业	1	0	1	0	1	1	29	4	2	0	1	1	1	0	73	6	6	0	4	0	6	0	2	0	139
14	水利、环境和公共设施管理也	2	0	1	0	1	0	5	1	3	1	3	0	3	0	18	2	4	0	2	0	3	0	5	0	54
15	居民服务、修理和其他服务业	2	54	7	98	9	79	48	613	20	61	11	52	18	99	79	684	49	192	6	39	28	133	10	124	2515
16	教育	0	0	0	0	0	0	6	0	0	0	0	0	0	1	8	3	0	1	0	0	0	0	0	1	20
17	卫生和社会工作	0	1	0	3	1	3	5	23	0	0	0	1	0	1	15	41	3	14	0	0	1	2	0	3	117
18	文化、体育和娱乐业	1	0	30	8	2	0	31	32	1	1	3	1	1	4	32	56	4	6	3	0	5	6	7	26	260
19	公共管理、社会保障和社会组织	0	0	0	0	0	0	1	0	1	0	5	0	17	0	1	0	1	0	0	0	0	0	0	0	26
21	总计	138	958	340	1777	204	1000	1285	5420	202	630	212	713	265	1273	2158	6052	568	2142	174	662	404	1665	348	1796	30386

三、巴东县促进市场主体发展的成绩与不足

2019年巴东县经济形势总的特点是缓中趋稳、稳中向好，经济运行保持在合理区间，质量和效益提高；经济结构继续优化，宏观政策利好对发展的支撑作用持续增强，地域差别、发展环境等影响着市场主体的发展及壮大。

（一）促进市场主体发展的成绩

1.积极推进商事制度改革。持续深入推进“多证合一、两证整合”商事制度改革，“多证合一”4318户，“两证整合”5434户。完善市场主体快速退出机制，对未开业企业、无债权债务企业实行简易注销登记，降低企业推出成本，共简易注销企业226户。持续深化“先照后证”改革。配合做好削减工商登记前置、后置审批事项工作，做好工商登记前置审批事项目录的动态管理，切实履行“双告知、一承诺”制度，共推送业务信息622条；搞好行政职权和服务事项的认领，积极完成服务指南的编制录入工作并予以公示。

2.提高便利化服务。联合公安、税务、人社、银行开通“一窗联办”，企业开办五环节只需2天可全部办结；继续推进“同城通办”、“局所通办”，巴东“同城通办、局所同办”在全州率先开展；推行市场主体全程登记全程电子化，推行“不见面”服务，市场主体可自行通过外网办理登记注册各类业务，全年全程电子化办理1140件。

3.扶持小微企业做大做强。加大助企融资力度，办理动产抵押13件，助企业融资43090万元；办理股权出质登记34件，助企业融资12.3995亿元，缓解企业燃眉之急。

4.加强品牌建设。推动商标注册总量合理增长。鼓励申请注册商标，商标申请515件，注册681件；新申请专利75件，其中发明10件；授权27件，其中发明3件。实施品牌培育。组织企业参加地理标志大赛且成果喜人：巴东郡贡茶过关斩将，最终排全省第十四名，荣膺银奖；正山堂巴东红茶参加中国茶叶流通协会组织的2019世界红茶产品质量推选活动，小神农架野茶获金奖，骏眉中国巴东红获银奖。

5.“新”主体注入新活力。生物科技类新技术6户，清洁能源类新产业23户，物联网等新业态722户。

（二）促进市场主体发展的不足

1.市场主体总量依然偏低，与发达相比差距较大。从总量看，我县市场主体总量为32814户，在全省州排名第五，依然靠后；注册资金总额272.33亿元，在全州排名第四；按我县人均户数比较，全县每百人仅拥有市场主体6.72户。

2.市场主体种类、结构不尽合理，中小微型市场主体比例偏高。从市场主体类型看，个体户多，企业少，两者比例为3.9∶1。从企业来看，小微型企业多，大中企业少，注册资本300万元以上企业只有1271户，仅占市场主体总数的3.87%，企业集团和亿元以上企业则更少，仅25户。

3.产业结构不尽合理，高端装备制造业、现代信息技术企业、文化传媒企业较少。第一产业虽然发展较快，但基数小、起点低、基础弱，仅有4438户，产业化、市场化、专业化程度仍然较低；制造业市场主体仅有2429户，仅占总量的7.4%，尤其是高端装备制造企业较少，缺乏龙头企业辐射带动；信息软件类市场主体仅有443户，仅占总量的1.37%，工业化、信息化发展程度较低，市场竞争力还不强。

4.市场主体生命周期短，稳定性差。全年全县新发展各类市场主体3838户，注吊销2086户，注吊销占当期新发展总数的54.35%，反映出经营者停业歇业多，调整转产多，投资成功率不高，经营持续性较差。

5.发展环境有差距，企业效益待提高。我县经济发展在硬环境方面，城乡水、电、路等基础设施建设与其他市县相比仍有较大差距。在软件方面，服务发展的意识还不够强，发展后劲不够足。私营企业职工的待遇不高，企业创新能力不

强，产品科技含量不高，企业效益提高缺乏后劲。

四、促进巴东县市场主体发展的建议

经济的发展、产业的提升，离不开市场主体的发展。坚持“放水养鱼”和“非禁即入”的原则，大力培育全县市场主体超常规跨越发展。巴东县非公经济发展潜力巨大，在统筹推进“五位一体”总体布局和协调推进“四个全面”战略布局的同时，把非公经济的发展放在更加突出的位置来谋划、部署和推进，千方百计促进非公经济上规模、上档次、上水平，使非公经济在推动我县经济社会转型跨越、富民强县中发挥更加重要的作用。

1. 采取有效措施，认真落实各类优惠政策。中央及省州各级已经陆续出台扶持非公经济发展的优惠政策，现在关键是将优惠政策落到实处，发挥各级政府优惠政策的叠加效应，促进各项创新创业政策落地，从市场准入政策、商标培育、拓宽融资、企业管理等方面给予政策指导和扶持，同时要坚持问题导向，为各类市场主体提供系统的政策咨询和服务，将政策落实与工作实际相结合，针对市场主体经营中存在的困难和问题，分析原因，分行业、分门类提出解决对策建议，发挥政策引领带动效应，确保各项政策不打折、不变形、不走样、不落空，使各项优惠政策都能如期兑现，进一步营造鼓励全社会创新创业的良好社会氛围。

2. 统筹小微企业培育。针对全县小微企业培育存在多头扶持、分散乏力的问题，应从强化产业引导、拓宽融资渠道、深化商标战略工作入手，建设小微企业指导服务体系，加快培育品牌化、专业化、规范化小微市场主体，帮扶小微企业存续发展，提升整体存活率和竞争力。

3. 进一步发挥产业导向作用。建立和完善产业导向机制，引导投资者资金流向相关重点领域和行业，促进产业升级和发展，避免投资的盲目性。充分发挥我县农业和旅游资源优势，积极发展特色农业、旅游业，支持企业吸收高新技术入股，加快传统产业改造提升。

4. 进一步扶持重点企业发展。持续做好重点企业重点项目服务工作，建立服务重点企业重点项目对接机制，加大行政指导力度，切实落实“提前介入、重点指导、跟踪服务”的要求，履职到位、服务到位，确保重大项目高效落地。

5. 大力“招商引资”，增强地方经济发展活力。要加强对签约项目进行全程指导服务，为招商引资企业提供零距离、保姆式服务，“一站式”办结，促使招商引资项目早日落地。对在建、新开工项目做好跟踪管理，帮助协调解决项目开工建设过程中遇到的具体问题和困难，保障项目建设顺利实施。建立招商引资项目档案库，搞好招商项目的统计、分析工作，有针对性的搞好指导服务。

6. 强化创新驱动，大力实施品牌兴县战略。各级职能部门要坚持创新驱动，鼓励自主创新。引导和支持企业建立技术研发中心和技术孵化中心，发展新材料、新技术、新能源和新型制造产业、信息产业；要加大商标战略推进力度，培育、发展和保护巴东县各类企业中国驰名商标、省著名商标、州知名商标和地方特色优质品牌，扶持企业培育自主品牌，提高企业产品附加值和市场竞争力，推动非公经济，实现经济总量扩张，提升发展质量。

7. 加快服务体系建设。深入推进商事制度改革，推进“多证合一”登记制度改革，实施企业登记注册全程电子化和电子营业执照，着重推行“证照分离”改革，解决“照后减证”和“准入不准营”的问题，构建公开透明的行政审批机制，为市场主体发展松绑减负，激发市场和社会的创造活力。统一建立社会信用体系建设，推进政府信息共享，建立多部门联合协调机制，对违背市场竞争原则和侵害消费者权益的企业建立惩戒制度，真正实现“一处违法、处处受限”，打破信息孤岛，快速实现共享，让群众少跑腿，让信息多跑路，实现减政便民。